苏州工业园区自然村变迁图志

【娄葑街道卷】

《苏州工业园区自然村变迁图志》系列丛书编纂委员会 编

中国水利水电出版社
www.waterpub.com.cn
·北京·

内 容 提 要

本书以志书的形式，通过文字、图片和口述笔录等方式，客观地呈现了娄葑街道动迁前，138个自然村的村名来历、历史沿革、区划建置、人口姓氏、土地面积、河桥路街、学校庙宇、遗址古迹、拆迁安置、发展历程等详细的情况；还通过具体的口述笔录的形式，把流传在娄葑民间的记忆记录下来，并附录《娄葑人物》《文化阵地》等村落文化，以及当地特产介绍，是一本忠实记录娄葑村情和重温乡愁的专业志书。

图书在版编目（CIP）数据

苏州工业园区自然村变迁图志．娄葑街道卷 / 《苏州工业园区自然村变迁图志》系列丛书编纂委员会编．-- 北京 ：中国水利水电出版社，2020.8
ISBN 978-7-5170-8784-7

Ⅰ．①苏… Ⅱ．①苏… Ⅲ．①村史－苏州－图集 Ⅳ．①K295.35-64

中国版本图书馆CIP数据核字(2020)第153193号

审图号：图苏E审（2019）014号

书　　名	苏州工业园区自然村变迁图志．娄葑街道卷 SUZHOU GONGYE YUANQU ZIRANCUN BIANQIAN TUZHI. LOUFENG JIEDAO JUAN
作　　者	《苏州工业园区自然村变迁图志》系列丛书编纂委员会　编
出版发行	中国水利水电出版社 （北京市海淀区玉渊潭南路1号D座　100038） 网址：www.waterpub.com.cn E-mail：sales@waterpub.com.cn 电话：（010）68367658（营销中心）
经　　售	北京科水图书销售中心（零售） 电话：（010）88383994、63202643、68545874 全国各地新华书店和相关出版物销售网点
排　　版	北京水利万物传媒有限公司
印　　刷	北京蓝图印刷有限公司
规　　格	185mm×260mm　16开本　32.5印张　632千字
版　　次	2020年8月第1版　2020年8月第1次印刷
定　　价	220.00元

《苏州工业园区自然村变迁图志》系列丛书
编纂委员会

2019 年 5 月

主　任：朱　江

副主任：邹小伟　殷卫东　顾三强　崔广全　刘海燕

委　员：傅　刚　杨华新　韩　新　刘　强　许永春
江晓春　杨美芳　赵海晨

编辑部

2019 年 5 月

主　　编：邹小伟

执行主编：崔广全　刘海燕

编　　务：金　波　程宏红　顾明筠

特约编审

陈兴南　刘海燕　陈其弟　丁　瑾
金凯帆　程宏红　齐　慎　顾明筠

《苏州工业园区自然村变迁图志·娄葑街道卷》
编纂委员会

2018 年 1 月

主　　任：史　廉

副 主 任：梁　兴

委　　员：蒲海燕　陈伟健　叶培元　顾　坚　姚剑锋　许秋生
叶　峰　徐　斌　毛建芬　王文康　卢佳华　朱　林
冯腊男　徐永林　徐坚强　王建良　钱宗明　姚依林
李　萍　陶继贤　许佳春　顾鸣晓　贺金迪　高建明
章赏月

2019 年 7 月

主　　任：傅　刚

副 主 任：陈习伟

委　　员：郭秀娟　陈伟健　叶培元　顾建忠　姚剑锋　许秋生
叶　峰　徐　斌　毛建芬　查志铭　卢佳华　朱　林
冯腊男　徐永林　章赏月　王建良　钱宗明　姚依林
李　萍　陶继贤　许佳春　顾鸣晓　贺金迪　高建明
徐坚强

编辑部

2018 年 1 月

主　　编：史　廉

主　　任：蒲海燕

编　　辑：陈伟健　陈志杰　赵　振　吴　皑　卢　洁　朱文洁

2019 年 7 月

主　　编：傅　刚

主　　任：郭秀娟

编　　辑：陈伟健　陈志杰　赵　振　吴　皑　卢　洁　何　靖

资料采集人员名单

（以姓氏笔画为序）

马丽琴　王海生　王静枫　毛怀军　计福元　朱革明　仲易成
华邵尤　许三兴　许子年　许　平　许鑫一　孙惠明　严命刚
李　斌　杨雨晨　杨诗桦　何　漪　邹培荣　邹彩琴　沈春英
张永良　张林荣　张洪根　张懋晨　陆芬珍　陆丽英　陆秀明
陆建伟　陆建南　陈文祥　陈玉英　陈伟荣　陈桂春　陈　程
武　文　林　云　林　蕾　郁建英　金水冬　周小元　周红卫
周佳琴　周春丽　居永和　胡毛头　费留德　贺金迪　夏　雯
顾鸣晓　顾建根　顾惠华　钱三男　钱亚艺　钱宗明　钱思怡
徐卫东　徐红妹　徐　海　徐　敏　徐锦鹏　高建明　陶继贤
黄忠良　梁梦青　蒋丽珍　韩孝琴　管敏敏　潘雪萍　潘关英
薛　阳

图照拍摄、提供名单

沈文进　徐　斌　陈　煜　刘　振　贾　亮　黄润凯　应志刚

审定单位

苏州市地方志编纂委员会办公室
苏州工业园区工委管委会办公室
苏州工业园区档案管理中心

《苏州工业园区自然村变迁图志》总序

无论走多远，心里总有个温暖的声音提醒着，苏州工业园区是我的家乡，儿时的村落情景在脑海中清晰可见。而今，遥望这里的高楼大厦、大街小巷，多年前还是村墟篱落、农田草地……虽往事如烟，但无论岁月如何淡远，家乡印象在我的心中永远不会消逝。伴随着园区这些年的开发建设，人们的生活越来越美好，梦里水乡也焕发出了勃勃生机。

不得不说，我们生活在这个城市很幸福，作为苏州工业园区的子女，更是时时感到幸福。我们生活的这个时代很幸福，因为我的父辈生活的青少年时代是那样的艰辛与无助，时代的力量让个体只能适从。今天我们已经可以为社会、为家庭和家庭外的其他人做点事。老百姓讲，我们没有想到有今天。我曾经采访过黄埭一个看鱼塘的七十岁的老人，他说共产党让老人过得有面子了，感觉身体不舒服就可以看病就医，不会想太多，过年压岁钱一出手，孙子孙女叫阿爹叫得很响，硬气了。我们会回忆儿时的幸福与无忧，回忆儿时在煤油灯下父辈及哥哥姐姐打柴包的情景，也会想起端着粥碗走着吃着闲聊着的和谐场景，想起一个村上喜欢管事的婶婶对整个村风的无形而正面的影响。

自从到地方志办公室工作后，我一直很想与当年的生产大队书记——我的堂兄聊聊我们村最早最早的情况，把儿时听到的传说或真实的历史记下来，让儿子知道，你是宋庄人，你是尖圩村人，也让孙子能看到当年爷爷生活的村庄模样，能让曾经过往的历史成为集体的记忆。

如今梦想成真了，记录苏州工业园区自然村变迁历史的志书就在我们眼前。习近平总书记指出：要望得见山、看得见水、记得住乡愁，要坚定文化自信，传承和弘扬中华优秀传统文化，要讲好中国故事。在苏州，在工业园区，已经走出了坚实的一步。

我们祖祖辈辈生活的自然村存在了千百年，现在通过大家的手，变成了永久的记忆。再过一百年、五百年，这本书肯定会保存在图书馆、方志馆、档案馆，供那时的人们了解动迁前的园区农村。也许那时的苏州话也变了调，但固化的历史永远是园区人寻根的宝地。作为地方志工作者，感谢苏州工业园区管理委员会对地方历史文化记录的重视。《苏州工业园区乡镇志丛书》已于2001年公开出版，这次的《苏州工业园区自然村变迁图志》，在更好地传承、抢救和挖掘江南水乡传统文化，保留乡土文化记忆，记录园区社会发展历程上，有其突出而不可替代的意义。

《苏州工业园区自然村变迁图志》系列丛书编纂工作是一项系统的文化工程，工作繁杂，要求高，涉及面广，工作周期长。街道社区工作头绪多、责任大，突击性工作也不会少，街道相关部门能够统筹兼顾，关心编纂进度，尊重专家意见，把编纂好《苏州工业园区自然村变迁图志》作为对历史负责的事来做，实属难能可贵。

每次回到园区老家，总能发现一些新变化，也由此触发一些感慨。应编写组之托，这里零星记下我的观感，表达我对家乡的一份心意。

是为序。

苏州市地方志编纂委员会办公室党组书记、主任 **陈兴南**

《苏州工业园区自然村变迁图志·娄葑街道卷》序

说起娄葑，令人首先联想到的便是那“水八仙”中清香弹糯的鸡头米了。“三伏池塘沸，鸡头美可烹，香囊连锦破，玉指剥珠明。”一碗桂花鸡头米甜汤攻占了苏州人挑剔的味蕾高地。也因此，娄葑得到了“南芡之乡”的美誉。

位于苏州古城以东的娄葑，民敦物阜、人文渊薮，是典型的江南鱼米之乡。每当太阳初升、薄雾朦胧之时，便有娄葑农民挑着担头到葑门横街上吆喝买卖。渔耕文化沉淀了这里的千年记忆。映衬着夕阳的余晖，静静流淌的护城河水，把东西两岸、一城一郊连接起来，变成一幅绵延的画卷。

改革开放春雷响，城市化的气息蔓延到了娄葑。1994年，苏州工业园区开发建设的号角吹响，再次加速了娄葑形象升级换代的步伐。厂房取代了农田，高楼住宅小区取代了村庄，柏油马路取代了阡陌小路，一座现代化新城在金鸡湖畔崛起。隆隆作响的工业机器，强劲攀升的经济数据，纷至沓来的荣誉奖项，娄葑进入了发展新阶段。

然而，那段朴实无华的岁月却被时间渐渐稀释，曾经“面朝黄土背朝天”的那代人，也慢慢成为了历史过客。乡土文化——娄葑曾经深入骨髓的标签出现了记忆空缺。如果继续听之任之，那么总会有一天，这段回忆将彻底磨灭。历史是人民创造的，忘记历史意味着背叛，尊重历史就是尊重我们自己，保护娄葑的历史，抢救娄葑的文化，成了新一代娄葑人的神圣使命。

幸运的是，在市、区地方志办公室的指导下，娄葑街道启动了《苏州工业园区自然村变迁图志·娄葑街道卷》编纂工作。欣喜的是，在自然村变迁图志编纂工作的过程中，受到了各级领导和相关部门的高度重视。在娄葑街道的精心安排和组织下，一支52人的编纂队伍组建而成。他们不辞辛苦、无惧劳累，以“对历史负责、对家乡负责”的态度，以“用脚丈量每一寸土地”的情怀，访千家万户，听千言万语，收集起散落在民间的记忆碎片。这些珍贵的资料，经历了500余个日夜的千锤百炼，融合了工作人员的匠心，138个自然村志被一一还原，娄葑当年的乡容村貌、风俗人情跃然纸上。可以说，这部《苏州工业园区自然村变迁图志·娄葑街道卷》的出版，是娄葑档案文化工作的一个重要里程碑，也是所有娄葑人民值得欢庆的一件盛事。

在此，谨向所有为编纂本书辛勤付出的工作人员致以崇高敬意，也向为本书无私提供资料和帮助的苏州市地方志办公室、苏州工业园区档案管理中心的有关同志表示诚挚感谢！

带着这份厚重的寄托，娄葑人民将迎着新时代的曙光，继续前进。

中共苏州工业园区娄葑街道工作委员会 **傅 刚**

苏州工业园区娄葑街道办事处 **陈习伟**

凡 例

一、本志以马克思列宁主义、毛泽东思想、邓小平理论、“三个代表”重要思想、科学发展观和习近平新时代中国特色社会主义思想为指导，坚持辩证唯物主义和历史唯物主义的立场、观点和方法，客观记述娄葑街道原各自然村变迁情况和社区现状。

二、本志中社区按娄葑街道习惯称序编排，自然村以所属行政村回迁排序。

三、全志记述娄葑境域内自然村落变迁，涉及区域建置、方位分布、村名来历、姓氏遗存、户数人口、面积交通、路桥河街、学校庙宇、遗址古建及拆迁安置状况。本志中耕地面积包括水田面积、旱地面积和自留地面积。本志中耕地面积，如无特别说明，均以亩计算，不做换算。

四、《住宅分布示意图》根据各自然村落拆迁前房屋情况绘制，个别住户因并列、版面限制等原因位置可能稍有移位，不作为拆迁依据。本志各自然村落采用原貌或现状照片。

五、地名、机构和官职沿用当时称谓。名称需要多次沿用的，在第一次出现时用全称，其后则用简称。

六、本志上限不定，尽量追溯至事物发端，下限断至2017年末，大事记至2018年末，彩图和照片时间延至搁笔，清及以前的纪年采用朝代纪年括注公元纪年表述，自1912年1月1日起均使用公元纪年。志中所称“解放前（后）”，以娄葑解放日1949年4月27日为界；“中华人民共和国成立前（后）”以中华人民共和国成立日1949年10月1日为界；“改革开放前（后）”，以1978年12月中共十一届三中全会召开为界；文中凡未注明世纪的年代，均为20世纪年代。

七、资料来自园区档案管理中心、娄葑街道综合档案室、吴中区档案馆等，清《元和唯亭志》《吴县志》《娄葑镇志》和报刊、图书、网络资料等。

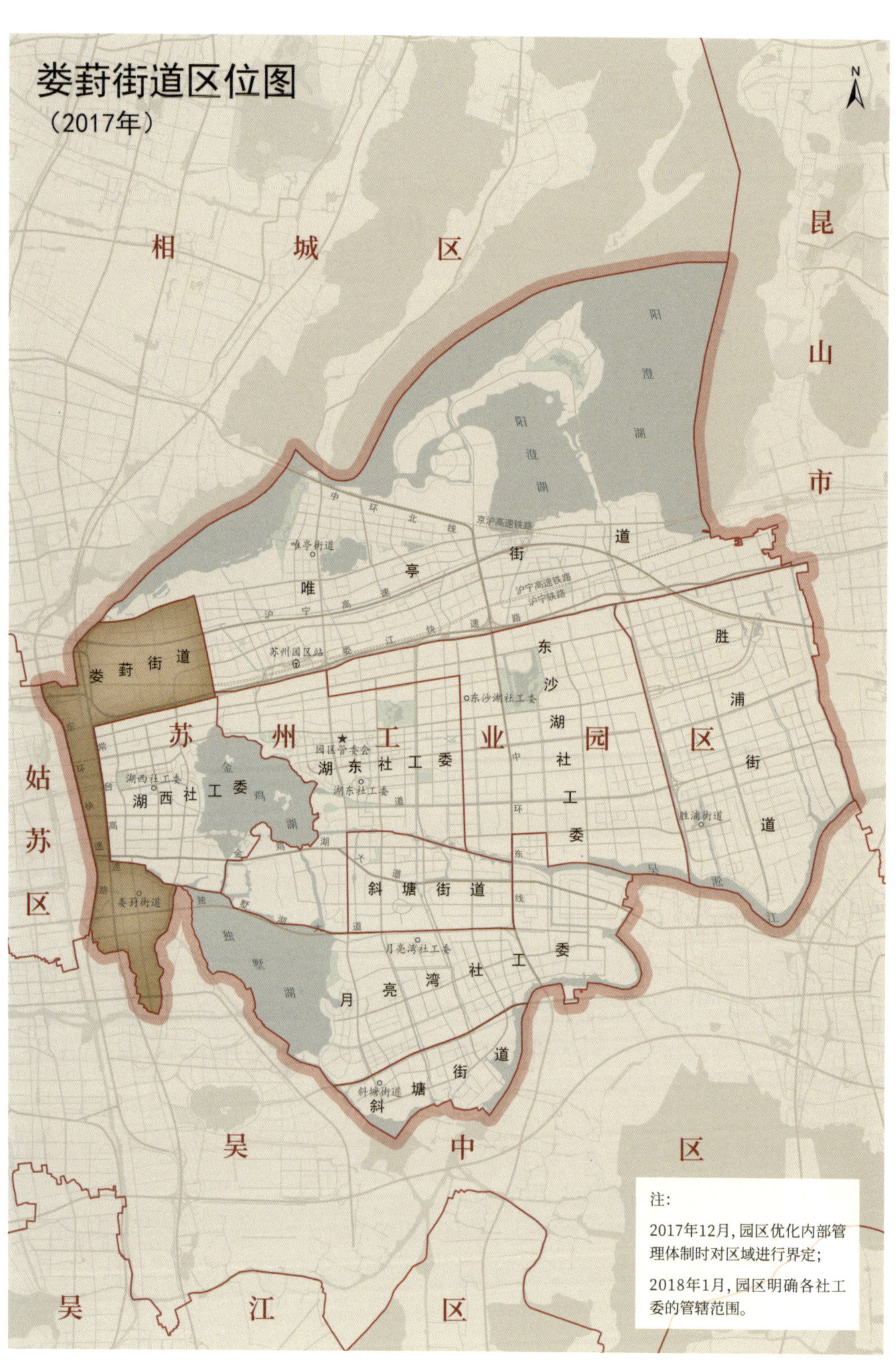
娄葑街道区位图
（2017年）
相城区
昆山市
姑苏区
吴中区
吴江区
苏州工业园区
阳澄湖
唯亭街道
娄葑街道
胜浦街道
东沙湖社工委
湖东社工委
湖西社工委
斜塘街道
月亮湾社工委
金鸡湖
独墅湖
唯亭街道
苏州园区站
园区管委会
东沙湖社工委
湖东社工委
湖西社工委
胜浦街道
娄葑街道
月亮湾社工委
斜塘街道
京沪高速铁路
沪宁高速铁路
沪宁铁路
沪宁高速
娄江快速路
中环北线
中环东线
东环快速路
常台高速
星港街
独墅湖大道
金鸡湖大道
吴淞江
注：
2017年12月，园区优化内部管理体制时对区域进行界定；
2018年1月，园区明确各社工委的管辖范围。

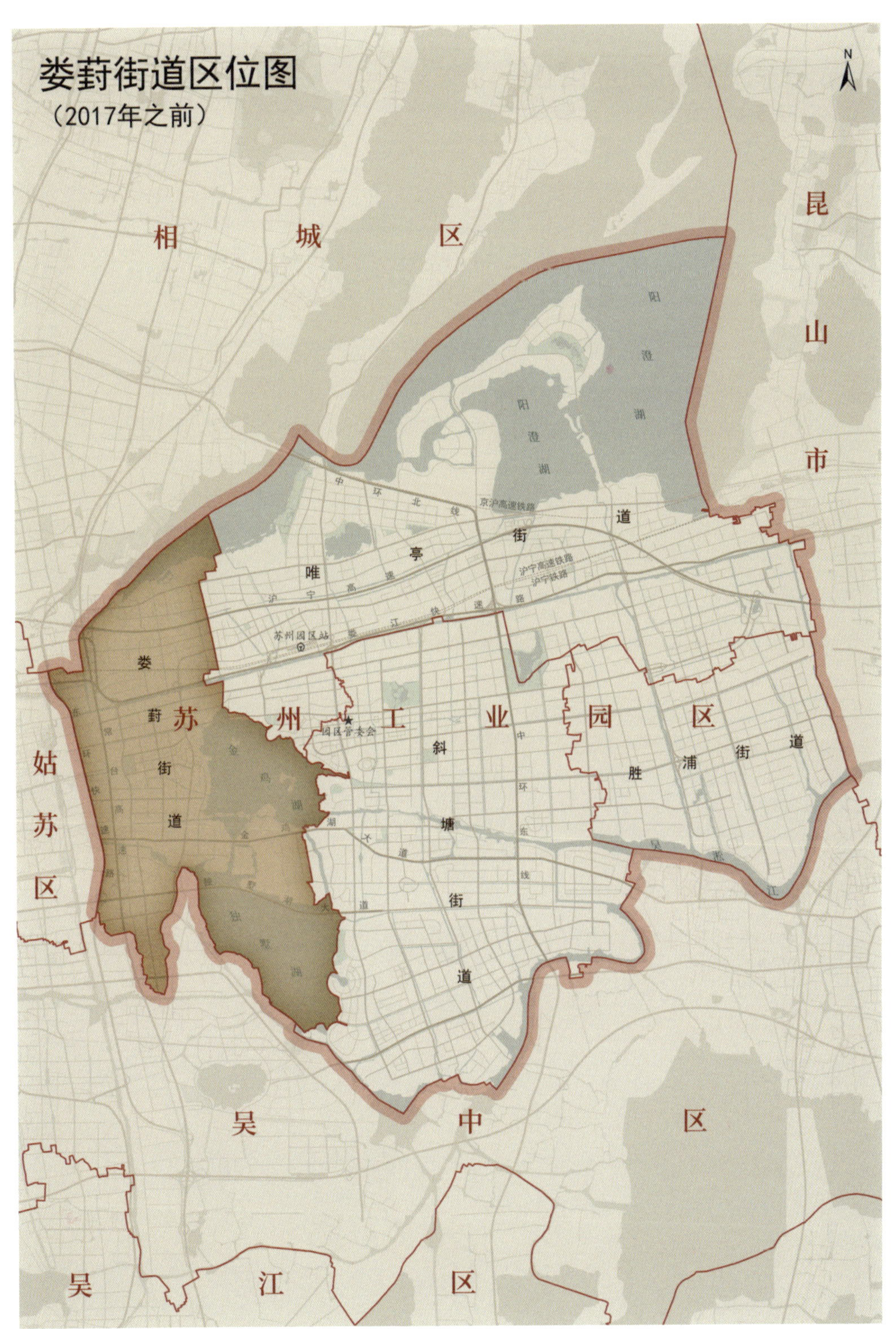

娄葑街道区位图
（2017年之前）
N
相城区
昆山市
姑苏区
吴中区
吴江区
苏州工业园区
阳澄湖
娄葑街道
唯亭街道
斜塘街道
胜浦街道
金鸡湖
独墅湖
中环北线
京沪高速铁路
沪宁高速铁路
沪宁铁路
沪宁高速
娄江快速路
苏州园区站
园区管委会
东环高速路
中环东线
吴淞江

娄葑街道社区区位图
（2017年）
相城区
唯亭街道
姑苏区
湖西社工委
月亮湾社工委
吴中区
吴中区
梅巷社区
梅花社区
梅巷社区
梅花、梅巷社区
共同管辖
扬东路社区
泾园北社区
泾园南社区
新苏社区
苏安北社区
苏安南社区
官渎社区
东港家乐社区
家乐社区
东港家怡社区
东港二村社区
新苏社区
徐家浜社区
葑塘社区
团结社区
葑谊社区
徐家浜社区
文萃路社区
独墅湖社区
金益社区
通园路社区
葑南路社区
群力社区
星湾社区
图例
街道办事处
医院
学校
住宅小区
相城区
唯亭街道
娄葑街道
姑苏区
湖西社工委
湖东社工委
月亮湾社工委
吴中区

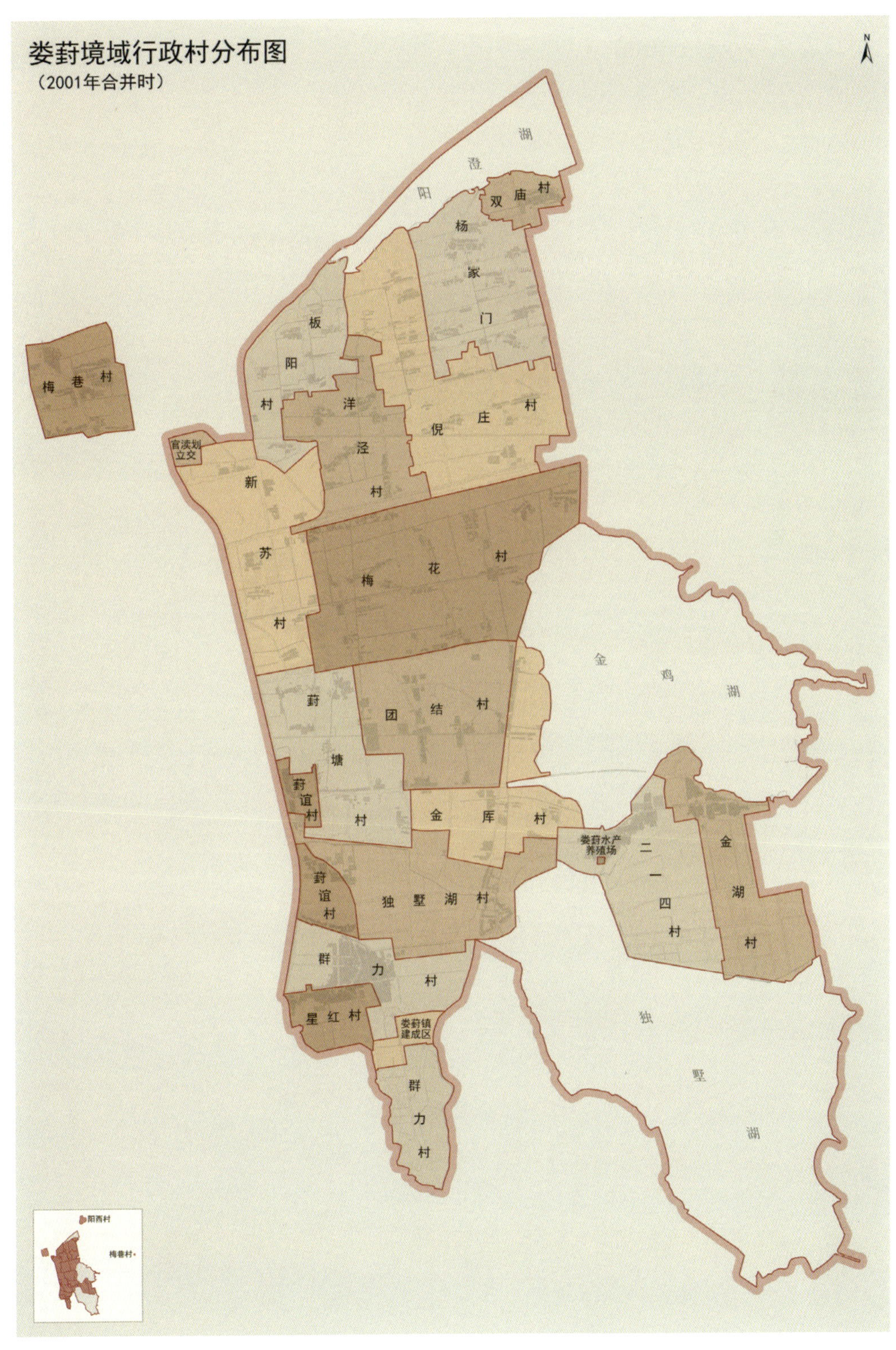

娄葑境域行政村分布图
（2001年合并时）
N
阳澄湖
双庙村
杨家门
板阳村
洋泾村
倪庄村
梅巷村
官渎划立交
新苏村
梅花村
金鸡湖
葑塘村
团结村
葑谊村
金库村
娄葑水产养殖场
二一四村
金湖村
葑谊村
独墅湖村
群力村
星红村
娄葑镇建成区
群力村
独墅湖
阳西村
梅巷村

娄葑境域行政村分布图
（2001年之前）
N
阳澄湖
双庙村
杨家门
倪浜村
板泾村
洋泾村
唐庄村
梅巷村
阳西村
官渎划
立交
新苏村
新湖村
新升村
金鸡湖
葑塘村
团结村
葑红村
金库村
友谊村
娄葑水产养殖场
郭巷塘北村
二一四村
金湖村
群力村
星红村
娄葑镇
建成区
群力村
独墅湖
阳西村
沙湖水产
养殖场

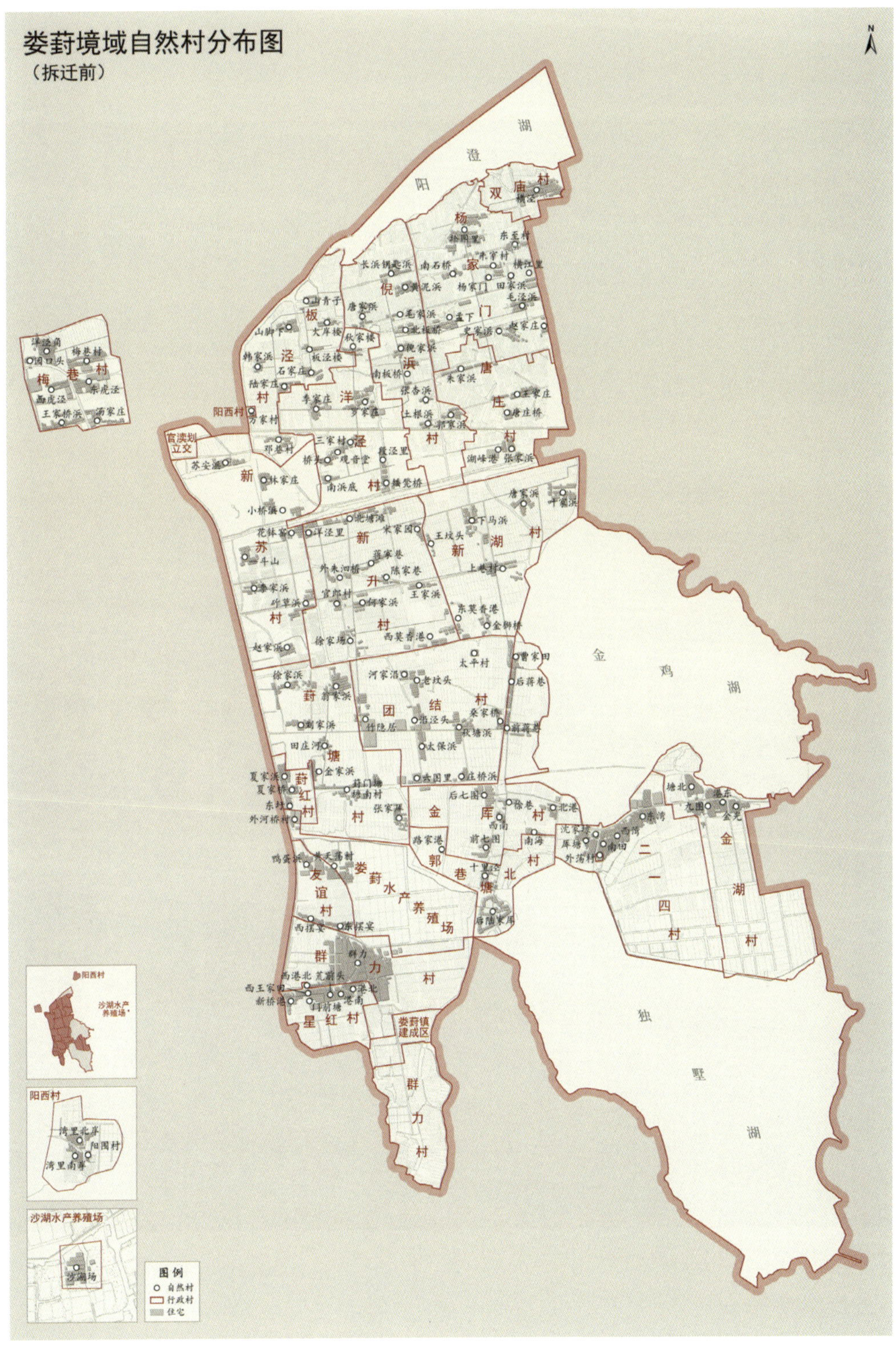

娄葑境域自然村分布图
（拆迁前）
阳澄湖
双庙村
杨家门村
倪浜村
板泾村
洋泾村
唐庄村
新苏村
新升村
新湖村
葑塘村
团结村
葑红村
金库村
郭巷村
北塘村
友谊村
娄葑水产养殖场
群力村
星红村
娄葑镇建成区
金鸡湖
二十四村
金湖村
独墅湖
梅巷村
官渎划立交
阳西村
沙湖水产养殖场
图例
自然村
行政村
住宅

◎ 城市新貌（2019年摄）

旧景新貌

◎ 中央公园全景（2015年摄）

SIP

◎ 1993年12月5日，娄葑乡政府迁至相门乐雅饭店

◎ 娄葑镇政府办公新大楼（1999年摄）

◎ 娄葑街道办公大楼（2016年摄）

◎ 80年代乡村水泥路

◎ 通园路（2010年摄）

◎ 娄葑街道中心区域（2016年摄）

◎ 东方之门（2018年摄）

◎ 80年代葑谊村－村办厂门口

◎ 阳西村村貌（1986年摄）

◎ 团结村村貌（1992年摄）

◎ 友谊村村民住宅（1999年摄）

◎ 群力村村民住宅（2003年摄）

◎ 新塘北村村貌（2009年摄）

◎ 鸭蛋浜河（2019年摄）

◎ 黄石桥东李公堤（1992年摄）

◎ 东小金鸡湖日出（1998年摄）

◎ 李公堤夜景（2007年摄）

◎ 夕阳映照下的李公堤（2017年摄）

◎ 金鸡湖（2018年摄）

政治经济

◎ 娄葑乡工会工作委员会成立（1976年摄）

◎ 娄葑乡1986年度先进表彰大会（1987年摄）

◎ 苏州市郊区第四届人民代表选举大会——娄葑乡葑谊村选举大会（1987年摄）

◎ 郊区娄葑乡第七次妇女代表大会（1988年摄）

◎ 娄葑乡90年度经济工作表彰兑现大会

◎ 1993年娄葑乡工业产值突破十亿元庆功演出

◎ 1999年3月31日，在东环大厦举行撤乡建镇揭牌仪式

◎ 中国共产党苏州市郊区娄葑乡第六次代表大会

◎ 娄葑乡首届少先队代表会召开（1986年摄）

◎ 80年代娄葑乡第一期企业干部培训班留影

◎ 1984年冬季应征入伍青年

◎ 发展团员模拟活动（1985年摄）

◎ 1985年乡干部初中班结业

◎ 80年代企业为提高职工思想政治工作每月出版一期黑板报

◎ 1994年6月，工业园区开发建设在娄葑境内打下第一根桩

◎ 工业园区第一个厂房——新苏工业坊（1995年摄）

◎ 娄葑乡涂装厂生产车间

◎ 苏州江南化工厂全景

◎ 苏州江南汽车软垫厂

◎ 鲜橘水可乐生产车间

◎ 砂轮切割机厂车间

◎ 苏州市板泾削笔刀厂

◎ 木材加工厂

◎ 丝织工人

◎ 新湖村深染厂晒场

◎ 美术草制品厂产品——榻榻米席

◎ 农机现场会（1984年摄）

◎ 80年代葑谊村中型拖拉机耕作农田

◎ 80年代丝瓜棚

◎ 放藕秧

◎ 采菱（1985年摄）

◎ 茭白田

◎ 外出种养，收获芡实（2018年摄）

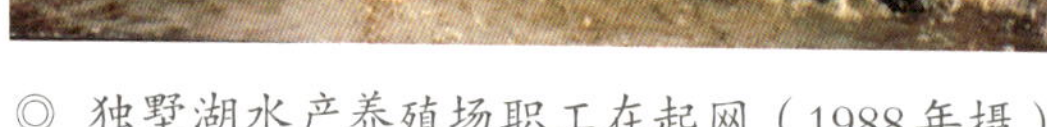

◎ 独墅湖水产养殖场职工在起网（1988 年摄）

◎ 娄葑渔民大捕捞

◎ 小金鸡湖养珍珠场（1995 年摄）

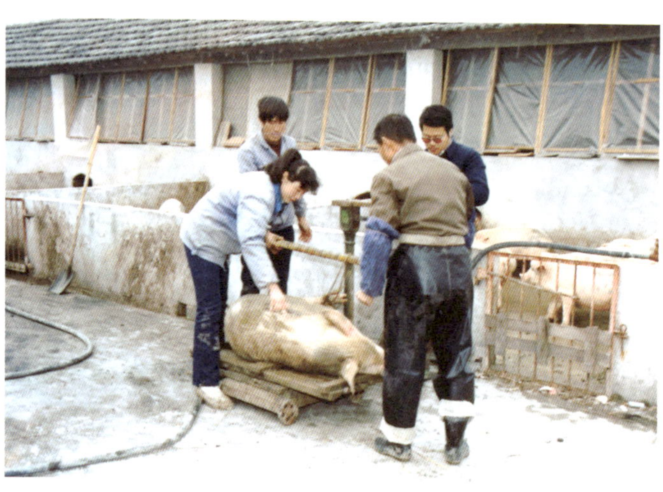

◎ 肉猪上市

◎ 美观耐用的钢折椅（1987年摄）

◎ 娄葑夜市展销会

◎ 改造后的东港新村菜场（2019年摄）

◎ 娄葑街道创投工业坊鸟瞰图（2018年摄）

◎ 通园坊创意产业园（2018年摄）

◎ 红星美凯龙生活广场苏州园区店（2018年摄）

◎ 现代创展大厦（2019年摄）

◎ 星东环大厦（2018年摄）

社会事业

◎ 娄葑乡医院在葑谊村设立（1960年摄）

◎ 健康家庭创建活动板报巡展（2004年摄）

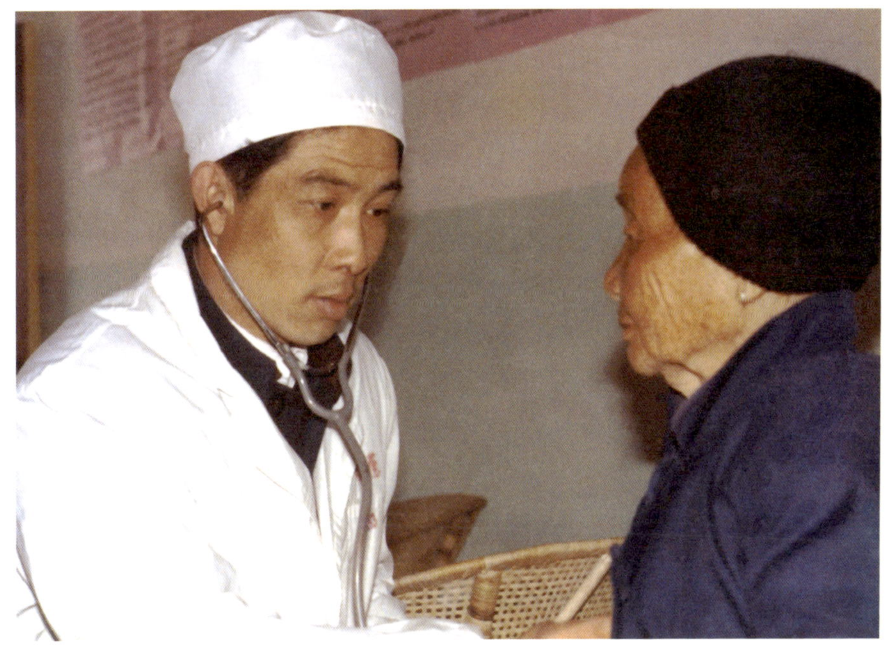

◎ 卫生院医生为敬老院老人体检（1988年摄）

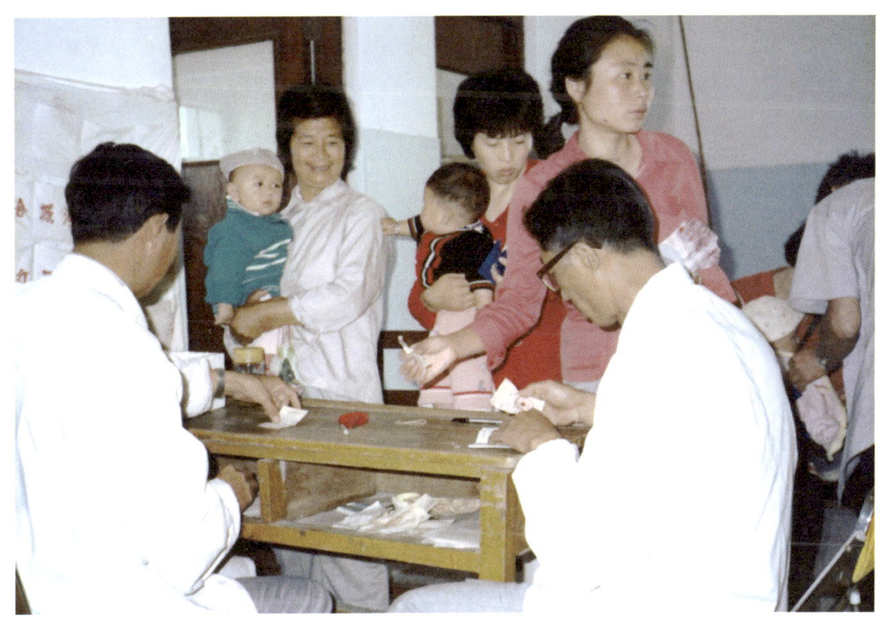

◎ 独生子女定期体检（1992年摄）

◎ 娄葑影剧院（1991 年摄）

◎ 数字电影广场（2019 年摄）

◎ 娄葑社区文化联谊节（1991 年摄）

◎ 娄葑镇“走进荷韵”健康家庭亲子趣味运动会（2004 年摄）

◎ 娄葑镇新春评弹大家唱专场（2004年摄）

◎“荷诞节”朗诵表演（2017年摄）

◎ 娄葑之音歌唱大赛（2017年摄）

◎ 农民运动会射击比赛（1984年摄）

◎ 篮球比赛（1984年摄）

◎ 拔河比赛（1987年摄）

◎ 娄葑街道"we are 饭米粒"亲子共学活动（2016年摄）

◎ 全民健身节（2017年摄）

◎ 电子竞技赛（2017年摄）

◎ 娄葑商会举办消防技能大赛（2018年摄）

◎ 娄葑街道承办苏州工业园区全民终身学习周活动（2018年摄）

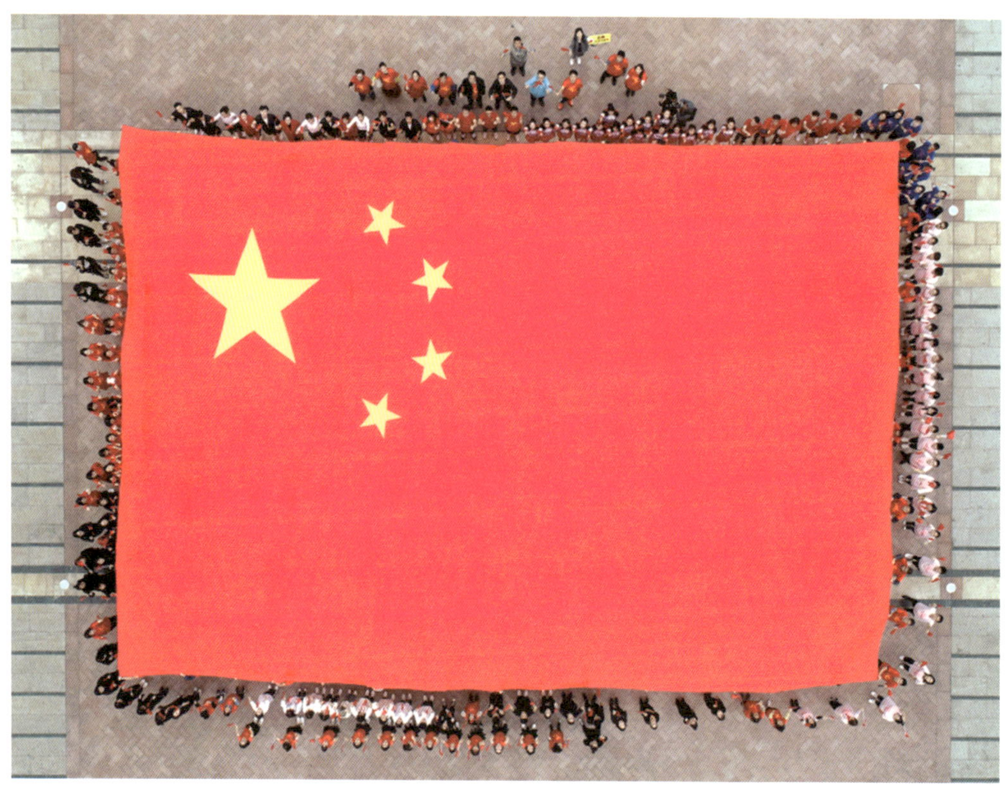

◎“快闪”献礼祖国70华诞（2019年摄）

◎ 娄葑南荡芡实文化园（2014年摄）

◎ 脚踏荷花宕文化展示馆（2018年摄）

农家生活

◎ 嫁妆（1981 年摄）

◎ 渔村喜事（1990 年摄）

◎ 放电影（1984年摄）

◎ 听评弹（1999年摄）

◎ 居民搬迁（1995 年摄）

◎ 动迁村民搬入夏园新村（1995 年摄）

◎ 金厍动迁农民在运输船上过渡（2003 年摄）

◎ 80年代群力村农民在收获莲藕

◎ 茭白上市（1983年摄）

◎ 机械化农耕（1985年摄）

◎ 收水芹菜（1991年摄）

◎ 小金鸡湖上钓鱼（1995年摄）

◎ 网鱼（2017年摄）

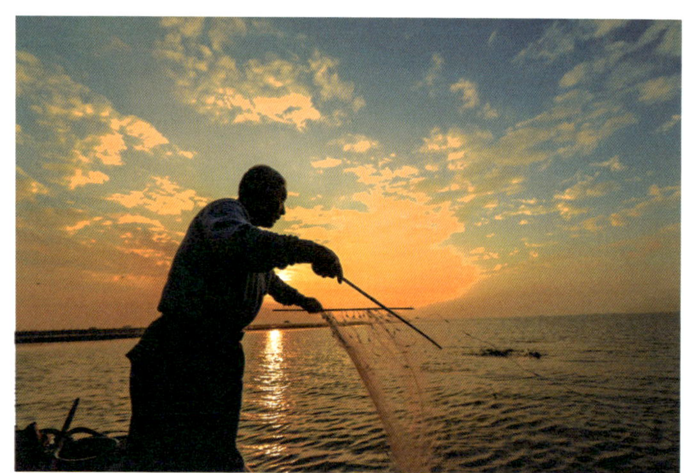

◎ 撒网（2017年摄）

目 录

娄葑史略

娄葑街道东靠苏州工业园区中新合作区，南临吴中区，西邻苏州古城区，北部与相城区相接。

娄葑得名于2500多年前。阖闾元年（前514），吴王阖闾命伍子胥“相土尝水，象天法地，造筑大城”。这是苏州建城之始。城有娄门、葑门，“娄葑”名称由此而来。

娄葑地区历史悠久，经考古调查和发掘，娄葑曾经出土过良渚文化时期的石斧、陶器等文物。这证明早在新石器时代就已经有人类生活在娄葑这块土地上。

娄葑境域内土地肥沃，四季分明，曾种植水稻、“三麦”（小麦、大麦、元麦）、油菜籽和蚕豆等农作物，副业以手工编织蓑衣、蒲包和饲养家禽家畜为主。娄葑湖泊众多，地势低洼，水沟渠道星罗棋布，给水生蔬菜的种植、生产创造了良好的条件。当地人种植茭白、莲藕、芡实（俗称鸡头米）、茨菰、荸荠、水芹、莼菜、菱角等八种水生作物，因品质优良被并称为“水八仙”，在苏州一带影响很大，为苏州市民提供了大量的时令佳品。芡实等产品在国际上也享有较高声誉。

1994年苏州工业园区开发建设，娄葑进行配套设施建设，充分利用苏州中新合作区的辐射带动，全面加快转型升级步伐，大力发展外向型经济，形成了以信息电子、精密机械加工、生物医药和现代服务业为支柱产业的高新技术产业基地。娄葑先后获得“全国千强镇排名第五”“江苏省农村社会经济综合实力第一镇”“江苏省外向型经济第一镇”等称号。

【娄葑乡】

从1949年至1998年，娄葑地区地方建制发生多次重大变化，大致可分为4个阶段：区、乡、村制时期；乡、社制时期；政社合一制时期；乡（镇）、村（居委会）制时期。

区、乡、村制时期 1949年9月，苏州市城区分为东、南、西、北、中5个分区，同年11月，城郊农村划并为7个乡，分别由东、南、西3个区管辖。娄葑全境分属苏州市和吴县6个区8个小乡。1953年9月，苏州市建南园乡，葑塘乡分为葑塘和库塘两乡。

乡、社制时期 1956年12月，撤销水上办事处，建立苏渔乡。金湖、二一四两地与苏渔乡处同一地域而属不同行政单位管辖，不久，金湖、二一四两村也划归苏渔乡领导。1957年12月，青旸乡并入娄葑乡；苏站乡友好社、北园村同时划归娄葑乡，全乡面貌基本形成。这时的娄葑乡俗称“大乡”。

政、社合一制时期 1958年9月，吴县娄葑人民公社、苏渔人民公社相继成立。娄葑全公社被编为8个营，成立1个民兵团。1959年7月，合并后的新娄葑公社下辖14个生产大队。1961年7月25日，全公社下辖生产大队增至17个。1964年1月，跨塘公社洋泾、板泾村划入娄葑公社。1965年2月27日，在原北园村的基础上成立北塔农场，划归娄葑公社。1969年10月13日，苏渔公社并入娄葑公社，并入时带来四大队。至此，娄葑公社（乡）范围基本稳定下来，除了局部调整外，20余年不再有大面积的区划变动。

乡、村制时期 1983年10月，成立娄葑乡人民政府，全乡面积42平方千米，辖21个行政村、2个养殖场、298个村民小组，居民10181户、36460人，分居155个自然村。1992年9月，官渎村划归平江区管辖。1994年5月，娄葑乡成建制划归苏州工业园区。1994年，娄葑乡成立苏州工业园区娄葑分区。1995年6月，团结、友谊、葑红、葑塘、新苏、南园、联合、青旸、城湾、星红、新湖、新升、梅巷13个行政村改设为居委会。1996年6月，吴县市郭巷镇塘北村8个组划归娄葑乡，成立新塘北居委会。

90代后期，娄葑初步完成从农业经济为主到以外向型经济为主体、工业为主导的现代化小城镇的历史性跨越，进入江苏省百强乡镇行列。1998年，娄葑国内生产总值10亿元，是1994年的2倍；财政收入1.6亿元，是1994年的11.4倍；人均收入达6909元，是1994年的1.8倍。引进合同外资2.9亿美元，是1994年的26倍，实际到账外资1.1亿美元。

【娄葑镇】

娄葑镇位于苏州古城东郊，东至跨塘镇、斜塘镇，南接吴县市郭巷镇、长桥镇，西依苏州古城区，北连吴县市陆慕镇。全镇南北断续长约10千米，东西宽约8千米，面积34.17平方千米。

1999年3月31日，娄葑撤乡建镇。娄葑镇是苏州工业园区5乡镇之一，因城区扩张和区划变动，娄葑镇行政区域跨度大，呈若干片状，分布在苏州城东的娄门、相门、葑门之外，以及城南的南门、盘门和城北的齐门之外，镶嵌在黄天荡、金鸡湖、鲫背湖、独墅湖、阳澄湖5个湖泊之间；有7个行政村，3个街道办事处（14个居委会），2个水产养殖场。是年9月，娄葑镇政府办公地点迁至通园路28号新落成的娄葑镇行政中心大楼。2000年12月13日，苏州工业园区跨塘镇的倪浜村、唐庄村划归苏州工业园区娄葑镇。2002年2月21日，斜塘镇撤销建置，将其原辖区域并入娄葑镇。

2011年，娄葑镇行政区划36平方千米，共有人口33.43万人，其中户籍人口16.45万人，外来人口16.98万人，户籍人口均为非农业人口，主要是汉族，少数民族有回族、苗族等，共约700人；全镇实现地区生产总值452亿元，完成地方一般预算收入31.5亿元，累计利用外资16.5亿美元；新增注册内资从96.8亿元增长到184.4亿元，年增长22.6%。

【娄葑街道】

娄葑街道东靠昆山市，南临独墅湖，西接姑苏区，北临相城区。行政区域面积27.3平方千米。

2012年12月，撤销中共苏州市娄葑镇委员会和苏州市娄葑镇人民政府，设立中共苏州工业园区娄葑街道工作委员会和苏州工业园区娄葑街道办事处，苏州工业园区党工委、管委会作为苏州市委、市政府派出机构，对街道依法行使行政管理职能。是年12月底，斜塘街道设立，划出娄葑街道管理范围。娄葑街道管辖葑谊、团结、星湾、群力、独墅湖、金益、葑塘、泾园南、泾园北、新苏、梅花、梅巷12个动迁安置社区和徐家浜、通园路、文萃路、葑南路、苏安南、苏安北、东港家怡、东港家乐、东港二村、官渎、扬东路11个城市社区，共有138个自然村。

娄葑街道作为当初园区开发建设的核心区，从工业园区建成起就开始进行大规模开发建设。2013年，娄葑街道全面实施动迁小区改造“三年提升计划”，共投入近3亿元对12个动迁小区进行了改造提升。

2017年，娄葑街道共有人口22.3万人，其中户籍人口10.48万人，流动人口11.82万人，户籍人口均为非农业人口；全年完成规模以上工业总产值241.49亿元，进出口总额26.52亿美元，全社会固定资产投资15.75亿元，限额以上贸易企业零售额46.99亿元，成为苏州工业园区经济重镇。

第一章 葑谊社区

葑谊社区位于娄葑街道东南部，东依金鸡湖，南邻独墅湖隧道，西临东环路，北靠苏沪机场路，东振路商业街和葑谊商业街贯通社区。

葑谊社区成立于2004年10月，由金库、葑红、友谊3个行政村合并组建。金库村由8个自然村组成：北港、曹家田、前、后七图、南海、前、后蒋巷、西南、徐巷；葑红由6个自然村组成：东圩、夏家浜、夏家桥、前后庄、西圩、姚家弄；友谊村由4个自然村组成：东摆宴、西摆宴、鸭蛋浜、高田上[①]。社区占地面积43.54万平方米，辖8个居民小区，住宅93幢、3208套。

◎ 80年代葑谊村新安装的路灯

1994年苏州工业园区开发建设之前，葑谊社区的种植业以油粮、蔬菜为主。水生作物传统品种有莲藕、芹菜、菱角、芡实、茭白、荸荠、茨菰、莼菜，俗称“水八仙”。其中，以金库的白茎绿叶“苏芹”、早熟花藕，友谊的深塘藕、南荡芡实、葑门大荸荠，葑红的“腊台”菱、“水红”菱、“苏州黄”茨菰、“太湖种”莼菜出名。家庭副业以编织蒲包、茭叶包、草鞋、蓑衣、凉席为主。

70年代发展乡村办企业，到90年代有3个村集体办企业20多个，涉及电子、纺织、人造革等领域，1993年实现工业总产值4亿元。2017年末，葑谊社区有2个工业小区，

① 前后庄、西圩、姚家弄、高田上4个自然村2002年区域调整划归姑苏区管辖。

占地120亩，建设标准厂房6.8万平方米，商业用房3400平方米，加上其他对外投资，全年总收入2040万元。葑谊社区先后获得“江苏省文明社区”“江苏省和谐社区”“苏州市新型集体经济十强村”“苏州市村级经济发展百强村”“苏州市社区商业示范社区”“苏州市农村社区股份合作示范社”“苏州市十佳农村新型合作经济组织”等称号。

2017年末，葑谊社区户籍人口6152人，其中男性3139人，女性3013人；租住人口约9000人，人口总规模达1.5万多人。途经社区周边的公交有42路、120路、126路、207路、218路、935路等。

◎ 葑谊社区居委会（2019年摄）

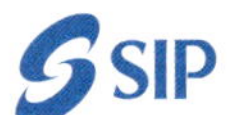

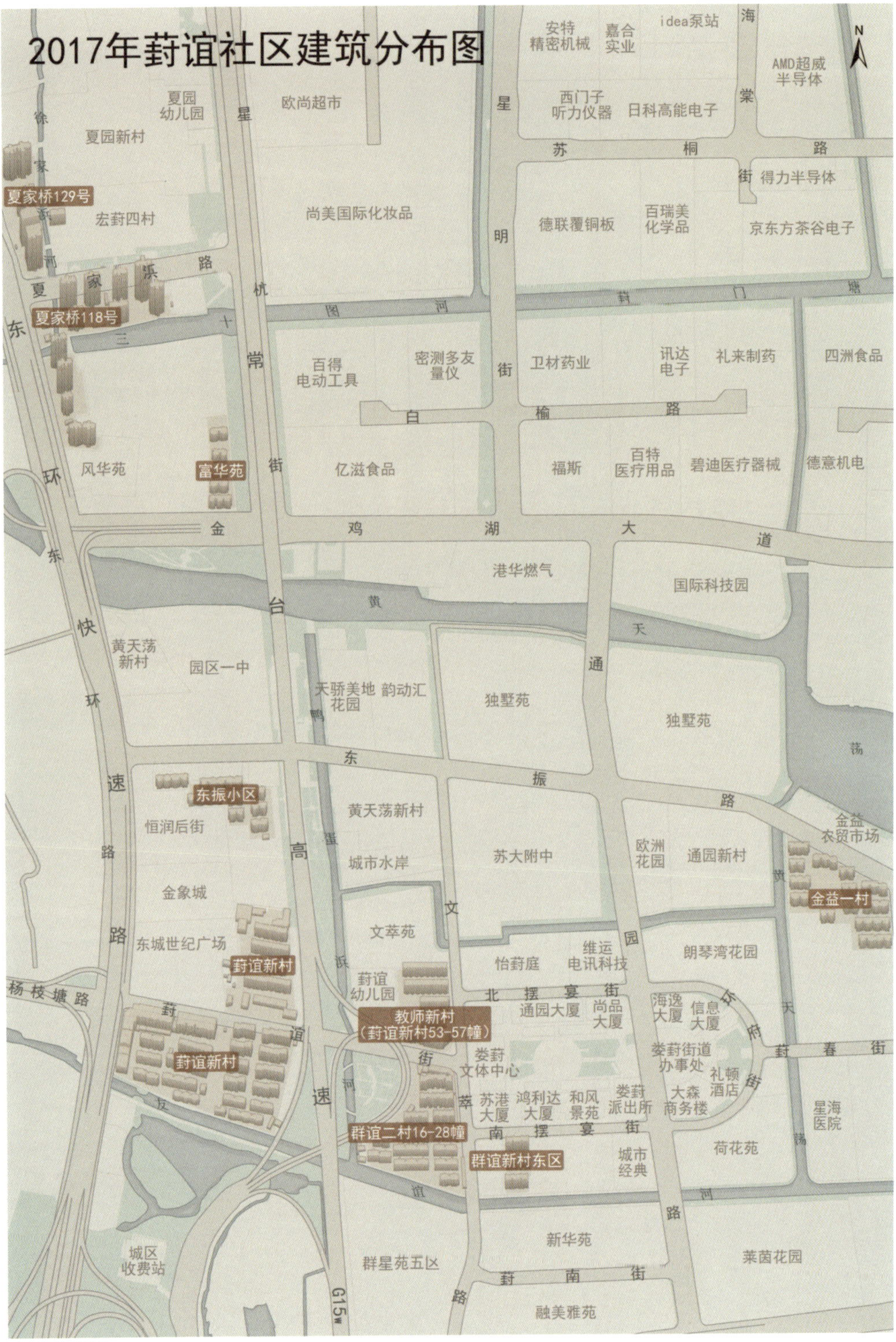
2017年葑谊社区建筑分布图
N
安特
精密机械
嘉合
实业
idea泵站
海
AMD超威
半导体
夏园
幼儿园
星
欧尚超市
星
西门子
听力仪器
日科高能电子
棠
徐
夏园新村
家
苏
桐
路
夏家桥129号
街
得力半导体
宏葑四村
尚美国际化妆品
明
德联覆铜板
百瑞美
化学品
京东方茶谷电子
夏
家
浜
路
杭
葑
门
塘
图
河
夏家桥118号
东
三
十
常
百得
电动工具
密测多友
量仪
街
卫材药业
讯达
电子
礼来制药
四洲食品
白
榆
路
风华苑
富华苑
街
亿滋食品
福斯
百特
医疗用品
碧迪医疗器械
德意机电
环
金
鸡
湖
大
道
东
港华燃气
国际科技园
台
黄
快
天
黄天荡
新村
园区一中
通
天骄美地
花园
韵动汇
独墅苑
独墅苑
环
鸭
荡
东
振
路
速
东振小区
黄天荡新村
金益
衣贸市场
恒润后街
路
高
欧洲
花园
通园新村
城市水岸
苏大附中
金象城
金益一村
文
文萃苑
路
东城世纪广场
园
维运
电讯科技
朗琴湾花园
葑谊新村
怡葑庭
浜
葑谊
幼儿园
杨枝塘路
北
摆
宴
街
环
教师新村
（葑谊新村53-57幢）
通园大厦
尚品
大厦
海逸
大厦
信息
大厦
天
葑
谊
葑谊新村
娄葑
文体中心
娄葑街道
办事处
府
葑
春
街
街
礼顿
酒店
河
萃
苏港
大厦
鸿利达
大厦
和风
景苑
娄葑
派出所
大森
商务楼
街
星海
医院
速
群谊二村16-28幢
南
摆
宴
街
荷花苑
群谊新村东区
城市
经典
荡
谊
河
路
新华苑
城区
收费站
群星苑五区
莱茵花园
葑
南
街
G15w
路
融美雅苑

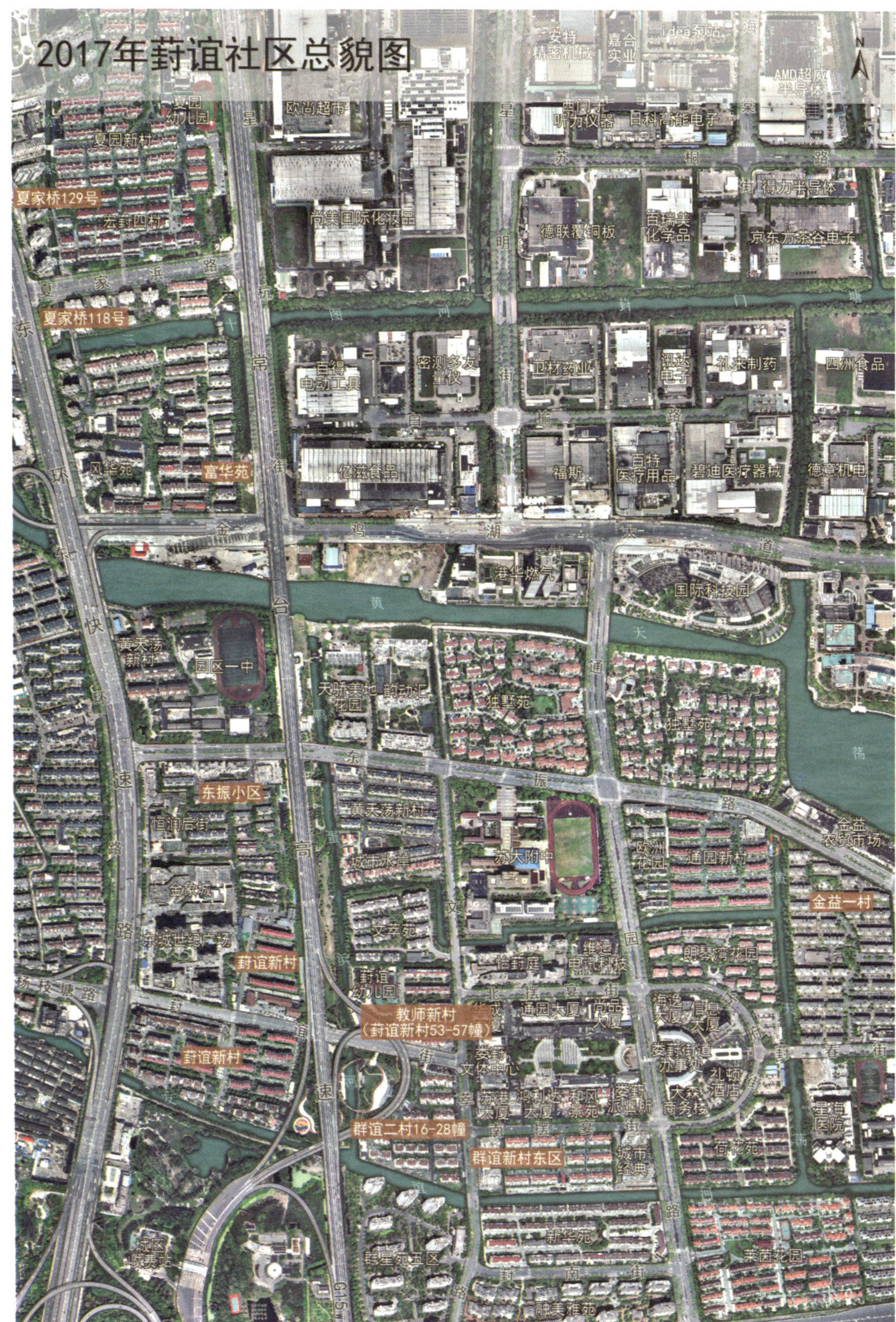
2017年葑谊社区总貌图
安特精密机械
嘉合实业
AMD超威半导体
欧尚超市
夏园幼儿园
夏园新村
夏家桥129号
宏葑四村
尚美国际化妆品
德联覆铜板
百瑞美化学品
京东方茶谷电子
得力半导体
夏家桥118号
百得电动工具
密测多友量仪
卫材药业
讯达电子
礼来制药
四洲食品
风华苑
富华苑
亿滋食品
福斯
百特医疗用品
碧迪医疗器械
德意机电
港华燃气
国际科技园
黄天荡新村
园区一中
天映美地花园
韵动汇
独墅苑
东振小区
恒润后街
黄天荡新村
城市水岸
苏大附中
欧洲花园
通园新村
金益农贸市场
金益一村
金筑城
东城世纪广场
葑谊新村
文辛苑
葑谊幼儿园
怡葑庭
维德电讯科技
朗琴湾花园
通园大厦
教师新村
(葑谊新村53-57幢)
葑谊新村
娄葑文体中心
娄葑街道办事处
礼顿酒店
大森商务楼
群谊二村16-28幢
群谊新村东区
城市经典
荷花苑
星海医院
新华苑
莱茵花园
城区城建苑
融美雅苑

一、北港

北港位于金鸡湖大道北侧，南面与南海相对，东邻二一四村，南临独墅湖，西接徐巷，北靠金鸡湖。因在大北港和小北港河浜之南而得名。

北港村民姓氏以张、叶居多。截至2003年动迁前，有村民80户，238人，其中男性122人、女性116人。村民以种植水生农作物为主，主要种植茭白、藕、水芹、茨菰、菱等水生农作物。全村耕地主要种植水稻、小麦、油菜等粮食作物。

2003年，因工业园区建设需要，北港整体动迁，村民安置在金益一村小区，北港自然村消失。2017年末，星港街东、金鸡湖大道北、水坊路南为北港原址，建有中海御湖熙岸小区。

◎ 建在北港原址上的中海御湖熙岸小区（2019年摄）

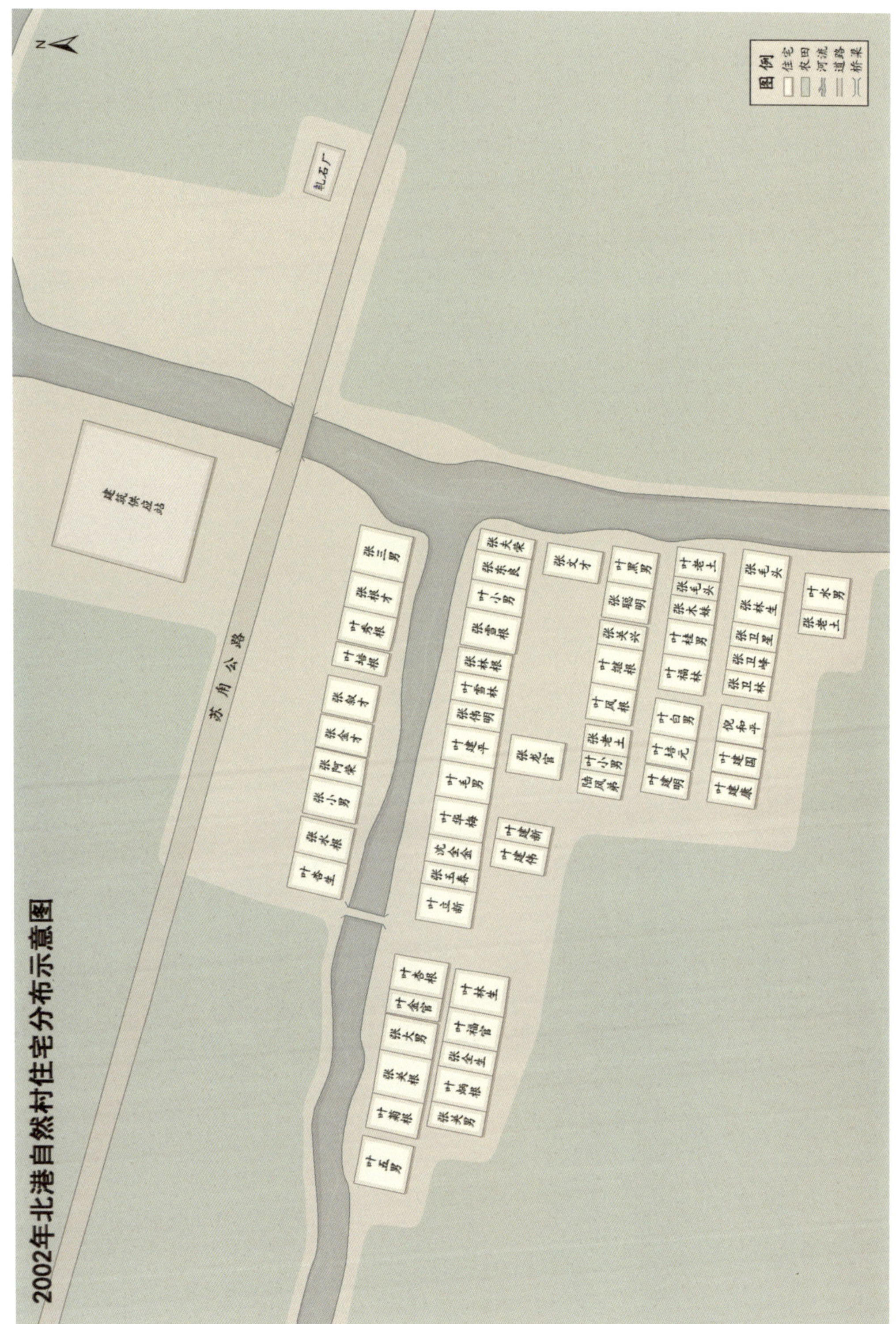

2002年北港自然村住宅分布示意图

二、曹家田

曹家田东面、北面与金鸡湖相接，西隔西港河，南靠后蒋巷，与太平村相邻。西港河与金鸡湖环通。因旧时为曹氏家族田地而得名。

曹家田村民姓氏以陆、陈、沈、顾居多。截至1994年拆迁前，有村民100户，154人，其中男性78人、女性76人。村民以种植水生农作物为主，主要种植茭白、藕、水芹、茨菇、菱等水生农作物。全村耕地主要种植水稻、小麦、油菜等粮食作物。

1994年，因工业园区建设需要，曹家田整体动迁，大部分村民安置在葑谊新村，少部分村民安置在徐家浜新村，曹家田自然村消失。2017年末，星港街东、翠湖雅居南为曹家田原址，建有澜韵园小区。

◎ 建在曹家田原址上的澜韵园小区（2019年摄）

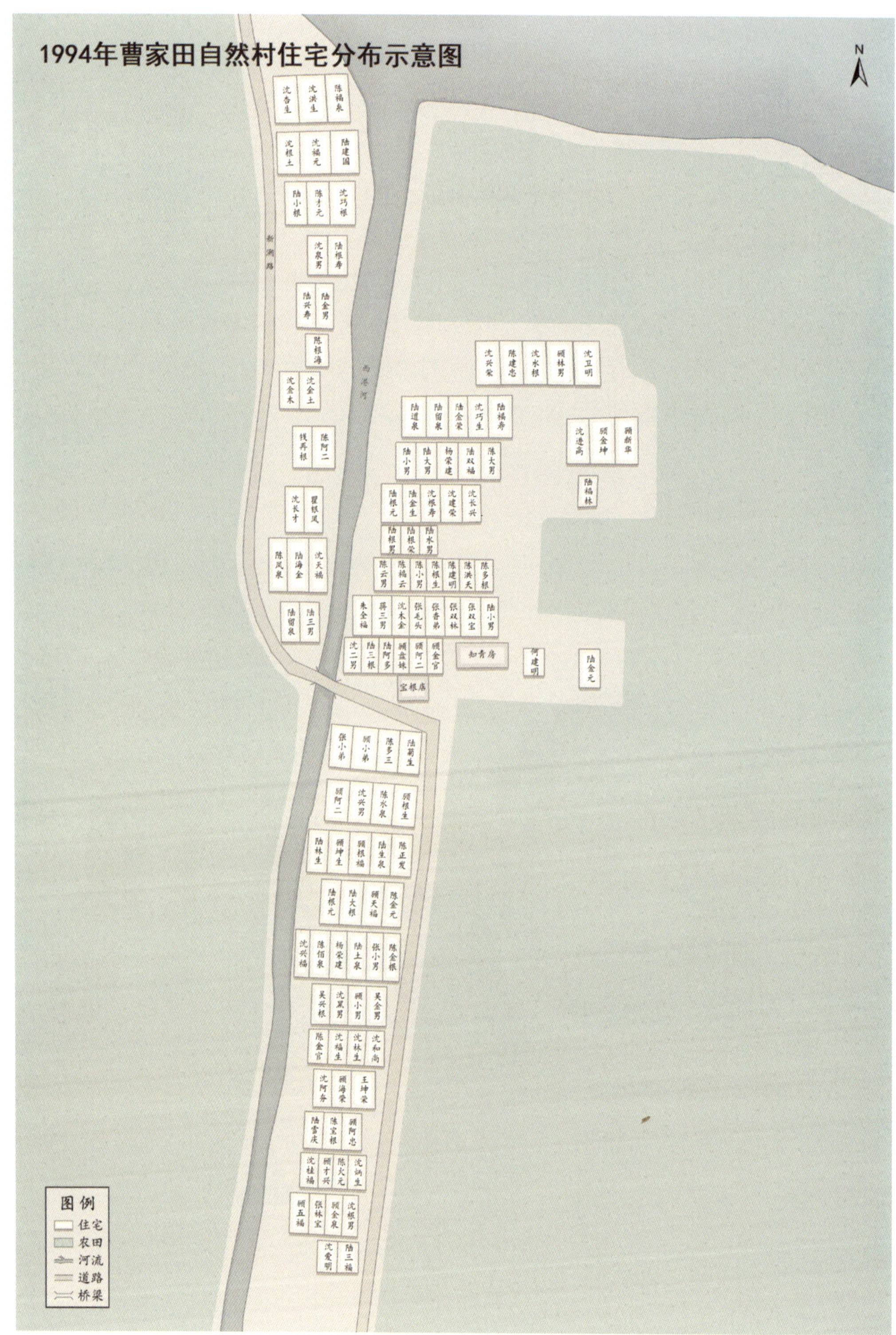
1994年曹家田自然村住宅分布示意图
N
沈杏生
沈洪生
陈福泉
沈根土
沈福元
陆建国
陆小根
陈才元
沈巧根
沈泉男
陆根寿
陆兴寿
陆金男
陈根海
沈金木
沈金土
钱再根
陈阿二
沈长才
瞿银凤
陈凤泉
陆海金
沈天福
陆留泉
陆三男
新渊路
西港河
沈兴荣
陈建忠
沈水根
顾林男
沈卫明
陆道泉
陆留泉
陆金荣
沈巧生
陆福寿
沈进高
顾金坤
顾新华
陆小男
陆大男
杨荣建
陆双福
陈大男
陆福林
陆根元
陆金生
沈根寿
沈建荣
沈长兴
陆根男
陆根荣
陆水男
陈云男
陈福云
陈小男
陈根生
陈建明
陈洪天
陈多根
朱全福
蒋三男
沈木金
张毛头
张香弟
张双林
张双宝
陆小男
沈二男
陆三根
陆阿多
顾盘妹
顾阿二
顾金官
知青房
何建明
陆金元
宝根店
张小弟
顾小弟
陈多三
陆菊生
顾阿二
沈兴男
陈水泉
顾根生
陆林生
顾坤生
顾根福
陆生泉
陈正发
陆根元
陆大根
顾天福
陈金元
沈兴福
陈佰泉
杨荣建
陆土泉
张小男
陈金根
吴兴根
沈黑男
顾小男
吴金男
陈金官
沈福生
沈林生
沈和尚
沈阿务
顾海荣
王坤荣
陆雪庆
陈宝根
顾阿忠
沈桂福
顾才兴
陈火元
沈炳生
顾五福
张林宝
顾金泉
沈根男
沈爱明
陆三福
图例
住宅
农田
河流
道路
桥梁

三、前、后七图[①]

前、后七图位于黄石桥西南方，东隔东港河，南临吴中区塘北村，西靠张家厍，北临塘浪河。因清时属二十四都七图而得名，后以地理位置又分为前七图、后七图两个村。

前、后七图村民姓氏以张、陈、孟姓居多。1994年动迁前，有村民57户，240人，其中男性123人、女性117人。全村耕地主要种植水稻、小麦、油菜等农作物。村民自留地种植黄瓜、茄子、番茄、豇豆、莴笋等蔬菜。也有村民以种植水生作物为主，主要种植茭白、藕、水芹、茨菰、菱等。

1994年6月，因工业园区建设需要，前、后七图整体动迁，村民安置在夏园新村，前、后七图自然村消失。2017年末，金鸡湖大道北、星港街西为前、后七图原址，建有华润雪花啤酒（江苏）有限公司。

◎ 建在前、后七图原址上的华润雪花啤酒（江苏）有限公司（2019年摄）

① 前、后七图：因前七图与后七图两个自然村地缘相近，人文相亲，变迁同步，故两村并称前、后七图。

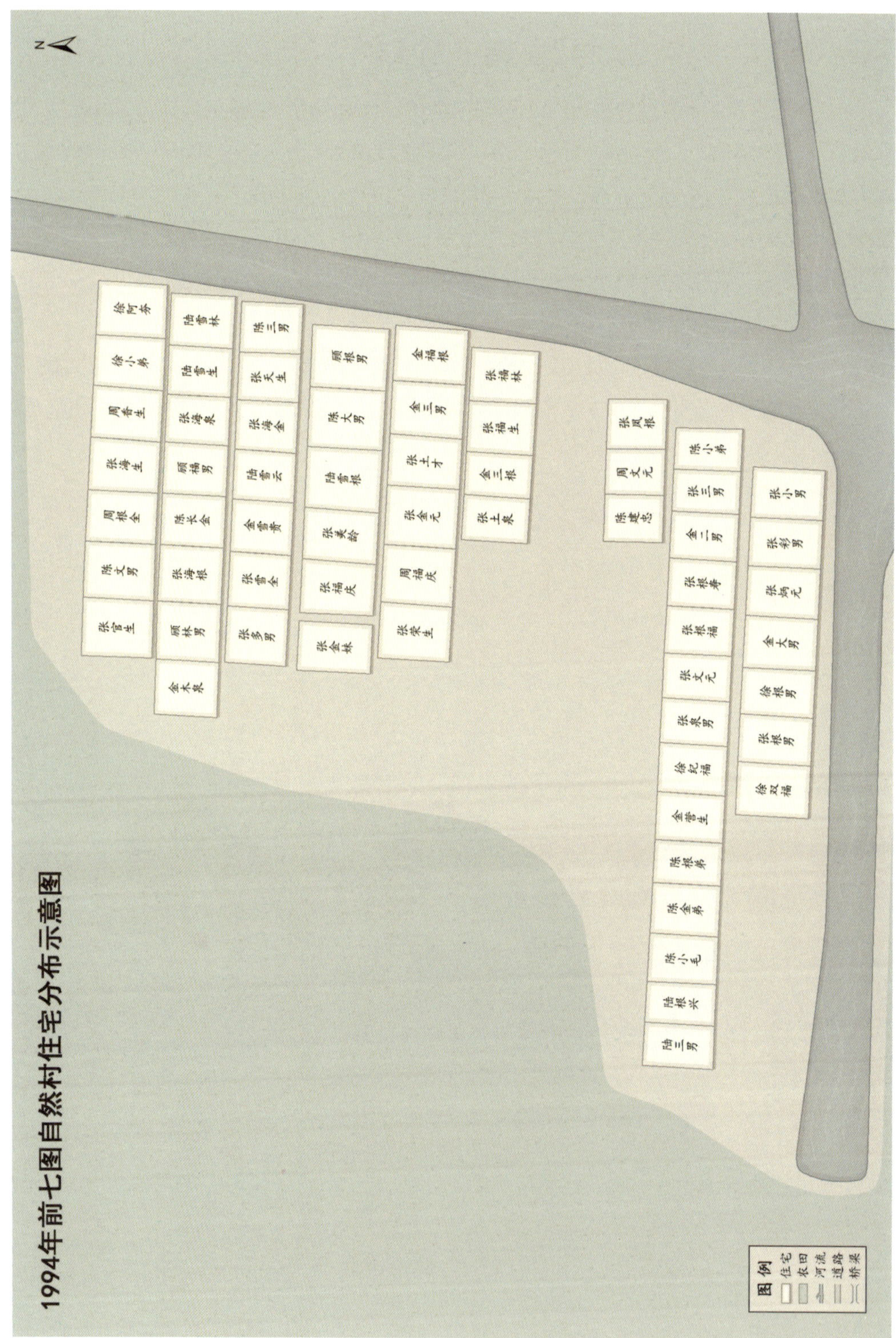
1994年前七图自然村住宅分布示意图
图例
住宅
农田
河流
道路
桥梁

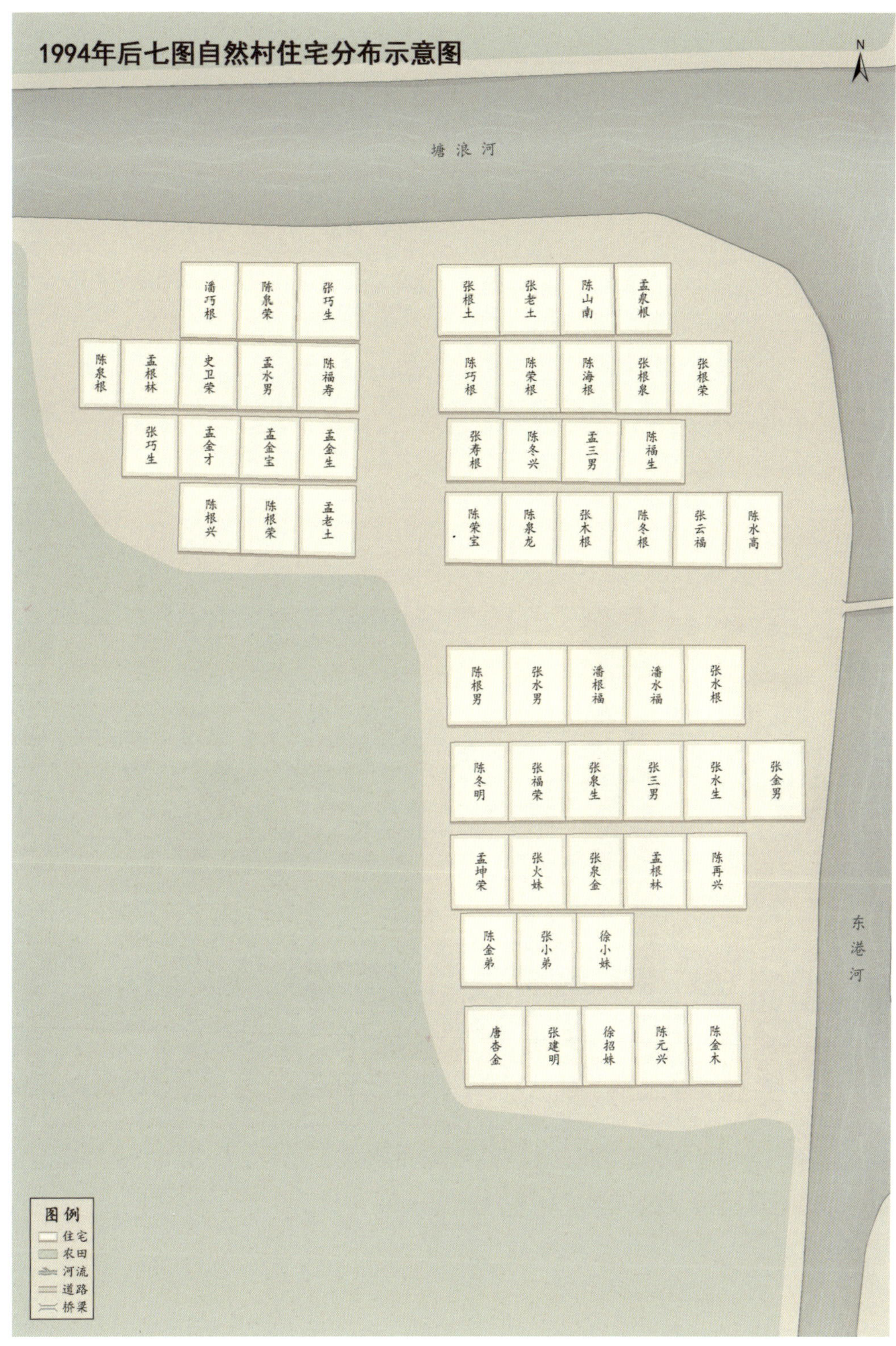
1994年后七图自然村住宅分布示意图
N
塘浪河
潘巧根
陈泉荣
张巧生
陈泉根
孟根林
史卫荣
孟水男
陈福寿
张巧生
孟金才
孟金宝
孟金生
陈根兴
陈根荣
孟老土
张根土
张老土
陈山南
孟泉根
陈巧根
陈荣根
陈海根
张根泉
张根荣
张寿根
陈冬兴
孟三男
陈福生
陈荣宝
陈泉龙
张木根
陈冬根
张云福
陈水高
陈根男
张水男
潘根福
潘水福
张水根
陈冬明
张福荣
张泉生
张三男
张水生
张金男
孟坤荣
张火妹
张泉金
孟根林
陈再兴
陈金弟
张小弟
徐小妹
唐杏金
张建明
徐招妹
陈元兴
陈金木
东港河
图例
住宅
农田
河流
道路
桥梁

四、南海

南海东邻二一四村，南临独墅湖，西接西南，北望北港。因位于南海港河之北，故称南海。

村民姓氏以顾、吴、胡、何姓居多。截至2003年动迁前，南海有村民23户，103人，其中男性53人、女性50人。全村耕地主要种植水稻、小麦、油菜等农作物。村民自留地种植黄瓜、茄子、番茄、豇豆、莴笋等蔬菜。也有部分村民种植水生作物，主要种植茭白、藕、水芹、茨菰、菱等。

2003年，因工业园区建设需要，南海整体动迁，村民安置在金益一村，南海自然村消失。2017年末，金鸡湖大道南，星州街东，高和路北为南海原址，建有大湖城邦小区。

◎ 建在南海原址上的城邦花园（2019年摄）

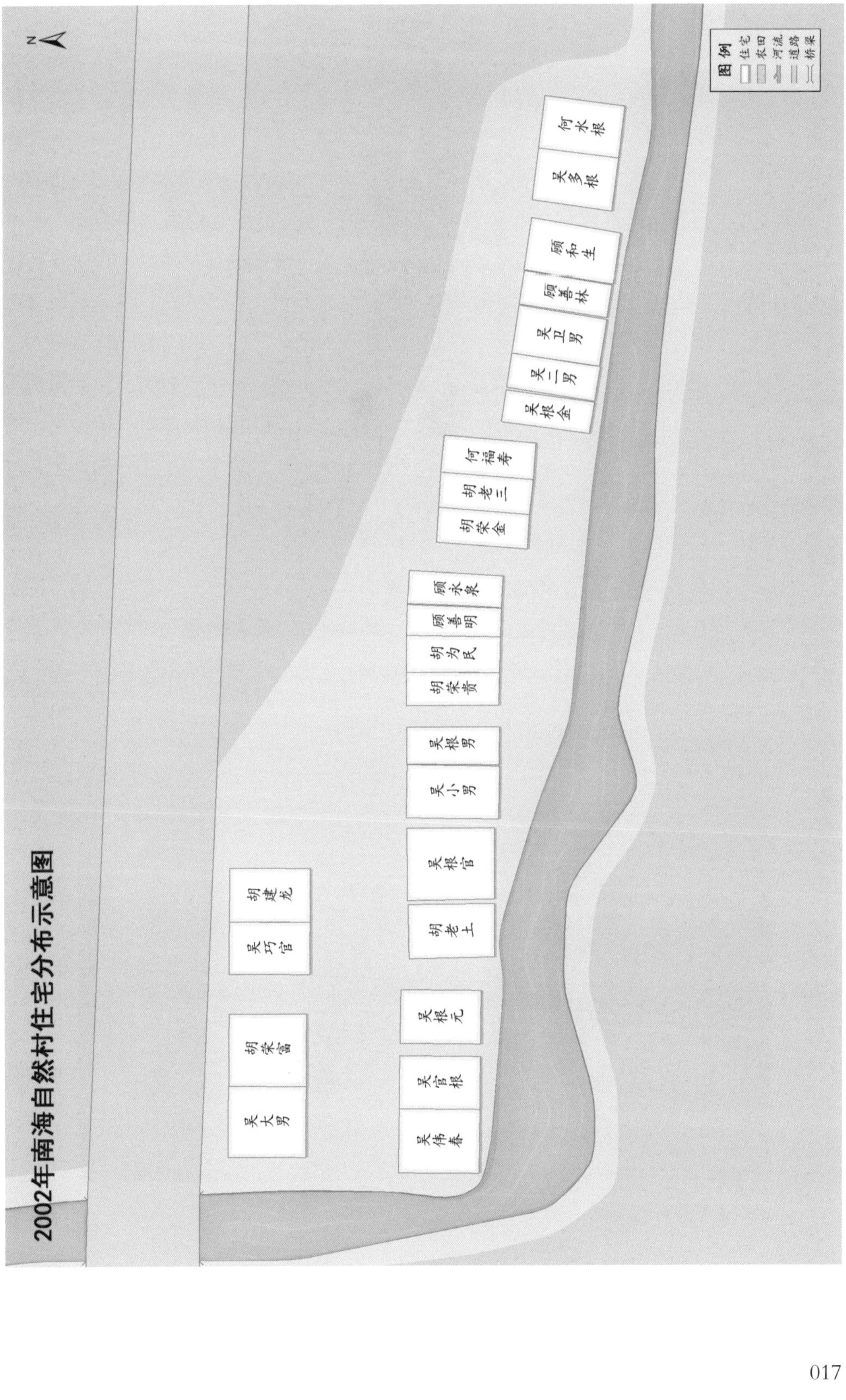

2002年南海自然村住宅分布示意图

N

图例
住宅
农田
河流
道路
桥梁

吴大男
胡荣富
吴巧官
胡建龙
吴伟春
吴官根
吴根元
胡老土
吴根官
吴小男
吴根男
胡荣贵
胡为民
顾善明
顾永泉
胡荣金
胡老三
何福寿
吴根金
吴二男
吴卫男
顾善林
顾和生
吴多根
何水根

五、前、后蒋巷[1]

前、后蒋巷，东隔金鸡湖，南临金库黄石桥，西临西江河，北靠曹家田。在金鸡湖与西江河之间有一条东西流向的小河，名为蒋巷浜，因村民居住在蒋巷浜旁，原称为“蒋巷三村”，后称沿蒋巷浜两岸而居的两排村落为前蒋巷，前蒋巷西北的村落为后蒋巷。

清代及民国初，蒋巷村居住于蒋巷浜以北的村民属陈公乡金栖里二十四都二十六图，蒋巷浜以南属二十七图。1923～1935年，属吴县第一区井亭乡。1937～1938年，属苏州葑溪镇。1945～1955年属葑塘乡秋田行政村。1959年成立生产大队，前蒋巷属金库生产大队8、17组，后蒋巷属金库生产大队7、16组。1988年登记门牌，前蒋巷门牌号为1～36，后蒋巷门牌号为1～51。1994年12月，7、8、16组撤销。1996年12月，17组撤销。

前、后蒋巷村民姓氏以吴、周、沈、王、马等姓居多。截至1996年动迁前，前、后蒋巷有村民77户，269人，其中男性138人、女性131人。村民以种植水生作物为主，主要种植茭白、藕、水稻、油菜、水芹、茨菰等；旱地农作物种植黄瓜、茄子、番茄、青菜等。

1996年，因工业园区建设需要，前、后蒋巷启动拆迁，1997年全部拆迁完毕，村民均被安置在葑谊新村，前、后蒋巷自然村消失。2017年末，中新大道与星港街交界处东侧马路为前、后蒋巷原址，晋园别墅为后蒋巷原址。

◎ 建在后蒋巷原址上的晋园别墅（2019年摄）

① 前、后蒋巷：前蒋巷与后蒋巷，因地缘相近，人文相亲变迁同步，故两村并称为前、后蒋巷。

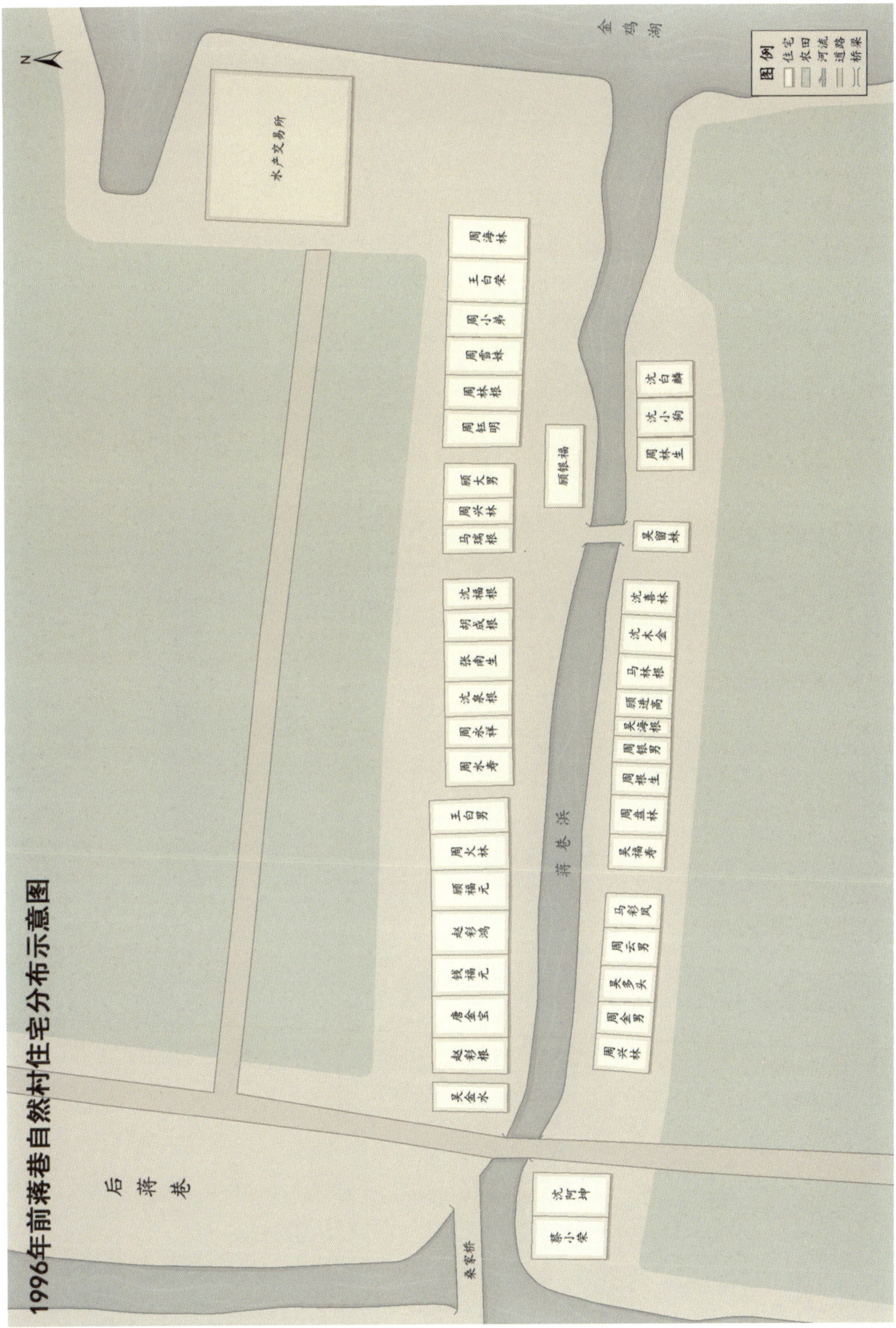

1996年前蒋巷自然村住宅分布示意图

1996年后蒋巷自然村住宅分布示意图
N
潘林生
潘小男
顾福林
顾福宝
马根弟
陆根元
潘福生
吴金泉
吴金根
林根生
吴才生
吴根福
马小男
马建荣
吴机关
吴凤泉
马二男
吴金兴
吴火根
吴老土
吴金兴
吴水生
吴荣根
马根兴
吴三男
吴根男
林三男
林云庆
西江河
林桂根
叶斌
吴海生
吴巧根
王阿六
潘云男
潘三男
顾根元
沈金元
马大男
林桂生
吴小弟
潘二男
图例
住宅
农田
河流
道路
桥梁

六、西南

西南位于黄石桥西南，东临东港河，南靠南海，西接前、后七图，北临塘浪河与徐巷村相邻。因位于南海的西南，故得名。

西南村民姓氏以陈、潘、张、陆姓居多。截至2001年末，有村民40户，152人，其中男性79人、女性73人。村民以种植水生作物为主，主要种植茭白、藕、水稻、油菜、水芹、茨菰等；旱地农作物种植黄瓜、茄子、番茄、青菜等。

2002年，因工业园区建设需要，西南整体动迁，村民安置在金益一村，西南自然村消失。2017年末，星港街东、金鸡湖大道北、水坊路南为西南原址，建有中海御湖熙岸小区。

2002年西南自然村住宅分布示意图
N
徐巷村
张敏
张林元
陈炳生
陈洪海
陈洪生
陆金根
金桂生
张小弟
陈风妹
潘和尚
陈金生
陈金海
陈林海
张昱民
陆玉弟
潘才荣
陆建忠
蒋小弟
潘福兴
潘建兴
陆金官
陆建伟
潘林兴
陆林官
潘才兴
潘建新
蒋仁生
陈小弟
陆福根
陈坤生
潘长兴
沈建华
陆雪根
潘文新
潘文明
陈德春
陈桂春
陈炳生
潘建清
潘文华
陆三男
图例
住宅
农田
河流
道路
桥梁

七、徐巷

徐巷东临北港，南靠西南、南海，西接前、后七图，北邻黄石桥。因村民居住在徐巷浜河两岸而得名。

徐巷村民姓氏以王、顾、沈、潘姓居多。截至2001年末，有村民28户，116人，其中男性60人、女性56人。村民以种植水生作物为主，主要种植茭白、藕、水稻、油菜、水芹、茨菰等；旱地农作物种植黄瓜、茄子、番茄、青菜等。

2002年，因工业园区建设需要，徐巷整体动迁，村民安置在金益一村，徐巷自然村消失。2017年末，星港街东、金鸡湖大道北、水坊路南为徐巷原址，建有中海御湖熙岸小区。

◎ 建在徐巷原址上的中海御湖熙岸小区（2019年摄）

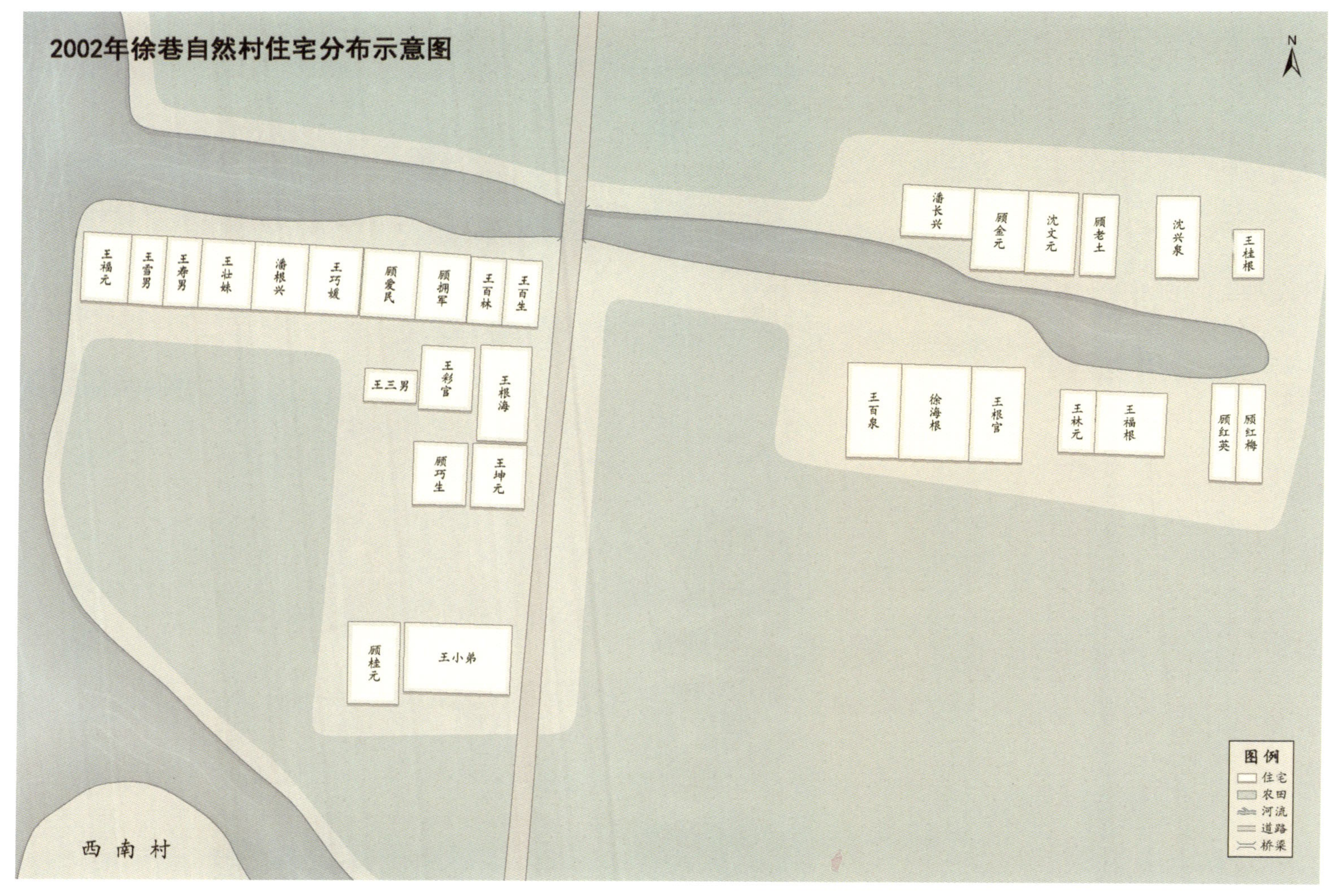
2002年徐巷自然村住宅分布示意图
N
王福元
王雪男
王寿男
王壮妹
潘根兴
王巧媛
顾爱民
顾拥军
王百林
王百生
王三男
王彩官
王根海
顾巧生
王坤元
顾桂元
王小弟
西南村
潘长兴
顾金元
沈文元
顾老土
沈兴泉
王桂根
王百泉
徐海根
王根官
王林元
王福根
顾红英
顾红梅
图例
住宅
农田
河流
道路
桥梁

八、东圩

东圩，东与塘南村隔田相望，南临茂盛荡、黄天荡，西靠苏嘉路与西圩、姚家弄相对，北接葑门塘与夏家浜相望。因沿葑门塘有一条圩岸，后被东环路一分为二，路东的称东圩，路西的称西圩。

清代，东圩属半十九都葑四图。解放后，东圩是葑红村第7生产队。70年代葑红村曾有17个生产队，由1～7生产队分出，后基本重新并入原生产队，第15生产队并入第7生产队。1988年，对村民户进行编排门牌号1～46号，直到1994年12月撤销。

东圩原来北靠鲫背河，地势低洼，一到黄梅季节，河水倒灌，导致村民房屋进水。

1973年，随着乡、村企业的发展，农民生活水平有所提高，口粮平均每人全年425斤稻谷，稻草平均每人全年300斤。住房面积人均13.2平方米。1975年，粮食产量提高，平均亩产527公斤，农民的口粮也相应提高，每个劳动力全年口粮为600斤稻谷，平均每人全年的口粮为510斤稻谷。住房面积人均15.6平方米。

东圩村民姓氏以居、顾、周姓居多。截至2007年动迁前，有村民39户，151人，其中男性76人、女性75人。村民以种植水生作物为主。

2007年，由于葑门路延伸工程及旧村改造，东圩整体拆迁，村民就地安置，安置小区为夏家桥118号，东圩自然村消失。2017年末，东环路东、夏家浜路南为东圩原址，建有夏家桥118号小区。

◎ 建在东圩原址上的夏家桥118号小区（2019年摄）

2007年东圩自然村住宅分布示意图
夏家浜
东环路
顾福兴
泵房
顾林华
顾林根
周惠珍
陆惠男
陆泉兴
顾炳政
顾惠华
顾水祥
周佰元
顾惠民
顾水祥
顾单宝
朱惠根
周长根
朱雪英
居海根
居寿根
居建华
居惠芳
朱雪英
居文忠
居水兴
朱惠根
朱雪生
朱雪明
居惠平
居祥根
居文晓
居杏生
朱惠民
居云妹
陈小白
朱雪根
居惠平
居兴泉
朱惠民
朱雪雄
朱雪明
周杏珠
居文晓
杨福根
周佰元
居福根
朱雪雄
朱雪芳
朱雪平
杨梅英
朱雪生
夏宜男
任培根
顾炳玉
居志平
顾炳权
梁桂花
居福根
顾炳政
周长根
人民商场职工人家
仓库
何培芳
图例
住宅
农田
河流
道路
桥梁

九、夏家浜

夏家浜东邻夏园新村、宏葑四村、成套电器厂，南邻夏家桥，西邻东环路，北邻仁文公寓。

夏家浜原隶属于苏州市吴县，二十四都多一图。中华人民共和国建立后，夏家浜隶属于苏州市郊区娄葑乡葑红大队第4、5、9、10、13、14生产队，后改为娄葑人民公社葑红大队第4、5生产队。1988年，夏家浜对村民户进行编排门牌号1～96号，1994年12月撤销。

夏家浜村落整体为南北走向，葑红村轧面粉点设在夏家浜村水闸桥西侧。村民姓氏以黄、陈、邹、卢姓居多。截至1992年动迁前，有村民90户，430人，其中男性223人、女性207人。村民以种植水生作物为主，主要种植茭白、藕等；旱地农作物种植水稻、油菜，以及黄瓜、茄子、番茄、青菜等蔬菜。

夏家浜历经四次动迁。第一次为1992年东环路第一次拓宽拆迁，有十多户居民安置在东港新村；第二次为2003年东环路高架路建造拆迁，有部分居民安置在富华苑小区；第三次为2007年夏家桥动迁，居民安置在夏家桥118号小区；最后一次为2009年夏家浜全部动迁，居民安置在夏家桥129号小区，夏家浜自然村消失。2017年末，东环路东、夏家浜路北为夏家浜原址，建有夏家桥129号小区。

◎ 建在夏家浜原址上的夏家桥129号小区（2019年摄）

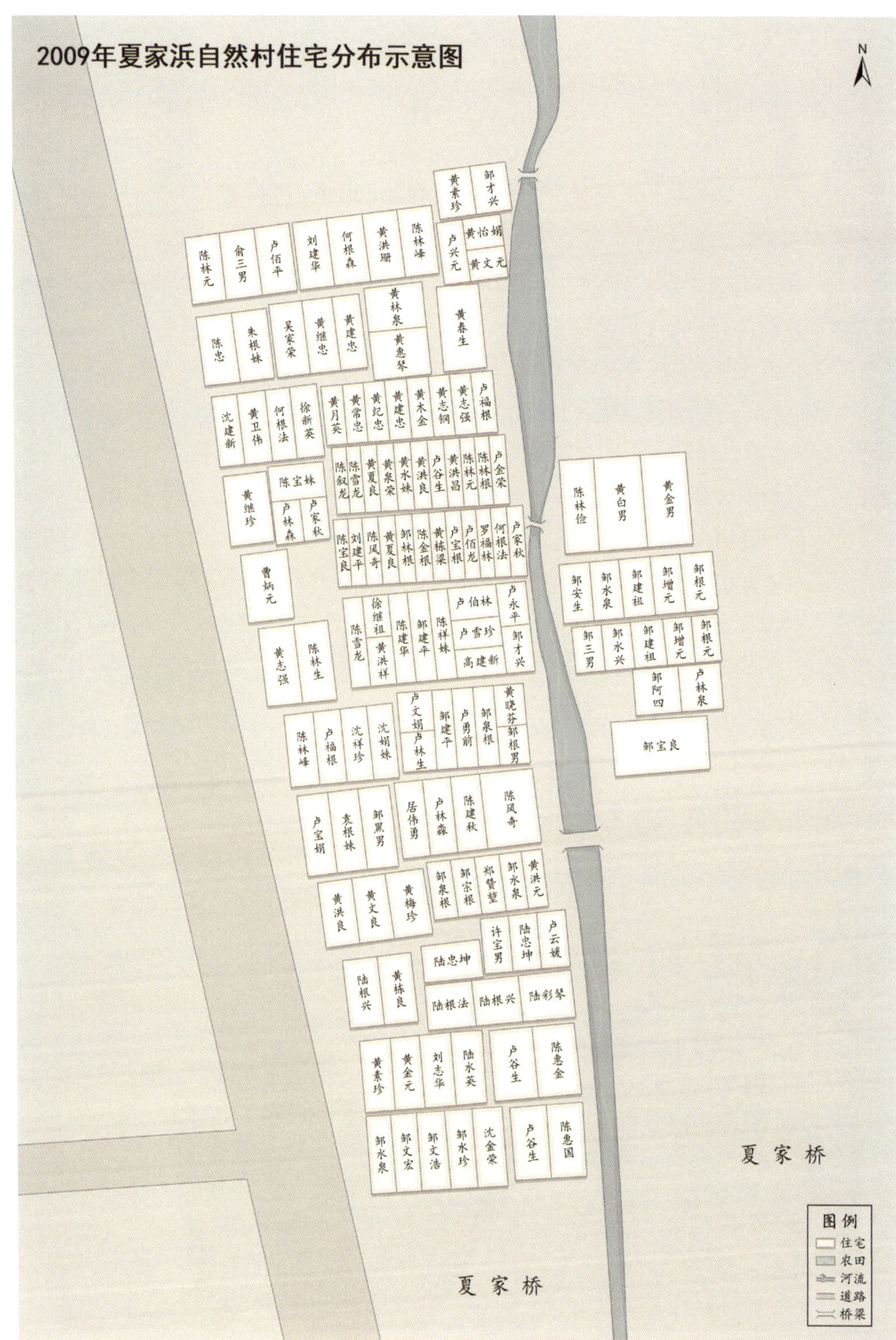
2009年夏家浜自然村住宅分布示意图
N
黄素珍
郁才兴
陈林元
俞三男
卢佰平
刘建华
何根森
黄洪珊
陈林峰
卢兴元
黄怡娟
黄文元
陈忠
朱根妹
吴家荣
黄继忠
黄建忠
黄林泉
黄惠琴
黄春生
沈建新
黄卫伟
何根法
徐新英
黄月英
黄常忠
黄纪忠
黄建忠
黄木金
黄志钢
黄志强
卢福根
黄继珍
陈宝妹
卢林森
卢家秋
陈叙龙
陈雪龙
黄夏良
黄泉荣
黄水妹
黄洪良
卢谷生
黄洪昌
陈林元
陈林根
卢金荣
陈林俭
黄白男
黄金男
曹炳元
陈宝良
刘建平
陈凤奇
黄夏良
郁林根
陈金根
黄栋梁
卢宝根
卢佰龙
罗福林
何根法
卢家秋
郁安生
郁水泉
郁建祖
郁增元
郁根元
陈雪龙
徐继祖
黄洪祥
陈建华
郁建平
陈祥妹
卢伯林
卢雪珍
高建新
卢水平
郁才兴
黄志强
陈林生
郁三男
郁水兴
郁建祖
郁增元
郁根元
郁阿四
卢林泉
陈林峰
卢福根
沈祥珍
沈娟妹
卢文娟
卢林生
郁建平
卢勇前
郁泉根
黄晓芬
郁根男
郁宝良
卢宝娟
袁根妹
郁黑男
居伟勇
卢林森
陈建秋
陈凤奇
郁泉根
郁宗根
郑赞堃
郁水泉
黄洪元
黄洪良
黄文良
黄梅珍
许宝男
陆忠坤
卢云娥
陆忠坤
陆根兴
黄栋良
陆根法
陆根兴
陆彩琴
黄素珍
黄金元
刘志华
陆水英
卢谷生
陈惠金
郁水泉
郁文宏
郁文浩
郁水珍
沈金荣
卢谷生
陈惠国
夏家桥
夏家桥
图例
住宅
农田
河流
道路
桥梁

十、夏家桥

夏家桥东邻金家桥，南隔鲫背河，西临东环路，北望夏家浜。

清代，夏家桥属三十图。1912年，葑红属苏州市，夏家桥地属三十图。夏家桥与夏家浜连在一起，隶属苏州市郊区娄葑乡葑红大队第4、5、9、10、13、14生产队，后改为娄葑人民公社葑红大队第4、5生产队。

夏家桥村民姓氏以周、陆、邹、管、王、吴等姓居多。截至1994年末，有村民76户，512人，其中男性263人、女性249人。

1995年东环路扩建征地，涉及夏家桥13户拆迁，村民安置在东港新村；2007年葑门路延伸工程，夏家桥整体拆迁，村民均安置在夏家桥118号，夏家桥自然村消失。2017年末，东环路东、夏家浜路北为夏家桥原址，建有夏家桥129号小区。

◎ 建在夏家桥原址上的夏家桥129号小区（2019年摄）

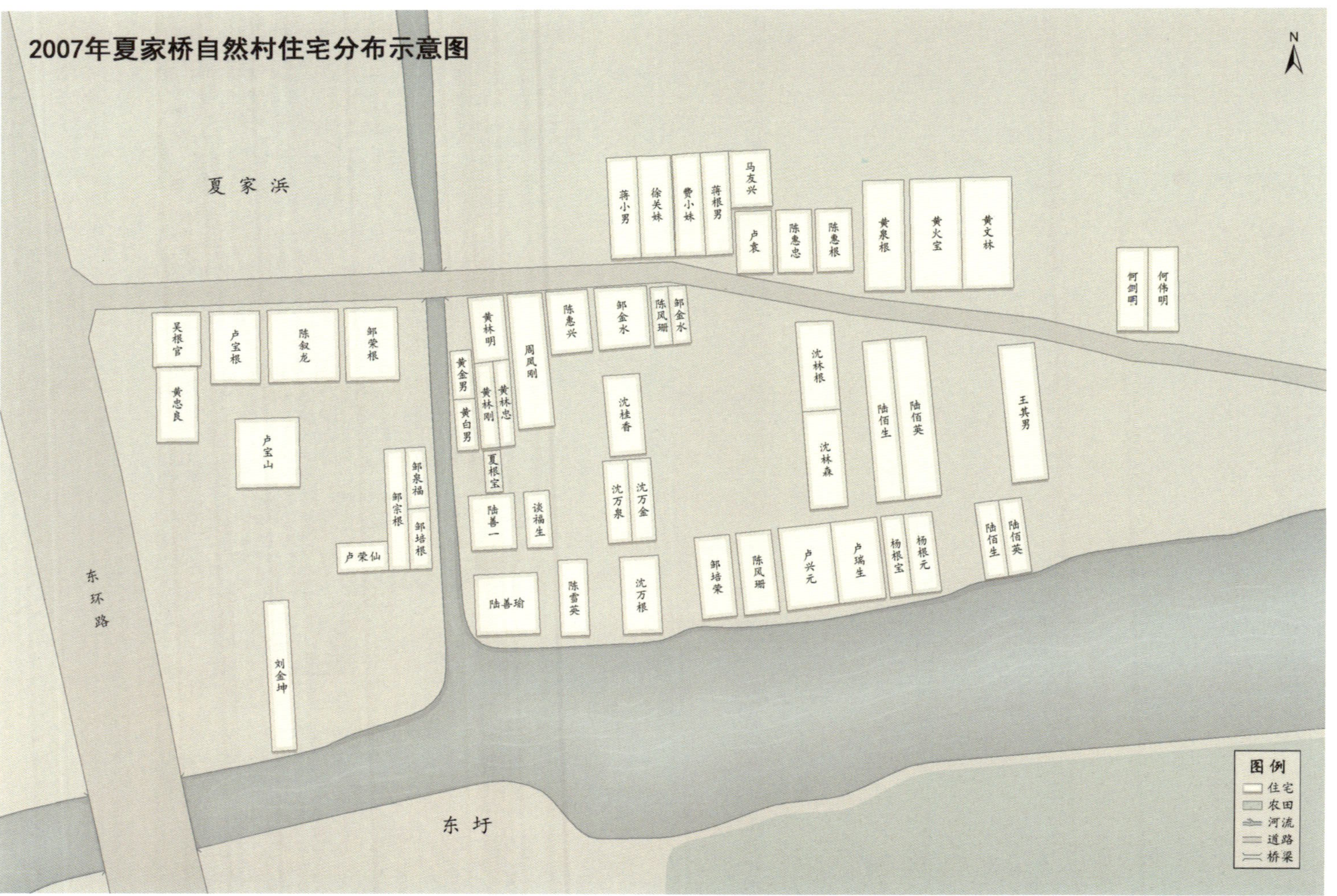
2007年夏家桥自然村住宅分布示意图
N
夏家浜
蒋小男
徐关妹
费小妹
蒋根男
马友兴
卢袁
陈惠忠
陈惠根
黄泉根
黄火宝
黄文林
何剑明
何伟明
吴根官
卢宝根
陈叙龙
郜荣根
黄忠良
卢宝山
郜宗根
郜泉福
郜培根
卢荣仙
黄金男
黄白男
黄林明
黄林刚
黄林忠
夏根宝
周凤刚
陈惠兴
郜金水
陈凤珊
郜金水
沈桂香
沈万泉
沈万金
沈林根
沈林森
陆佰生
陆佰英
王其男
陆善一
谈福生
陆善瑜
陈雪英
沈万根
郜培荣
陈凤珊
卢兴元
卢瑞生
杨根宝
杨根元
陆佰生
陆佰英
东环路
刘金坤
东圩
图例
住宅
农田
河流
道路
桥梁

十一、东摆宴

东摆宴东临黄天荡，南临友谊河，西接西摆宴，北面为农田。东摆宴、西摆宴古作北堰田，因地势低洼，靠围堰御洪得名，后讹作摆宴头。村中有一条南北走向的小河，河东称东摆宴，河西称西摆宴。

东摆宴村民姓氏以陆、沈、许、钱、陈姓居多。截至1998年动迁前，东摆宴有村民94户，338人，其中男性174人、女性164人。

1998年至1999年，由于苏嘉杭高速公路动迁和工业园区建设需要，东摆宴整体动迁，村民分别安置在群谊一村、二村内，东摆宴自然村消失。2017年末，东环路东、葑谊街两侧为东摆宴原址，建有葑谊新村、群谊新村、法治文化公园、东城世纪广场。

◎ 建在东摆宴原址上的群谊新村（2019年摄）

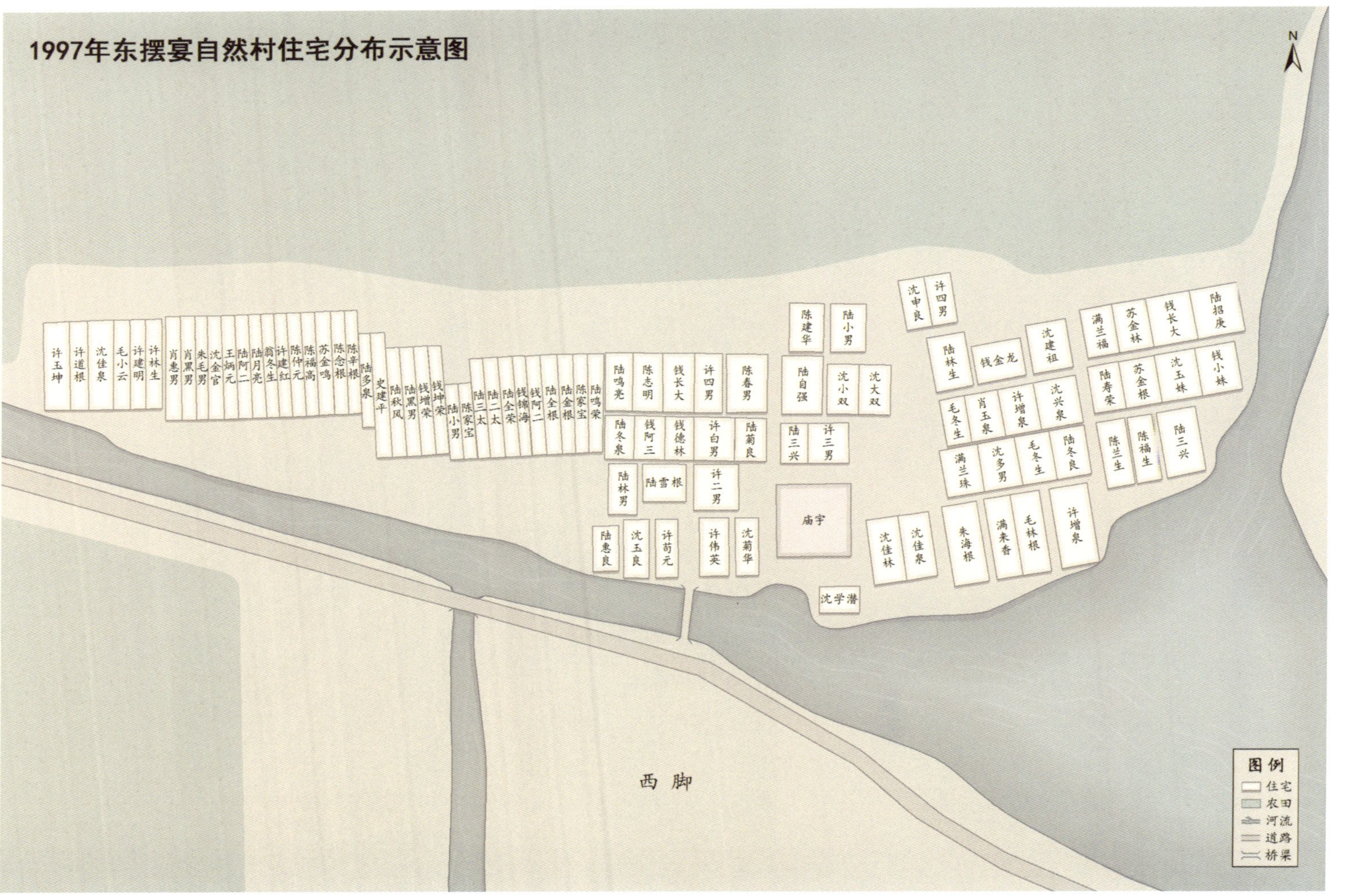

1997年东摆宴自然村住宅分布示意图

十二、西摆宴

西摆宴，东接东摆宴，南隔友谊河，西临东环路，北与农田相望。

村民姓氏以陈、毛、陆、李、褚姓居多。截至1998年动迁前，西摆宴有村民63户，226人，其中男性117人、女性109人。

1998年至1999年，由于苏嘉杭高速公路动迁和工业园区建设需要，西摆宴整体动迁，村民分别安置在群谊一村、群谊二村，西摆宴自然村消失。安置小区2001年8月建成，因小区地处群力社区北且邻近葑谊街，取“群”“谊”两个字拟名为群谊一村、群谊二村。2017年末，东环路东、葑谊街两侧为西摆宴原址，建有葑谊新村、群谊新村、法治文化主题公园、东城世纪广场。

◎ 建在西摆宴原址上的葑谊新村（2019年摄）

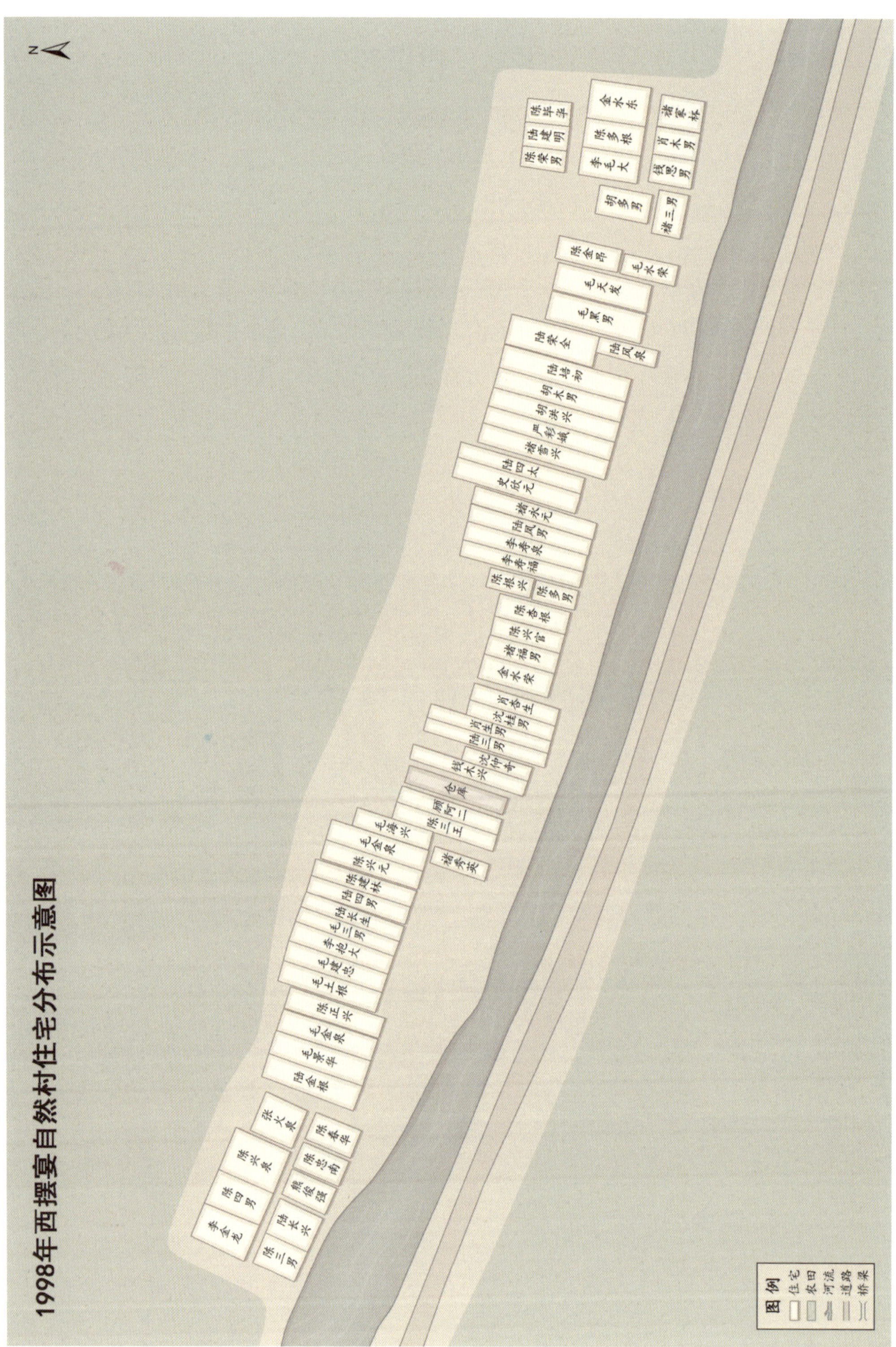

1998年西摆宴自然村住宅分布示意图

十三、鸭蛋浜

鸭蛋浜东接农田，南与丽华丝绸印染厂相邻，西靠东环路，北近农田、河道。因王氏渔民定居后，以养鸭卖蛋而得名。

鸭蛋浜村民姓氏以王、林、周、沈、蒋姓居多。2002年动迁前，鸭蛋浜有村民85户，295人，其中男性150人、女性145人。

2002年，因工业园区建设需要，鸭蛋浜整体动迁，村民分别安置在东振小区，鸭蛋浜自然村消失。

2003年9月，原址上建有苏州工业园区第一中学。学校按省教育现代化标准建造，占地83亩，建筑面积3万多平方米。

安置小区于2004年10月建成，位于东环路以东、东振路以南、苏嘉杭高速公路以西，占地面积1.85万平方米，建筑面积3.49万平方米，建6层住宅13幢，328套。区内主干道宽7.2米，支路宽3.5米，小区公建房配套齐全，路旁绿化成荫，宅旁有草坪。小区住宅中心有一座小公园。

2017年末，东环路以东、东振路两侧、常台高速公路以西为鸭蛋浜原址，建有苏州工业园区第一中学、东振小区。

◎ 建在鸭蛋浜原址上的苏州工业园区第一中学（2018年摄）

2002年鸭蛋浜自然村住宅分布示意图
N
王金生
林小龙
沈志超
蒋龙全
钮巧凤
周建芳
周惠林
王瑞林
周凤根
王林元
王进良
王兴泉
林佳泉
王云元
沈三男
孙宝祥
葛加林
林保芳
林保芳
周祥男
林道生
王官大
沈菊祥
林佳泉
王振敏
王荣根
孙长林
王俊林
王根荣
王木土
王金土
仓库
周建卫
沈三男
周根兴
周云男
沈法林
蒋玉民
蒋福男
沈雪民
周杏根
周杏生
周金男
周建新
蒋汉泉
蒋玉民
周剑林
周根水
林小龙
林泉生
林道生
蒋火英
王荣根
王金泉
王盘根
王建华
沈菊芳
王宝泉
沈菊祥
王金寿
王根元
蒋瑞明
王伟春
蒋春华
孙寿康
王金寿
林芝华
孙火根
沈学方
沈小男
沈玉文
王惠明
王坤明
陈银仙
林保芳
林毛头
林文明
王宝元
蒋玉泉
沈伯林
蒋龙泉
王进方
沈学方
朱建祥
王金元
王林泉
丽华丝绸印染总厂
东环路
图例
住宅
农田
河流
道路
桥梁

链接：

法治文化公园

2016年12月，娄葑街道在葑谊社区建成首个法治文化公园。园内有健身、休闲、娱乐等设施，法治氛围浓厚。

法治文化公园占地面积3.8万平方米，绿化面积2.5万平方米，总投资1300万元。公园设计将自然景观与人文景观结合，融入古今中外法律元素。

公园以“法治”为中心，以“普法、学法、弘法”为目标，采用“一轴两环多点”的布局模式，设有2座特色廊架，2座弧形景观桥，1块健身场地。

◎ 法治文化公园（2018年摄）

◎ 法治文化公园鸟瞰图（2019年摄）

葑谊特产——莲藕

莲藕又称雪藕，以鲜嫩著称。苏州莲藕与南京板鸭、镇江香醋同誉为江苏“三宝”。

莲藕为多年水生草本植物，属双叶子植物，睡莲科。娄葑境内植莲甚早。《吴郡志》（卷十八）载“采莲泾……两岸皆民居，亦有空旷为蔬圃，此种莲旧迹也”，可证南宋前今娄葑境内已种莲藕。明清葑门外二里的荷花荡（即黄天荡西北部，在原娄葑乡友谊村、葑红村一带），周围是苏州莲藕的主要产地。

◎ 挖藕（1993年摄）

苏州莲藕品种有早熟花藕、中熟慢藕和晚熟大荡藕（晚藕）。一般花藕于大暑、立秋采收，中、晚熟品种8月份采挖上市，可延续供应到中秋。莲藕以藕身粗胖、藕色微黄、肉质白净、藕孔圆整为最佳。莲藕在种植上分浅水藕、深水藕两种。浅水藕质老鲜甜，宜作蔬菜食用，也可在藕孔中灌入糯米，煮成“焐熟藕”当点心。深水藕常作水果生吃，其味鲜甜、多汁，脆嫩。若用泥封存一周，口感更佳。莲藕营养丰富，含有淀粉、蛋白质、多种维生素和无机盐类等。食法除当水果生吃外，可焐、蒸、炒、煮成多种美味佳肴，还可加工成藕粉或藕类蜜饯。

莲浑身都是宝。除了莲藕可以食用外，莲花可供观赏。莲子能养心脾益肾。莲心有降血压和强心作用，预防治疗高血压、头胀、心悸、失眠等疾病。莲蓬须能收敛止血。荷叶能清热解暑，清香防腐。据说日本的食藕节就喜欢吃苏州出产之荡藕。苏州人吃藕方法很多，生吃、熟吃均可。

葑谊地区三村农民都种莲藕。在六、七月挖藕之前，先把新鲜的荷叶摘下来，在太阳下晒干，捆扎之后卖给娄葑供销社。供销社把荷叶作为绿色环保包装物供南北货商店包装火腿、酱菜等使用。

第二章　团结社区

团结社区位于娄葑街道西北部，东临星杭街，南靠宏葑四村，西邻万科美好广场与仁文公寓，北至中新大道西。

团结社区成立于2005年7月，位于工业园区首期开发启动区，占地面积12万平方米，由团结村搬迁建成。原团结村辖有10个自然村、19个生产队，即竹隐居（第1、2生产队）、沿家河（第3生产队）、沿泾头（第4生产队）、太保浜（第5、6、7生产队）、老坟头（第8、9、10生产队）、太平村（第11生产队）、秋塘浜（第12、13、14生产队）、桑家桥（第15、18生产队）、庄桥浜（第16生产队）、六图里（第17、19生产队）。团结社区除承担团结村村民拆迁安置任务外，还安置葑塘、金库等行政村部分拆迁居民。

1975年12月，团结村发现天宝墩春秋至西汉墓，高山墩战国、西汉、东晋墓及大量文物，为研究苏州古代历史文化提供了史料。

◎ 团结社区办公楼

社区所辖小区夏园新村1994年建造，共有35幢居民楼，128个单元，住房1493套。小区西为苏州大学东校区，东为欧尚超市。2009年，夏园新村完成新农村建设改造，现占地面积12万平方米，建筑面积13万平方米，公建配套面积5400平方米，绿化面积2.5万平方米。小区设社区活动中心、居民健身广场、医务室、警务室、阅览室、老年活动中心等配套服务设施。团结社区境内还建有夏园幼儿园和夏园小学。2016年，建有廉政教育基地——脚踏荷花宕文化展示馆。

团结社区曾获得“江苏省社会主义新农村建设先进村”“江苏省卫生村”“江苏省充分就业社区”“江苏省绿色社区”“江苏省居民学校”“江苏省民主法治示范社区”“苏州市廉政教育基地”等称号。

2017年末，团结社区有户籍人口3175人、常住人口6543人。途经社区周边的公交有4路、27路、28路、47路、53路、108路、120路、142路、146路、162路、200路、204路、游5路等。

◎ 脚踏荷花宕文化展示馆（2018年摄）

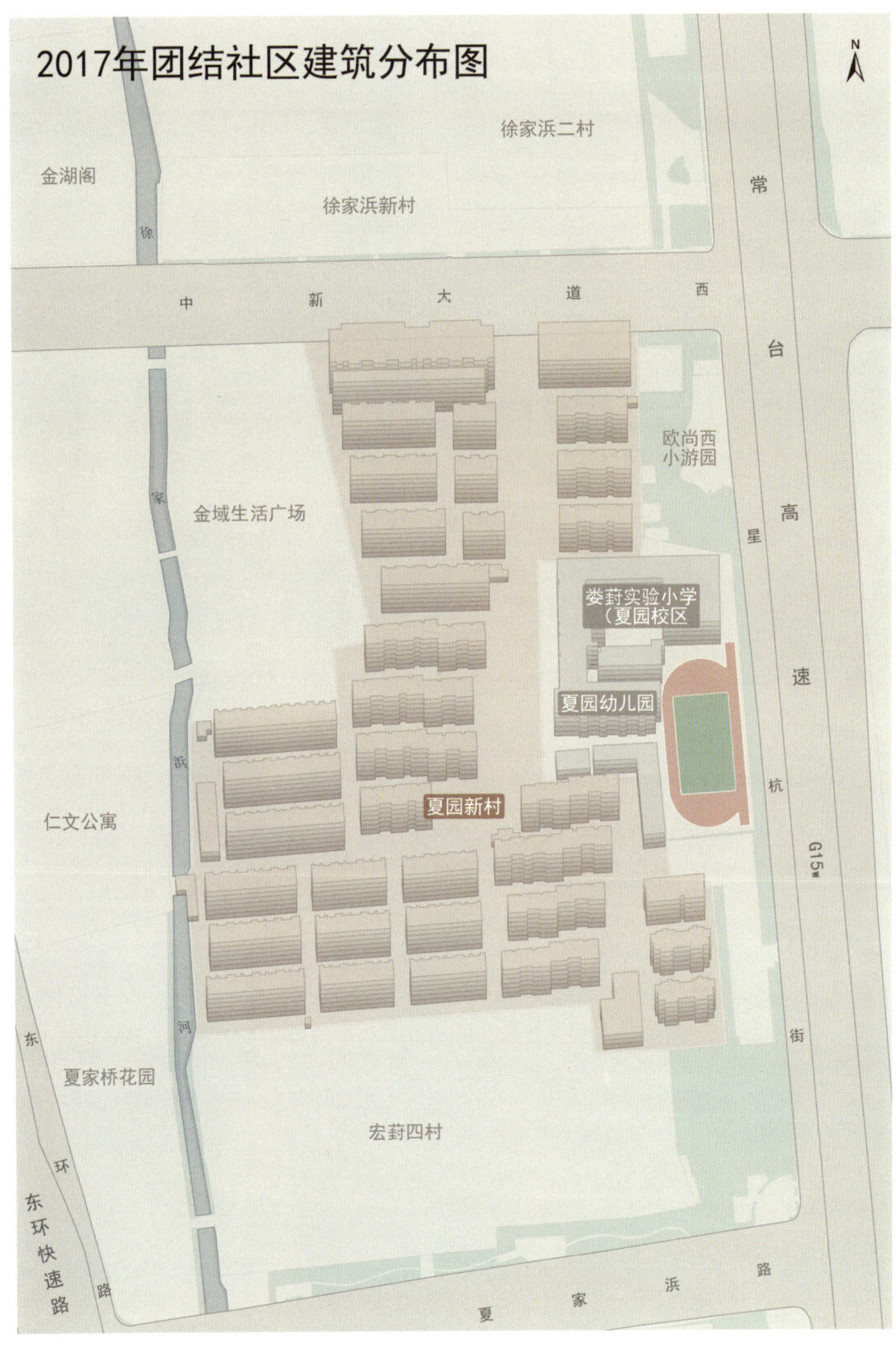
2017年团结社区建筑分布图
N
徐家浜二村
金湖阁
徐家浜新村
常台高速
中新大道西
欧尚西小游园
金域生活广场
徐家浜河
星杭街
娄葑实验小学（夏园校区
夏园幼儿园
仁文公寓
夏园新村
G15w
夏家桥花园
东环路
宏葑四村
东环快速路
夏家浜路

2017年团结社区总貌图

一、六图里

六图里位于团结村最南面，东靠庄桥浜，南接大片良田，西依太保浜河与印刷三厂隔河相望，北连太保浜。

清代及1912年，六图里属陈公乡金栖里二十四都六图辖。1934～1946年属吴县井亭乡，1948～1949年属吴县苏州区葑溪镇，1949～1955年属苏州市葑塘乡，1956～1983年属苏州市娄葑乡，1994年2月归属苏州工业园区娄葑乡。

六图里村中有东板桥，为南北走向，原为石拱桥，后改为水泥拱桥，位置在原桥址稍西，动迁后拆除。村西面有一座土地堂，于1958年拆除。拆除后建有砖窑厂，主要生产砖、瓦，供村民造房屋用。村内六角道板路东面有养猪场，另有印刷厂。

六图里村民出行一般是步行，搬运蔬菜、粮食等使用拖拉机或黄鱼车。70年代，一批知识青年下农村，人多田少，矛盾日益突出，后来团结村办企业，六图里村中青年大都进村办企业上班。

六图里村民以王、沈、金、孙姓居多。截至1994年拆迁前，总户数31户，总人口129人，其中男性68人、女性61人；有耕地面积约100亩。村民经济来源以种田为主，农作物有水稻、小麦、大麦、油菜、山芋等，水生作物有茨菰、莲藕、水芹、茭白、荸荠等，蔬菜有青菜、莴笋、豇豆、韭菜、蚕豆、丝瓜等。

1994年因工业园区建设征地，六图里整体拆迁，村民分批安置在夏园新村，六图里自然村消失。2017年末，苏桐路月波桥附近为六图里原址，建有苏州工业园区蓝天燃气热电有限公司。

◎ 建在六图里原址上的苏州工业园区蓝天燃气热电有限公司（2019年摄）

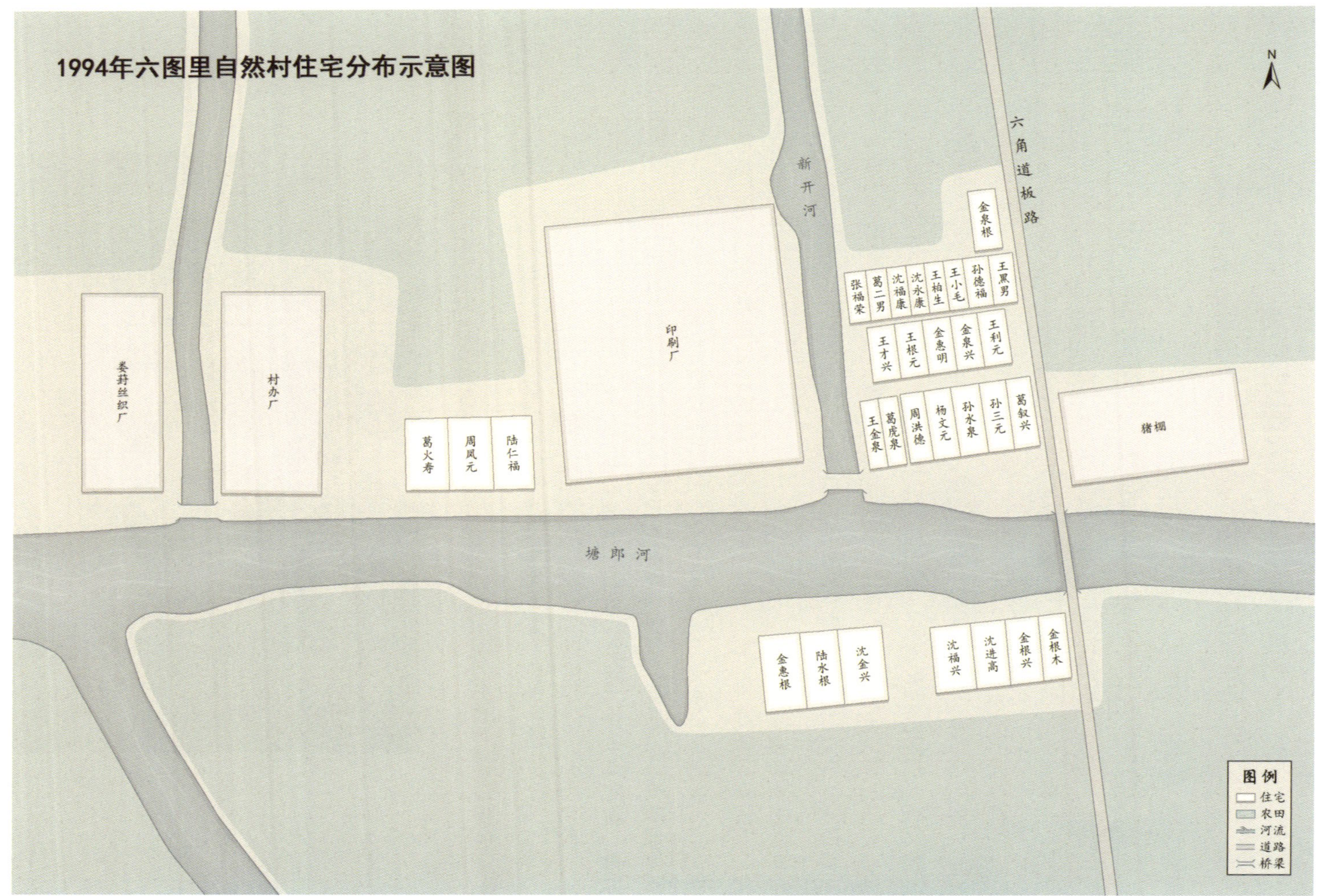
1994年六图里自然村住宅分布示意图
N
图例
住宅
农田
河流
道路
桥梁
六角道板路
新开河
塘郎河
猪棚
印刷厂
村办厂
娄葑丝织厂
金泉根
王黑男
孙德福
王小毛
王柏生
沈永康
沈福康
葛二男
张福荣
王利元
金泉兴
金惠明
王根元
王才兴
葛叙兴
孙三元
孙水泉
杨文元
周洪德
葛虎泉
王金泉
陆仁福
周凤元
葛火寿
金根木
金根兴
沈进高
沈福兴
沈金兴
陆水根
金惠根

二、河家沿

河家沿东依老坟头港，南邻沿泾头港，西靠团新路及农田，北隔相门塘。河家沿古作胡家堰头。清代之前，胡姓人家为河家沿自然村大户，故又名胡家沿。民国后，胡姓大户衰落，仅剩1户人家，其他姓氏家族迁入，称为河家沿。

河家沿为原团结村3队，有陈、周、李、胡、张等姓。截至1994年拆迁前，村民共有27户，总人口126人，其中男性64人、女性62人；有耕地面积为140多亩。村民住宅为连排两层砖混结构房屋。村民经济来源以种田为主。农作物有水稻、小麦、大麦、油菜、山芋等；水生作物有茨菰、莲藕、水芹、茭白、荸荠等；蔬菜有青菜、莴笋、豇豆、韭菜、蚕豆、丝瓜等。

1995年7月，因工业园区建设征地，河家沿整体拆迁，村民就业被安排在江南制桶厂、娄葑化纤厂等乡办企业，居住主要迁入徐家浜二村，少量迁入夏园新村，河家沿自然村消失。2017年末，星明街、苏惠路附近往东为河家沿原址，建有中央公园、师惠坊等。

◎ 建在河家沿原址上的师惠坊（2019年摄）

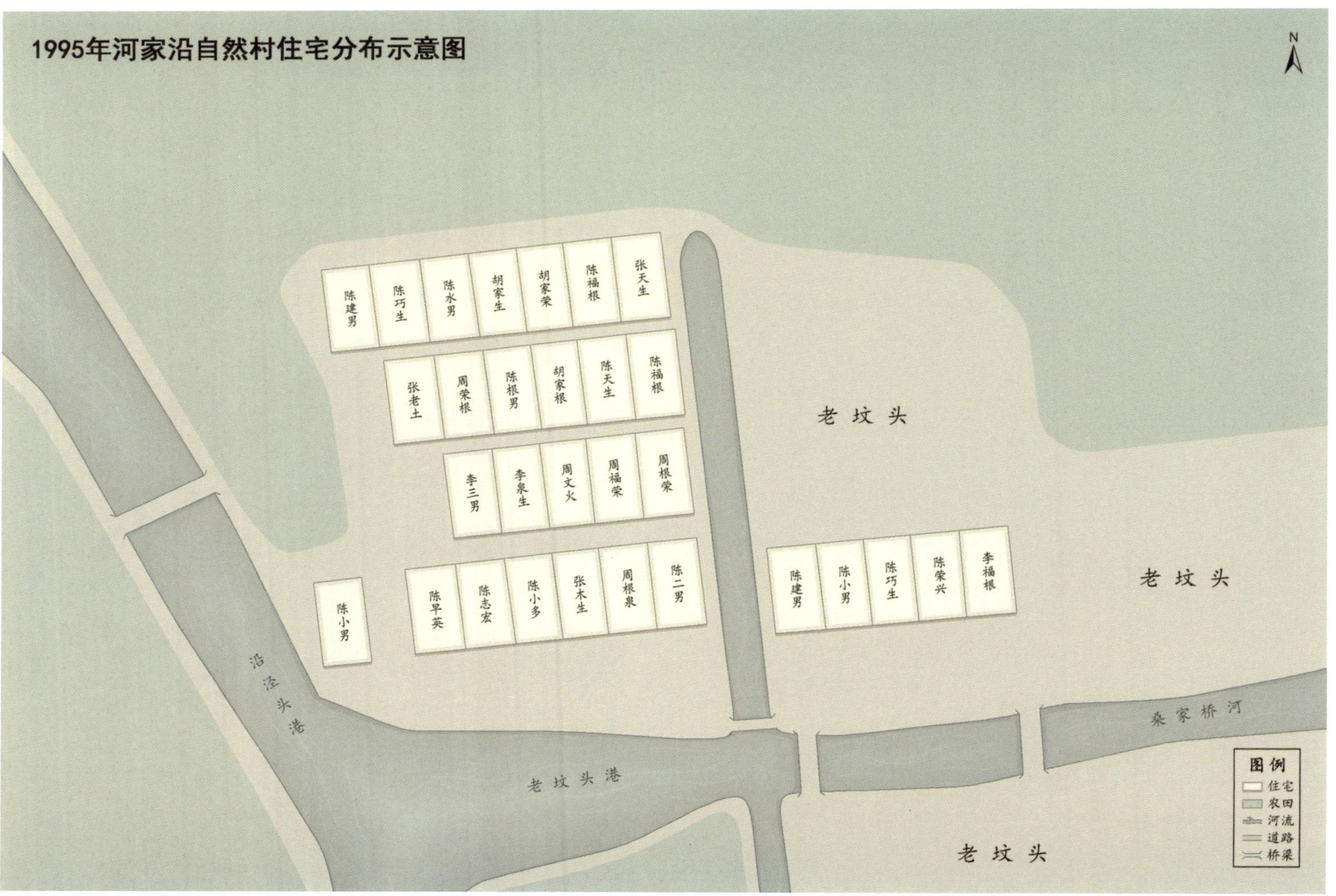
1995年河家沿自然村住宅分布示意图
N
陈建男
陈巧生
陈水男
胡家生
胡家荣
陈福根
张天生
张老土
周荣根
陈根男
胡家根
陈天生
陈福根
李三男
李泉生
周文火
周福荣
周根荣
陈小男
陈早英
陈志宏
陈小多
张木生
周根泉
陈二男
陈建男
陈小男
陈巧生
陈荣兴
李福根
老坟头
老坟头
老坟头
沿泾头港
老坟头港
桑家桥河
图例
住宅
农田
河流
道路
桥梁

三、老坟头

老坟头东至秋塘浜，南临沿泾头，西邻竹隐居，北至相门塘河。因村东原有天宝墩古墓，村人俗称“老坟头”而得名。

老坟头以桑家桥河为界，河南为南老坟头；河北为北老坟头。

老坟头村民以葛、钱姓氏居多。截至1994年拆迁前，总户数82户，总人口330人，其中男性155人、女性175人。老坟头耕地面积500多亩，村民经济来源以种田为主。农作物有水稻、小麦、油菜等，水生作物有茭白、水芹、莲藕等，蔬菜有莴笋、蚕豆、毛豆、豇豆、青菜等，最早还种植各类瓜果，有西瓜、香瓜、甘蔗等。

1994年12月，因工业园区开发建设，老坟头全村拆迁，村民就业安排在娄葑丝织厂、涂装厂、化纤厂等单位，居住均安置在徐家浜新村，老坟头自然村消失。2017年末，星明街、苏惠路附近往东为老坟头原址，建有中央公园、师惠坊、苏州工业园区星海实验中学等。

◎ 建在老坟头原址上的苏州工业园区星海实验中学（2019年摄）

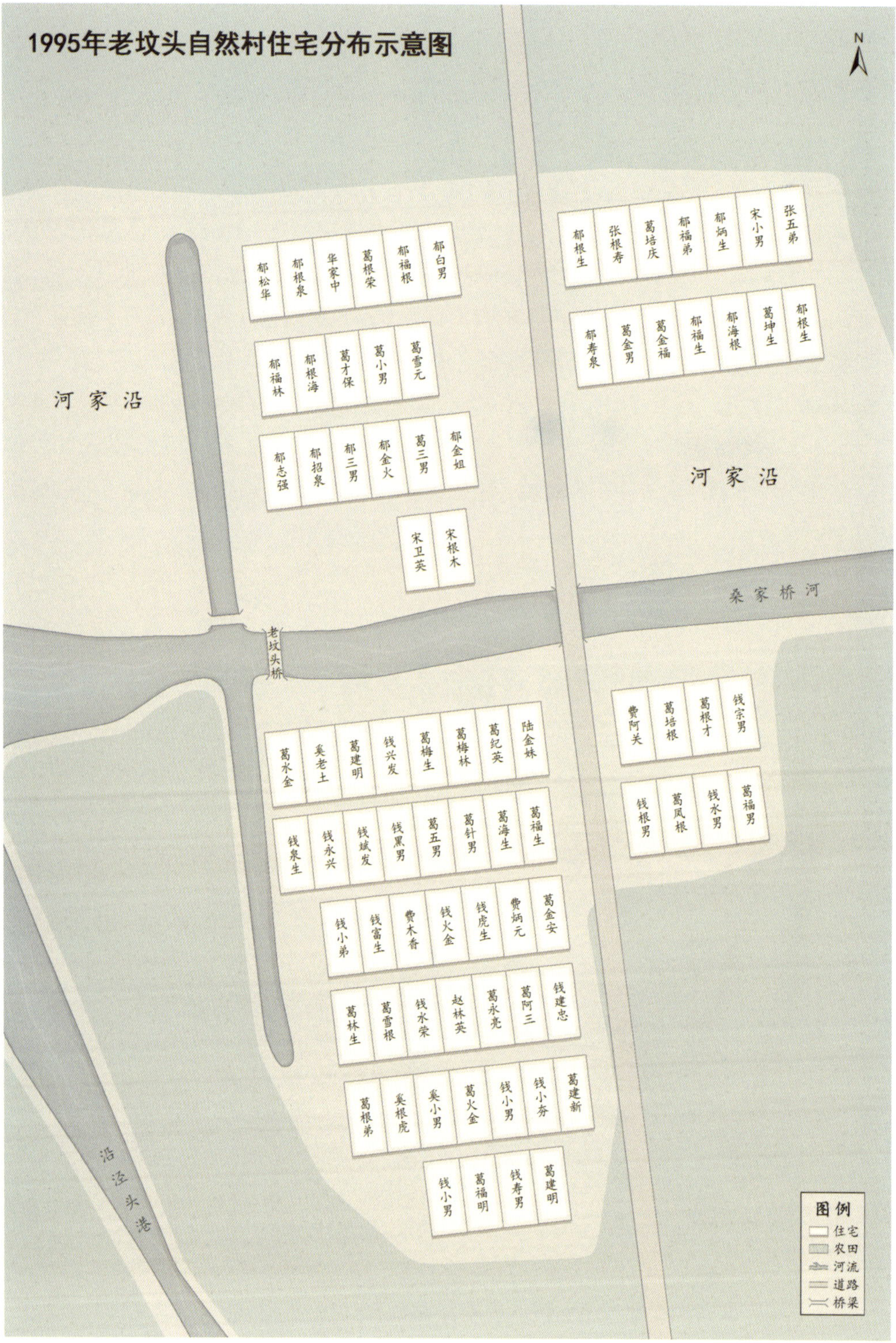

1995年老坟头自然村住宅分布示意图

四、秋塘浜

秋塘浜位于团结村的偏东部位，东至桑家桥，南临庄桥浜，西邻太保浜，北至太平村。因村内有河浜秋塘浜而得名。另有说法，河浜弯弯曲曲像泥鳅，因此称为“秋”塘浜。

秋塘浜为原团结村第12、13、14生产队，村内以苏斜路为界，苏斜路以北、新开河以西为第12生产队，中间东西横跨着秋塘浜；苏斜路以南、新开河以西为第13生产队，苏斜路以北、新开河以东、秋塘浜以南为第14生产队。

秋塘浜村民以姚、张、俞姓为多。70年代秋塘浜以北为姚姓，秋塘浜以南为张姓。截至1994年拆迁前，总户数88户，总人口351人，其中男性186人、女性165人。秋塘浜耕地面积400多亩，村民经济来源以种田为主。农作物有水稻、小麦、油菜等，水生作物有茭白、水芹、藕、荸荠、茨菰等，蔬菜有青菜、四季豆、豇豆、莴笋、黄瓜、番茄、毛豆等。

1994年12月，因工业园区开发建设，秋塘浜全村拆迁，村民就业安排至娄葑丝织厂、涂装厂、化纤厂等单位，村民安置在夏园新村，秋塘浜自然村消失。2017年末，中新大道西、星海街交叉附近为秋塘浜原址，建有腾飞新苏工业坊、加城花园。

◎ 建在秋塘浜原址上的腾飞新苏工业坊（2019年摄）

1994年秋塘浜自然村住宅分布示意图

N

姚云泉 俞斌方 姚海根 俞福元

俞福林 姚雪根 姚佰林 姚凤根 姚三宝

姚金弟 姚桂根 姚文康 姚金昌 姚根保

姚兴根 姚香林 姚泉福 姚水泉 姚桂荣 姚永男 姚寿荣 张寿根 姚增泉 姚海泉

姚金元 姚泉根 姚长福 张水根

秋塘浜河

张建荣 张三根

张福明 张根元 许才英 张根弟 张三男

姚芙蓉 姚三男

姚三全 姚桂泉

姚林根 俞建明

张二男 张文男 张水根 张黑男 陆祥生

张泉男 张根保 张建初 张建华

姚凤泉 姚金木 姚兴元 张五梅 姚云根

张玉凤 张兴根 张福根 张根荣

张荣兴 张荣坤 张泉生 张文荣 张海生

苏斜路

姚兴根 姚文进 姚火泉 张金水 姚福林

张三男 姚三男 姚泉生 俞春泉 姚林根

张金龙 姚长夫 姚老土 姚长福 姚金荣

张木金 姚招泉 姚根元 姚金男 姚金标

姚海根 姚水龙 姚金龙 葛阿二

新开河

图例

住宅

农田

河流

道路

桥梁

五、桑家桥

桑家桥位于团结村的最东面，紧邻苏斜路，东邻黄桥浜，河对岸是蒋巷里、曹家田，南依苏斜路，西邻秋塘浜，北靠小桑家桥河。因以前村民靠种桑树养蚕养家，故名桑家桥。

清代及1912年，桑家桥属陈公乡金栖里二十四都十图辖。1934～1946年属吴县井亭乡，1948～1949年属吴县苏州区葑溪镇，1949～1955年属苏州市葑塘乡，1956～1983年属苏州市娄葑乡，1994年2月归属苏州工业园区娄葑乡。

桑家桥村南有座欧冶庙，据《吴门表隐》记载："欧冶土地庙在匠门塘黄华桥内，神即欧冶子。"解放后，欧冶庙被用作秋田小学，团结村的孩子都在秋田小学上学。欧冶庙在"文化大革命"中被拆毁，由原先的18间半，毁剩到3间。桑家桥村内还有一座延神堂，后被毁，只剩下一块刻有文字的石碑，1994年工业园区征地拆迁后不知去向。

桑家桥村民原是渔民迁至此处，故整个村姓氏比较多，以顾、宋、奚、马、张等姓居多。截至1994年拆迁前，有村民41户，172人，其中男性96人、女性76人。全村耕地面积约170亩，村民经济来源以种田为主，农作物有水稻、小麦、大麦、油菜、山芋等，水生作物有茨菰、莲藕、水芹、茭白、荸荠等，蔬菜有青菜、莴笋、豇豆、韭菜、蚕豆、丝瓜等。村内几乎家家养鹅、养鸭、养鸡，为贴补家用。

1994年，因工业园区建设征地，桑家桥整体拆迁，村民就业被安排到锅炉厂、毛纺厂等单位，村民安置在夏园新村，桑家桥自然村消失。2017年末，中新大道西、星港街交叉往东附近为桑家桥原址，建有三星半导体（苏州）有限公司。

◎ 桑家桥原址上在建的金鸡湖学校西校区（2019年摄）

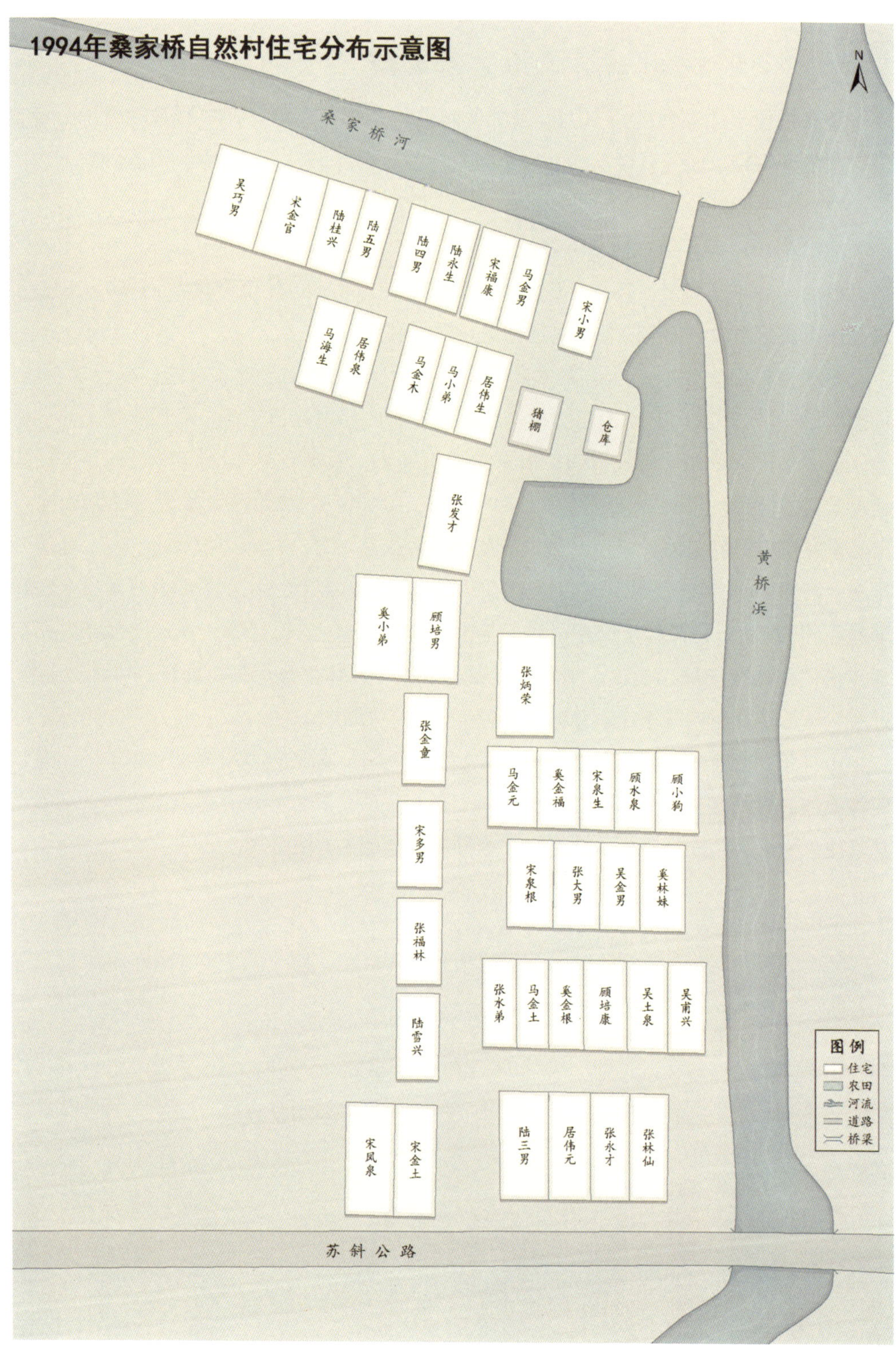
1994年桑家桥自然村住宅分布示意图
N
桑家桥河
吴巧男
宋金官
陆桂兴
陆五男
陆四男
陆永生
宋福康
马金男
宋小男
马海生
居伟泉
马金木
马小弟
居伟生
猪棚
仓库
张发才
黄桥浜
奚小弟
顾培男
张炳荣
张金童
马金元
奚金福
宋泉生
顾水泉
顾小狗
宋多男
宋泉根
张大男
吴金男
奚林妹
张福林
张水弟
马金土
奚金根
顾培康
吴土泉
吴甫兴
陆雪兴
图例
住宅
农田
河流
道路
桥梁
宋凤泉
宋金土
陆三男
居伟元
张永才
张林仙
苏斜公路

六、太保浜

太保浜东邻秋塘浜，南与六图里相连，西隔太保浜河，河对岸是面包厂，北依苏斜路与原团结村委会相望。因明代兵部尚书顾其志[①]（卒赠太子太保）的庙在河边而得名。

清代及1912年，太保浜属陈公乡金栖里二十四都三图辖。1929年重新划分，1934～1946年属吴县井亭乡，1948～1949年属吴县苏州区葑溪镇，1949～1955年属苏州市葑塘乡，1956～1983年属苏州市娄葑乡，1994年2月归属工业园区娄葑乡。

太保浜紧邻苏斜路（现中新大道西）。村口有小吃店和杂货店。村内的太保桥东西走向，为石板平桥，1994年动迁后拆除。

太保浜村民以殷、赵、查、蒋、谢等姓居多。截至1994年拆迁前，有村民88户，406人，其中男性315人、女性91人。全村耕地面积约480亩，主要种植农作物有水稻、小麦、大麦、油菜、山芋等，水生作物有芡实、茨菰、莲藕、水芹、茭白、荸荠等，蔬菜有青菜、莴笋、豇豆、韭菜、蚕豆、丝瓜等。

1994年6月，因工业园区建设征地，动迁牵涉到的首批56户娄葑乡农户中，太保浜就有9户。1994年8月，太保浜整体拆迁，村民均被安置在夏园新村，太保浜自然村消失。2017年末，中新大道西、星海街交叉附近为太保浜原址，建有力成科技（苏州）有限公司。

◎ 建在太保浜原址上的力成科技（苏州）有限公司（2019年摄）

① 顾其志（约1552—约1620）：字冲吾，号太冲，葑溪（原团结村太保浜）人。顾其志一生写有奏疏逾百篇，大多切中时弊。故宅之侧建有顾太保庙，约毁于清末。

1994年太保浜自然村住宅分布示意图

N
苏斜路

蒋龙兴 赵炳根 张阿盘 蒋兴根 蒋泉根 韩卫良 蒋金根
赵多根 赵黑龙 殷林元 殷水生 奚木根 赵海林 蒋毛男 赵梅龙
殷金香 许福官 查福林 赵凤妹 赵招兴 赵阿巧
周坤生 周才夫 许进高 殷龙元 殷火金 赵大根 奚小弟
殷巧泉 殷小多 姚才金 殷谷泉 殷福根 殷巧生
姚才林 姚多金 姚香生 谢建伟 张招泉 查福男
殷培元 赵海生 周炳根 殷四男
蒋寿根 蒋黑妹 殷炳元 蒋海生 赵大男
赵炳泉 奚寿根 赵叙根 赵林水 姚阿四 殷炳生

猪棚

姚学文 奚松华
赵海根 蒋黑男
陆元云

殷福寿 蒋林生 殷林泉 查福泉 殷凤元 奚老土 殷荣兴
赵叙根 奚巧根 殷水根 周水根 殷金元 蒋兴元 张祥根
赵老土 殷福元 殷福生 殷小男 殷金荣
周水生 谢建国 查福男 奚根弟 陆元兴 蒋毛头
谢建平 张巧根 张建明

图例
住宅
农田
河流
道路
桥梁

七、太平村

太平村位于团结村的东北角，东与金库曹家田相连，南邻秋塘浜，西靠老坟头，北临相门塘河。

40年代，小桑家桥温绍村血吸虫病猖獗，大部分村民因血吸虫病引起“肚食病”而死亡，其中幸存的张姓、朱姓、盛姓三户人家为躲避血吸虫病，迁移至现太平村，三户人家为祈求世世平安、健健康康，起村名为太平村。后钱姓渔民迁入，慢慢形成小规模村落。

1934～1946年太平村属吴县井亭乡，1948～1949年属吴县苏州区葑溪镇，1949～1955年属苏州市葑塘乡，1956～1983年属苏州市娄葑乡，1994年2月归属苏州工业园区娄葑乡。

太平村北面有一座底部面积36平方米、高50米的木质航塔，为经过此处的飞机指明方向，于“文化大革命”期间被毁。

太平村村民出行最早以步行为主，后来主要以自行车出行。骑车出行一般有两个方向，一是沿着机耕路往南经过秋塘浜再到苏斜路去葑门；二是沿着机耕路往北经过新湖村木香港到三星路去娄门。

◎ 建在太平村原址上的湖左岸花园（2019年摄）

太平村村民以钱、张、朱、盛等姓居多。截至1994年拆迁前，村民有15户，77人，其中男性38人、女性39人；全村耕地面积约80亩。村民以种田为生，将种好的蔬菜运到附近的葑门或娄门去卖。村民主要种植的农作物有水稻、小麦、大麦、油菜、山芋等，水生作物有茨菰、莲藕、水芹、茭白、荸荠等，以及四季豆、辣椒、青菜、莴笋、豇豆、韭菜、蚕豆、丝瓜等各类蔬菜。

1994年，因工业园区建设征地，太平村整体动迁，村民就业安排到毛纺厂、涂装厂、锅炉厂等单位，居住均安置在夏园新村，太平村自然村消失。2017年末，星港街西边、苏惠路南边、星汉街东边附近为太平村原址，建有湖左岸花园。

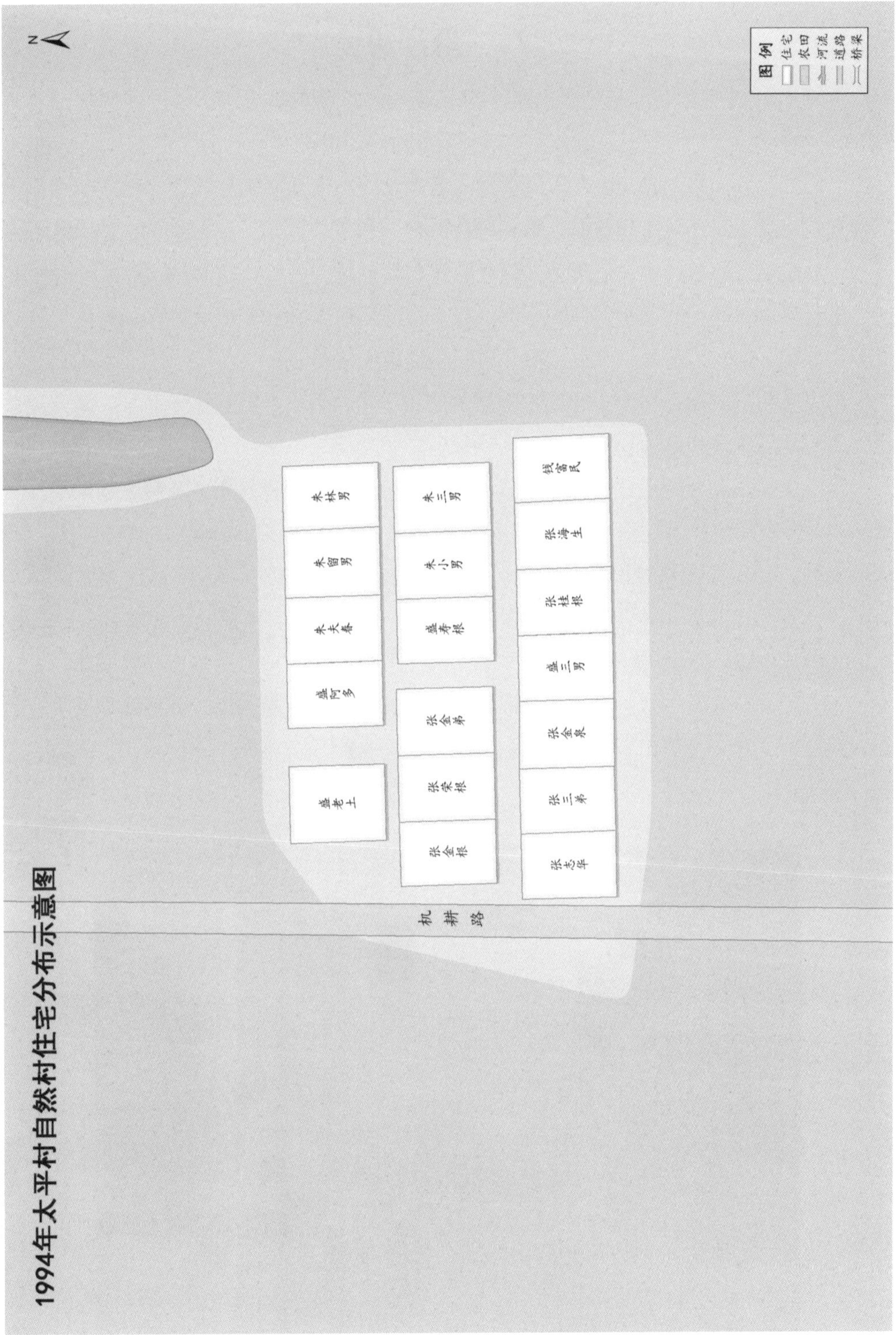
1994年太平村自然村住宅分布示意图
N
图例
住宅
农田
河流
道路
桥梁
朱林男
朱留男
朱夫春
盛阿多
盛老土
朱三男
朱小男
盛寿根
张金弟
张荣根
张金根
钱富民
张海生
张桂根
盛三男
张金泉
张三弟
张志华
机耕路

八、沿泾头

沿泾头村东为农田，南至苏斜路，西至新开河，北至老坟头。因村民住宅沿小河（泾）分布而得名。

沿泾头为原团结村第4生产队，原村民沿南北向小河浜底两岸居住。1979年根据大队规划，南移至新开河东岸建村。第一排住房计14栋连排两层、砖混结构，由大队统一建造后分配给自愿拆迁户。后改为大队补贴楼板款自建。

沿泾头原修建在北通相门河的小河浜底。小河浜底于1958年大兵团作战时人力开通至葑门塘河，给农田灌溉、水上运输、居民生活带来便利。

沿泾头村内的团结小学，原为竹隐居的团结小学，因火灾拆除搬迁而来。新开河以西，为集体养猪场和集体仓库。

沿泾头村民解放时有钱、张两姓，人民公社时由河家沿村将李、陈两家划入沿泾头村，以增加劳动力。截至1994年拆迁前，沿泾头有村民29户，118人，其中，男性48人、女性70人；全村耕地面积100多亩。村民主要种植农作物为水稻、麦、油菜，蔬菜有莴笋、蚕豆、毛豆、豇豆等，水生作物有茭白、水芹、藕、茨菰、荸荠等。

1994年12月，因开发工业园区，沿泾头全村拆迁，有2户村民安置在夏园新村，其余均被安置在徐家浜二村，沿泾头自然村消失。2017年末，星明街、苏惠路交叉附近为沿泾头原址，建有贵都花园。

◎ 建在沿泾头原址上的贵都花园（2019年摄）

1994年沿泾头自然村住宅分布示意图

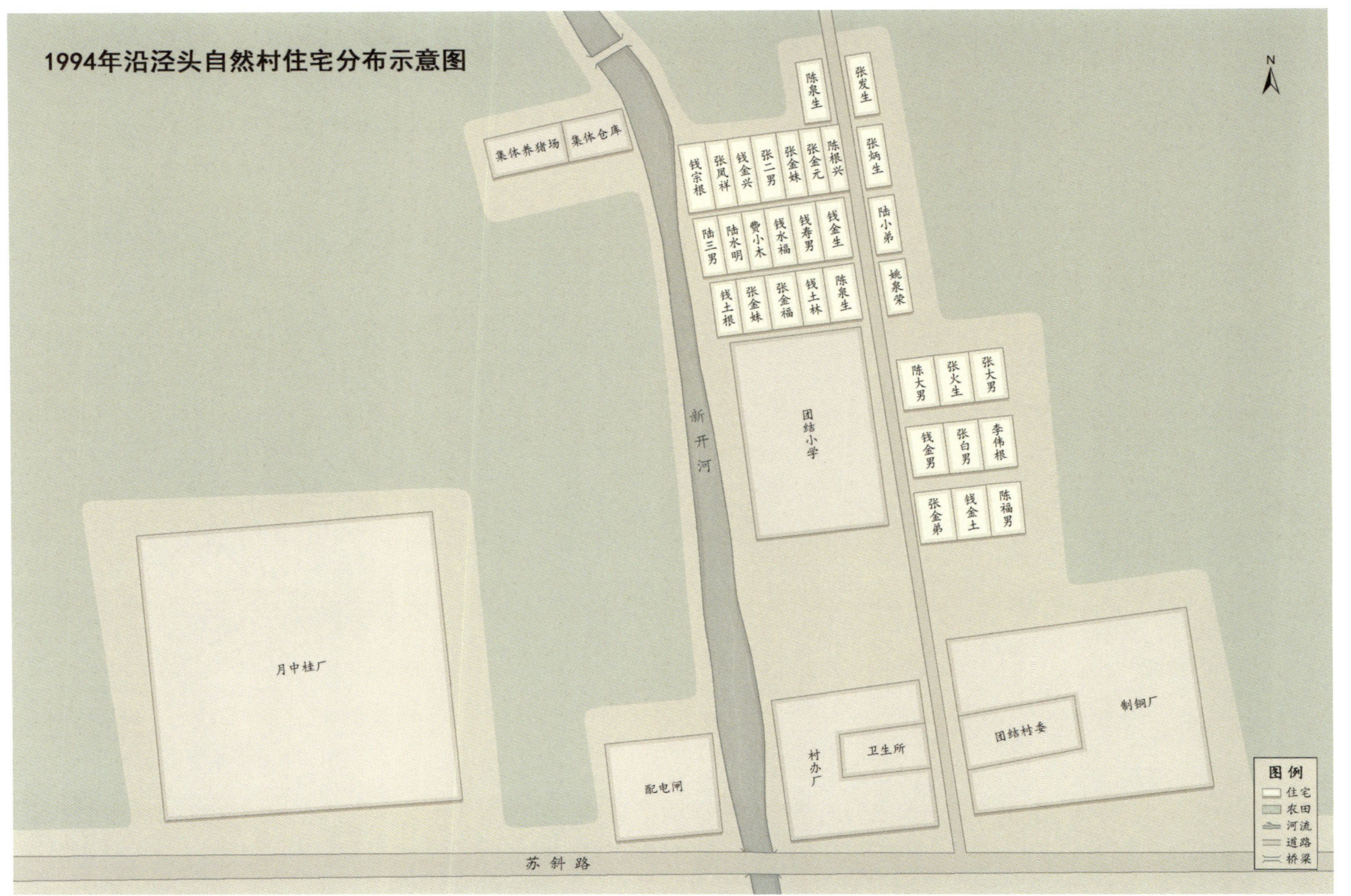

九、竹隐居

竹隐居位于葑塘村东面，东邻团结4队，南临苏斜路，西依进隐河，北近竹隐居庙。因村里原有一寺庙称竹隐居而得名。另有说法，这里竹林遍布，适合隐居，故名。

1934～1946年竹影居属吴县井亭乡，1948～1949年属吴县苏州区葑溪镇，1949～1955年属苏州市葑塘乡，1956～1983年属苏州市娄葑乡，1994年2月归属苏州工业园区娄葑乡。

竹隐居有周、蒋、李、沈、查等姓。截至1994年拆迁前，有村民46户，111人，其中男性55人、女性56人。竹隐居村耕地面积200多亩，村民主要经济来源为种田。水生作物主要种植茭白、茨菰、荸荠、莲藕、水芹、芡实等；农作物主要种植小麦、大麦、水稻田、油菜、山芋、席草等；蔬菜主要种植白菜、包菜、青菜、菠菜、韭菜、萝卜、四季豆、辣椒、茄子、扁豆、蚕豆、番茄、黄瓜等。村里有蔬菜、水稻等农作物新品种培育基地，由专门的技术人员培育推广。

1994年12月，因工业园区建设需要，竹隐居全村拆除，村民就业安排到娄葑一砖厂、化纤厂、毛纺厂、丝织厂等单位，居住安置在夏园新村、徐家浜新村，竹隐居自然村消失。2017年末，苏茜路、星明街交叉附近为竹隐居原址，建有苏州工业园区星海小学。

◎ 建在竹隐居原址上的苏州工业园区星海小学（2019年摄）

1994年竹隐居自然村住宅分布示意图
N
蒋四男
蒋炳荣
金泉根
李建武
钱夫男
周小男
周三男
周金泉
蔡根元
周福兴
李小弟
李白男
金雪根
李阿六
李小妹
金火根
周福生
周银泉
李建武
范根男
李阿七
周三多
周云根
周水高
蒋老土
周阿夯
周金根
周凤元
周银泉
后塘桥
竹隐庙
毛永男
包木泉
包小明
包建初
谢桂英
沈全男
张福妹
包建民
查金根
查二男
范二男
胡小龙
胡小平
周永元
沈菊民
范大男
范二男
范天生
团新路
包伟英
沈全明
娄葑中学
金林桥
苏针路
娄葑涂装厂
娄葑织席厂
图例
住宅
农田
河流
道路
桥梁

十、庄桥浜

庄桥浜位于团结村的东南角，依水而建，东近新开河，河对岸是金库，南依相门塘河，西邻六图里，北靠秋塘浜。因村口有一水泥桥叫“庄桥”而得名。

清代及1912年，庄桥浜属陈公乡金栖里二十四都四图辖。1934～1946年属吴县井亭乡，1948～1949年属吴县苏州区葑溪镇，1949～1955年属苏州市葑塘乡，1956～1983年属苏州市娄葑乡，1994年2月归属工业园区娄葑乡。

庄桥浜村内原有一株枫杨树，属于顾致坤家，树龄约200年，高约60米，2人合抱，于“文化大革命”中被毁。

庄桥浜村民以顾姓居多，后吴姓、庄姓以及渔民奚姓陆续迁移到此。截至1994年拆迁前，有村民33户，121人，其中男性64人、女性57人；全村耕地面积约105亩。村民经济来源以种田为主。农作物有水稻、小麦、大麦、油菜等，水生作物有茨菰、鸡头米、莲藕、茭白、荸荠等，蔬菜有四季豆、辣椒、青菜、莴笋、韭菜等，还有少量村民种植西瓜。

村民出行以步行为主，自行车为辅，搬运物品多用小板车、黄鱼车，后有机帆船。

1994年，因工业园区建设征地，庄桥浜整体动迁，村民就业安排到丝织厂、涂装厂、村制罐厂等企业，居住均被安置在夏园新村，庄桥浜自然村消失。2017年末，星海街清莲桥附近为庄桥浜原址，建有艾默生环境优化技术（苏州）有限公司、安森美半导体（苏州）有限公司。

◎ 建在庄桥浜原址上的艾默生环境优化技术（苏州）有限公司（2019年摄）

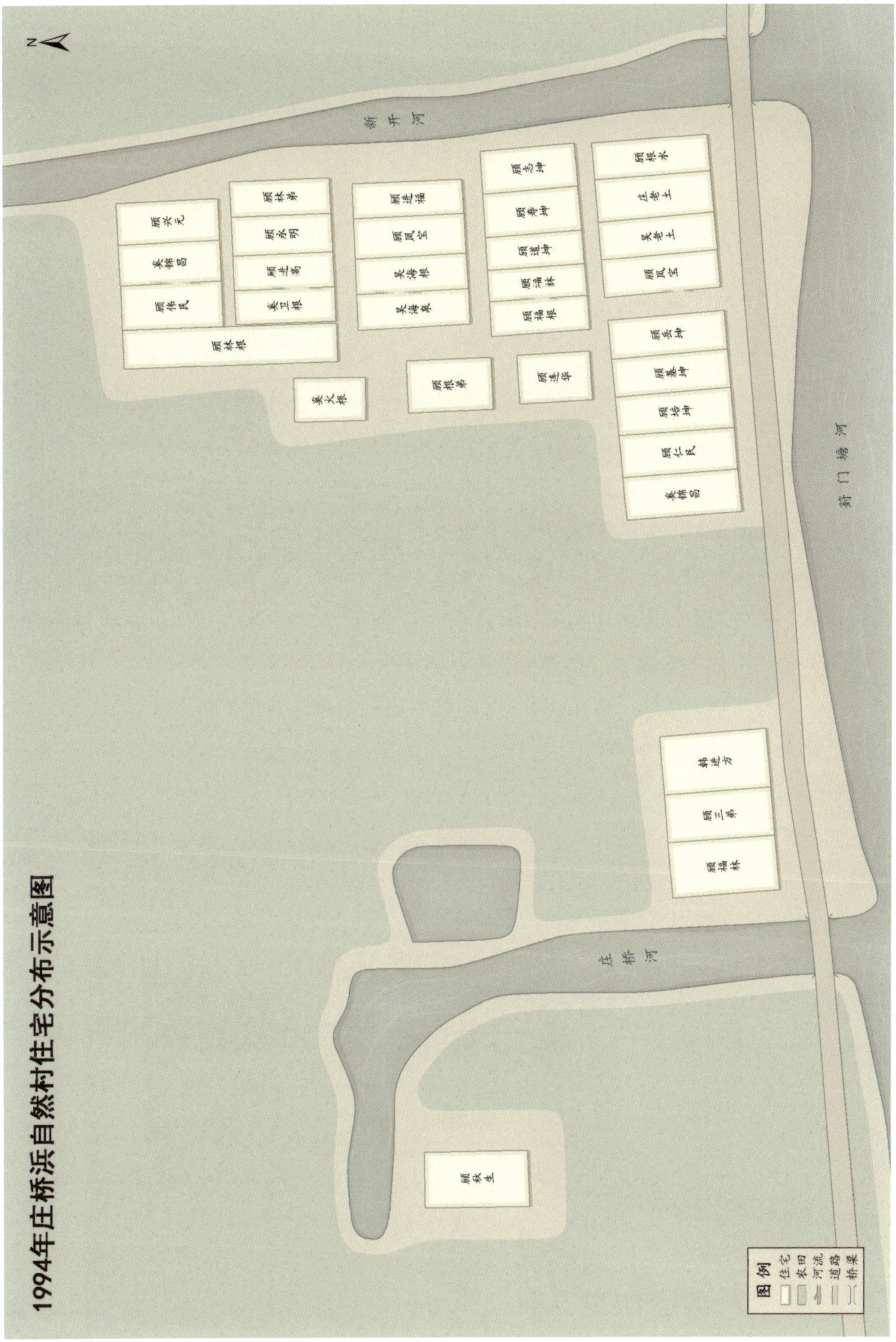

1994年庄桥浜自然村住宅分布示意图

N

新开河

顾兴元
奚锦昌
顾伟民
顾林根
顾林弟
顾永明
顾进高
奚卫根
奚火根
顾进福
顾凤宝
吴海根
吴海泉
顾根弟
顾志坤
顾寿坤
顾道坤
顾福林
顾福根
顾连华
顾根水
庄老土
吴老土
顾凤宝
顾岳坤
顾基坤
顾培坤
顾仁民
奚锦昌
韩进方
顾三弟
顾福林
顾秋生

庄桥河

葑门塘河

图例
住宅
农田
河流
道路
桥梁

链接：

“葑水清莲”——脚踏荷花宕文化展示馆

2016年底，苏州工业园区娄葑街道办事处、娄葑纪委推进党风廉政建设工作，与娄葑街道团结社区联合打造廉政教育基地，建成“葑水清莲”——脚踏荷花宕文化展示馆。

“葑水清莲”——脚踏荷花宕文化展示馆坐落于团结社区办公楼二楼，面积200余平方米，以“葑水清莲”为主题，融入现代声光电技术，分设“葑门俊杰”“葑城旧事”“葑门情韵”“葑田新姿”“葑塘清荷”等五个展区，集文化展示和科普教育等多功能于一体，呈现娄葑的历史发展、建设成就和廉政风貌。

2017年5月，中央电视台法制节目频道制作组来到社区，对“葑水清莲”——脚踏荷花宕传统文化展示馆进行采访拍摄，为七月娄葑“荷诞节”及娄葑廉政文化宣传片做素材铺垫；在全市各级党组织积极开展的先锋党课“百千万”活动中，展示馆与新华网合作拍摄录制《葑水清莲——脚踏荷花宕》党课微视频，通过电视、网站、微信等载体推广使用，同时作为党员“三会一课”学习资料下发至各基层党组织。

2017年12月，“葑水清莲”——脚踏荷花宕文化展示馆获评“苏州市廉政教育基地”。

◎ 脚踏荷花宕文化展示馆（2018年摄）

第三章　星湾社区

星湾社区位于娄葑街道最南端，东至苏嘉杭高速公路，南至东兴路，西至东环路，北至独墅湖隧道。

星湾村委会成立于2001年6月，由原来的星红村、城湾村两个行政村组建而成。2002年5月因区划调整城湾村划到沧浪区葑门街道，区域管理由沧浪区葑门街道管辖。2004年12月27日设立星湾社区。星红村辖有西港北、新桥港、西王家田、门前塘、荒前头、港南、港北7个自然村，又分10个生产队。星湾社区所辖群星苑三区住宅小区占地面积10万平方米，建筑面积13万平方米，绿化面积4万平方米，公建配套面积3300平方米；居民住宅19幢，35个单元，1356套房屋。2017年，星湾社区北区创投厂房面积4.36万平方米，年收入516.77万元，社区建造的东方大道办公楼建筑面积1254.49平方米，年租金收入161.1万元，是星湾社区集体收入的主要来源。

◎ 星湾社区办公楼（2018年摄）

星湾社区居民集中居住在群星苑三区，小区内配套设施齐全，建有医疗卫生服务站、一站式服务中心、老年活动室、图书阅览室、少儿活动室、党员活动室。星湾社区党总支下设两个支部，共有党员76名。社区服务中心大楼面积3300平方米，配套有文化娱乐中心、健身房、宴会厅等便民设施。2017年，星湾社区部分居民到吴江、吴中区临湖、横泾、车坊等地种植鸡头米1300亩，收入约700万元，是居民的重要收入来源。2017年末，星湾社区户籍人口1781人，常住人口3100人。途经社区周边的公交车有1003路、558路。

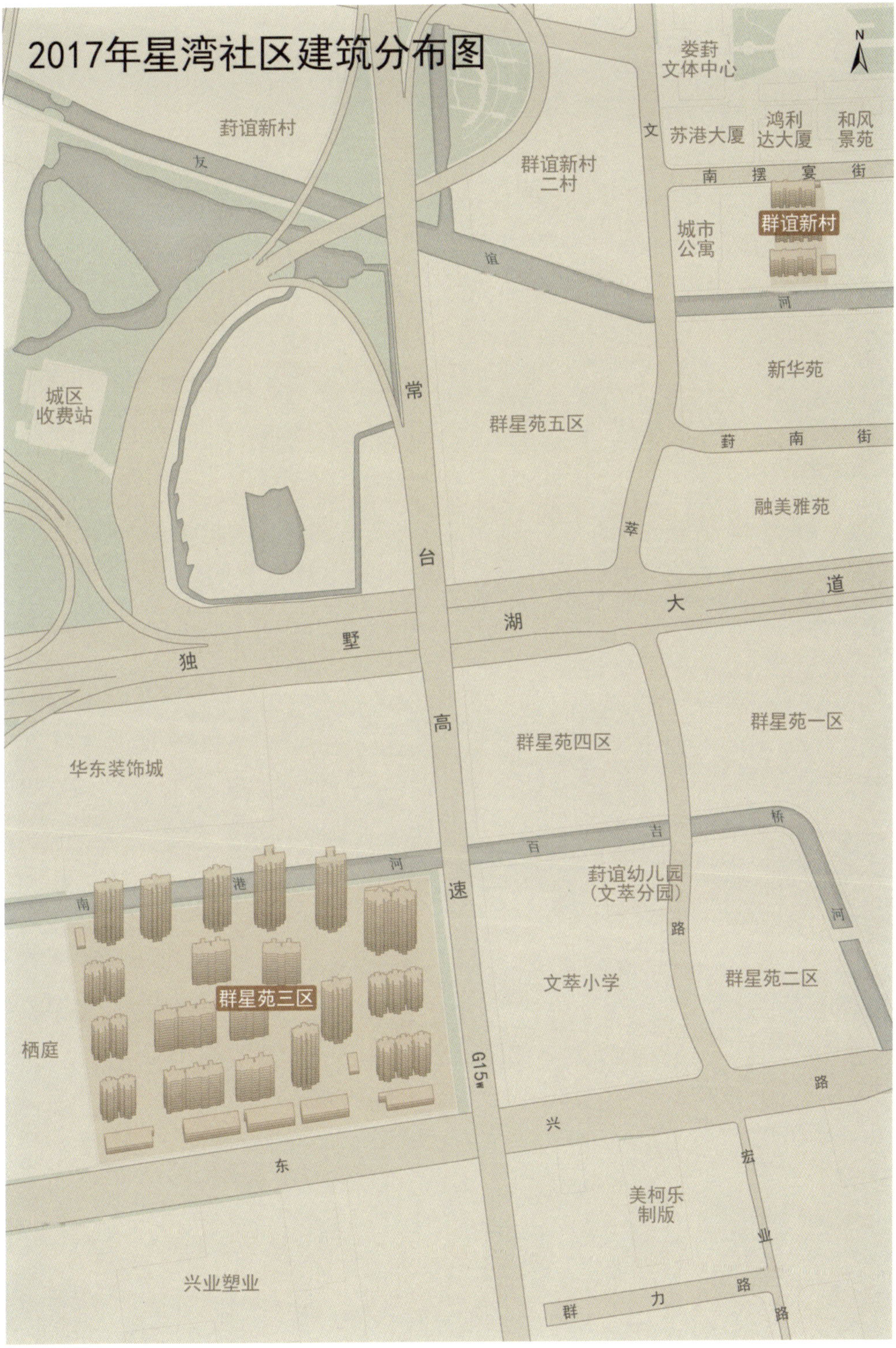

2017年星湾社区建筑分布图

2017年星湾社区总貌图
娄葑
文体中心
葑谊新村
群谊新村
二村
苏港大厦
鸿利
达大厦
和风
景苑
南
摆
宴
街
城市
公寓
群谊新村
新华苑
城区
收费站
群星苑五区
葑
南
街
融美雅苑
常
台
湖
大
道
独
墅
华东装饰城
群星苑四区
群星苑一区
高
速
南
港
河
葑谊幼儿园
(文萃分园)
文萃小学
群星苑三区
群星苑二区
栖庭
G15
兴
东
路
美柯乐
制版
兴业塑业
群
力
路

一、港北

港北全称为东王家田港北，东接路亩港，南至上横头港，西靠西尖嘴，北临后港河。港北与港南隔河相望，与群力村遥相呼应，因位于小港之北故名港北。

港北南北西三面环水，东西两端各有小桥一座，西边石墩穿板桥历史较长，东边水泥板桥建于1980年。村西建有关帝庙，内供关老爷。

港北村民以许、潘、汤、李、居、陆、王姓居多。截至2006年7月动迁前，港北有村民66户，总人口236人，其中男103人、女133人。全村土地面积2.8万平方米，旱地种植粮油作物，以自给为主。水田主要种植茭白、莲藕、荸荠、茨菰、芹菜、鸡头米等。村民主要经济来源为种田务农，副业做蒲包，多余劳力进村办厂、乡办厂务工或做小工。

1997年，因工业园区开发建设，港北土地全部被征用，至2006年7月房屋全部拆迁。村民于2010年5月回迁安置在群星苑三区，港北自然村消失。2017年末，港北原址上建有苏州工业园区文萃小学和群星苑二区。

◎ 建在港北原址上的苏州工业园区文萃小学（2018年摄）

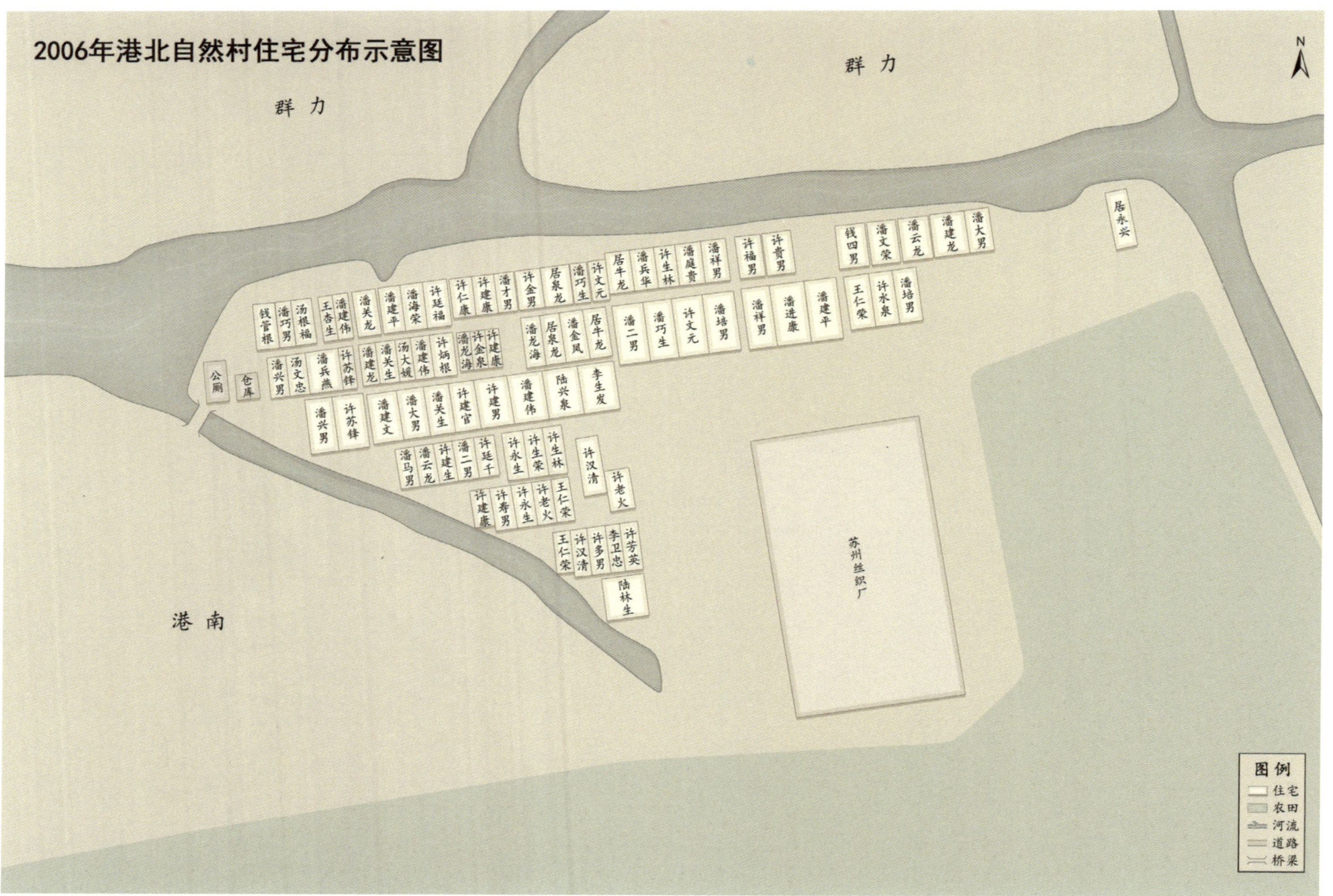
2006年港北自然村住宅分布示意图
N
群力
群力
港南
钱管根
潘巧男
汤根福
王杏生
潘建伟
潘关龙
潘建平
潘海荣
许廷福
许仁康
许建康
潘才男
许金男
居泉龙
潘巧生
许文元
居牛龙
潘兵华
许生林
潘庭贵
潘祥男
许福男
许贵男
钱四男
潘文荣
潘云龙
潘建龙
潘大男
居永兴
潘兴男
汤文忠
潘兵燕
许苏锋
潘建龙
潘关生
汤大娥
潘建伟
许炳根
潘龙海
许金泉
许建康
潘龙海
居泉龙
潘金凤
居牛龙
潘二男
潘巧生
许文元
潘培男
潘祥男
潘进康
潘建平
王仁荣
许水泉
潘培男
公厕
仓库
潘兴男
许苏锋
潘建文
潘大男
潘关生
许建官
许建男
潘建伟
陆兴泉
李生发
潘马男
潘云龙
许建生
潘二男
许廷千
许永生
许生荣
许生林
许汉清
许老火
许建康
许寿男
许永生
许老火
王仁荣
王仁荣
许汉清
许多男
李卫忠
许芳英
陆林生
苏州丝织厂
图例
住宅
农田
河流
道路
桥梁

二、港南

港南全称为东王家田港南，位于娄葑镇最南端，东至路亩港，南至群力23队上横头港，西至黄家绥、荒前头，北至后港河。

港南与港北中间有一条东西向的小河，一直通到六柄圩。70年代，港南西建有一座混凝土石拱桥，名星荡桥，方便星红、群力群众交往通行。港南与港北河西有一座石墩木桥，1980年村东建有一座水泥板桥，新开河东边建有三座水泥板桥。

解放初，党员谭延丰米借用郭家房屋开办小学，后迁至东荒前头的公办星红小学学校。解放后，星红小学最早入党的老干部潘三毛成立首个互助组、合作社，带领村民载泥修圩岸，使低洼田免于水灾，被上级评为修圩模范。青年孙腊狗，1969年入伍至原南京军区守备十一团嵊泗列岛当兵，1971年出海捕鱼遇大风，因下水抢险牺牲，被追认为烈士，葬于横山烈士墓。

港南东南端是树苗场，土地征用后将树苗场改为星红村墓地，房屋动迁后墓地整体搬迁到东山华侨公墓万隆墓区。

港南村民以潘、汤、居、陆、许姓居多。截至2006年动迁前，有村民74户，273人，其中男129人、女144人；全村土地面积2.5万平方米。旱地种植粮油作物，以自给为主。水田主要种植茭白、莲藕、荸荠、茨菰、芹菜、鸡头米等。港南东圩东路亩地势低洼，十年九荒。

1997年，因工业园区开发建设，港南土地全部被征用。2006年7月房屋全部拆迁，2010年5月村民回迁安置在群星苑三区，港南自然村消失。2017年末，港南原址上建有苏州工业园区文萃小学和群星苑二区。

◎ 建在港南原址上的群星苑二区（2019年摄）

2006年港南自然村住宅分布示意图
N
图例
住宅
农田
河流
道路
桥梁
港北
群力村
荒前头

三、荒前头

荒前头位于娄葑镇最南端，东至港南，南至世珍集装箱部件有限公司，西至门前塘，北至拖拉机路。荒前头是西村与东村之间东西百米左右、南北两百多米的旱地，北边靠后港河，两村之间是一片坟地，无人在此建房，故名荒前头。

80年代初，村民生活水平逐步提高，房屋需翻建扩建，老村居民点已无空地可建，故开辟大队部、大会场以南土地（即荒前头）供港南、港北、部分西王家田的村民在此批地建房。

荒前头建有星红小学、席厂（后为地毯厂）。1970年建有大会场。1980年建有大队部（星红小学东）。

荒前头村民以汤、潘、陆、许、沈姓居多。截至2006年7月动迁前，有村民57户，总人口231人，其中男110人、女121人。全村土地面积2.4万平方米，以种植粮油作物和茭白、莲藕、荸荠、茨菰、芹菜、鸡头米等水生作物为主，副业做蒲包，多余劳力进村办厂、乡办厂务工或做小工。

1997年，因工业园区开发建设，荒前头土地全部被征用。2006年7月房屋全部拆迁，2010年5月村民回迁安置在群星苑三区，荒前头自然村消失。2017年末，荒前头原址上建有群星苑三区41、42、43、44幢商品房。

◎ 建在荒前头原址上的群星苑三区（2019年摄）

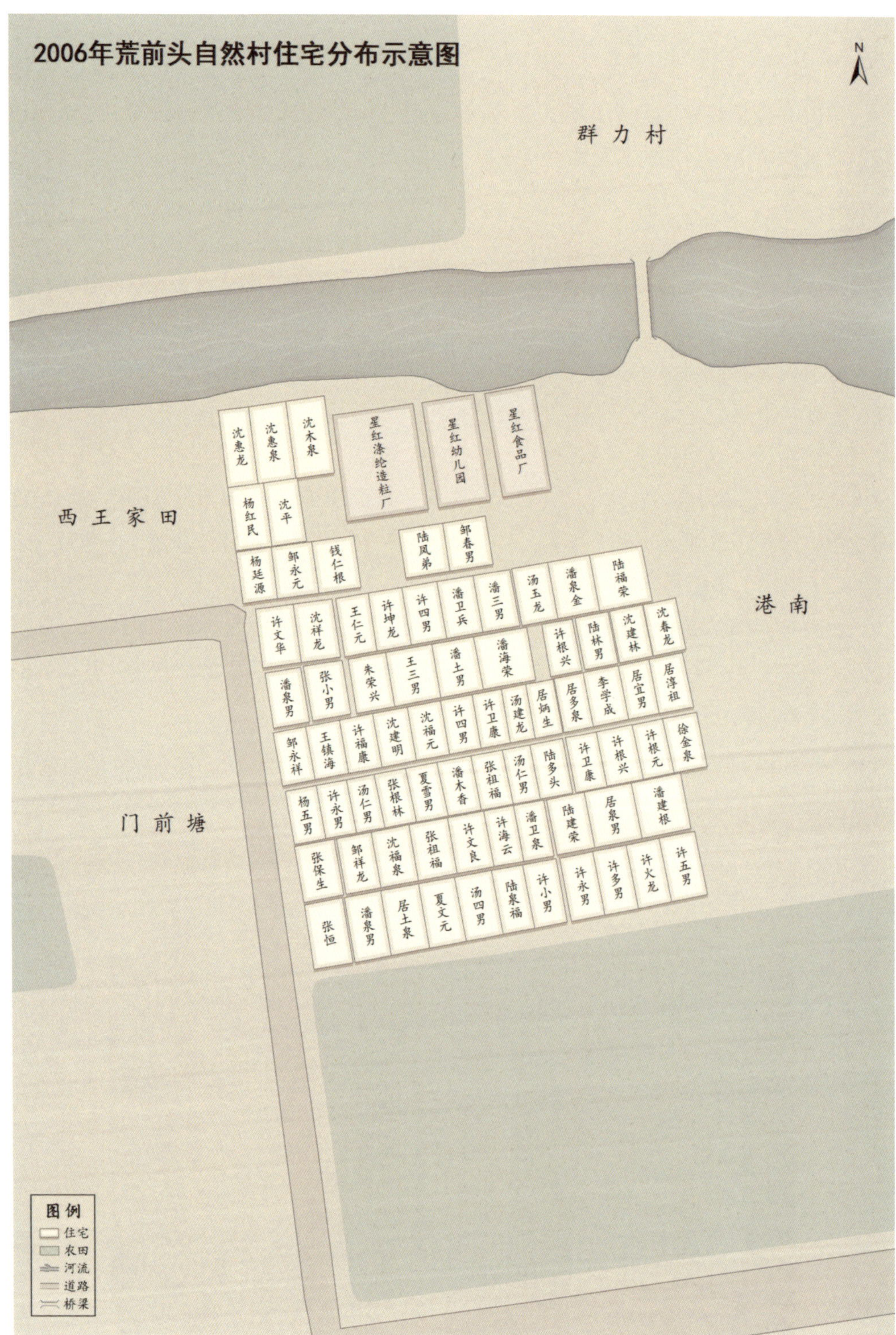
2006年荒前头自然村住宅分布示意图
N
群力村
西王家田
港南
门前塘
沈惠龙
沈惠泉
沈木泉
星红涤纶造粒厂
星红幼儿园
星红食品厂
杨红民
沈平
杨廷源
邹永元
钱仁根
陆凤弟
邹春男
汤玉龙
潘泉金
陆福荣
许文华
沈祥龙
王仁元
许坤龙
许四男
潘卫兵
潘三男
许根兴
陆林男
沈建林
沈春龙
潘泉男
张小男
朱荣兴
王三男
潘土男
潘海荣
居多泉
李学成
居宜男
居淳祖
邹永祥
王镇海
许福康
沈建明
沈福元
许四男
许卫康
汤建龙
居炳生
许卫康
许根兴
许根元
徐金泉
杨五男
许永男
汤仁男
张根林
夏雪男
潘木香
张祖福
汤仁男
陆多头
陆建荣
居泉男
潘建根
张保生
邹祥龙
沈福泉
张祖福
许文良
许海云
潘卫泉
许永男
许多男
许火龙
许五男
张恒
潘泉男
居土泉
夏文元
汤四男
陆泉福
许小男
图例
住宅
农田
河流
道路
桥梁

四、西港北

西港北位于娄葑镇最南端，东至群力村，南至后港河，西距东环路150米，北至华东装饰城。因该村位于星红村西北部，后港河北边，故名西港北。

西港北为星红村1队，土地位于苏嘉铁路之西，地名叫扬梅头。南边是南港村土地，西边是苏州石油库，北边是后江河，对岸是城湾的簖上村，东边是东环路，也是唯一一个在全村征土之前被征过地的生产队（石油公司征地）。土地东边沿铁路边有条小河，名叫他家浜，因水陆交通方便，先后开办矿产品厂（红沙厂）、涂料厂、金属轧制厂、点钞机厂。

西港北村民以沈、邹两姓为主。截至2006年7月拆迁前，全村共有22户，总人口66人，其中男26人、女40人；有土地面积1万平方米。旱地种植粮油作物，水田主要种植茭白、莲藕、荸荠、茨菰、芹菜、鸡头米等水生作物。村民多数到村办厂、乡办厂务工，家庭副业是做蒲包。

1997年前，西港北被石油公司两次征土。1997年，工业园区对星红村整体征用。2006年7月，西港北全部动迁完成。2010年5月，村民回迁安置在群星苑三区，西港北自然村消失。2017年末，西港北原址上建有华东装饰城。

◎ 建在西港北原址上的华东装饰城（2018年摄）

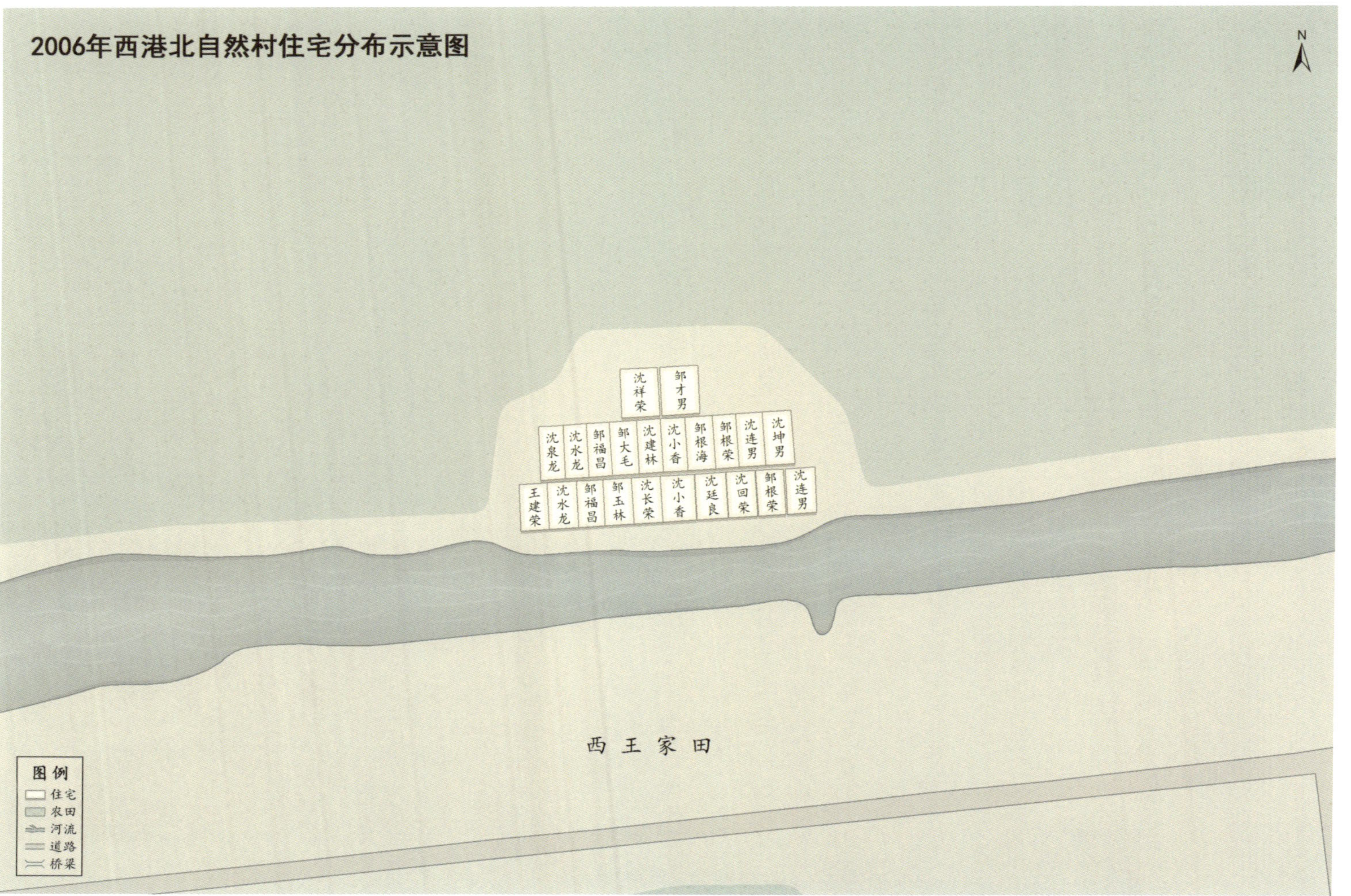

2006年西港北自然村住宅分布示意图

五、西王家田

西王家田简称西村，位于星红村的西端，东邻荒前头，南有新桥港与吴中区南港村为界，西至东环路，北接后港河。据史料记载，因村中土地大部分为苏州一王姓大户人家所有，他再租给当地百姓耕种，由他收租，故村子叫王家田。西村叫西王家田，东村叫东王家田。

后港河是苏州通往车坊的一条轮船航道，西接大运河，东连黄天荡。河西端有一座石板三孔桥，名为“百吉桥”，原为条石三节桥，石条上面有凿出的阳文楹联一副，上联为“十里荷香邀客荡舟浮大白”，下联为“数堆山色迎人隔岸送遥春”。80年代该桥改为公路桥，1996年为配合南大外环线开通，扩建成长15米、宽20余米的钢筋混凝土桥梁。

西王家田村中间有一座庙叫三官堂，建于1931年，内供奉猛将老爷，村民抬猛将仪式保留至今。该庙在动迁后迁往群星二路东。

西王家田村南农田中间有东西向新开河一条，东连东村小河可通达后江，西往南到黄家楼通新桥港，河上有水泥板桥一座，往南老灌溉站上有摆水桥一座。村西原有村办木材厂（前身为煤球厂）。

西王家田村民以潘、陆、许、王、邹、夏姓居多。截至2006年动迁前，有村民73户，290人，其中男143人、女147人。全村土地面积3.33万平方米，村民旱地种植粮油作物以自给为主，水田主要种植茭白、莲藕、荸荠、茨菰、芹菜、鸡头米等。副业主要是做蒲包，原料由大队集体采购，各队运回分给社员，加工成蒲包后一部分由大队收后集体推销，一部分卖给供销社。另有一部分社员到村办厂、乡办厂上班或做小工。

1997年，因工业园区开发建设，西王家田土地全部被征用。2006年7月房屋全部拆迁，2010年5月村民回迁安置在群星苑三区，西王家田自然村消失。2017年末，西王家田原址上建有群星苑三区46、49、53、56、60幢商品房。

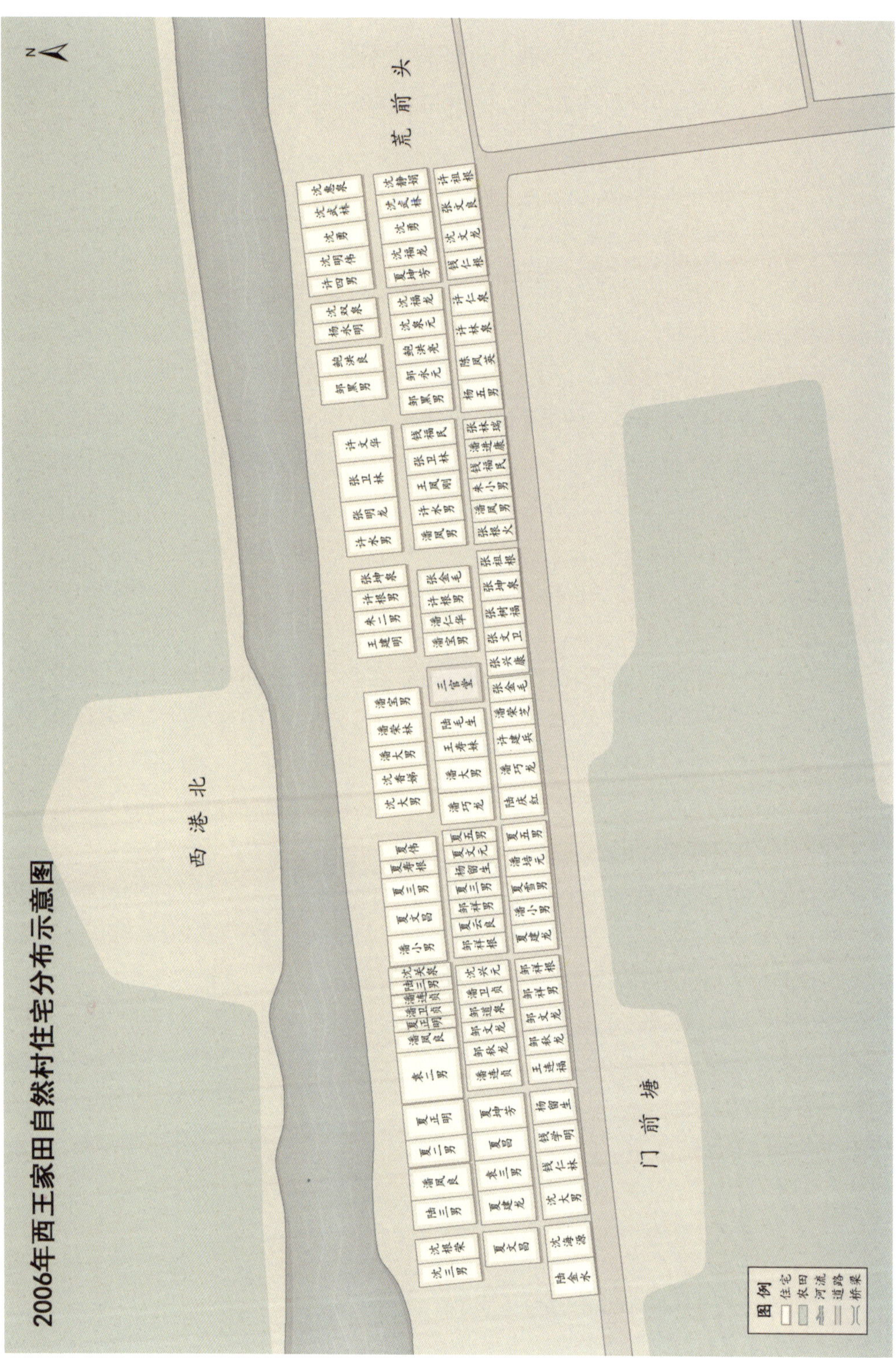

2006年西王家田自然村住宅分布示意图

六、新桥港

新桥港位于娄葑镇最南端，东临门前塘，南靠五金厂和郭巷南港湾里村，西接新桥港（河名），北至后港河。因西港北和西王家田几个老村改造，新批房屋无地可建，扩建到新桥港而得名。

新桥港区域内有村办五金厂，靠村办厂南有一配电间。村民以沈、邹、张、夏姓居多。截至2006年动迁前，新桥港有村民50户，159人，其中男80人、女79人；有土地面积1.78万平方米。村民主要种植粮油作物和水生作物，经济来源为务农，进村办厂、乡办厂上班和做蒲包等家庭副业。

2006年7月，因工业园区开发建设，新桥港整体动迁，2010年村民统一回迁安置在群星苑三区，新桥港自然村消失。2017年末，新桥港原址上建有栖庭小区。

◎ 建在新桥港原址上的栖庭小区（2019年摄）

2006年新桥港自然村住宅分布示意图
N
星红实业公司
王海生
沈长泉
沈坤芳
郜明华
周五男
联防室
沈四男
郜三男
郜福龙
郜明华
周五男
苏州市星红木材加工厂
西王家田
沈火男
沈四男
沈小弟
袁三男
沈木泉
沈二男
沈建伟
沈根龙
沈培良
沈建兴
郜小男
沈宝男
许华治
沈建林
陈建华
郜大男
郜长林
沈根龙
夏平
夏建良
郜黑男
沈三男
沈林兴
郜大男
沈坤芳
夏建昌
夏建文
夏三男
沈根龙
周六男
沈木泉
郜小男
居木香
郜金龙
居木香
郜福元
仓库
沈福荣
沈锋
朱文卫
花旗实业有限公司
工联金属包装带厂
苏州市星红实业公司
图例
住宅
农田
河流
道路
桥梁

七、门前塘

门前塘位于娄葑镇最南端，东临荒前头，南靠江南环保机械厂、电子自动化成套设备厂及金库实业公司，西隔新桥港，北连西王家田。因西王家田主干道以南有一片水田低塘，故名门前塘。

门前塘东北角建有星红实业公司和星红卫生所，后因各自然村村民建房已无地可批，故开辟门前塘为村民建房，建房村民来源于1～10个生产队。

门前塘村民以潘、张、陆、许、夏姓居多。截至2006年7月动迁前，有村民45户，151人，其中男性80人、女性71人；有土地面积1.67万平方米。村民主要经济来源为种田务农，旱地种植粮油作物，以自给为主；水田主要种植茭白、莲藕、荸荠、茨菰、芹菜、鸡头米等。副业主要是做蒲包，原料由大队集体采购，各队运回分给社员，加工成蒲包后一部分由大队收后集体推销，一部分卖给供销社。另有一部分社员到村办厂、乡办厂上班或做小工。

1997年，因工业园区开发建设，门前塘土地全部被征用。2006年7月房屋全部拆迁，2010年5月村民回迁安置在群星苑三区，门前塘自然村消失。2017年末，门前塘原址上建有群星苑三区45、47、48、50、51、52、54、55、57、58、59幢商品房。

◎ 建在门前塘原址上的群星苑三区（2019年摄）

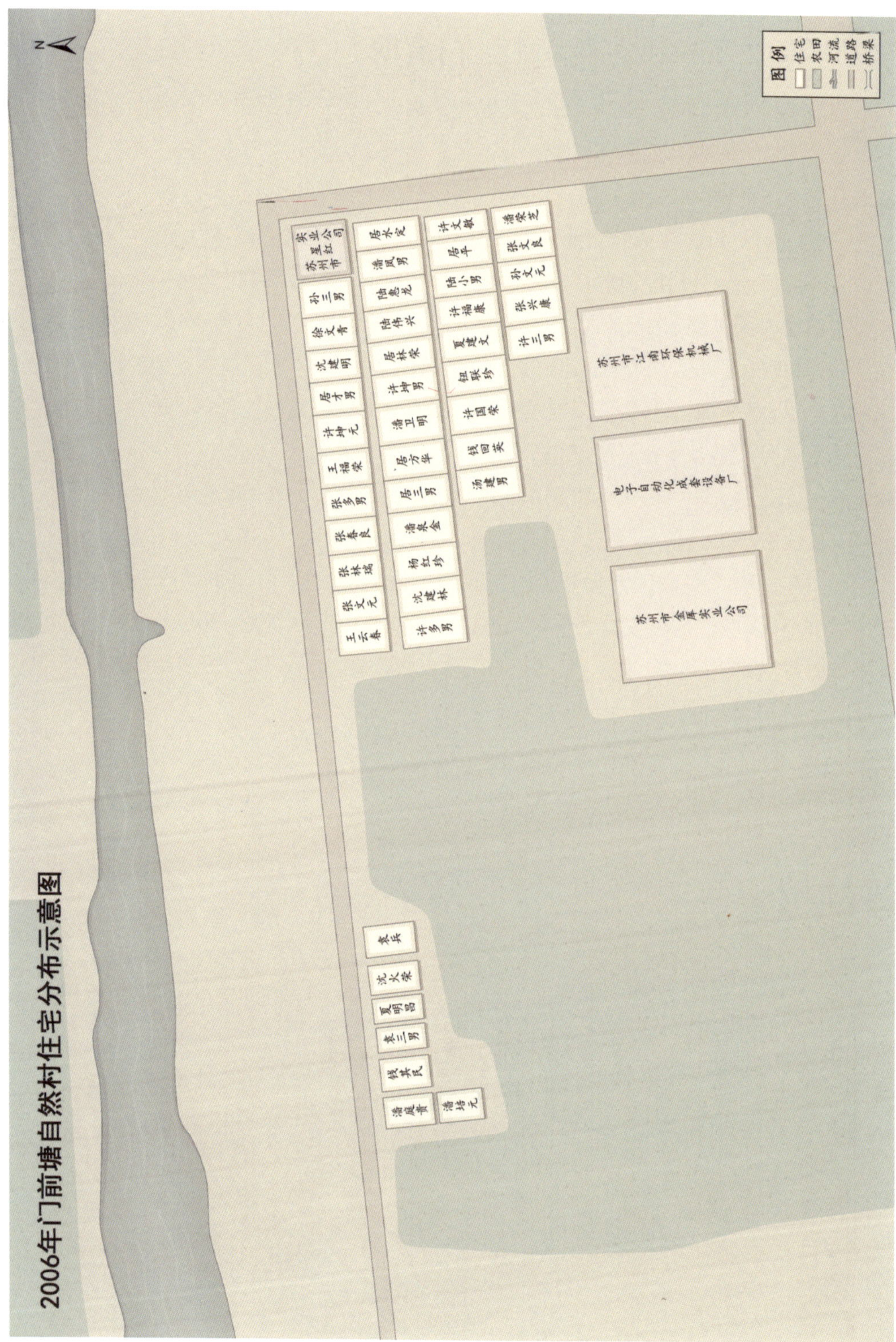

2006年门前塘自然村住宅分布示意图

第四章　群力社区

群力社区位于娄葑南部，东临通园路，南邻东兴路，西至常台高速公路，北靠独墅湖大道。

2004年12月，群力村撤村设立群力社区。

群力社区辖群谊新村1～6幢、群星苑村（5、10、15幢除外）、群星苑一、二、四和五区,占地面积72万平方米，建筑面积约45万平方米。群谊新村为1999年建造苏嘉杭高速公路时群力村港西部分人家动迁安置小区，共138套住宅，66户人家。其他五个小区是2006年原地拆迁改造安置小区，共69幢，其中高层、小高层58幢、4201套住宅；多层11幢、240套住宅。社区境内有文萃幼儿园、文萃小学、积善寺以及社区一站式服务中心、社区医疗服务站、老年人活动室、宴会中心、社区警务室等公共配套服务设施。

◎ 群力社区办公楼（2018年摄）

群力社区下辖两个工业小区，为群星一路83号工业小区和宏业路128号工业小区。两个小区建筑面积4.7万平方米，31家进驻企业，年租金收入约1000万元，是群力社区集体收入的主要来源。

2017年，社区居民到吴江、吴中区临湖、横泾、车坊及外省市租田种植鸡头米1.1万亩，收入约6000万元，成为居民重要的收入来源。

2017年末，社区户籍人口6068人，暂住人口约1.2万人。途经社区境域的公交车有16路、26路、42路、141路、160路、162路、204路、238路、307路。

◎ 群力村石油厂

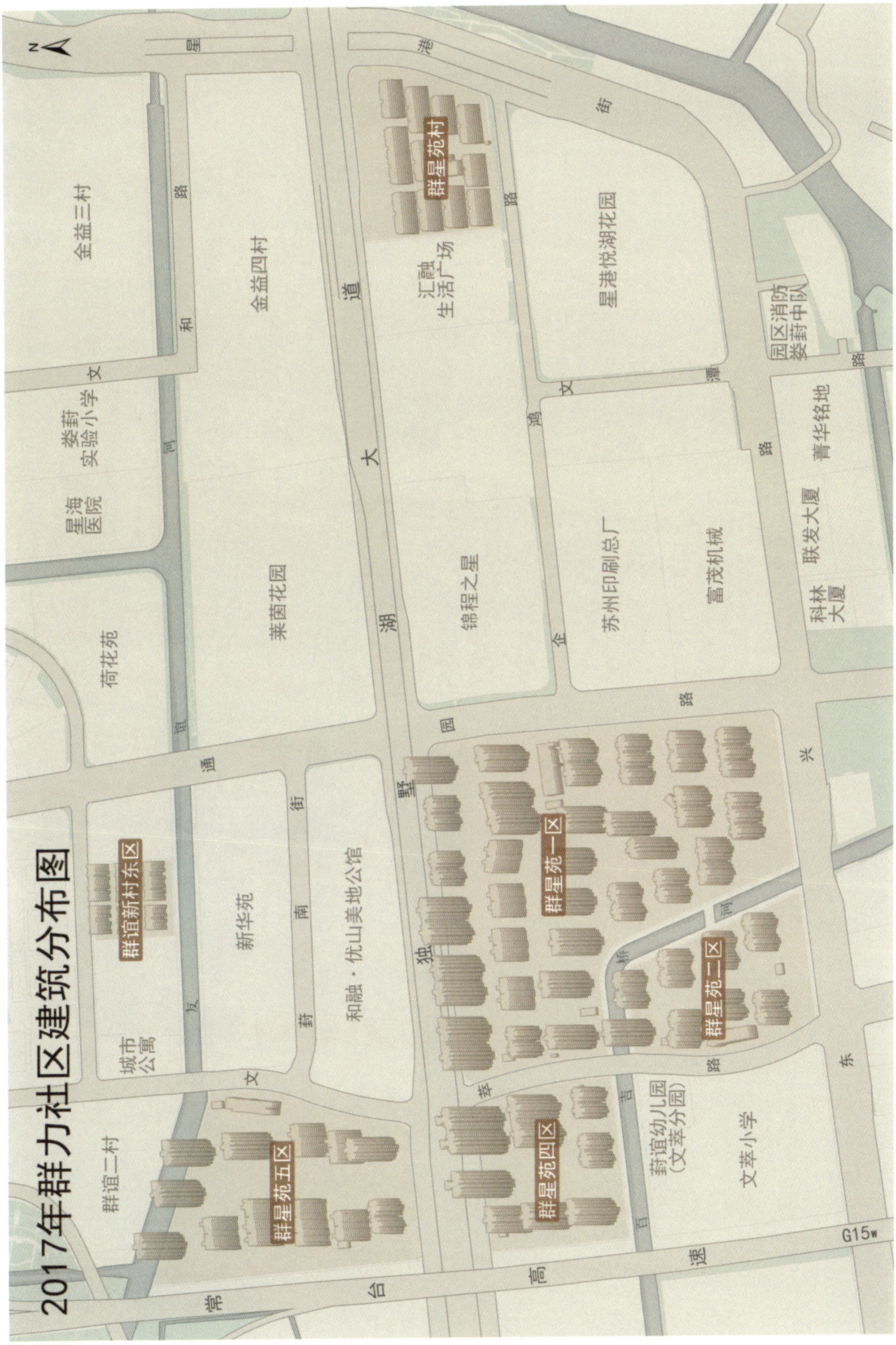

2017年群力社区建筑分布图

2017年群力社区总貌图
群星苑村
汇融生活广场
星港悦湖花园
园区消防娄葑中队
金益三村
金益四村
娄葑实验小学
星海医院
莱茵花园
荷花苑
锦程之星
苏州印刷总厂
富茂机械
青华铭地
联发大厦
群星苑一区
群星苑二区
群谊新村东区
新华苑
和融·优山美地公馆
城市公寓
群谊二村
群星苑五区
群星苑四区
葑谊幼儿园(文萃分园)
文萃小学
G15

群力村

群力村东临通园路，南邻南港河，西至常台高速公路，北至葑南街。群力村原名“大荡里”，因系湖荡中的孤岛，村民聚居一处而得名。

中华人民共和国成立初建新光一社、新光二社和群力社，1958年三社合并后取名“群力大队”，后称“群力村”。群力大队共分50个生产队。2004年12月，群力村撤村设立群力社区。

60年代初，群力大队由于人多地少，为解决村民的口粮问题，当时提出了“向水面要田、湖底要粮”的口号。村民在党总支书记金泉生带领下，1963年抽干五坟潭、1964年闸断大龙口、1966年围垦黄天荡，种植千余亩水稻获得丰收，群力成为苏州市发扬自力更生、艰苦奋斗精神的先进典型。1966年10月金泉生作为江苏省农业劳动模范应邀参加了北京国庆观礼活动，并受到毛主席等国家领导人的接见及合影。

群力村是水生作物专业村，种植芡实、茭白、莲藕、茨菇、水芹、荸荠，其中所产芡实尤为有名，俗称“南荡鸡头”。1997年末全村有耕地2684亩，其中水田2508亩，旱生蔬菜田176亩。随着工业园区的开发建设，耕地逐步减少，直至2001年耕地全部被征用。

群力村村民以许、钮姓居多。截至1999年动迁前，有居民1361户，约6550人，男女比例约为1∶1。村民以种植芡实为主要经济收入来源。

1999年建造苏嘉杭高速公路时，群力村港西首次动迁66户，涉及村民252人。2006年配合东环路沿线改造及独墅湖高架建设，群力村开始整体动迁，2008年末动迁结束，居民安置在群星苑一区、二区、四区、五区和群星苑村，群力村自然村消失。2017年末，群力村原址上建有群星苑一区、四区、五区及优山美地等住宅小区。

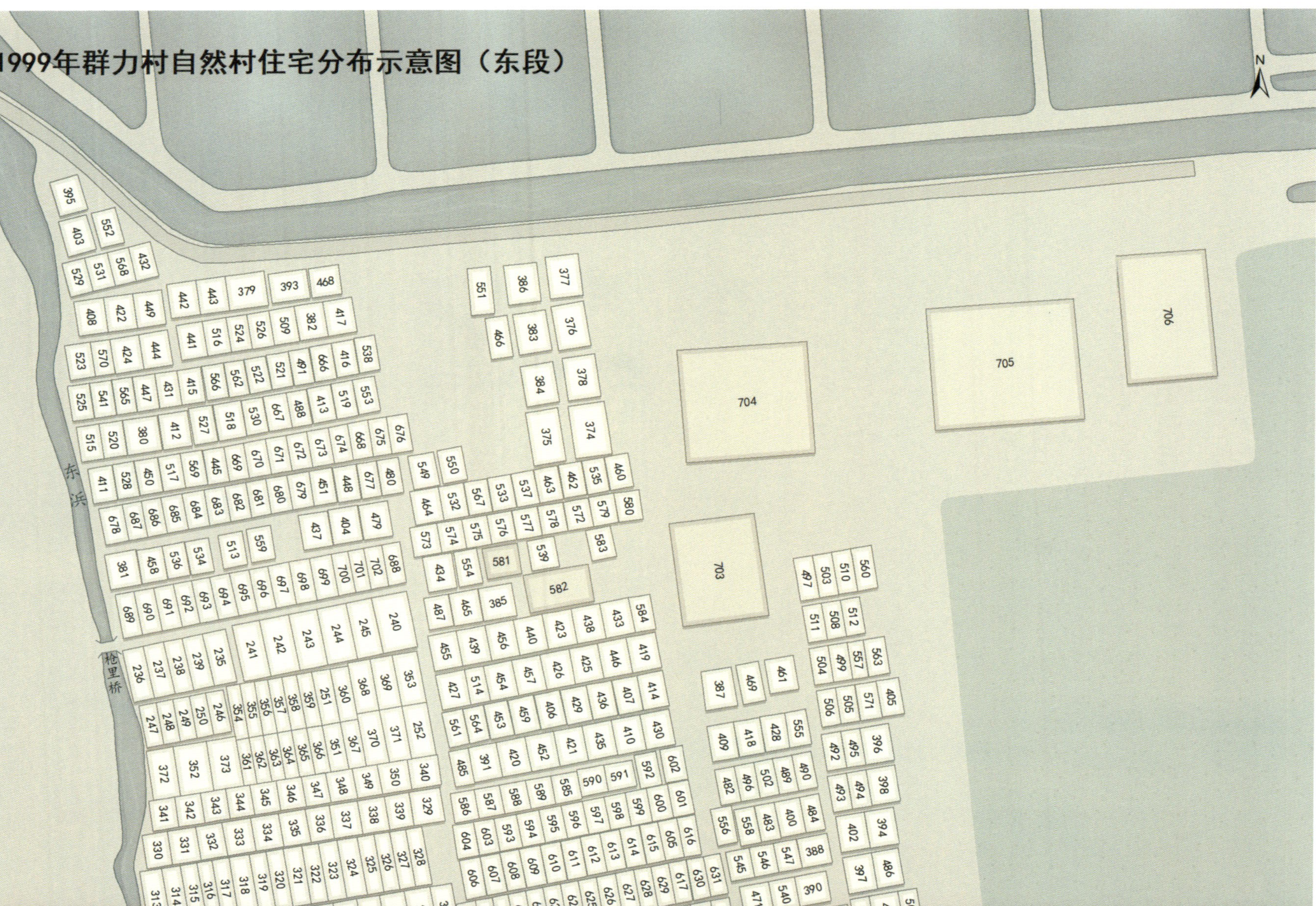

1999年群力村自然村住宅分布示意图（东段）

图例
住宅
农田
河流
道路
桥梁

1999年群力村自然村住宅分布示意图（西段）

N
环龙桥
狗咬桥
西浜
东浜
庙桥
枪里桥
邓家桥
群力村
南港河
图例
住宅
农田
河流
道路
桥梁

1999 年群力村自然村
住宅分布编码对应户名表（东段）

1 . 许二男
2 . 郭泉根
3 . 钮福男
4 . 薛金海
5 . 郭泉根
6 . 钮金元
7 . 钮凤珍
8 . 许三男
9 . 许白男
10 . 陆黑男
11 . 许黑男
12 . 章黑男
13 . 邓凤三
14 . 袁泉男
15 . 许庚文
16 . 许卫云
17 . 钮建龙
18 . 张金男
19 . 钮基林
20 . 章巧林
21 . 许三男
22 . 王彩英
23 . 许秋荣
24 . 王多头
25 . 钮四男
26 . 许寿泉
27 . 钮祥龙
28 . 钮兴男
29 . 王炳根
30 . 王三男
31 . 钮白男
32 . 钮三男
33 . 钮发龙
34 . 钮多男
35 . 钮春男
36 . 许秋龙
37 . 钮祥云
38 . 钮春华
39 . 王福根
40 . 王小男
41 . 钮祥根
42 . 钮文男
43 . 钮发祥
44 . 钮金根
45 . 王三男
46 . 钮建发
47 . 钮发龙
48 . 钮文男
49 . 许云男
50 . 周凤妹
51 . 许二男
52 . 时巧泉
53 . 许寿男
54 . 钮巧男
55 . 许招香
56 . 吴鹤明
57 . 许金明
58 . 钮福男
59 . 许生泉
60 . 孙招大
61 . 许福男
62 . 钮三男
63 . 叶松兴
64 . 张建红
65 . 钮发祥
66 . 郭泉男
67 . 许和根
68 . 许二男
69 . 蒋建男
70 . 钮五妹
71 . 钮火林
72 . 许雪兴
73 . 许春男
74 . 许金男
75 . 陆仁祥
76 . 许鸿役
77 . 孙和珍
78 . 张黑男
79 . 许文康
80 . 许建华
81 . 钮荣祥
82 . 钮洪建
83 . 邹三男
84 . 王三妹
85 . 周　华
86 . 郭冬良
87 . 许林男
88 . 许祥云
89 . 许祥根
90 . 顾会媛
91 . 许永明
92 . 王　其
93 . 许建龙
94 . 郭祥云
95 . 钮金龙
96 . 张金民
97 . 钮黑男
98 . 张二根
99 . 王林高
100 . 许振华
101 . 许莲芳
102 . 钮白男
103 . 钮福根
104 . 钮多泉
105 . 陆春龙
106 . 陆红卫
107 . 钮二男
108 . 周凤明
109 . 许和生
110 . 许建学
111 . 吴雪生
112 . 王秀英
113 . 吴雪多
114 . 许　正
115 . 郭春良
116 . 张清毅
117 . 郭建荣
118 . 钮孝洪
119 . 钮冬香
120 . 钱兴元
121 . 许水宝
122 . 邓春明
123 . 周凤祥
124 . 潘福妹
125 . 陆水根
126 . 钱祥荣
127 . 薛苏明
128 . 王建林
129 . 钮培元
130 . 许金男
131 . 时建平
132 . 陆林贞
133 . 许红兴
134 . 王根兴
135 . 吴林生
136 . 唐金泉
137 . 邓长金
138 . 张小英
139 . 张二男
140 . 褚建平

141．许伟驰
142．吴根水
143．钮永男
144．钮建伟
145．钱二男
146．钮泉兴
147．许桂荣
148．周彩林
149．许长才
150．周三男
151．居泉男
152．陆洪良
153．陆红春
154．王多男
155．王建武
156．张卫强
157．张二男
158．顾水春
159．陆苏龙
160．钮和龙
161．邓玉珍
162．钮孝伟
163．杨火荣
164．许惠男
165．许龙金
166．孙彩凤
167．钮福男
168．许福根
169．许春男
170．许自勤
171．许卫华
172．蒋建男
173．陆泉妹
174．唐凤泉
175．许春明
176．唐采泉
177．王水根
178．许四男
179．蒋泉荣
180．陆惠男
181．陆建伟
182．孙荣泉
183．许黑男
184．钮二男
185．钮春良
186．章素英
187．张火荣
188．钮军华
189．蒋正金
190．许金龙
191．许长泉
192．钮泉宝
193．张林泉
194．钮泉生
195．许 峰
196．许 娴
197．许卫龙
198．许春献
199．许阿福
200．张仁根
201．邓水云
202．许黑男
203．陆长才
204．钮金官
205．钮根兴
206．王建明
207．吴雪多
208．钮多男
209．蒋金男
210．许振勇
211．唐凤龙
212．潘小荣
213．钮巧男
214．钮凤香
215．许宝民
216．钮黑男
217．王多香
218．仲泉根
219．钮建良
220．薛娥英
221．许多妹
222．许妹多
223．龚东英
224．许文龙
225．陆红平
226．王雪香
227．许泉龙
228．吴冬男
229．杨金根
230．金关根
231．陆金荣
232．许祥云
233．许水金
234．陆三男
235．周凤香
236．陆义生
237．周建伟
238．周永泉
239．周木兴
240．仲建春
241．陆水兴
242．许建平
243．周华春
244．许叶林
245．邓泉珍
246．孙多媛
247．钮小男
248．郭云男
249．王林泉
250．许二男
251．金新生
252．许新男
253．许泉荣
254．钮华明
255．郭水龙
256．钮泉根
257．许根龙
258．陆培生
259．钮建新
260．钮银龙
261．钮新男
262．郭龙根
263．郭建祥
264．钮惠男
265．郭水龙
266．许兴男
267．许建男
268．许文男
269．钮志文
270．郭建祥
271．钮新男
272．郭龙根
273．丁黑男
274．郭翔南
275．郭云男
276．苏金鸿
277．钮耀明
278．钮健明
279．许三男
280．钮白男
281．王二男
282．许龙根
283．陆伟良
284．许连根
285．张勇前
286．许和生
287．张虎生
288．张春龙
289．许建才
290．周国华
291．王根福
292．张长林
293．许兴龙
294．许秋红
295．唐红明
296．许长才
297．许林生
298．杨林生
299．邓建良
300．邓建荣
301．张春龙
302．许三男
303．许巧男
304．钱五多
305．丁多男
306．许林方
307．郭彩珍
308．金建忠
309．许建芳
310．许阿二
311．许长才
312．金春泉
313．杨林生
314．邓建荣
315．张春龙
316．许伟中
317．钮凤珍
318．钱五多
319．许秋凤
320．张水香
321．许木男
322．钮泉生
323．许春才
324．金多泉
325．许 庆
326．金荣男
327．许中男
328．蒋四男
329．蒋桂荣
330．张连荣
331．张二男
332．许卫文
333．张二男
334．周春云
335．金建育
336．顾建明
337．许叶男
338．许荣龙
339．许中男
340．蒋建龙
341．陆四男
342．钮春泉
343．钮木兴
344．周凤兴
345．钮兴泉
346．许云根
347．蒋建云
348．蒋金才
349．金玉兰
350．金建林
351．王巧男
352．钮福根
353．金建国
354．邓长金
355．郭水根
356．钱金男
357．许仁生
358．金苏明
359．陆增福
360．张福明

361．邓林泉
362．唐雪根
363．张卫强
364．陆招金
365．钮二男
366．毛招妹
367．金桂兴
368．潘五男
369．唐云男
370．张福根
371．薛忠男
372．许多乱
373．吴春男
374．褚建良
375．周二男
376．张爱英
377．许建华
378．王水凤
379．章月平
380．周龙兴
381．周静清
382．沈雪男
383．章土泉
384．钱泉龙
385．张泉荣
386．许泉男
387．金祥男
388．钮建男
389．许骏弛
390．陆水生
391．陆建红
392．邓忠民
393．刘小大
394．陆金香
395．章水龙
396．陆福男
397．许三男
398．许林英
399．陆云男
400．蒋金男
401．许俭峰
402．张五男
403．仲春明
404．周福寿
405．钮承纪
406．周岳飞
407．钮林荣
408．章凤建
409．蒋玉龙
410．陆祥龙
411．仲泉生
412．章凤男
413．周秋卫
414．钮仁荣
415．周建明
416．周祥兴
417．陆叙明
418．孙阿云
419．张三男
420．陆火根
421．邓吾龙
422．章金男
423．许叶泉
424．周海龙
425．许根香
426．许金根
427．汤阿四
428．张春男
429．陆建伟
430．陆仁祥
431．章凤根
432．章泉根
433．张火泉
434．王水男
435．潘水龙
436．许卫林
437．钮联男
438．周水云
439．孙五男
440．王根男
441．周福妹
442．章江强
443．章永平
444．周连男
445．许大男
446．王建荣
447．章黑男
448．许　民
449．章龙泉
450．章金男
451．章凤良
452．张回央
453．周三男
454．钮春林
455．许叶祥
456．蒋三男
457．蒋根男
458．周凤建
459．许建明
460．陆建林
461．陆中男
462．钱根妹
463．许林男
464．张　凤
465．邓三龙
466．周根火
467．许火男
468．吴春男
469．钮小男
470．陆金娥
471．钱新建
472．金彩香
473．邓仁根
474．张金吾
475．许春男
476．吴春卫
477．许福生
478．邓林男
479．周凤男
480．许林春
481．金苏男
482．许雪荣
483．张金男
484．钮建新
485．邓二男
486．陆红兵
487．邓福龙
488．马多男
489．袁洪法
490．陆云男
491．金炳生
492．许金祥
493．周林萍
494．钱玉林
495．许卫芳
496．许叶男
497．孙四男
498．许长金
499．吴木根
500．许建康
501．许福妹
502．蒋建云
503．周建伟
504．胡福元
505．金建国
506．蒋卫云
507．王微静
508．许凤三
509．金伯生
510．陆小弟
511．周建伟
512．周林勇
513．钮正祥
514．许水金
515．钮秋生
516．陆林弟
517．章秉杨
518．许金男
519．章金毛
520．周金明
521．金福生
522．周林华
523．章凤明
524．王根生
525．王根男
526．金德生
527．宋二男
528．章银男
529．许晓凤
530．宋二毛
531．钱静香
532．周凤鸣
533．周云香
534．许祥云
535．周华生
536．胡月龙
537．周林生
538．孙小英
539．许巧男
540．钱菊泉
541．周金明
542．许林民
543．邓三男
544．潘泉荣
545．邓二男
546．许火荣
547．钮多弟
548．许春泉
549．周志鸣
550．章冬福
551．许木根
552．钮永德
553．周根火
554．许文男
555．胡福元
556．许长大
557．周小华
558．许雪兴
559．王林泉
560．王大宝
561．许春才
562．王玉英
563．陆小弟
564．许建芳
565．章阿凤
566．周杏姐
567．周四毛
568．章木根
569．张云香
570．章阿凤
571．邓福龙
572．唐卫男
573．赵秋洪
574．钮发良
575．王林生
576．金建华
577．孙多头
578．许伏男
579．许春龙
580．金瑞芝

581．老人茶室
582．群力幼儿园
583．郭建荣
584．钮黑男
585．蒋卫云
586．许仁根
587．许根香
588．许雪英
589．钮泉生
590．许　平
591．许阿三
592．夏春男
593．许凤男
594．郭四男
595．许水金
596．许凤男
597．杨三男
598．金荣男
599．薛土香
600．孙招大
601．仲增龙
602．许洪良
603．王黑男
604．张多泉
605．许林英
606．金建忠
607．金泉生
608．许雪宝
609．陆伟良
610．许火根
611．陆四男
612．唐金水
613．金阿二
614．王　建
615．许小男
616．陆兴泉
617．许道泉
618．蒋增根
619．王黑妹
620．陆祥男
621．许长泉
622．陆木根
623．许兴根
624．许根荣
625．吴炳根
626．陆四男
627．许正兴
628．许春英
629．邓荣根
630．许根林
631．金增泉
632．唐黑男
633．张长林
634．宋大毛
635．周雪妹
636．周招根
637．钮金男
638．许安福
639．王根男
640．钱根金
641．陆三男
642．金三妹
643．钮道男
644．钮小毛
645．许红卫
646．陆多乱
647．许春明
648．周建新
649．唐小龙
650．钮泉根
651．许三男
652．钮总林
653．吴二男
654．许冬泉
655．群力村泵房
656．许三男
657．陆多头
658．张三男
659．王进东
660．周阿四
661．陆红良
662．朱凤鸣
663．许建荣
664．陆小男
665．群力村集体
666．金国英
667．许兴明
668．章凤生
669．钮盘根
670．周祥兴
671．张勇前
672．仲鲁男
673．仲永良
674．陆伟忠
675．王建林
676．周永明
677．沈菊妹
678．钟灵禅寺
679．陆二男
680．许三男
681．夏红芳
682．许林香
683．王月桂
684．陆水男
685．钮坤荣
686．许伯云
687．周建荣
688．许黑男
689．钮永炳
690．马福男
691．许黑男
692．钮泉根
693．潘三男
694．钱金男
695．孙为民
696．钮金男
697．周林弟
698．陆桂泉
699．许长荣
700．钮成雄
701．陆红卫
702．章金毛
703．群力村委会
704．群力小学
705．群力活性白土厂
706．食物油脂厂

1999年群力村自然村
住宅分布编码对应户名表（西段）

1．张如安
2．张建华
3．吴斌华
4．褚红亮
5．许海荣
6．陆虎男
7．褚金娥
8．潘连荣
9．陆祥男
10．许春泉
11．毛叙云
12．许根泉
13．潘建明
14．仲火根
15．潘永林
16．许解林
17．严建兴
18．邓金龙
19．顾黑弟
20．钮长金
21．钱　林
22．沈根兴
23．许　平
24．许龙根
25．陆春明
26．钮卫东
27．邓文明
28．顾水荣
29．潘建泉
30．沈火荣
31．王小牛
32．胡凤兴
33．许永康
34．许福金
35．王泉荣
36．许祥林
37．王黑男
38．许玉泉
39．许三男
40．王春兴
41．邓金火
42．金多弟
43．许多男
44．陆根荣
45．金桂庆
46．唐桂庆
47．钮三男
48．仲大男
49．许坤男
50．许兴泉
51．许泉生
52．王雅琴
53．许素珍
54．许仁祥
55．仲黑大
56．吴凤男
57．张金龙
58．钮金泉
59．仲招水
60．许文龙
61．钮金伟
62．许秋生
63．孙兴龙
64．仲海荣
65．王水春
66．张三男
67．王建伟
68．潘卫星
69．毛小男
70．潘三男
71．许伟明
72．仲兴发
73．许巧男
74．钮金泉
75．张灰男
76．仲方卫
77．沈小男
78．许文明
79．金泉云
80．许招香
81．吴地龙
82．吴土荣
83．夏三男
84．宋白男
85．仲仁根
86．许金水
87．毛凤生
88．宋肖男
89．仲老虎
90．张四男
91．宋正龙
92．仲泉荣
93．许华方
94．徐雪荣
95．陆志华
96．钮金男
97．许火荣
98．沈二男
99．张泉男
100．陆黑男
101．许四男
102．夏清元
103．仲小卫
104．陆凤男
105．许红英
106．王黑男
107．钮国金
108．许尔楠
109．吴小男
110．张玉龙
111．许　洪
112．许祥男
113．宋泉根
114．吴金男
115．钱　明
116．邓水云
117．张金兴
118．沈爱男
119．许泉根
120．周伟官
121．许　峰
122．孙洪祥
123．沈卫荣
124．王三妹
125．王炳泉
126．周龙官
127．王泉坤
128．吴春明
129．张建成
130．钮凤男
131．许佰英
132．许建荣
133．顾培兴
134．张二男
135．钮泉男
136．仲卫荣
137．沈小男
138．吴建卫
139．许凤春
140．许洪兴

141. 金泉卫
142. 沈卫英
143. 钮巧男
144. 夏永伟
145. 张连根
146. 周岳峰
147. 许黑男
148. 付仁男
149. 郭泉根
150. 许惠龙
151. 顾多男
152. 仲兴龙
153. 仲火生
154. 潘建春
155. 张三男
156. 许泉根
157. 钮金水
158. 宋根兴
159. 章永祥
160. 宋全林
161. 金建龙
162. 时建刚
163. 许福云
164. 杨二男
165. 许立业
166. 张伟男
167. 徐海根
168. 唐永庆
169. 钮春男
170. 王林弟
171. 周春林
172. 宋根男
173. 许银良
174. 钮洪亮
175. 章根荣
176. 许祥永
177. 宋春男
178. 潘小男
179. 宋付泉
180. 周金玉
181. 张二男
182. 钮泉男
183. 许根兴
184. 仲三男
185. 徐海林
186. 许林泉
187. 钮建祥
188. 许坤男
189. 许金根
190. 张多多
191. 陆建凤
192. 胡文龙
193. 钮白男
194. 邓继泉
195. 许冬泉
196. 许木金
197. 陆多头
198. 陆建良
199. 仲纪男
200. 潘龙火
201. 陆五男
202. 金二男
203. 潘呆大
204. 许春林
205. 仲三男
206. 金荣男
207. 潘水香
208. 许祥吾
209. 章四男
210. 许三男
211. 宋全男
212. 邓学男
213. 周多男
214. 毛继根
215. 吴巧男
216. 王志明
217. 许建星
218. 王锦明
219. 杨三男
220. 孙卫龙
221. 金伟龙
222. 刘福明
223. 董福男
224. 许三男
225. 钮孝林
226. 毛群华
227. 张伟建
228. 张国文
229. 许三男
230. 邓文男
231. 周建春
232. 马四男
233. 许文龙
234. 宋春男
235. 吴二男
236. 许彩龙
237. 王爱珍
238. 夏金初
239. 钮凤男
240. 邓水全
241. 孙小男
242. 章龙男
243. 蒋云男
244. 钮木金
245. 许黑男
246. 仲小牛
247. 仲海男
248. 金毛男
249. 许二男
250. 许二男
251. 仲金毛
252. 陆黑妹
253. 仲海根
254. 许木男
255. 周多男
256. 仲泉男
257. 许福男
258. 金寿泉
259. 顾文男
260. 钮金男
261. 钮建学
262. 毛晓林
263. 许银龙
264. 王金男
265. 张秋生
266. 陆二男
267. 章炳元
268. 陆五男
269. 张卫华
270. 金彩龙
271. 许火金
272. 钱兴元
273. 吴红卫
274. 许阿早
275. 许根金
276. 钮白男
277. 金福男
278. 仲小男
279. 金三男
280. 仲泉生
281. 金林生
282. 沈泉兴
283. 胡泉兴
284. 章三男
285. 王狗男
286. 王立新
287. 许长大
288. 钮二男
289. 许泉男
290. 陆惠男
291. 许建龙
292. 潘金伟
293. 许建男
294. 宋木金
295. 夏建元
296. 钮四男
297. 许多兴
298. 许文君
299. 王五男
300. 金三男
301. 许春男
302. 钮根男
303. 仲水男
304. 仲伯林
305. 张建明
306. 许凤男
307. 钱唯春
308. 唐秋龙
309. 王永良
310. 潘文香
311. 孙多头
312. 金火根
313. 许海荣
314. 张文明
315. 王泉龙
316. 吴建云
317. 邓解进
318. 陆水云
319. 许福寿
320. 金多云
321. 金建祖
322. 仲水龙
323. 王锦祥
324. 仲金吾
325. 陆秋生
326. 仲建坛
327. 顾金根
328. 许三男
329. 胡玉龙
330. 许四男
331. 王培男
332. 钮忠男
333. 许敏华
334. 张雪强
335. 许小男
336. 许凤男
337. 钱祥荣
338. 仲林元
339. 钱福元
340. 许木兴
341. 陆多男
342. 蒋建伟
343. 蒋建男
344. 许小毛
345. 章小毛
346. 许秋生
347. 王四男
348. 顾黑龙
349. 钮水龙
350. 王雪男
351. 邓林男
352. 潘建林
353. 王泉兴
354. 王福元
355. 章五男
356. 周永忠
357. 许金泉
358. 张水云
359. 陶金泉
360. 陆福男

361．许多男
362．罗秀发
363．毛云泉
364．潘白男
365．潘彩云
366．陆国男
367．仲凤英
368．徐建文
369．仲卫珍
370．宋建龙
371．许冬男
372．许根泉
373．许桂泉
374．许发高
375．金泉兴
376．潘四男
377．潘黑男
378．许林泉
379．张祥云
380．邓二男
381．钮道男
382．许武凤
383．邓荷生
384．仲建林
385．沈利男
386．王毛男
387．唐黑男
388．钮荣男
389．吴地龙
390．沈道林
391．许建忠
392．刘福林
393．张志强
394．张小男
395．孙福根
396．许介真
397．许泉男
398．许佰英
399．王二男
400．顾黑兄
401．许凤林
402．周连荣
403．潘龙官
404．许海寿
405．章建勤
406．潘金龙
407．顾偶生
408．许毛男
409．吴红明
410．金彩男
411．夏二男
412．胡金明
413．周永泉
414．夏钰明
415．许红心
416．孙三男
417．章金根
418．许三男
419．夏钰镛
420．许建华
421．王金华
422．许阿二
423．王建荣
424．石留根
425．钮建男
426．沈建明
427．周秋珍
428．许海金
429．沈四男
430．董多男
431．潘多兴
432．毛小榴
433．徐海龙
434．许小男
435．许春男
436．王金男
437．许毛男
438．许雪男
439．王建良
440．潘桂宝
441．许建文
442．丁黑男
443．许林元
444．吴泉荣
445．仲长才
446．潘小男
447．薛木香
448．王巧龙
449．仲火吾
450．金凤泉
451．徐　忠
452．金福泉
453．孙建龙
454．吴建春
455．宋黑男
456．仲泉男
457．沈小林
458．潘小男
459．许纪妹
460．褚泉生
461．宋小毛
462．许根男
463．宋吾男
464．许福根
465．张文龙
466．张四男
467．仲雪龙
468．仲火荣
469．周建伟
470．胡小男
471．许建生
472．宋惠泉
473．许金云
474．许四男
475．毛凤男
476．邓建明
477．孙林泉
478．钮水龙
479．钮三男
480．陆红卫
481．沈建林
482．沈阿三
483．沈建平
484．张火泉
485．金龙泉
486．周二男
487．金吾男
488．王永坤
489．王月桂
490．马建慧
491．许孝林
492．马建亮
493．许二男
494．宋三男
495．邓一男
496．王志明
497．钮福昌
498．宋吾男
499．钮金元
500．金江红
501．陆四男
502．陆忠伟
503．许黑妹
504．许三弟
505．褚土福
506．周惠林
507．宋三男
508．郭三男
509．周云男
510．许林男
511．金培红
512．许晓林
513．许金云
514．许凤泉
515．钮兴泉
516．钮建明
517．胡群男
518．许林香
519．潘海祥
520．许寿男
521．章才春
522．胡二男
523．许金祥
524．许多男
525．仲仁根
526．钮建春
527．许彩龙
528．孙介祥
529．王明孝
530．张菊祥
531．许黑男
532．孙建康
533．金道男
534．许卫男
535．潘四男
536．周泉根
537．仲仁林
538．孙叙根
539．王巧龙
540．张林生
541．孙招妹
542．郭三男
543．钮凤泉
544．陆红珍
545．金三男
546．金春泉
547．周惠康
548．许孝林
549．钮水金
550．金彩龙
551．夏玉英
552．金云男
553．章凤牛
554．周连生
555．潘泉荣
556．许金凤
557．许根男
558．邓白男
559．宋二男
560．仲建昌
561．王建文
562．张雪凤
563．仲　亮
564．马长兴
565．许建春
566．王永坤
567．钮建龙
568．仲小男
569．许文华
570．孙叙根
571．钮纪大
572．王建文
573．钮建新
574．金林英
575．许晓林
576．钮凤林
577．胡毛大
578．陆招金
579．许水龙
580．钮建芳

581. 钮三男
582. 钮春良
583. 王　孝
584. 王黑男
585. 张建文
586. 许招妹
587. 金白妹
588. 吴春生
589. 孙建华
590. 沈根兴
591. 许晓春
592. 许二男
593. 金建林
594. 钱福男
595. 吴国强
596. 陆金龙
597. 金三男
598. 宋三男
599. 王　荣
600. 周连生
601. 许建生
602. 许林泉
603. 王明孝
604. 吴四男
605. 吴二男
606. 许林男
607. 潘水香
608. 金娥英
609. 仲金根
610. 邓建明
611. 章毛男
612. 许晓春
613. 许三男
614. 许泉根
615. 许寒英
616. 许多男
617. 张庆芳
618. 许六六
619. 王招香
620. 集体房
621. 集体房
622. 集体房
623. 集体房
624. 集体房
625. 集体房
626. 集体房
627. 集体房
628. 集体房
629. 集体房
630. 集体房
631. 许建男
632. 孙兴国
633. 许建明
634. 仲多头
635. 章虎根
636. 王抱香
637. 胡仁泉
638. 潘五男
639. 许三弟
640. 许文华
641. 钱根海
642. 钮春良
643. 陆中伟
644. 张建文
645. 许小男
646. 鲍莉英
647. 陆春建
648. 钱　春
649. 褚良荣
650. 许祥根
651. 张建英
652. 吴文华
653. 许福根
654. 金龙泉
655. 许立新
656. 陆春男
657. 吴云香
658. 潘海祥
659. 张木兴
660. 许孝男
661. 沈福林
662. 孙建康
663. 许春男
664. 陆根林
665. 许卫良
666. 潘建荣
667. 许敏华
668. 宋惠泉
669. 周根火
670. 徐建林
671. 金三男
672. 钮水龙
673. 赵炳生
674. 沈建林
675. 金江红
676. 孙多头
677. 许卫民
678. 许泉男
679. 许建林
680. 许三男
681. 袁仁根
682. 金泉林
683. 陆三男
684. 唐小龙
685. 王卫良
686. 宋春男
687. 许根男
688. 集体房
689. 集体房
690. 集体房
691. 集体房
692. 集体房
693. 集体房
694. 毛凤男
695. 孙建华
696. 陆志庆
697. 陆金坤
陆秋明
698. 钮凤林
699. 许木根
700. 袁建龙
701. 许祥云
702. 陆火金
703. 许金泉
704. 钮永泉
705. 许泉男
706. 许洪建
707. 陆二男
708. 吴坤泉
709. 许灿楠
710. 许林泉
711. 陆双兴
712. 陆二男
713. 钮文荣
714. 薛三男
715. 赵秋生
716. 赵建方
717. 陆祥男
718. 章四男
719. 仲爱乱
720. 陆春华
721. 许泉龙
722. 邓建军
723. 许云泉
724. 王祥林
725. 许三男
726. 许文云
727. 许彩龙
728. 潘凤兴
729. 许四男
730. 仲建文
731. 许金良
732. 钮建林
733. 王文英
734. 邓冬梅
735. 付建龙
736. 周金泉
737. 徐金凤
738. 周建康
739. 陆二男
740. 陆泉荣
741. 孙三男
742. 宋建华
743. 沈建龙
744. 吴金云
745. 许泉兴
746. 吴金木
747. 许旺其
748. 张建云
749. 许林生
750. 仲根男
751. 周凤祥
752. 邓云男
753. 夏金海
754. 许红明
755. 许冬男
756. 许介泉
757. 许克勤
758. 陆建云
759. 王建清
760. 许文明
761. 邓根男
762. 钮春建
763. 许美英
764. 薛忠林
765. 钮调大
766. 蔡根男
767. 陆仁坤
768. 孙卫龙
769. 邢建龙
770. 许二男
771. 张多男
772. 沈木男
773. 仲洪良
774. 许春华
775. 钮建学
776. 仲志明
777. 许云泉
778. 金四妹
779. 陆三男
780. 袁建林
781. 仲建良
782. 邓凤泉
783. 钮建荣
784. 许多兴
785. 居泉男
786. 许建平
787. 钮建明
788. 钱秋英
789. 陆金男
790. 许卫民
791. 许木男
792. 许秋明
793. 赵文贤
794. 薛二妹
795. 王全民
796. 仲道男
797. 陆形平
798. 王巧男
799. 许建云

800．居秋荣
801．钱根海
802．孙建定
803．陆林男
804．薛炳根
805．王建真
806．薛宗祥
807．钮纪大
808．钮金男
809．张菊连
810．仲道根
811．许二男
812．许卫男
813．陆林男
814．陆三男
815．王金华
816．王林泉
817．孙四男
818．张建文
819．郭冬良
820．张火荣
821．邓金根
822．王黑男
823．章泉兴
824．许云男
825．钮建方
826．许招妹
827．薛　平
828．邓凤其
829．张君武
830．张二男
831．张继武
832．许伯云
833．仲文忠
834．钮杏泉
835．许木男
836．许春男
837．许全男
838．唐凤春
839．徐海荣
840．许纪妹
841．钮建荣
842．胡群青
843．钮建群
844．许多兴
845．钱黑妹
846．邓金根
847．许二男
848．薛二妹
849．赵泉元
850．许凤香
851．张火荣
852．仲道男
853．邓继泉
854．钮福泉
855．仲红梅
856．邓二男
857．薛宗祥
858．吴富生
859．张二男
860．胡月龙
861．仲木金
862．薛　平
863．陆进法
864．金火根
865．钱根妹
866．钮杏泉
867．钮三男
868．许林云
869．董福男
870．王培男
871．蒋金元
872．许胡芳
873．沈泉兴
874．金冬泉
875．仲道男
876．许木根
877．沈泉兴
878．沈　伟
879．许介泉
880．许忠良
881．徐彩妹
882．王培荣
883．许红卫
884．仲惠英
885．潘增泉
886．胡小兴
887．陆林生
888．赵炳生
889．张秋生
890．胡根男
891．潘三男
892．胡才兴
893．陆春男
894．张杏泉
895．毛继根
896．鲍巧男
897．储蓄所
898．张庆芳
899．毛小榴
900．许春男
901．潘海祥
902．夏三男
903．章火根
904．许建男
905．潘泉荣
906．潘晓明
907．潘三男
908．潘水龙
909．陆金男
910．许建祥
911．陆洪兴
912．邓黑妹
913．薛炳根
914．钮四男
915．张银凤
916．许泉男
917．唐凤龙
918．邓卫男
919．张黑男
920．许永泉
921．薛金香
922．金永明
923．钱美珍
924．陆冬良
925．钱永良
926．陆水男
927．陆凤泉
928．陆凤林
929．钱黑男
930．许泉男
931．钱黑男
932．陆坤龙
933．陆春龙
934．钮泉根
935．钱建云
936．许建龙
937．金月男
938．陆二男
939．钱福荣
940．邓文明
941．金培宗
942．邓卫男
943．许建龙
944．陆方平
945．陆二男
946．市海光石油加工联合厂

链接：

娄葑特产——芡实

芡实因果实上花萼退化的部分形如鸡喙，故有“鸡头米”之名。芡实为苏州“水八仙”之一，口感软糯香嫩，营养价值高，享有“水中人参”的美誉。明代《吴邑志》中，对苏州芡实就有详细记载。葑门外群力大荡里的“南荡鸡头”，其口味最佳，2006年获得第七届国际食品博览会金奖，已成为苏州水产品中的一张名片。

芡实是一年生大型水生草本植物，属睡莲科。全株有刺，其嫩叶柄、花茎、果实均可炒食；全株还可用作饲料及绿肥；但其经济效益最高的要数种子。种子去壳后的芡实肉俗称“鸡头米”，晒干的种子可以入药。芡实按产地可分为“南芡”和“北芡”。南芡分布于长江以南广大地区，是芡实中的佳品。南荡鸡头特点是粒粗、体圆、味道细腻、糯粘、香气馥郁，含有较多的淀粉和蛋白质。南荡鸡头分早熟和晚熟两个品种。早熟品种又名“红花芡”，上市早，寒露即采毕；晚熟品种又名“白花芡”，生长期较长，采摘期比红花芡晚7～10天，但产量较高。

◎ 养殖水塘（2018年摄）

◎ 叶蒲

生长

一颗鸡头米的诞生需要湖水两个月的灵气孕育和采摘人近五个小时的不断劳作。鸡头米每年5月育苗，6月初移栽下种，8月中旬便可收获，生长期70天左右。长在水田里的鸡头米，远看像是绿色的睡莲，一大片紧挨着一大片，铺满水中，红中带点蓝的花朵在风中摇曳，婀娜多姿。从水面上看，鸡头米的叶子好似加大版的荷叶。吃起来那么柔软的鸡头米，诞生之初居然身披一层厚厚的“盔甲”。叶子下面都是刺，严严实实地保护着鸡头米。

◎ 生长

◎ 开花

采摘

比剥鸡头米更辛苦的，要数披星戴月收获鸡头米的农户们。他们半夜起床，收拾了工具头戴矿灯赶赴水田。采摘时，拿着特制的竹刀，迅速划开半片叶子，弯腰伸手在水中寻找，判断成熟与否，再下刀切割采摘，这样，一个完整的鸡头米果就被采下来放到竹篮里。采摘装包运载上汽车，然后运往位于群星二路东边的娄葑芡实加工交易市场。鸡头米开始采摘后，六天为一个采摘周期，称为“一替”。“三替”以后，就是鸡头米大量上市的时间。农户们采上来的鸡头米果，根据果实的成熟程度，分为六个等级：

①鸡黄——摘采早了，未完全成熟，太嫩不好剥。

②大旦——外壳比较嫩，用手指剥，用于鲜食为佳品。

③小花衣——用铜指甲剥。

④剥胚——机器剥，晒干出售。

⑤大响壳——原老虎钳夹，现机器剥。

⑥老粒——用来留种。

◎ 采摘1

◎ 采摘2

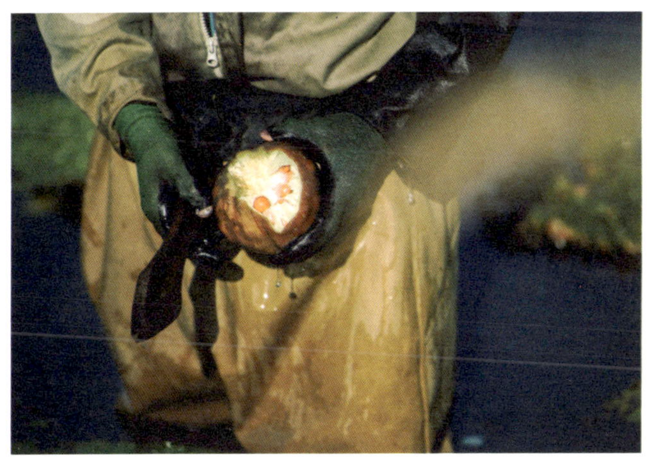

◎ 采摘3

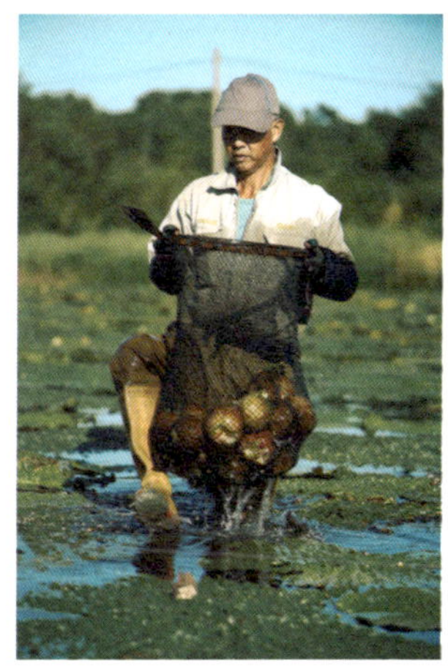

◎ 采摘4

剥壳

剥鸡头米专业户，每天上午8～11时就要去群力村芡实加工交易市场等候种植户们满载芡实的货车到来。如今90%的种植户都有“剥鸡头机”，不少户配套使用上“剥蒲机”“剥粒机”“打衣机”“分粒机”，基本实现了芡实加工机械化、细分化。为保持营养不流失，那些娇小鲜润的鸡头米还是需要人工丌剥。拿到鸡头米果后分拣，挑选大旦、小花衣的品种。优质的鸡头米苞掰开后，粒上有白色衣包裹着，须将滑溜溜的衣除掉，才能剥出鲜嫩微红黄色的鸡头米粒。将鸡头米粒红果子的皮剥开，里面就是白色的鸡头米成品了。经过几次清水一过，它们就会像一粒珍珠一样晶莹剔透。清初诗人沈朝初《忆江南·咏鸡头》词云：“苏州好，葑水种鸡头。莹润每凝珠十斛，柔香偏爱乳盈瓯，细剥小庭幽。”

一个拳头大小的鸡头米果球，包裹着上百颗橙色小果，剥去外壳，圆润如珍珠，色泽如鱼目，大小如豌豆的鸡头米方才显露真容。剥开后看上去有的像石榴果实，一粒粒的，把颗粒打开，露出的白色米状东西才是鸡头米。十斤鸡头米果才能揉出六斤鸡头粒珠，而六斤鸡头粒珠，方能剥得一斤鸡头米（成品）。如果想要长期保存，为保新鲜、保品质，可以把新鲜鸡头米在封口袋中加入适量的水封好。当天采摘，当天剥米，低温存放，及时速冻。想吃的时候拿出来解冻即可。

◎ 剥去外壳

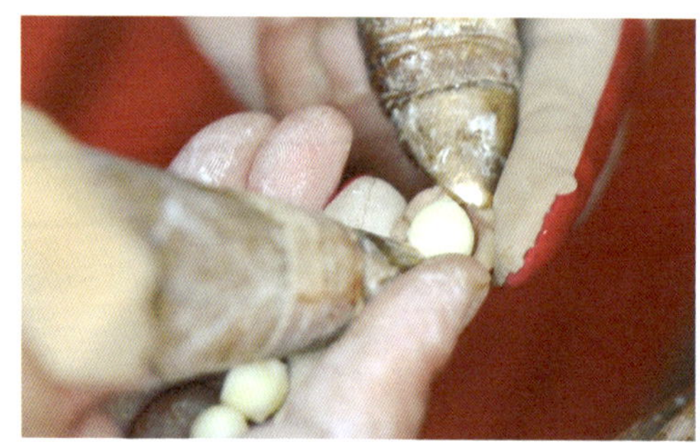

◎ 铜指刀手工剥壳

◎ 机械剥壳

上市

每年8月初，芡实在素有“鸡头米专业村”之称的娄葑街道群力社区开荡上市，苏州、南京、上海、广州、福建莆田等地经营鸡头米的客商也提前进驻位于群星二路东边的群力社区鸡头米加工交易市场，争相收购，也有不少来自葑门横街、里河、湄长路、胥江、娄门桥、石路、钱万里桥等农贸市场的蔬菜经营户闻讯而来，订购或现购芡实，进行加工场现剥现卖或贩卖交易。不少种植户还采用现代化的网络销售，创新拓展了鸡头米销售市场。2017年，娄葑街道共有群力、星湾、葑谊、金益、葑塘五个社区约九百户芡实种植户，种芡总面积达12000余亩，户均种植13.5亩。

◎ 边剥边卖

◎ 鸡头米上市

吃法

经典吃法就是在鸡头米煮开后，撒上一小撮桂花和白糖，香气四溢，耐嚼甜美，香气浓郁，吃口软糯。除了人人尽知的糖水桂花鸡头米，苏州人也会将小圆子与鸡头米搭配做成汤羹，早餐或饭后甜点都很适宜。为炒菜配料的鸡头米也不错，与河虾仁、莲藕丁、荸荠丁等一起，总能炒出一盘清香欲滴的江南风味菜肴。清韧而丰腴的鸡头米，是苏州水乡不可或缺的美味佳肴，是一种秋天的念想。俗话说："江南鸡头米，现在不尝馋一年。"

◎ 鸡头米成品

◎ 鸡头米炒虾仁

◎ 鸡头米炒菱角

◎ 糖水桂花鸡头米

第五章　独墅湖社区

独墅湖社区位于黄天荡，东依独墅湖，南临独墅湖隧道，西傍东环路，北靠金鸡湖大道。

1969年10月13日，苏渔公社并入娄葑公社，渔业生产由娄葑公社管理。1971年黄天荡养殖场与独墅湖养殖场合并，成立娄葑水产养殖场，辖黄天荡、外荡、外河桥3个自然村。因工业园区开发建设征地，吴县市郭巷镇塘北村8个组划归娄葑乡管辖。1996年6月，新塘北居委会成立，辖后陆家库、十里泾、路家港3个自然村。独墅湖社区成立于2004年12月，由原娄葑水产养殖场、新塘北居委会两个行政村（场）组建而成。

独墅湖社区辖黄天荡新村和通园新村两个居民住宅小区，占地面积6.05万平方米，建筑面积10.25万平方米。小区绿化面积3万平方米，绿化覆盖率达35%以上。社区现有动迁安置房27幢，1154套住宅。社区有6个工业区厂房出租，分别位于通园坊666号、宏业路111号、群星三路打工楼、群星三路88号配套房、外塘水产养殖场、东富路工业坊，共计175亩土地，总占地面积11.62万平方米，总建筑面积8.88万平方米。

独墅湖社区主要经济收入来源为房屋租赁、服务、绿化养护等，2017年底实现村级经济总收入2142.62万元。收入主要用于社区环境改造，基础设施建设，失地农民医疗补贴，困难居民生活补贴，残疾人、特困户救助，老年人福利慰问，社区股红分配等公共福利事业开支。

独墅湖社区设有中共苏州工业园区娄葑街道独墅湖社区党总支委员会，下设3个党支部。所辖小区内设有健身场、老年活动室、阅览室、民俗宴会厅、社区医疗服务站、社区警务室、调解室、社区一站式服务中心等配套服务设施。独墅湖社区曾获得“江苏省社会主义新农村建设先进村”“2007年度苏州市充分就业社区”“苏州市农村社区股份合作示范社”“2008～2010年度苏州工业园区文明社区”“2005年度苏州工业园区农村经济综合发展先进单位”等称号。

2017年末，社区有居民724户，户籍人口2250人，常住人口4035人。途经独墅湖社区境域的公交车有126路、141路、160路、162路、200路、204路、207路、307路、26路、110路、112路、557路、202路。

◎ 独墅湖社区办公楼（2018年摄）

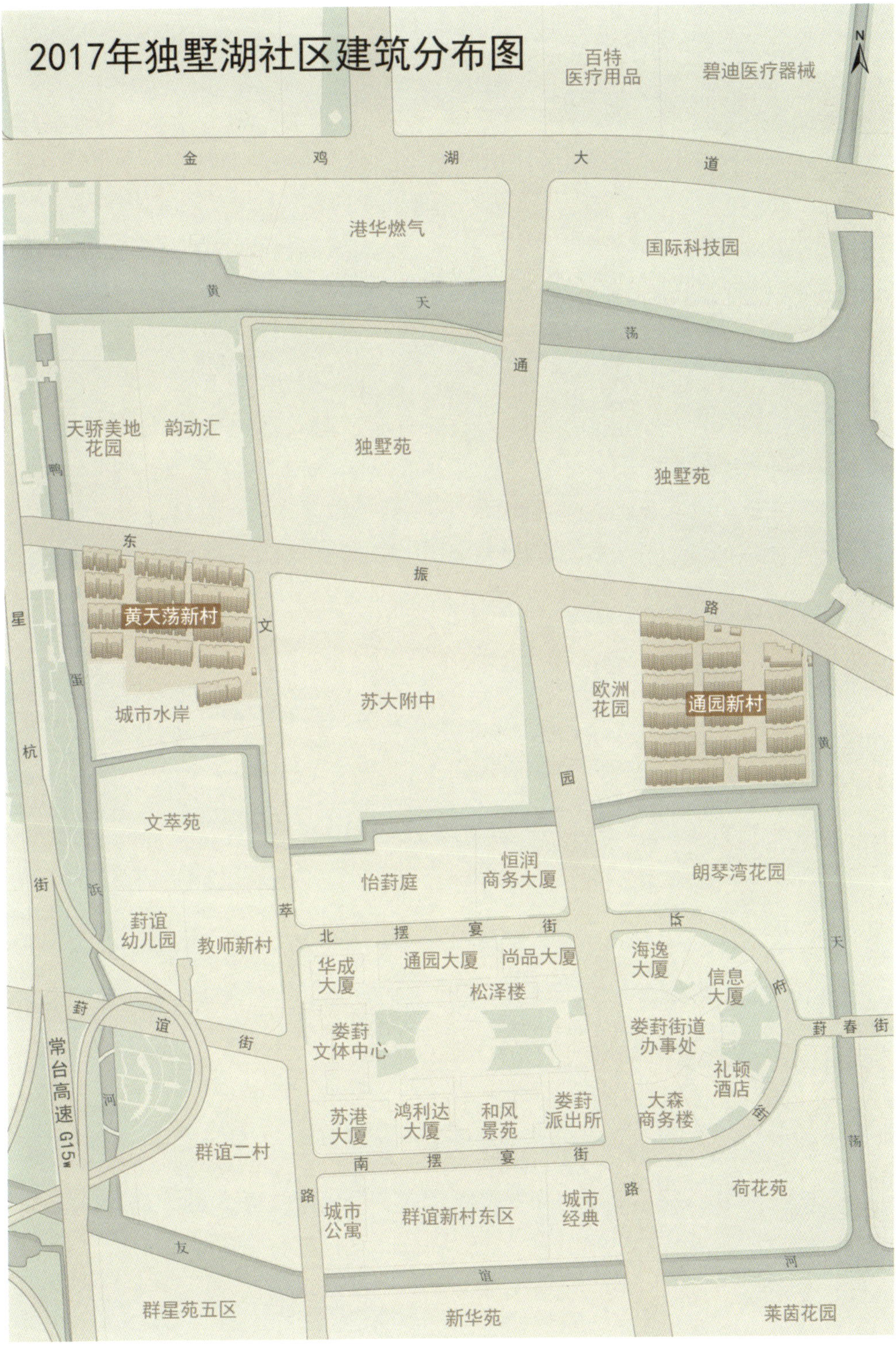

2017年独墅湖社区建筑分布图

百特医疗用品
碧迪医疗器械
金鸡湖大道
港华燃气
国际科技园
黄天荡
通园路
天骄美地花园
韵动汇
独墅苑
独墅苑
东振路
黄天荡新村
文萃路
星港街
鸭蛋浜
苏大附中
欧洲花园
通园新村
城市水岸
文萃苑
恒润商务大厦
怡葑庭
朗琴湾花园
北摆宴街
葑谊幼儿园
教师新村
华成大厦
通园大厦
尚品大厦
海逸大厦
信息大厦
松泽楼
娄葑文体中心
娄葑街道办事处
葑谊街
葑春街
礼顿酒店
常台高速 G15w
苏港大厦
鸿利达大厦
和风景苑
娄葑派出所
大森商务楼
丘府街
黄天荡
群谊二村
南摆宴街
荷花苑
城市公寓
群谊新村东区
城市经典
友谊河
群星苑五区
新华苑
莱茵花园

2017年独墅湖社区总貌图
百特医疗用品
碧迪医疗器械
金鸡湖大道
港华燃气
国际科技园
黄天荡
天骄美地花园
韵动汇
独墅苑
独墅苑
东振路
黄天荡新村
苏大附中
欧洲花园
通园新村
城市水岸
文萃苑
恒润商务大厦
怡葑庭
朗琴湾花园
葑谊幼儿园
教师新村
北摆宴街
华成大厦
通园大厦
尚品大厦
海逸大厦
信息大厦
松泽楼
葑谊街
娄葑文体中心
娄葑街道办事处
葑春街
礼顿酒店
苏港大厦
鸿利达大厦
和风景苑
娄葑派出所
大森商务楼
群谊二村
常台高速G15
南摆宴街
城市公寓
群谊新村东区
城市经典
荷花苑
群星苑五区
新华苑
莱茵花园
星杭街
文萃路
通园路
东方大道
反宜河

一、后陆家厍

后陆家厍东依独墅湖，南连以中横港为界的前陆家厍，西临黄天荡，北与娄葑乡前、后七图、八图接壤。前、后陆家厍村民多姓陆，遂得名陆家厍。前、后陆家厍以东西走向的中横港为界，港南为前陆家厍，港北为后陆家厍。

1909～1911年属元和县东吴下乡二十九都九图辖。1912年8月属吴县郭巷乡辖。1929年8月属吴县第14区（尹郭区）陆厍乡辖。1934年6月属吴县第8区独墅乡辖。1947年6月属吴县郭巷镇辖。

1950年4月属吴县车坊区荡湖乡辖。1953年办起农业生产互助组。1956年秋建立吴县车坊区郭巷乡金星第29高级农业生产合作社。1958年7月改建为吴县郭巷东风第7高级农业生产合作社。1958年10月属吴县郭巷人民公社第3营第9连辖。1959年4月属吴县郭巷公社塘北大队第6、7、8、9、11生产队管理，撤社、队改乡、村后又称第6、7、8、9、11、16、17、18村民小组。

后陆家厍村北有大龙港，港口东连通独墅湖，港上原设人摇船摆渡，1965年建成幸福大桥后撤去。

80年代，后陆家厍兴办村办工业，建有车辆厂和洗涤剂厂，1996年实现利润15.4万元人民币。

◎ 建在后陆家厍原址上的星屿仁恒小区（2019年摄）

后陆家厍村民以陆、蒋、朱、仲、金等姓居多。截至1995年9月，有居民164户，678人，其中男性316人、女性362人；有耕地面积65亩。村民以种植水稻、小麦、油菜为主，其他副业主要是种植水生作物茭白、莲藕、茨菰、荸荠、水芹等。

1996年，因工业园区首期开发建设征地，后陆家厍整体动迁。1996年10月至1999年9月村民先后安置于夏园新村、徐家浜新村过渡。1999年10月村民均安置在通园新村，后陆家厍自然村消失。2017年末，星港街以东，水云居小区以南，中横港以北，独墅湖以西为后陆家厍原址，建有吴中区星屿仁恒小区、书香世家酒店、光华集团。

◎ 建在后陆家厍原址上的书香世家酒店（2019年摄）

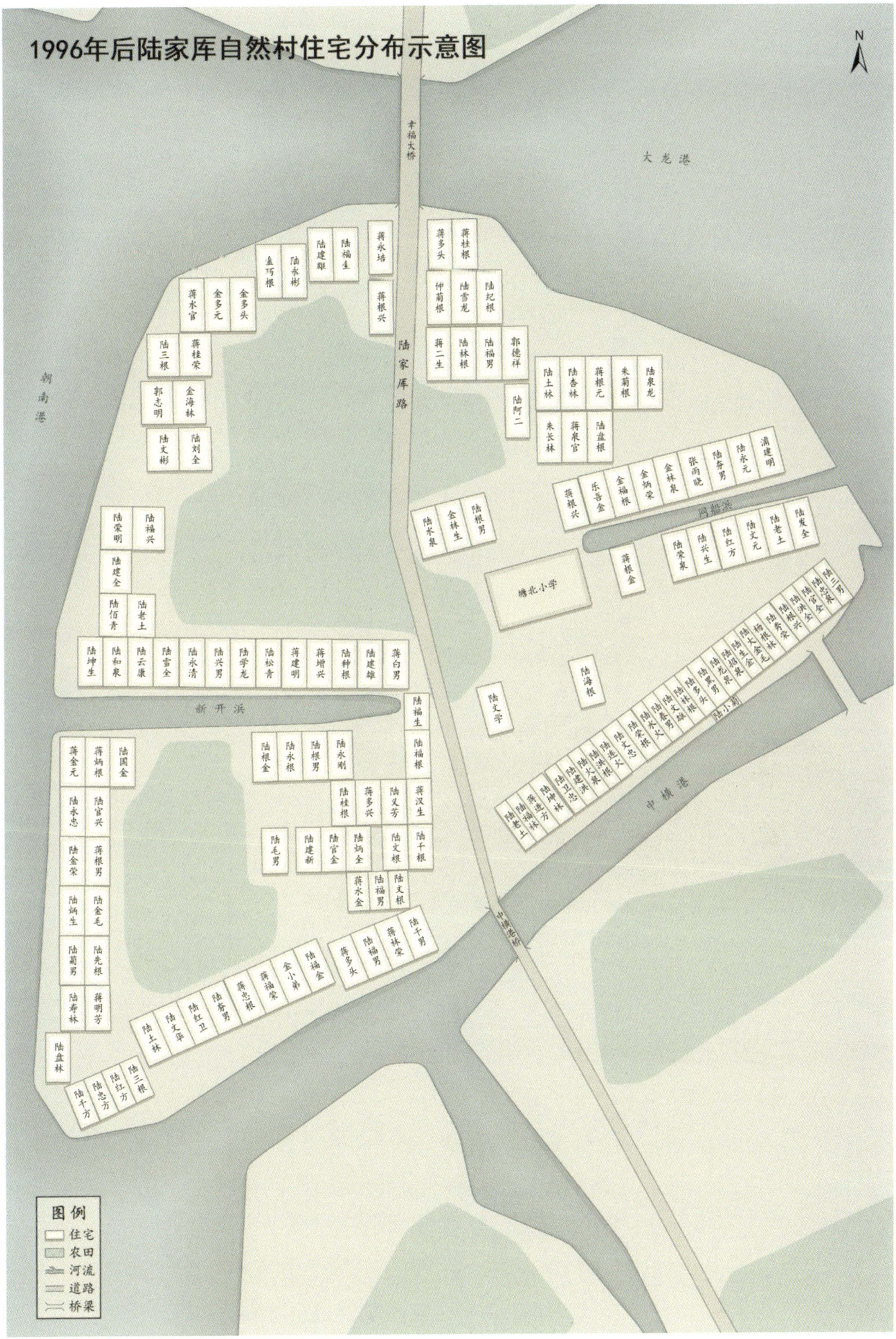
1996年后陆家库自然村住宅分布示意图
N
幸福大桥
大龙港
陆家库路
朝南港
网船浜
塘北小学
新开浜
中横港
中横港桥
图例
住宅
农田
河流
道路
桥梁

二、黄天荡村

黄天荡村隶属娄葑水产养殖场，东、南都与内荡工区接壤，南能观望群力村，西邻友谊村鸭蛋浜，北靠黄天荡河。

娄葑水产养殖场，占地8.09平方千米，养殖面积1.21万亩，年产鲜鱼200余万斤。全场设两个工区：一是内塘工区，位于黄天荡围垦区，前身为黄天荡水产养殖场；二是外塘工区，位于独墅湖内，前身是独墅湖养殖场。

1973年12月12日，苏州市革命委员会决定将黄天荡改造成为内塘精养鱼池，为此市革委拨款36.57万元，娄葑公社投资20万元，用于养殖场的基础建设，并成立苏州市黄天荡渔业基地指挥部。

1974年3月苏州市累计发动78万人次组成围垦大军，围垦黄天荡。共挖土方66万立方米，改造成117个方格化鱼池，养殖面积达1160亩，当年施工，当年生产。

◎ 建在黄天荡村原址上的黄天荡新村（2020年摄）

1985年，黄天荡水产养殖场内建造娄葑乡敬老院，占地面积3333平方米，建筑面积275平方米。

黄天荡被围垦后，场工及家属迁居黄天荡村内，形成一个村落（1988年门牌编号为1～270号）。黄天荡村水产养殖场有2个成鱼工区、2个鱼种工区、1个多种工区，还有7家场办企业。1996年完成工业总产值5560万元，1999年实现国内生产总值3263.69万元，社会总产值1.02亿元。随着工业园区娄葑分区开发建设，内塘工区内逐渐填土，黄天荡村建造学校、机关、商店、住宅。1999年底内塘养殖水面仅剩300亩。

黄天荡村村民以徐、宋、张、陆、蒋等姓居多。截至1999年，全村有村民227户，845人，其中男性405人、女性440人，分属7个渔业小组。

2002年8月，黄天荡村因低洼地改造回迁，居民均安置在原地新建的黄天荡新村，黄天荡自然村消失。2017年末，东振路小区、苏州工业园区第一中学一线以东，黄天荡河以南，文萃路以西，城市水岸小区以北为黄天荡原址，建有黄天荡新村、韵动汇小区、昂内天骄美地小区、文萃苑小区。

2001年黄天荡村自然村住宅分布示意图

N

大湖保健品厂

江南食品有限公司

姜荇敬老院

天佳仪器仪表厂

晨电器总厂

黄天荡实业公司

图例

住宅

农田

河流

道路

桥梁

三、路家港

路家港东接大片农田，南通黄天荡，越过农田与十里泾接壤，西邻张家沙，北傍葑门塘河。村名即以河浜命名路家港。

据明代吴宽（1435—1504）《葑门改造两桥记》记载，这条河港原称金泾，河上建有木桥，弘治十一年（1498）里人卢珪改建为石桥，人们为铭记卢珪的功绩，把石桥称为“卢家桥”。后来桥下河流因桥名而变为卢家港，今讹作路港港。

1985年，因部分村民自建房屋，于黄天荡河北部路家港边新辟居住点。位于黄天荡北，在原金库村后前、后七图西，南北走向。

路家港村有陆、蒋两姓。截至1995年9月，村民有6户、23人，其中男性13人、女性10人；全村耕地面积493亩，附属后陆家库村第6、7、11生产队管理。村民以种植水稻、小麦、油菜为主，其他副业主要是种植水生作物茭白、莲藕、茨菰、荸荠、水芹等，是村民经济收入的主要来源。

1996年，因工业园区首期开发建设征地，路家港开始动迁，村民整体迁移至葑谊新村过渡。1999年10月，村民均安置到通园新村，路家港自然村消失。2017年末，国际科技园四期以东、金鸡湖大道以南、清源水衍水务公司以西、黄天荡河以北为路家港原址，建有苏州工业园区国际科技园。

◎ 建在路家港原址上的苏州工业园区国际科技园（2019年摄）

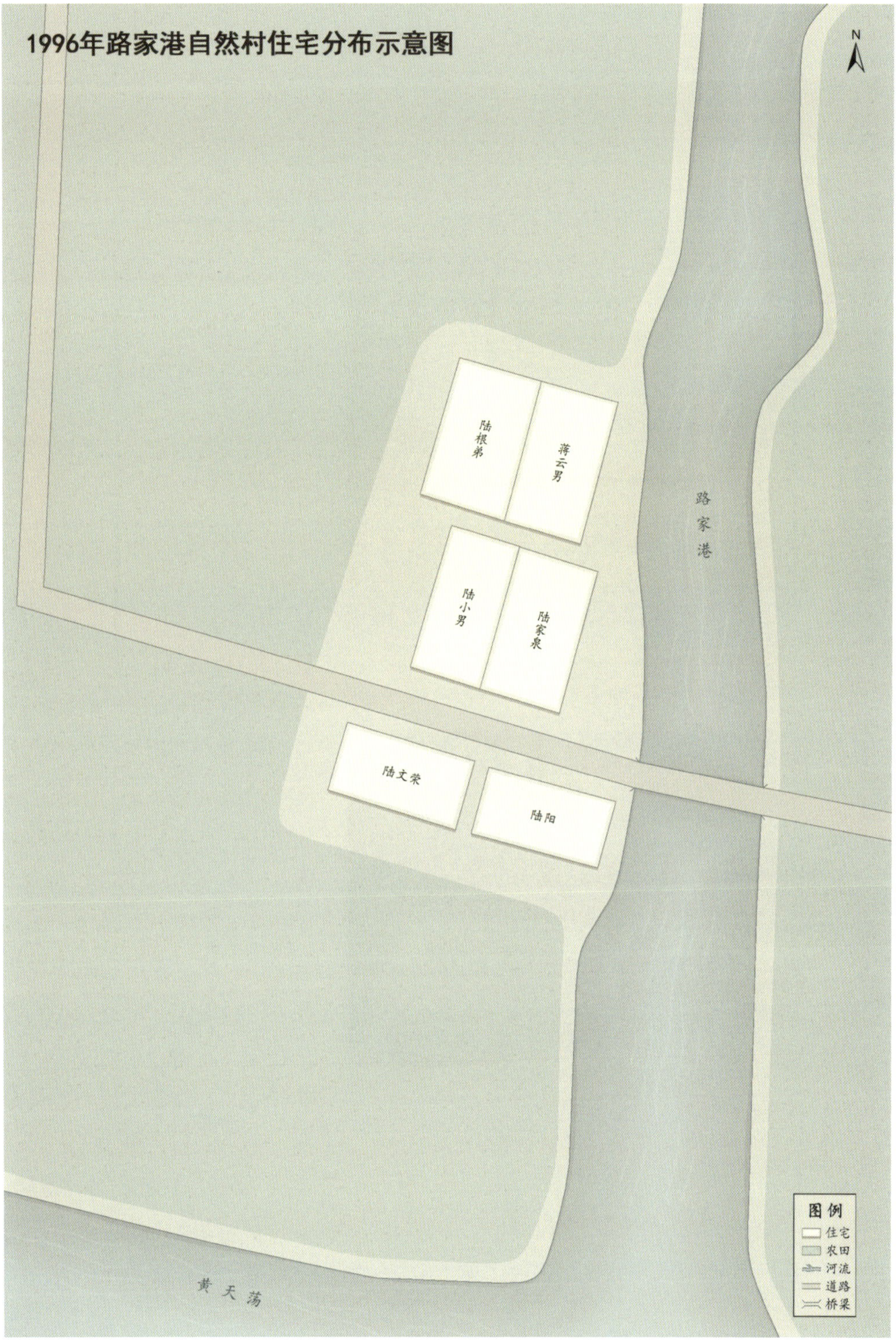

1996年路家港自然村住宅分布示意图

N

陆根弟

蒋云男

陆小男

陆家泉

陆文荣

陆阳

路家港

黄天荡

图例

住宅

农田

河流

道路

桥梁

四、十里泾

十里泾位于后陆家库后大龙港北十里泾港南段东西两侧，东临独墅湖，南隔大龙港，西傍农田，穿过农田与路家港接壤，北靠前、后七图。因村中有河，长约十里，遂以河道之名命名。

70年代开始，陆续有村民自建房屋迁至此处居住，1985年，后陆家库村第8、9生产队部分村民自建房屋渐增，于村后大龙港北部十里泾港边正式定为新辟居住点，以后逐渐形成村落。

◎ 建在十里泾原址上的城邦花园小区（2019年摄）

十里泾村民以陆、蒋、金、仲等姓氏居多。截至1995年9月，全村有61户，212人，其中男性96人、女性116人；有耕地面积520亩，附属后陆家库村第8、9生产队管理。传统生产以种植水稻、小麦、油菜为主，其他副业主要是种植水生作物茭白、莲藕、茨菰、荸荠、水芹等。

◎ 建在十里泾原址上的苏州清源华衍水务有限公司（2019年摄）

1996年，因工业园区首期开发建设征地，十里泾村民整体迁移至葑谊新村过渡。1999年10月，村民都安置到通园新村，十里泾自然村消失。2017年末，路家港以东、金鸡湖大道以南、星州街以西、黄天荡河与独墅湖一线以北为十里泾原址，建有清源华衍水务有限公司、建屋豪生酒店、和乔丽晶小区、城邦花园小区、水云居小区。

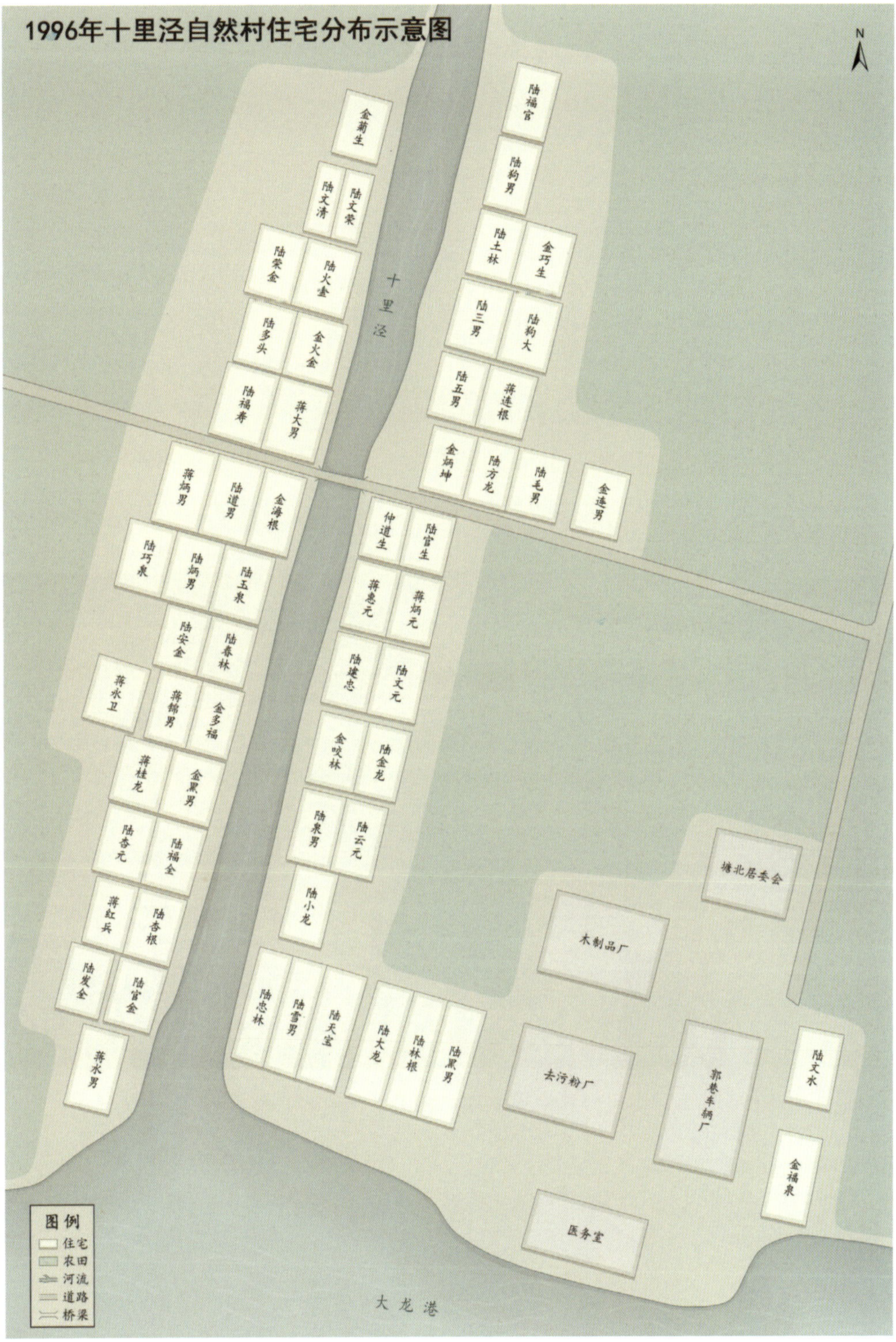

1996年十里泾自然村住宅分布示意图

N

十里泾

金菊生
陆文清
陆文荣
陆荣金
陆火金
陆多头
金火金
陆福寿
蒋大男
蒋炳男
陆道男
金海根
陆巧泉
陆炳男
陆玉泉
陆安金
陆春林
蒋水卫
蒋锦男
金多福
蒋桂龙
金黑男
陆杏元
陆福全
蒋红兵
陆杏根
陆发全
陆官金
蒋水男

陆福官
陆狗男
陆土林
金巧生
陆三男
陆狗大
陆五男
蒋连根
金炳坤
陆方龙
陆毛男
金连男
仲道生
陆官生
蒋惠元
蒋炳元
陆建忠
陆文元
金咬林
陆金龙
陆泉男
陆云元
陆小龙
陆忠林
陆雪男
陆天宝
陆大龙
陆林根
陆黑男

塘北居委会
木制品厂
去污粉厂
郭巷车辆厂
陆文水
金福泉
医务室

大龙港

图例
住宅
农田
河流
道路
桥梁

五、外荡村

外荡村位于苏州市糖烟酒仓库北面，东、北紧依二一四村委员会10队村民小组，西靠朝南港。因1983年外荡养殖工区移建至二一四村委会所属土地上，供外荡工区职工居住，村名根据习惯口传为外荡村。

外荡村原是独墅湖养殖坊部分工作人员聚居的地方，村民以徐、宋、张、陆、蒋、朱等姓居多。截至2002年8月动迁前，有村民17户，75人，其中男性36人、女性39人，村民收入来源以渔业生产为主。

2002年8月，因工业园区开发建设征地，外荡村整体动迁，村民均安置在黄天荡新村，外荡自然村消失。2017年末，工业园区高尔夫球场西南角为外荡村原址，建有苏州金鸡湖国际高尔夫俱乐部。

◎ 建在外荡村原址上的苏州金鸡湖国际高尔夫俱乐部（2008年摄）

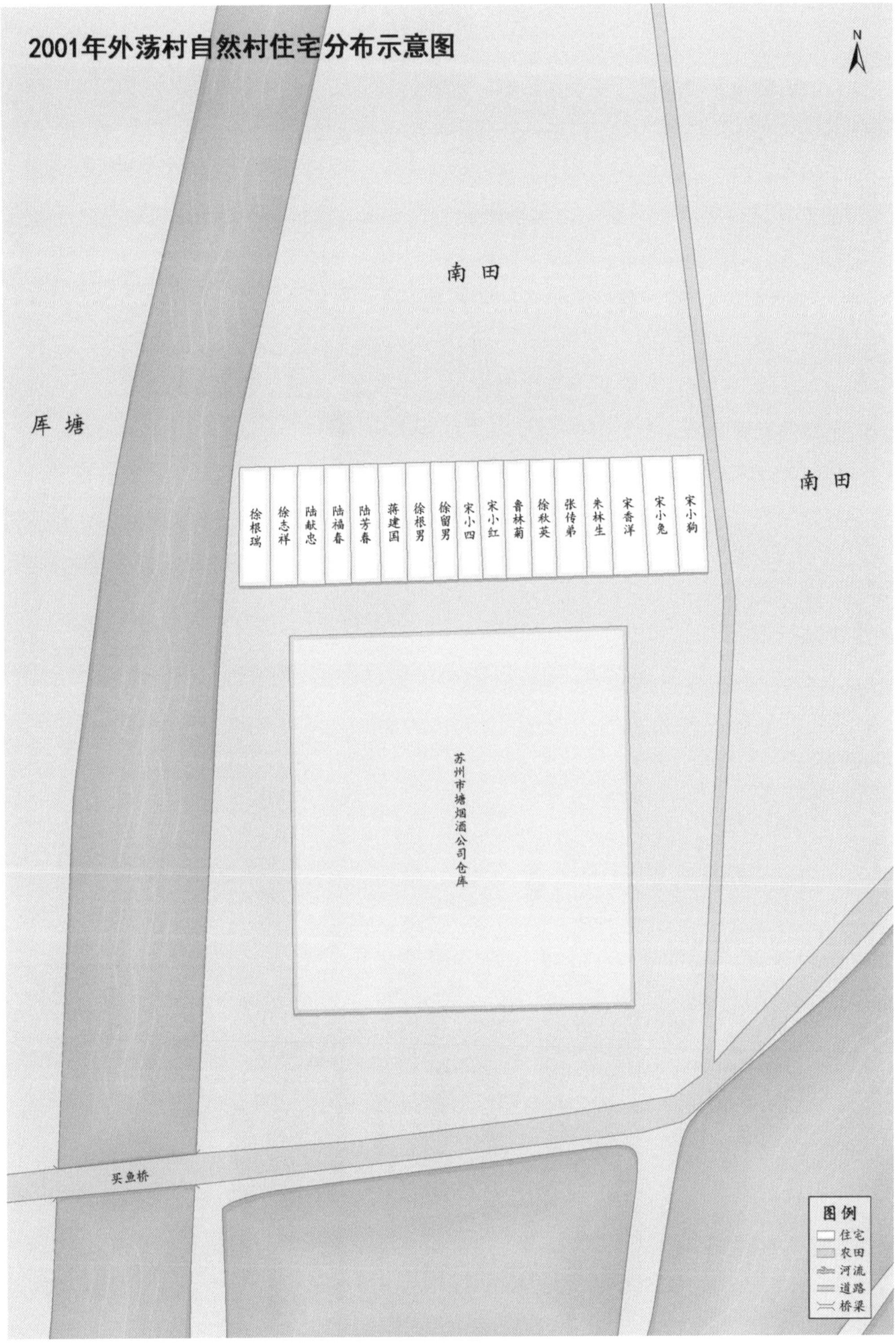

2001年外荡村自然村住宅分布示意图

N

南田

库塘

徐根瑞
徐志祥
陆献忠
陆福春
陆芳春
蒋建国
徐根男
徐留男
宋小四
宋小红
鲁林菊
徐秋英
张传弟
朱林生
宋香洋
宋小兔
宋小狗

南田

苏州市塘烟酒公司仓库

买鱼桥

图例
住宅
农田
河流
道路
桥梁

六、外河桥村

外河桥村东、北与葑红村委会接壤，南临黄天荡河，西靠东环路。因葑门东、黄天荡湖入口处有一座颇有名声的桥梁叫外河桥，村名就以桥名命名。

1988年，黄天荡养殖场场部为方便养殖场职工工作和生活，在外河桥旁设计建造了“前2后4中3”的梯形建筑群，占地面积1333平方米，建筑面积为2000平方米，形成了位于苏州市葑门东的村落。

外河桥村村民以徐、戴、费、蒋、陆等姓居多。截至1993年6月动迁前，有村民12户，50人，其中男性26人、女性24人。村民的经济收入来源以渔业生产为主。全村中青年职工从原来的专职养殖转型为新型工人；老年职工全面享受退休养老保险，实现了老有所养、老有所乐。

1993年6月，因原机场路用地动迁，外河桥村整体搬迁，村民分别安置在徐家浜新村、夏园新村、杨枝塘新村，外河桥村自然村消失。2017年末，东环路以东，夏家桥118号小区以南，风华苑小区以西，金鸡湖大道以北为外河桥村原址，建有风华大厦、富华大楼等小区。

◎ 建在外河桥村原址上的风华大厦小区（2019年摄）

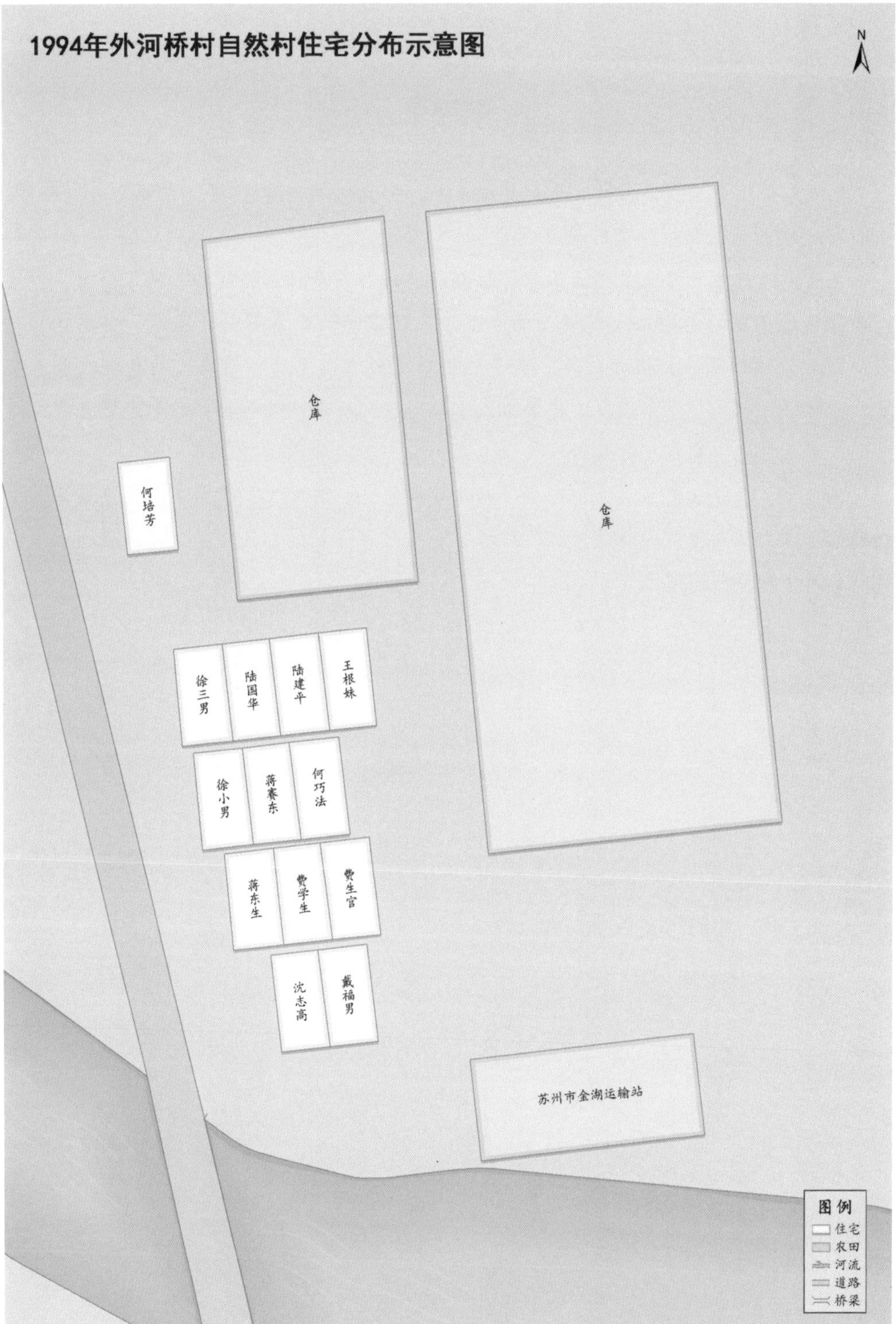

1994年外河桥村自然村住宅分布示意图

N

仓库

仓库

何培芳

徐三男

陆国华

陆建平

王根妹

徐小男

蒋养东

何巧法

蒋东生

费学生

费生官

沈志高

戴福男

苏州市金湖运输站

图例

住宅

农田

河流

道路

桥梁

链接：

幸福大桥

幸福大桥位于后陆家厍村北面的大龙港上，全长60米、宽2.2米，四墩五孔式平桥，为60年代农业生产和村民通行两用桥梁。

大桥建成前塘北村陆路交通落后，村落附近只有少量种植经济作物的水塘田，种植粮食作物的旱田均集中在大龙港北面十里泾。路家港北面与葑塘、团结、金厍等村接壤，每天劳作都得靠船摆渡过港，由于要携带大量农用工具、牲畜、雨具以及饭菜茶具，这就给过河生产带来困难。再加上大龙港地理环境也比较险要，渡船经常处在风口浪尖，事故频发，常有人员溺亡。

1964年，当地政府多方筹措资金，动工建桥，1965年竣工。幸福大桥沟通塘北与苏州陆路交通，结束摆渡劳作的风险，给塘北和后陆家厍村的农民带来了便利，所以这座桥命名为“幸福大桥”。

第六章　金益社区

金益社区位于娄葑街道东南部，东临星港街，南靠独墅湖大道，西临文和路，北靠东振路。

金益社区由原二一四村与金湖一村动迁后合并而成，“金益”取金湖与二一四各一字（“一”谐音“益”）而来。二一四村以1956年2月14日初级合作社成立之日而得名，金湖以地处金鸡湖畔而得名。二一四村原为“二一四大队”，隶属于苏渔公社，后并入娄葑公社，1983年10月娄葑公社改娄葑乡，二一四大队改为二一四村。二一四行政村辖有库塘、沈家埭、西湾、东湾、南田5个自然村。金湖行政村位于二一四村以东，夹于金鸡湖与独墅湖之间，东与斜塘镇交界，全村占地157.4万平方米（含水面64万平方米），有金光、港东、九图、塘北4个自然村。

金益社区成立于2003年6月20日，下辖金益二村、三村、四村三个动迁小区，共占地21.16万平方米，住宅面积26.34万平方米，共建住房101幢，计331个单元，3310套，公建房面积5280平方米，平均绿化率42.8%。

◎ 金益社区办公楼（2018年摄）

金益社区辖区内设有阅览室、老年活动室、日间照料中心等公共活动场所，设有社区服务中心、医疗服务站、宴会厅、警务室等配套服务设施，还设有渔耕文化馆。金益社区拥有厂房面积5.05万平方米用于出租。

金益社区获评“江苏省充分就业社区”“江苏省级创业型社区”“苏州市绿色社区”“苏州市实践科学发展，推进‘两个率先’先锋村”“苏州市建设社会主义新农村‘示范村’”“苏州市村级经济发展百强村”“苏州市书香社区”等称号。2017年末，社区居民近8000人，暂住人口有1.2万人左右，实际居住人口达2万余人。途经金益社区的公交车有202路、557路、218路、110路南线、818路、160路、138路。苏州轨道交通3号线经过金益社区西侧星港街。

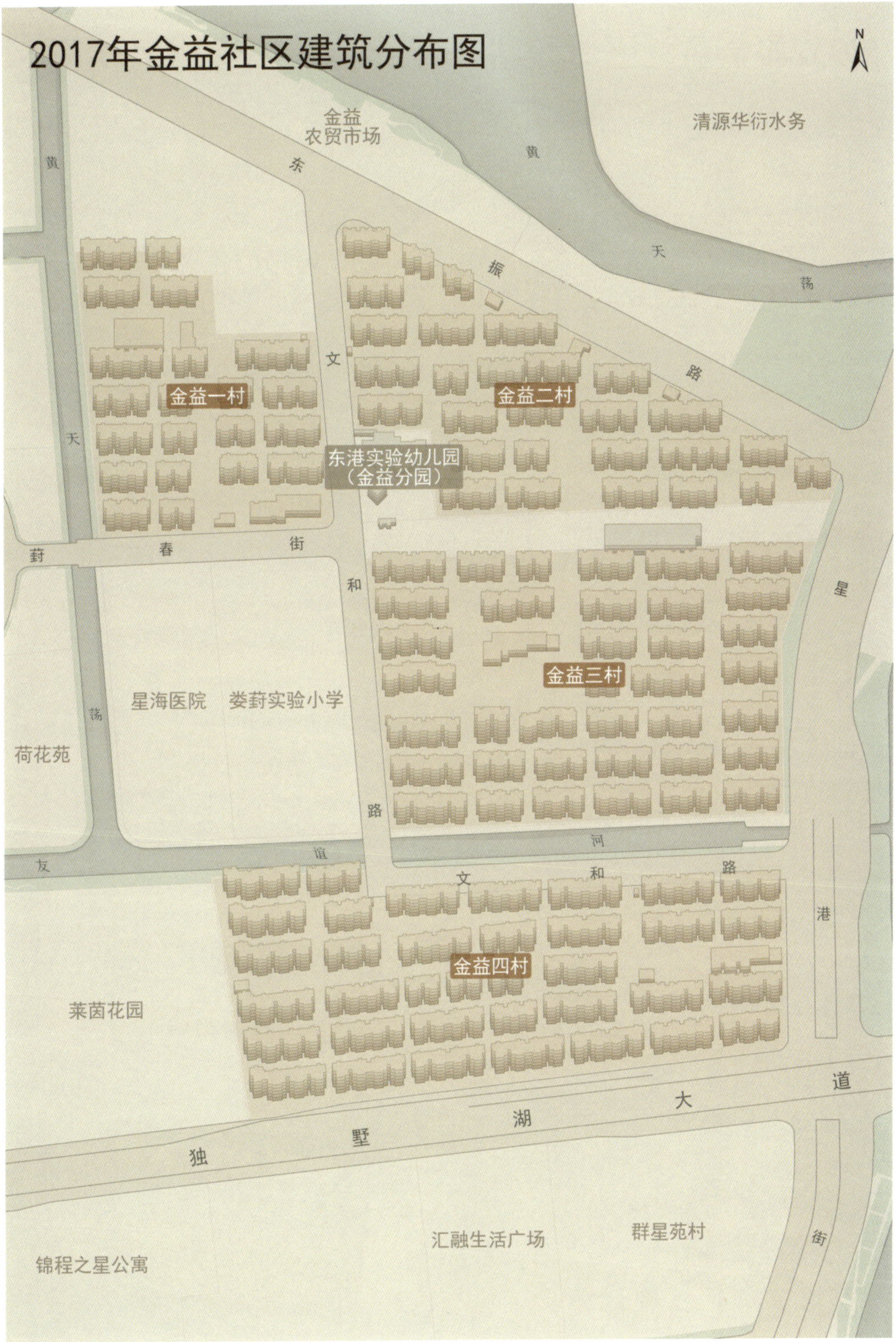

2017年金益社区建筑分布图

N
金益农贸市场
清源华衍水务
黄天荡
东振路
黄天荡
金益一村
金益二村
文和路
东港实验幼儿园（金益分园）
葑春街
星港街
金益三村
星海医院
娄葑实验小学
荷花苑
友谊河
文和路
金益四村
莱茵花园
独墅湖大道
汇融生活广场
群星苑村
锦程之星公寓

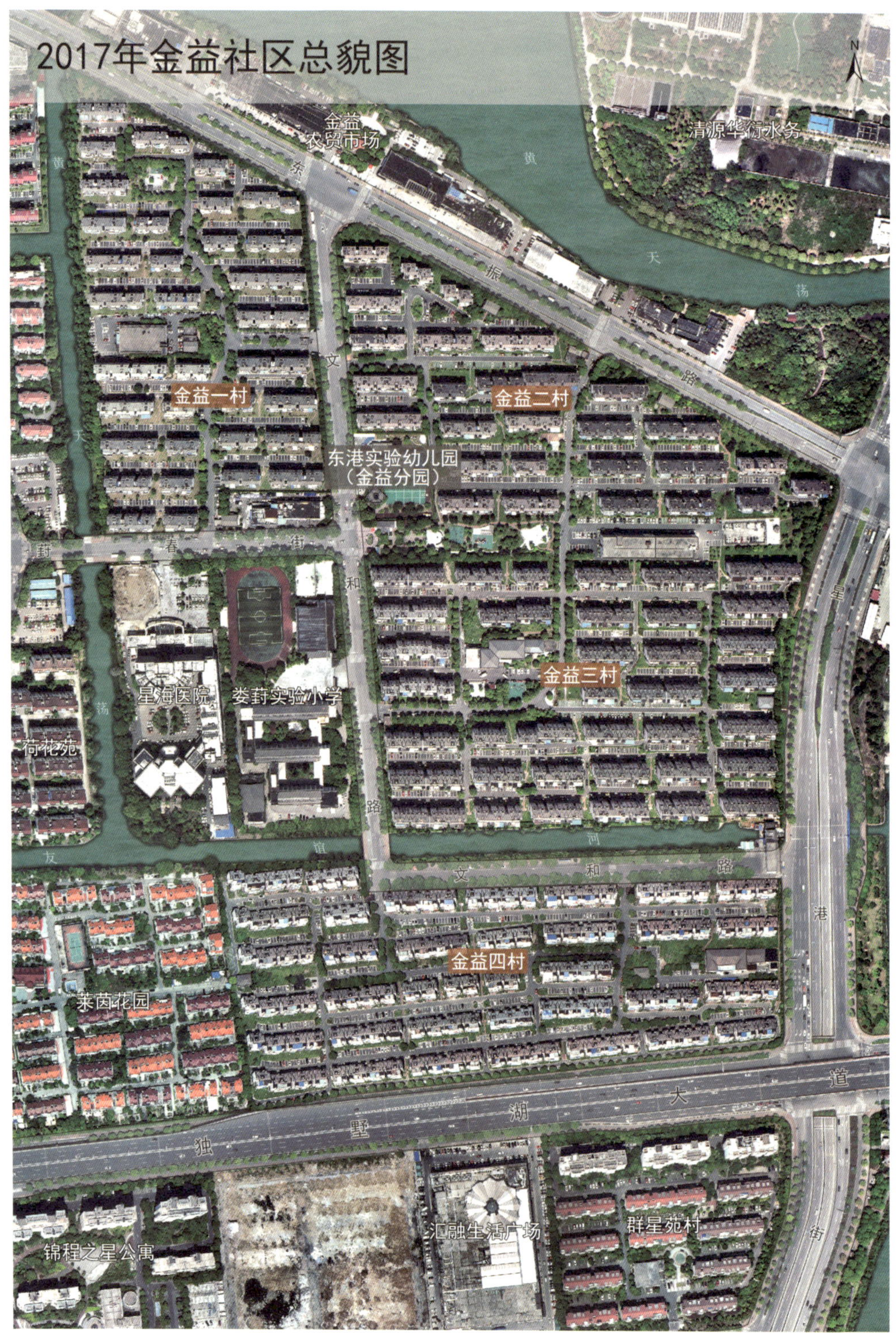
2017年金益社区总貌图
金益农贸市场
清源华衍水务
黄天荡
东振路
金益一村
金益二村
东港实验幼儿园（金益分园）
葑春街
文和路
金益三村
星海医院
娄葑实验小学
荷花苑
友谊河
文和路
星港街
金益四村
莱茵花园
独墅湖大道
汇融生活广场
群星苑村
锦程之星公寓

一、东湾

东湾原为湾里村，地处二一四行政村中心，东靠金湖村，南邻独墅湖，西依西湾，北靠金鸡湖。因地处河港湾塘东部而得名。

明清时期，东湾隶属于陈公乡（金栖里）二十四都。1929年至1930年所属苏州市十三区（车斜区），苏州并入吴县后，隶属于第一区，直至1946年，分属苏州区，解放后归属二一四村第4、5、6生产队。

东湾村内设有观音堂、红湖商店、菜场、二一四小学。其中，观音堂大门东侧墙壁内嵌有元和县奉宪晓谕农户安分罱捕碑，碑总高1.5米、宽0.47米，上部为盖，中部为碑文，下部为底座，于清光绪二年（1876）立。

东湾村民以徐、费、张、王、陆等姓居多。截至2003年动迁时，有村民297户，1000余人，男女比例约1.2∶1；有土地面积75万平方米。东湾因紧靠金鸡湖和独墅湖，村民大多以捕鱼和运输为生。解放后成立东湾小型运输站，运输业务由集体接洽。

2003年，因工业园区开发建设动迁，居民迁入金益社区，东湾自然村消失。2017年末，原东湾已成为李公堤四期的一角，李公堤四期西北方向现今还保留良益思巷[①]。

◎ 李公堤鸟瞰图（2019年摄）

① 良益思巷："良益思巷"与苏州话"二一四巷"谐音。

2002年东湾自然村住宅分布示意图

N

武卫东
倪迎弟
倪顺宝
陈建华
朱巧宝
徐文龙
徐立夫
张凤妹
蒋大男
高素芳
高金木
杨寿才
薛巧英
薛银龙
徐小林
翁仙英
陆彩弟
王卫生
陈林男
陆福妹
张金兴
宗金宝
李和根
张龙根
费巧兴
陆静夏
高多男
高巧男
沈小狗
张秀良
张秀根
徐建明
费三男
费二男
费明福
高雪官
朱凤林
沈小毛
徐毛子
马红根
倪桂英
高巧生
苏州金湖电器厂
沈钰生
陈平
沈巧英
陈杰
徐火金
陈火金
张林泉
费全民
陈卫明
陆根全
徐坤林
徐寿根
费小媛
费爱生
陈学明
徐文生
费明官
徐全林
陆根全
张银海
张金海
陆纪林
苏州市二一四

西湾

图例

住宅

农田

河流

道路

桥梁

二、港东

港东东临金光村，南靠独墅湖，西北连接金鸡湖。因地处赛公桥下河港以东，故名港东村。

明清时期，港东隶属陈公乡（金栖里）二十四都，现隶属娄葑街道。港东有4个生产队，分别是第3、5、6、9生产队。

港东北面有一座古桥，名为赛公桥，为三孔石板桥，故称三孔（赛公）桥，桥西堍偏向南弯。有谚云："造直赛公桥，代代出曹操。"在赛公桥桥堍曾有一座土地庙和一座倪家庵，其中土地庙共有房屋4间，倪家庵共有房屋2间，两座庙宇均于"大跃进"时期被毁。

港东村民以沈、王、陈、陆姓居多。截至2003年动迁前，有村民246户，800多人，男女比例约1.2∶1，是金湖行政村村民最多的自然村；有土地面积37万平方米。第5生产队、第6生产队以及第9生产队以耕田种植为主要生计，第3生产队以捕捞、摸蚌为主要生计。

2003年，因工业园区开发建设，港东被征地动迁，村民迁入金益社区，港东自然村消失。2017年末，港东原址上建有苏州金鸡湖国际高尔夫俱乐部。

◎ 建在港东原址上的苏州金鸡湖国际高尔夫俱乐部（2019年摄）

2002年港东自然村住宅分布示意图

N

张根法 吴扣宝 张根寿 刘芬莲 潘军明 潘扣根
张根妹
许根福 张三男 徐金宝 吴扣宝 张根寿 沈凤妹 徐金宝 姚长根 张祥宝 张根妹
陈军华 陈军华 倪毛头 姚长宝 颜桂林 吴军荣 徐光荣 沈金福
张小羊 沈老土
王才法 潘义宝
颜宝林 颜云妹 徐关宝 沈长根 陈根宝 沈福根 张根宝
沈金福 沈国华
徐金宝 沈大洪 宋巧英 张小弟 陈三宝 张根宝
张关宝
高林元 陈多生 陈林元 高泉林 高小林 陈大男
吴小牛 沈福妹 彭双丁 费凤仙 沈长夫 沈长德
颜才贵 何福男
沈金贵 沈长喜 沈福荣 沈福贵 陈志伟

金光桥

陈溢荣 洪大亮 张和宝 张洪宝
沈四宝 沈三男 沈毛头 沈长贵
潘继烈 吴老其 颜桂林 潘金弟 颜和根
陈林生 钱明官 陈海兴 陈福官
沈泉根 陈木兴 陈大楠 顾根明
倪青平 倪金才 倪金宝
沈巧根 沈巧林 徐金龙 徐伟新
陈伟荣 徐和宝 王卫东
陈明龙 陈明官 沈道根 愈建忠 钱金奎
陈招娌 陈海福 陈进男 陈土泉 陈海生
陈伟荣 颜和成 陈三宝
倪老土 张根来 颜才林 徐阿四 张春花
宋巧英 沈永忠
钱二男 沈金男 沈福寿 陈泉龙 陈三男
陈小男 高秋华 陈根男 陈根金 陈荣福
沈大宽 陈留才 张洪友 顾菊海
沈根宝 颜小生 张根林
沈金根 沈长根
陈星根 陈根生 陈秋生 高兴男 高巧男
沈巧生 沈巧明 高凤金 高文华 沈文明
沈凤金 沈福宝
沈福弟 沈林宝
费凤仙 沈长林
沈道生 沈明生 沈福林 顾建明
高小男 陈巧龙 钱伟康 钱金男
陆金仙
费福男 费三男 费四男
陈建兴 陈荣兴
沈三男 沈冬平 高雪明 高建男
高金官 高素根 陈福生 陈伟荣 钱金发

图例
住宅
农田
河流
道路
桥梁

三、金光

金光东依新华村，南临独墅湖，西接九图，北靠苏斜路。以渔民定居陆上，走上金光大道而取名。

明清时期，金光隶属于陈公乡（金栖里）二十四都。1929年至1930年所属苏州市十三区（车斜区）。苏州并入吴县后，隶属于第一区。直至1946年，分属苏州区。解放后归属金湖村。

金光共分为两个大队：1大队和2大队。金光村村民以陆姓、沈姓居多。截至2003年动迁前，有村民148户，600余人，男女比例约1.2∶1；有土地面积35万平方米。陆上定居前村民以捕鱼、耙蚌、塘网为生；陆上定居后以种植水稻、小麦、油菜，养殖青鱼、草鱼、鲤鱼、鲫鱼等为生。

2003年，因工业园区开发建设征用动迁，村民迁入金益社区，金光自然村消失。2017年末，金光原址上建有御园小区、观棠小区及金鸡湖大酒店部分房屋。

◎ 建在金光原址上的观棠小区（2019年摄）

◎ 建在金光原址上的御园小区（2019年摄）

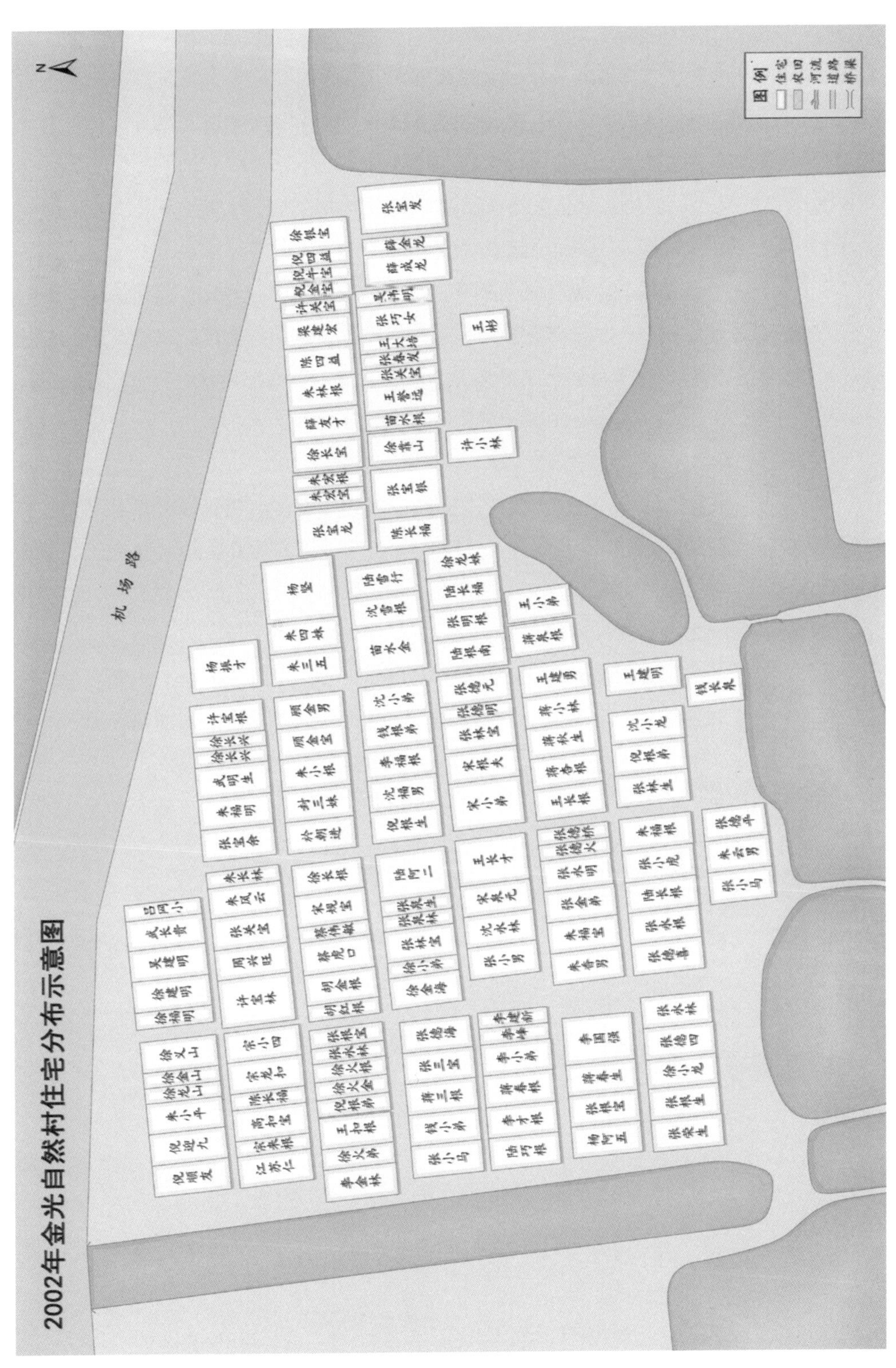

2002年金光自然村住宅分布示意图

四、九图

九图东傍金鸡湖、南临独墅湖，西接港东村，北靠苏斜路。在古代属于二十四都九图，故名为九图。

九图村内曾有一水月庵，约建于清朝前期，有大小房屋12间，庵前有石碑数块，主要记述了清代渔民如何反抗渔霸、县衙，严禁豪强私征渔税、霸占湖川等内容，这些石碑现存于苏州市碑刻博物馆。庵前还有榉树两株，树龄约有二三百年，其中一株于1975年枯死，被公社船厂挖用；另一株在修筑机场路后枯死。这两株树都有20余米高，曾被航空部门作为航标。1994年苏斜路重新修建，改名机场路，九图沿路的部分居民因修路而拆迁，迁至二一四小学南面，俗称“西浜”。

九图共有3个大队[①]。村民以陆、陈、钱姓居多。截至2003年动迁前，共有村民300户，900多人，男女比例约1.2∶1。全村占地面积77万平方米，村民以捕捞、种植农作物和去村办企业上班为主要经济来源。金湖实业公司，属苏州郊区较早开办的实业公司，亿玛电器厂及金湖纽扣厂在当地较有名气。九图南面有一家由金湖村村民开办的化工厂，靠近独墅湖是金湖村村办养殖场。

2003年，因工业园区开发建设，九图整体动迁，村民迁入金益社区，九图自然村消失。2017年末，九图原址上建有九龙仓国宾花园、金鸡湖大酒店、凯宾斯基大酒店。

① 3个大队：分别为4大队、5大队、6大队。

2002年九图自然村住宅分布示意图

五、南田

南田地处娄葑镇正东方的独墅湖与金鸡湖之间，东靠西湾，南至独墅湖，西依库塘，北邻金鸡湖。因其南边临田而得名。

南田，隶属于二一四大队第10、11生产队。

南田紧靠水运交通航道，村民出行依靠船只居多，村民生计以捕捞鱼虾为主。

每年正月十五后至3月底4月初，渔民出去捕塘鳢鱼。5月至11月，是捕虾的时节。鱼虾多的季节，渔民每天放虾笼2趟。晚上将船换一个地方，再放下去，第二天早上收。12月至春节，渔民用甲戈网（三层刺网）捕鱼。鱼虾不多的时节，渔民靠船只运输货物增加收入。每年8月，渔船会上岸保养维护。

南田村民姓氏以费、徐、陆、张姓居多。截至2003年动迁时，有村民200户左右，600余人，男女比例约1.2∶1。全村土地面积45万平方米。围垦之前，村民生计以运输、捕捞为主；围垦之后，村民生计以种植为主，主要种植水稻、小麦、油菜等。

2003年，因工业园区开发建设，南田整体动迁，村民迁入金益社区，南田自然村消失。2017年末，南田原址为苏州金鸡湖国际高尔夫俱乐部一角。

◎ 建在南田原址上的苏州金鸡湖国际高尔夫俱乐部一角（2019年摄）

2002年南田自然村住宅分布示意图

N

沈家埭

西湾

库塘

苏州市糖烟酒公司仓库

图例
住宅
农田
河流
道路
桥梁

六、库塘

库塘地处娄葑镇正东方位，是金益最西面的村落，东接南田，南靠独墅湖，西临金库北港，北接沈家埭。库塘，原叫“沙浪”，取苏州话谐音而得名。

明清时期，库塘隶属于陈公乡（金栖里）二十四都。1929年至1930年所属苏州市十三区（车斜区）。苏州并入吴县后，隶属于第一区。直至1946年，分属苏州区。解放后归属二一四村。

库塘中有一条南北向的河浜，因周边百姓生活清苦，取名楝树头浜。村中原有一座仪安桥，位于沈家埭与库塘交界处，毁于70代初期；原有五圣庙、土地堂，动迁后归并积善寺。原独墅湖与金鸡湖河道并不直通，水上交通不便，1970年，朝南港经人力拓宽，提供航运方便；同时在朝南港上建造红星桥，后1994年机场路建设时，桥梁拓宽，一直沿用至今。

1998年，发生特大洪水。库塘地势低洼，整个村落均受灾，政府组织各方抗洪救援。

库塘渔家妇女佩戴包头，穿包裤，围转裙。现在很多老年女性还习惯在冬天戴着包头，但其样子和花式已与过去不同。

库塘村民姓氏以顾、张姓居多。截至2003年末，有村民约180户，530人左右，男女比例1.2∶1。库塘土地面积28万平方米，村民大多以种植水稻、小麦、油菜为生，少量种植茭白、茨菰、藕等，收入普遍偏低。

2003年，因工业园区开发建设，库塘整体动迁，村民迁入金益社区，库塘自然村消失。2017年末，库塘原址已成为大湖城邦小区及高尔夫花园小区的一部分。

◎ 建在库塘原址上的大湖城邦小区（2019年摄）

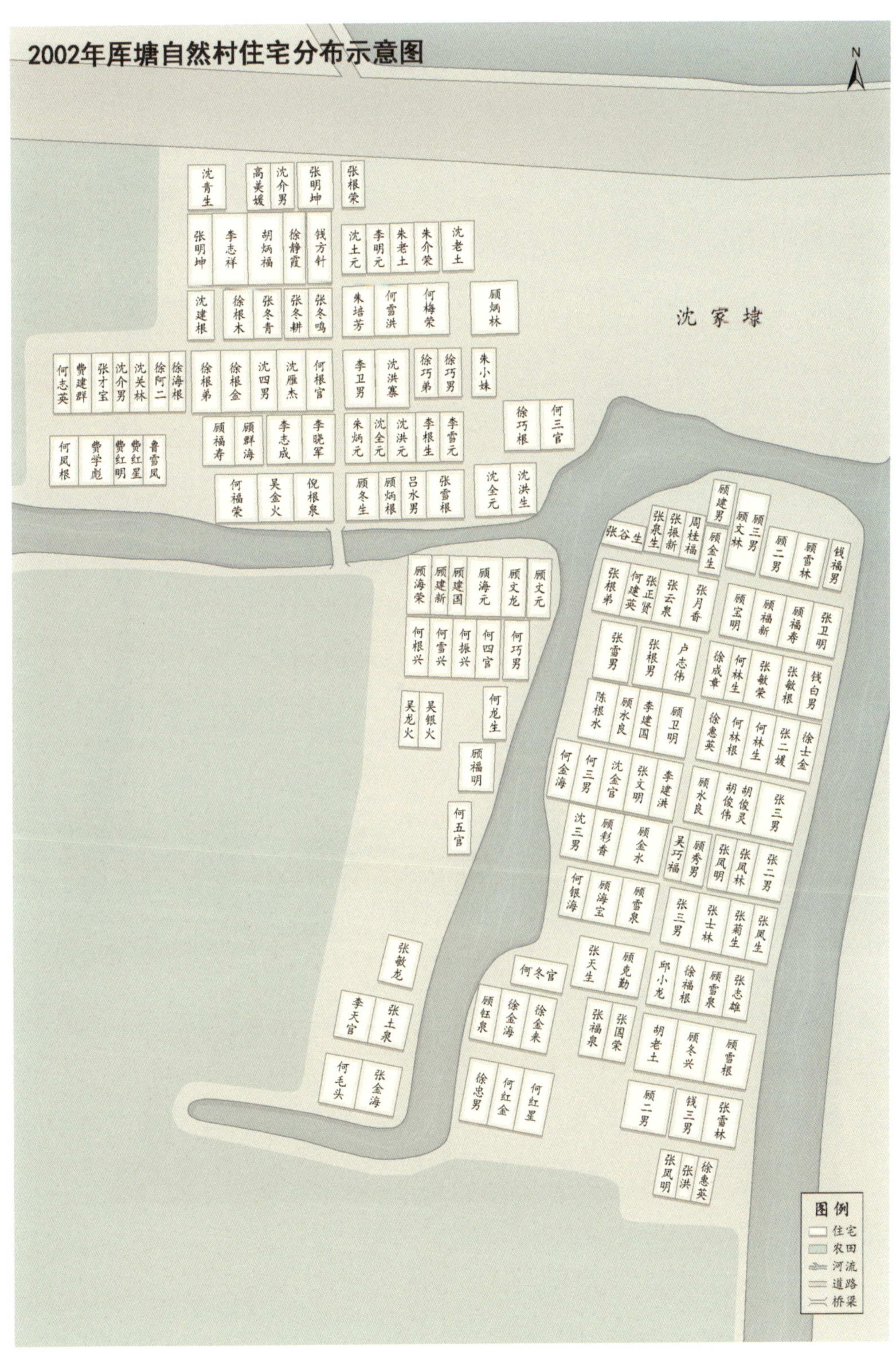
2002年库塘自然村住宅分布示意图
N
沈青生
高美媛
沈介男
张明坤
张根荣
张明坤
李志祥
胡炳福
徐静霞
钱方针
沈土元
李明元
朱老土
朱介荣
沈老土
沈建根
徐根木
张冬青
张冬耕
张冬鸣
朱培芳
何雪洪
何梅荣
顾炳林
沈家埭
何志英
费建群
张才宝
沈介男
沈关林
徐阿二
徐海根
徐根弟
徐根金
沈四男
沈雁杰
何根官
李卫男
沈洪寨
徐巧弟
徐巧男
朱小妹
顾福寿
顾群海
李志成
李晓军
朱炳元
沈全元
沈洪元
李根生
李雪元
徐巧根
何三官
何凤根
费学彪
费红明
费红星
鲁雪凤
何福荣
吴金火
倪根泉
顾冬生
顾炳根
吕水男
张雪根
沈全元
沈洪生
顾建男
顾文林
顾三男
张泉生
张振新
周桂福
顾金生
张谷生
顾二男
顾雪林
钱福男
顾海荣
顾建新
顾建国
顾海元
顾文龙
顾文元
张根弟
何建英
张正贤
张云泉
张月香
顾宝明
顾福新
顾福寿
张卫明
何根兴
何雪兴
何振兴
何四官
何巧男
张雪男
张根男
卢志伟
徐成章
何林生
张敏荣
张敏根
钱白男
吴龙火
吴银火
何龙生
陈根水
顾水良
李建国
顾卫明
徐惠英
何林根
何林生
张二媛
徐士金
顾福明
何金海
何三男
沈金官
张文明
李建洪
顾水良
胡俊伟
胡俊灵
张三男
何五官
沈三男
顾彩香
顾金水
吴巧福
顾秀男
张凤明
张凤林
张二男
何银海
顾海宝
顾雪泉
张三男
张士林
张菊生
张凤生
张敏龙
张天生
顾克勤
何冬官
邱小龙
徐福根
顾雪泉
张志雄
顾钰泉
徐金海
徐金来
李天官
张土泉
张福泉
张国荣
胡老土
顾冬兴
顾雪根
何毛头
张金海
徐忠男
何红金
何红星
顾二男
钱三男
张雪林
张凤明
张洪
徐惠英
图例
住宅
农田
河流
道路
桥梁

七、塘北

塘北东接九图，南临机场路，西接二一四村地段，北靠金鸡湖。因地处短塘港以北，故名塘北（又称花柳）。

明清时期，塘北隶属陈公乡（金栖里）二十四都，现隶属娄葑乡（现娄葑街道），是金湖村下辖的一个自然村。

塘北村庄结构据传是按照八卦图形建造的。古时候常有强盗出没，村民按照八卦图修建弄堂，以至于外村村民进入村庄易迷路。

1958年前，塘北没有桥梁通往外界，进村靠船舶摆渡，后搭建了便桥，独墅湖围垦后，建造了水泥桥。

塘北地界内有宋学朱[①]墓，系衣冠冢。墓前有石人石马，汪琬撰墓志。1964年，苏州市博物馆曾组织挖掘，出土楠木棺材、珍珠、帽翅金花、墓志铭等物。塘北村还有一座琼鸡墩（又名金鸡墩），相传是古时候某位皇帝的妃子墓。村北靠金鸡湖处，正对李公堤的东半段。

◎ 建在塘北原址上的湖滨四季小区（2019年摄）

① 宋学朱（？—1639）：字用晦，明崇祯四年（1631）进士，官至御史，抗清而亡，清乾隆四十一年（1776）谥“忠烈”。

塘北村民以陈、高两姓居多。截至2003年动迁前，有村民130户，400多人，男女比例约1.2：1。塘北共有3个生产大队，分别是第7生产大队、第8生产大队和第10生产大队，全村土地面积35万平方米左右，村民多以种植农作物为主，也有少数人以捕捞鱼蚌为生。

2003年，因工业园区征用土地，塘北整体动迁，村民迁入金益社区，塘北自然村消失。2017年末，塘北原址上建有湖滨四季小区、李公堤四期部分房屋、金鸡湖大酒店部分土地及凯宾斯基大酒店。

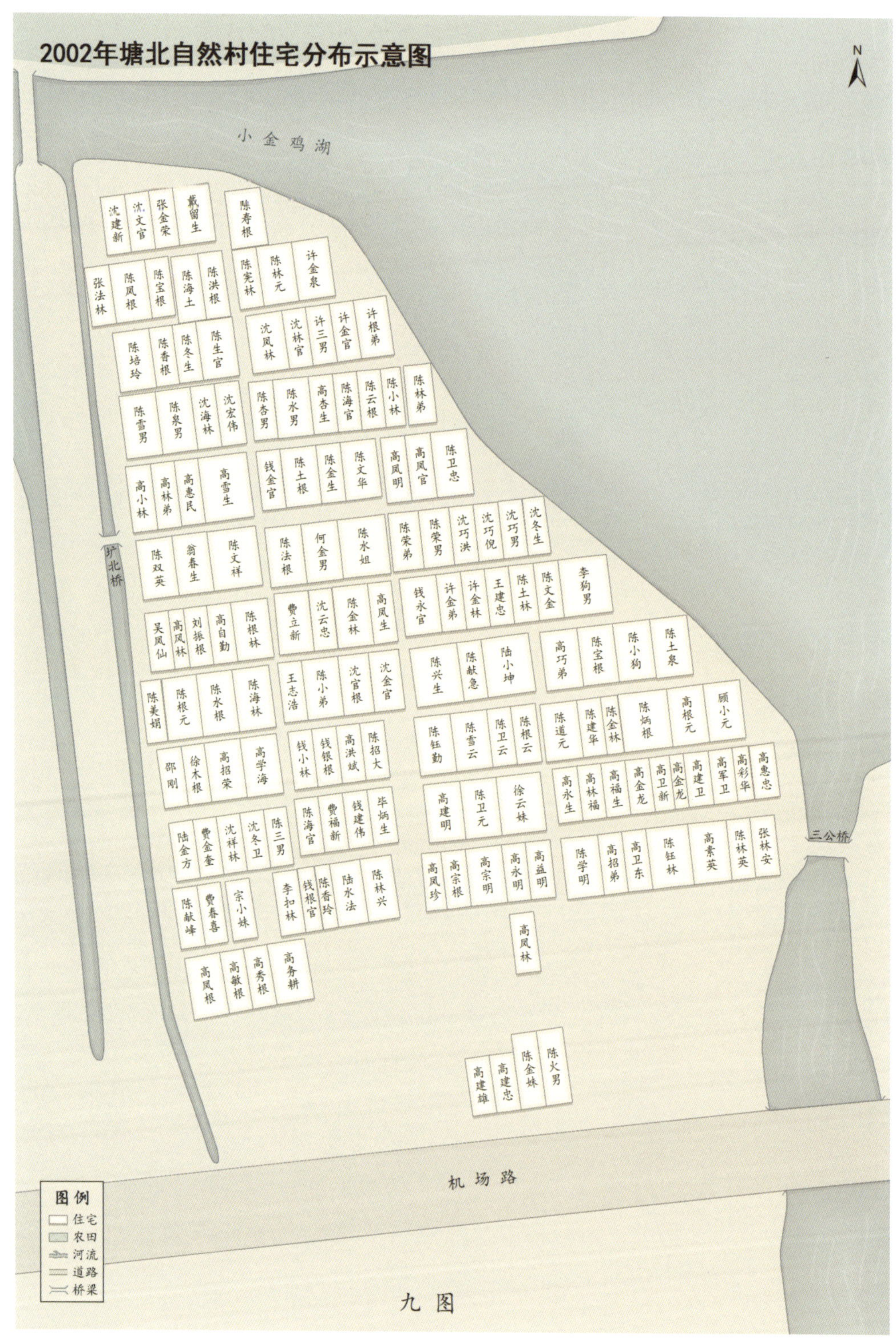
2002年塘北自然村住宅分布示意图
N
小金鸡湖
沈建新
沈文官
张金荣
戴留生
陈寿根
张法林
陈凤根
陈宝根
陈海土
陈洪根
陈宪林
陈林元
许金泉
陈培玲
陈香根
陈冬生
陈生官
沈凤林
沈林官
许三男
许金官
许根弟
陈雪男
陈泉男
沈海林
沈宏伟
陈杏男
陈水男
高杏生
陈海官
陈云根
陈小林
陈林弟
高小林
高林弟
高惠民
高雪生
钱金官
陈土根
陈金生
陈文华
高凤明
高凤官
陈卫忠
陈双英
翁春生
陈文祥
陈法根
何金男
陈水姐
陈荣弟
陈荣男
沈巧洪
沈巧倪
沈巧男
沈冬生
护北桥
吴凤仙
高凤林
刘振根
高自勤
陈根林
费立新
沈云忠
陈金林
高凤生
钱永官
许金弟
许金林
王建忠
陈土林
陈文金
李狗男
陈美娟
陈根元
陈水根
陈海林
王志浩
陈小弟
沈官根
沈金官
陈兴生
陆小坤
高巧弟
陈宝根
陈小狗
陈土泉
邵刚
徐木根
高招荣
高学海
钱小林
钱银根
高洪斌
陈招大
陈雪云
陈卫云
陈根云
陈道元
陈建华
陈金林
陈炳根
高根元
顾小元
高永生
高林福
高福生
高金龙
高卫新
高金龙
高建卫
高军卫
高彩华
高惠忠
陆金方
费金奎
沈祥林
沈冬卫
陈三男
陈海官
费福新
钱建伟
毕炳生
高建明
陈卫元
徐云妹
三公桥
陈学明
高招弟
高卫东
陈钰林
高素英
陈林英
张林安
陈献峰
费春喜
宋小妹
李和林
钱根官
陈香玲
陆水法
陈林兴
高凤珍
高宗根
高宗明
高永明
高益明
高凤林
高凤根
高敏根
高秀根
高务耕
高建雄
高建忠
陈金妹
陈火男
机场路
图例
住宅
农田
河流
道路
桥梁
九图

八、西湾

西湾东靠东湾，南至独墅湖，西临南田，北傍金鸡湖。西湾原为湾里村，因地处河港湾塘处而得名。60年代后将港东部分称东湾，港西部分称西湾。

明清时期，西湾隶属于陈公乡（金栖里）二十四都。1929年至1930年所属苏州市13区（车斜区）。苏州并入吴县后，隶属于第1区。直至1946年，分属苏州区。解放后归属二一四村。

西湾村民以徐、陆、何、朱、曹、鲁姓居多。截至2003年动迁前，有村民188户，950余人，男女比例约1.2∶1。全村土地面积约为65万平方米。围垦之前，西湾村民生计以运输、捕捞为主；围垦之后，村民生计以种植为主，主要种植水稻、小麦、油菜。村内有饲料加工厂。

2003年，因工业园区征用土地，西湾整体动迁，村民迁入金益新村，西湾自然村消失。2017年末，西湾原址已成为苏州金鸡湖国际高尔夫俱乐部的一角。

◎ 建在西湾原址上的苏州金鸡湖国际高尔夫俱乐部一角（2019年摄）

2002年西湾自然村住宅分布示意图

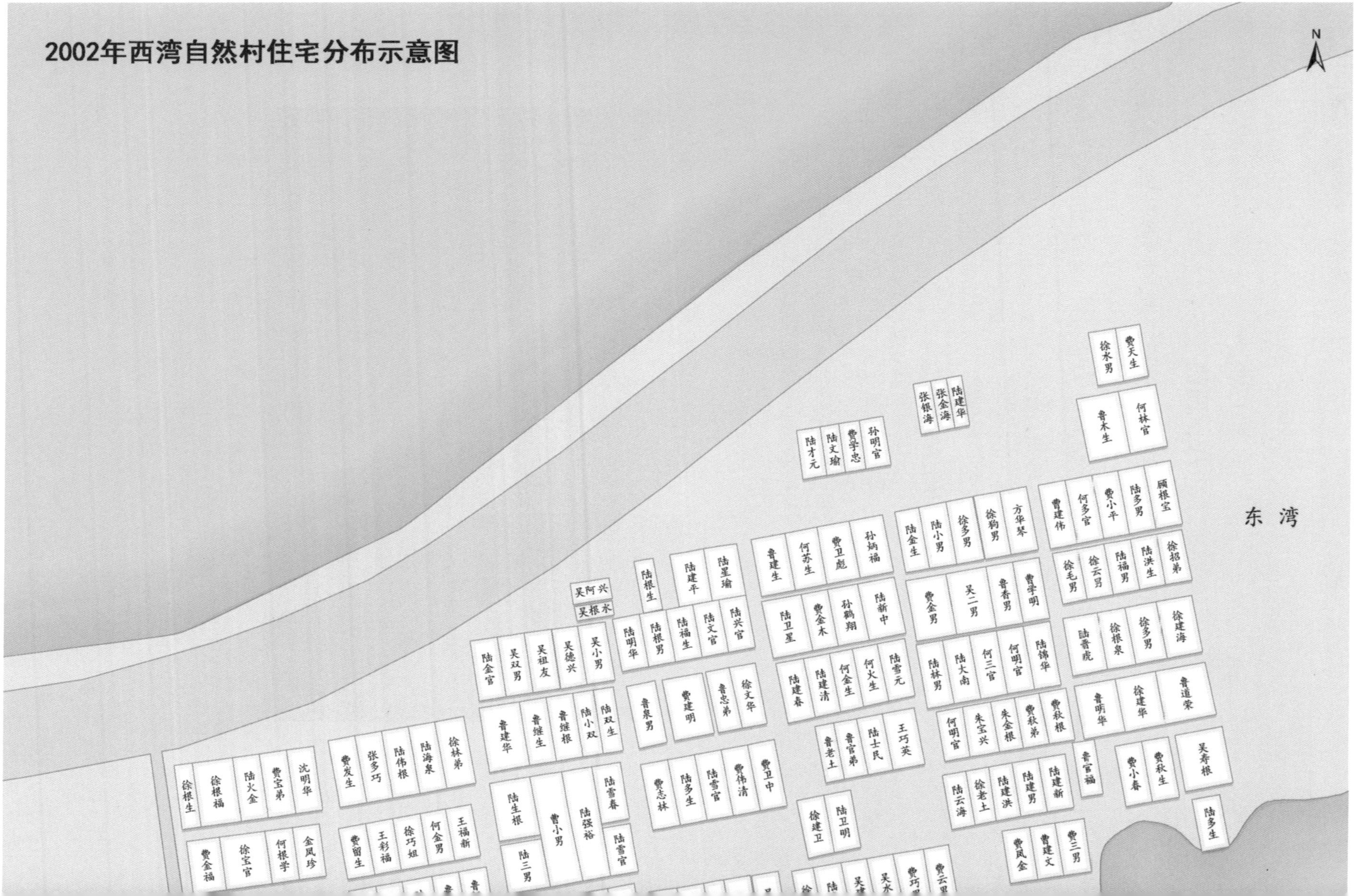

N
东湾

徐根生
徐根福
陆火金
费宝弟
沈明华
费金福
徐宝官
何根学
金凤珍
费发生
张多巧
陆伟根
陆海泉
徐林弟
费留生
王彩福
徐巧姐
何金男
王福新
陆金官
吴双男
吴祖友
吴德兴
吴小男
吴阿兴
吴根水
鲁建华
鲁继生
鲁继根
陆小双
陆双生
陆生根
陆三男
曹小男
陆强裕
陆雪春
陆雪官
陆明华
陆根男
陆福生
陆文官
陆兴官
陆根生
陆建平
陆星瑜
鲁泉男
费建明
鲁忠弟
徐文华
费志林
陆多生
陆雪官
费伟清
费卫中
鲁建生
何苏生
费卫彪
孙炳福
陆卫星
费金木
孙鹤翔
陆新中
陆建春
陆建清
何金生
何火生
陆雪元
陆才元
陆文瑜
费学忠
孙明官
鲁老土
鲁官弟
陆士民
王巧英
徐建卫
陆卫明
张银海
张金海
陆建华
陆金生
陆小男
徐多男
徐狗男
方华琴
费金男
吴二男
鲁香男
曹学明
陆林男
陆大南
何三官
何明官
陆锦华
何明官
朱宝兴
朱金根
费秋弟
费秋根
陆云海
徐老土
陆建洪
陆建男
陆建新
费凤金
曹建文
费三男
徐水男
费天生
鲁木生
何林官
曹建伟
何多官
费小平
陆多男
顾根宝
徐毛男
徐云男
陆福男
陆洪生
徐招弟
陆香虎
徐根泉
徐多男
徐建海
鲁明华
徐建华
鲁道荣
鲁官福
费小春
费秋生
吴寿根
陆多生

南田
图例
住宅
农田
河流
道路
桥梁

九、沈家埭

沈家埭地处娄葑正东方位，东临南田，西、南接厍塘，北面是金鸡湖支流。沈家埭，因村中姓氏为沈居多，故得名。

沈家埭原属于苏渔乡，1969年后并入娄葑乡，隶属于二一四大队第3生产队。金鸡湖支流朝南港湖上有1座红星桥，连接二一四大队东西两岸。2003年红星桥拓宽，连接李公堤风情商业街。

村民以沈姓居多。截至2003年拆迁前，有村民35户，102人，其中男性57人，女性45人，全村土地面积10万平方米。村民主要靠务农、队办厂维持生计。农作物以种植水稻、小麦、油菜为主。

2003年，沈家埭土地被工业园区征用，村民安置在金益社区，沈家埭自然村消失。2017年末，沈家埭原址上建有高尔夫花园小区。

◎ 建在沈家埭原址上的高尔夫花园小区（2019年摄）

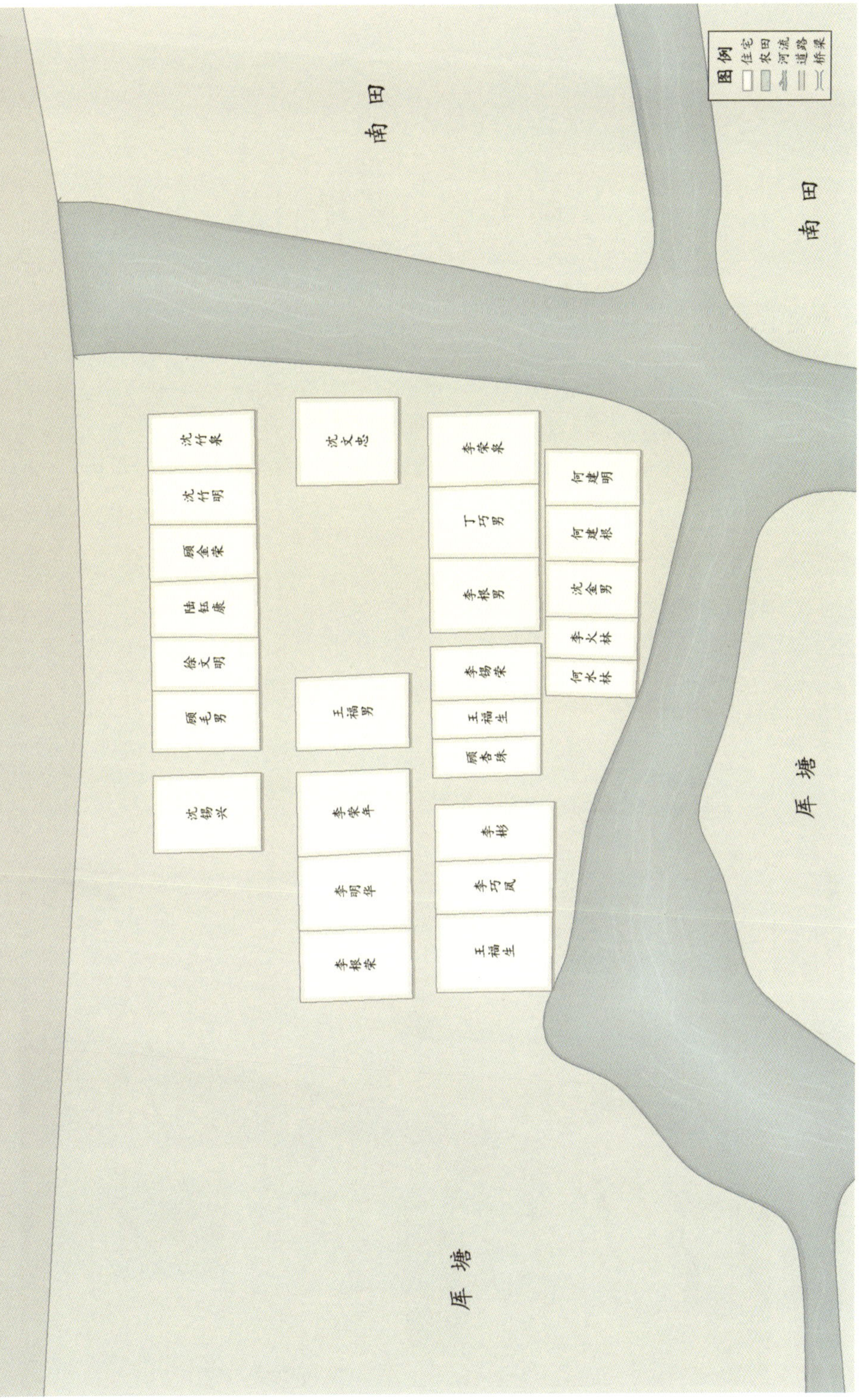

2002年沈家埭自然村住宅分布示意图

N

沈锡兴 顾毛男 徐文明 陆钰康 顾金荣 沈竹明 沈竹泉

李根荣 李明华 李荣年 王福男 沈文忠

南田

库塘

王福生 李巧凤 李彬 顾杏珠 王福生 李锡荣 李根男 丁巧男 李荣泉

何水林 李火林 沈金男 何建根 何建明

库塘

南田

图例

住宅

农田

河流

道路

桥梁

第七章　葑塘社区

葑塘社区东依苏嘉杭高速公路，南邻中新大道西，西临东环路，北靠苏州大道西。因原境内有葑门塘而得名。

葑塘社区前身为葑塘村，辖有徐家浜、刘家浜、翁家浜、田庄河、金家浜、葑门塘、塘南、张家厍8个自然村。村委会原驻葑门塘，1993年迁至陆家村。1993年全村有耕地1650亩，1994年工业园区征地动迁，耕地全部被征用。1995年5月成立居委会。2007年10月改名为葑塘社区。

葑塘社区现管辖徐家浜二村和徐家浜新村，占地面积11.64万平方米，建筑面积22.9万平方米，绿化面积3.4万平方米，绿化率30%。社区配套公建房总面积2739平方米，居民住宅房70幢，218个单元，2521套，社区办公地点位于徐家浜二村76幢东葑塘社区服务中心。

◎ 葑塘社区办公楼（2018年摄）

葑塘社区于2004年成立党总支，下设3个党支部，在册党员73人。葑塘社区曾获得“全国书香社区”“江苏省卫生村”“江苏省民主法治示范社区”“江苏省创业型社区”“江苏省标准化居民学校”“苏州市示范村”“苏州市爱国卫生先进单位”“苏州工业园区文明单位”等称号。

2017年末，社区居民总人口9273人，其中户籍人口4373人，流动人口4900余人。经过葑塘社区境域的公交车有3路、10路东线、10路西线、56路、60路北线、60路南线、91路、109路、110路北线、110路南线、112路、142路、146路、162路、202路、202路夜间、817路、878路、900路北线、900路南线、9008路社区巴士、游5北线、游5南线。

◎ 2017年葑塘社区获得“书香社区”称号

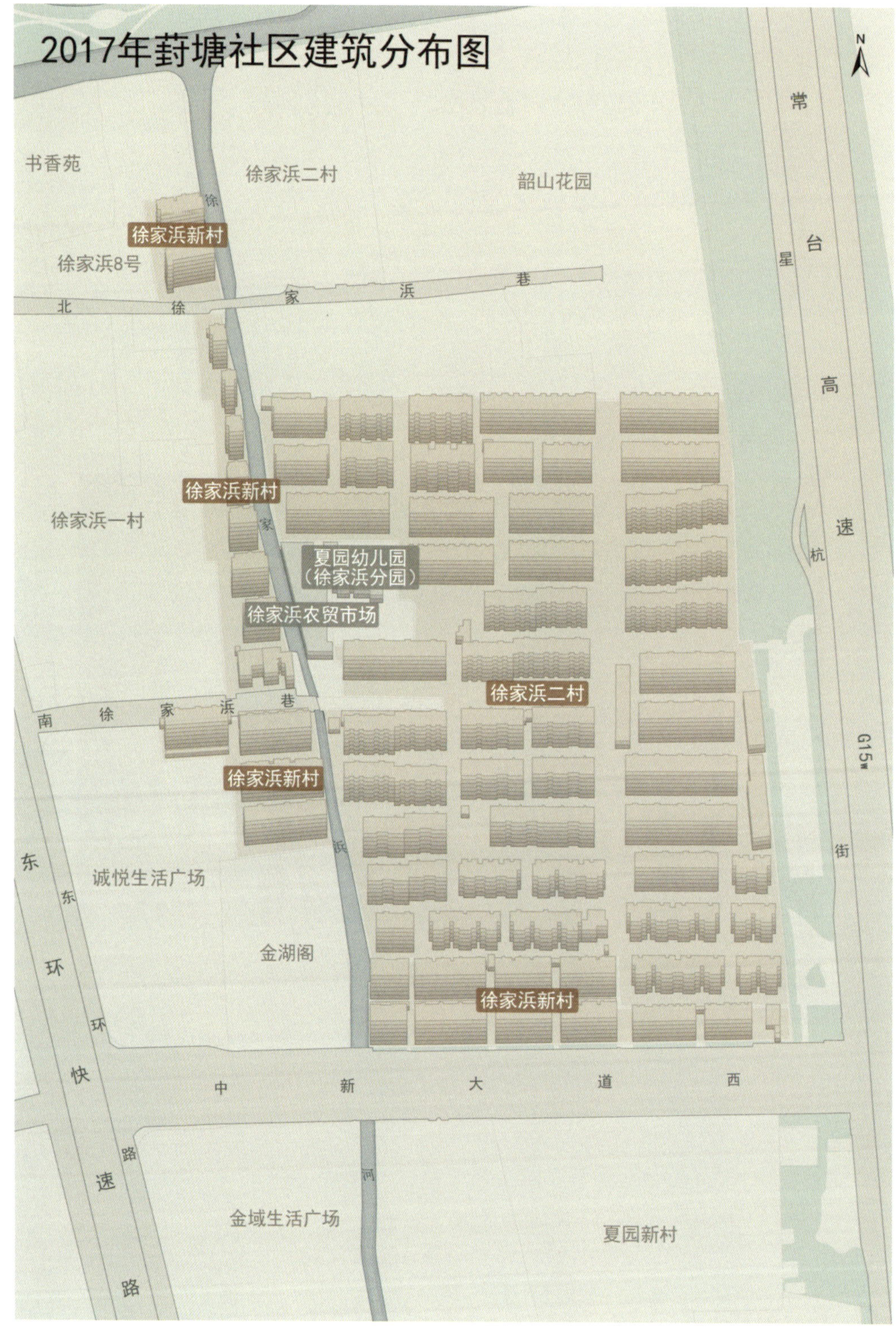

2017年葑塘社区建筑分布图
N
书香苑
徐家浜二村
韶山花园
徐家浜新村
徐家浜8号
北徐家浜巷
常台高速
星杭街
G15w
徐家浜新村
徐家浜一村
夏园幼儿园
（徐家浜分园）
徐家浜农贸市场
徐家浜二村
南徐家浜巷
徐家浜新村
东环快速路
诚悦生活广场
金湖阁
徐家浜新村
中新大道西
金域生活广场
夏园新村

2017年葑塘社区总貌图
书香苑
徐家浜二村
韶山花园
徐家浜新村
徐家浜8号
北徐家浜巷
徐家浜新村
徐家浜二村
夏园幼儿园
（徐家浜分园）
徐家浜农贸市场
徐家浜二村
南徐家浜巷
徐家浜新村
诚悦生活广场
金湖阁
徐家浜新村
中新大道西
东环快速路
金域生活广场
夏园新村
常台高速
G15
星杭街

一、葑门塘

葑门塘东邻井亭桥浜，南至鲫背河黄天荡，西抵金家桥，北至田庄河。因村落沿葑门塘而建，故得名。

葑门塘紧靠葑门横街，疏通于宋元时期，是古城流向东部，经过吴淞江出海的水陆枢纽。葑门塘河始于横街，流经石炮头、夏家桥、葑宏大队、葑塘大队、团结大队、金库大队到达黄石桥，约18里路，最后跨黄石桥进入金鸡湖至斜塘。

葑门塘有一条葑门塘路通向葑门。东有金家桥，南有西板桥。该村的历史悠久，有西板桥、井亭桥、人瑞坊（明）、旌义坊（明）、父子孝行坊（明）、夏孝子坊（明）、双节坊（明）、三节坊（明）、驿路（部分路基筑成葑门塘路、苏甪路）、井亭（已毁弃）等古建筑。

葑门塘村民以许姓居多。截至1995年拆迁前，有村民80户，296人，其中男性142人、女性154人。葑门塘村民主要经济来源以种植水生作物和农作物为主。水生作物主要有“水八仙”；农作物主要有水稻、油菜和小麦等。

1995年，因工业园区征地动迁，葑门塘整体搬迁，村民安置至徐家浜二村、夏园新村，葑门塘自然村消失。2017年末，金家桥为葑门塘原址，建有娄葑泵站。

◎ 建在葑门塘原址上的娄葑泵站（2019年摄）

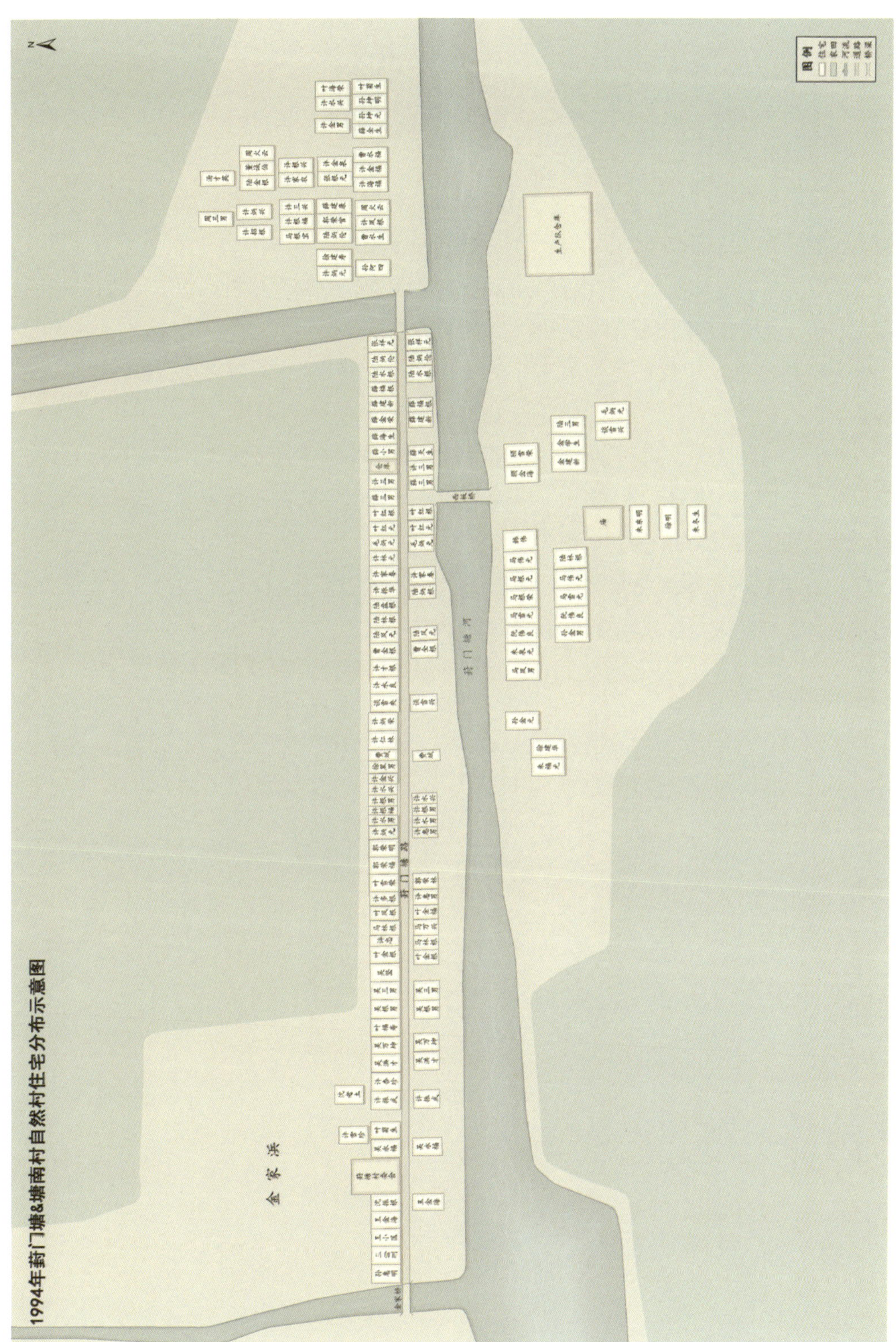

1994年葑门塘&塘南村自然村住宅分布示意图

二、金家浜

金家浜东邻葑门塘小学，南至金家桥，西抵夏家浜，北濒田庄河。因村边有金家桥，桥下河浜遂称金家浜，村河共名。

金家浜由原生产大队第12、13生产队组成。村内有生产河，便于农田灌溉、农田施肥、农船停靠和洗刷农具等。金家桥下河浜1994年被填。

金家浜村南有地龙庙，村内有金家桥，东西走向，原为石拱桥，1973年改为钢筋混凝土平桥，宽4米，长5米，跨度3.8米，1993年在桥北侧建水闸。

金家浜村东70年代初建有第一所农村小学，第一任校长为蒋惠英，1995年并入娄葑小学。

金家浜村民以许、胡、邹姓居多。据1995年统计，有村民226人，其中男性105人、女性121人。全村耕地面积450亩，村民以种植水生作物和农作物为主。水生作物主要有“水八仙”，农作物主要有水稻、油菜和小麦等。

1994年12月，因工业园区征地动迁，金家浜村民搬迁至徐家浜二村，金家浜自然村消失。2017年末，金家浜原址上建有夏园停车场。

1994年金家浜自然村住宅分布示意图

N

胡福根 胡祥根

张彩根 许凤根 邹小男 张革

张建良 许林元 许凤根 许凤元 邹彩娥 许阿三

邹彩福 邹全福 张三男

胡水根 胡白男 许银元 许金元 许兴元

邹斌 邹彩根 邹金官

胡荣根 胡白男

许金泉 吴老土 许炳英 许根寿 许凤元

邹伟 邹彩根 邹金官

张水荣 许福男 张卫卫 许才元 许福男 吴根男 许建男 许建荣 许惠男 许金根

金家浜

许福男 张卫卫 许建荣 许惠男

吴根寿 张四妹

张根土 张彩福 张水荣 张四妹

吴杏生 吴根寿 吴国民 韩金生

许福生 吴羹原

许祥福 顾金娥 周寿弟 张菊泉 张三男 许福泉

王海福 邹伍福 许才宝 张金寿 张水金

许建华 吴伟民 许善男 许炳泉

王祥珍 朱巧妹 王祥林 邹岗 胡小男

图例

住宅

农田

河流

道路

桥梁

三、刘家浜

刘家浜东邻新开河，南至中新大道西，西抵夏家浜河，北濒徐家浜。因早期村民多姓刘而得名。

刘家浜由原生产大队第5生产队组成，村内有生产河和新开河，便于农田灌溉、农田施肥、农船停靠和洗刷农具等。河道1994年被填。

刘家浜村民以刘、金、周等姓居多。截至1995年动迁前，有村民140人，其中男性72人、女性68人。全村耕地面积310亩。经济来源以种田为主。水生作物主要有“水八仙”，农作物主要种植水稻、三麦、油菜，还兼种青菜、茄子、韭菜、蚕豆等。

1995年，因工业园区征地动迁，刘家浜整体搬迁，村民搬迁至徐家浜二村，刘家浜自然村消失。2017年末，刘家浜原址上建有夏馨宾馆、徐家浜二村。

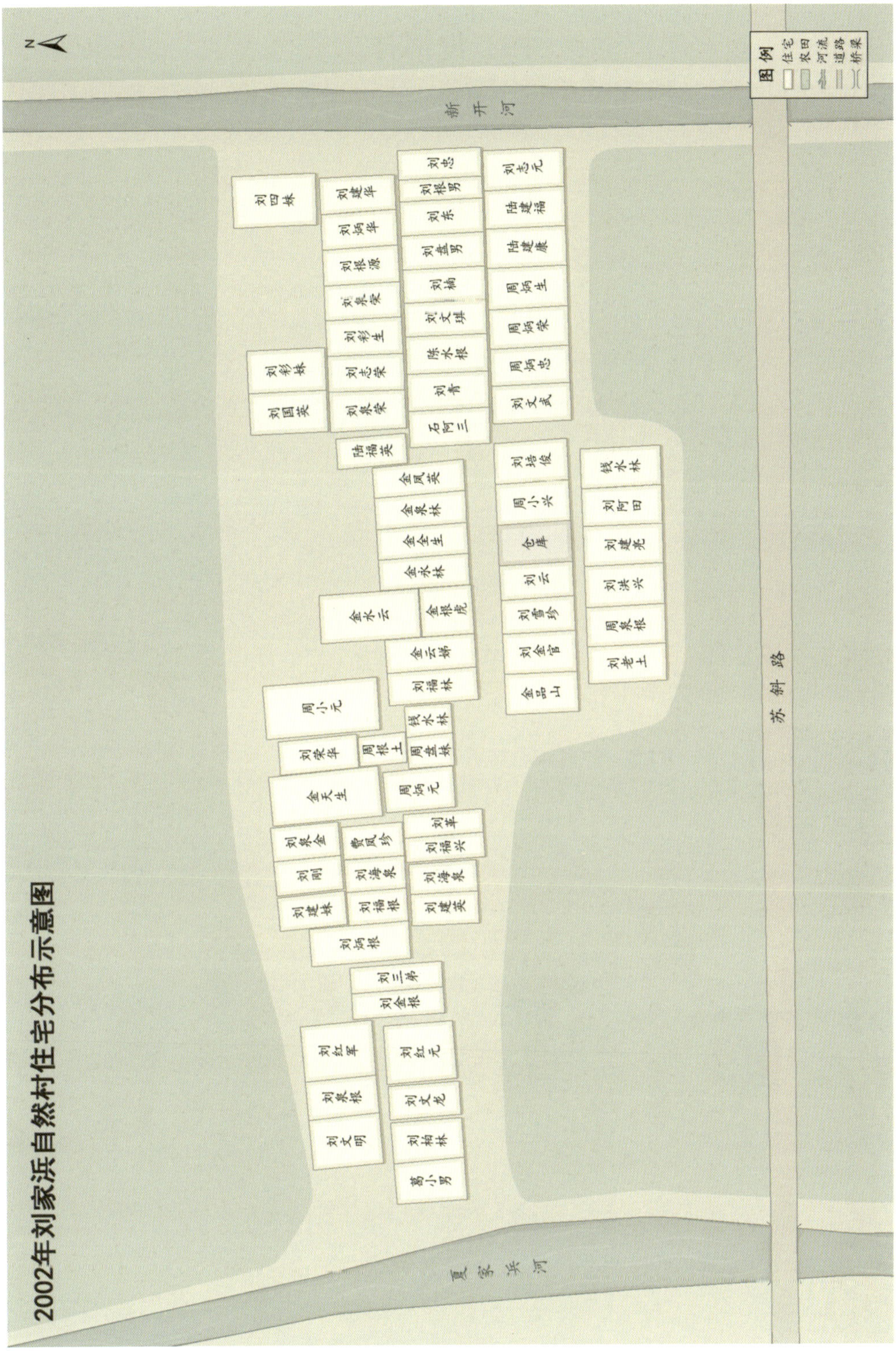

2002年刘家浜自然村住宅分布示意图

四、塘南村

塘南村东邻张家库，南至双泾港，西抵东圩，北濒葑门塘。因位于葑门塘之南而得名。

塘南村由原生产大队第17生产队组成，葑门塘到塘南村有西板桥，西板桥南有箭墩明王庙。

塘南村村民以许姓居多。截至1995年动迁前，有村民115人，其中男性59人、女性56人。全村耕地面积115亩，经济来源以种植水生作物和农作物为主。水生作物主要有“水八仙”，农作物田主要有水稻、油菜和小麦等。

1995年，因工业园区征地动迁，塘南村整体搬迁，村民安置至徐家浜二村、夏园新村，塘南村自然村消失。2017年末，塘南村原址上建有富华苑小区、宏葑四村东、娄葑泵站东。

◎ 建在塘南村原址上的富华苑小区（2019年摄）

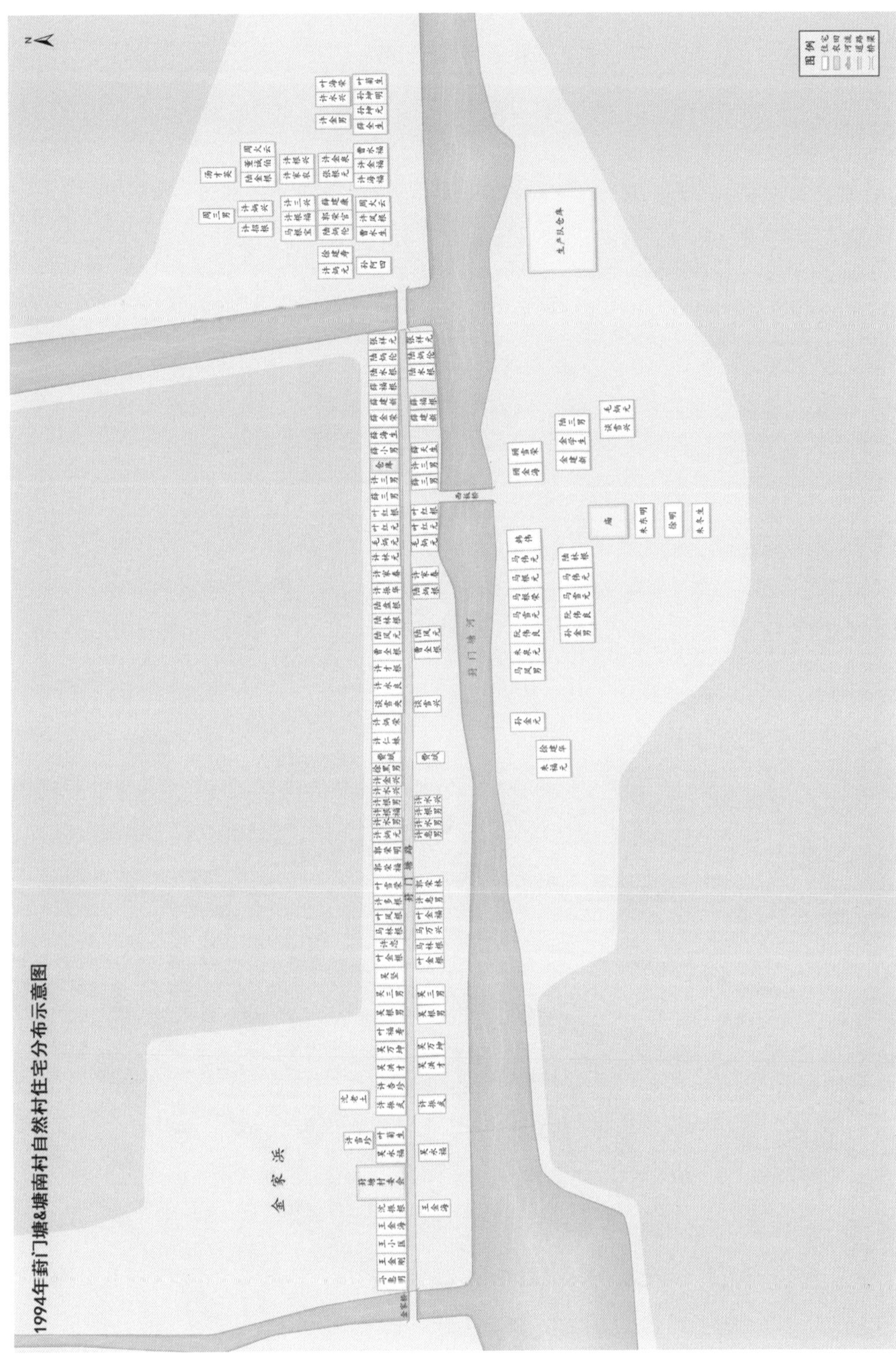
1994年葑门塘&塘南村自然村住宅分布示意图

五、田庄河

田庄河东邻井亭桥浜，南至葑门塘，西南抵金家浜，北濒翁家浜。因村边有一条河，河周围是田庄而得名。

田庄河由原生产大队第11生产队组成，村内有东周干将墓和冶坊。东周干将墓，在葑塘田庄河东侧，俗称干将墩，“文化大革命”后，村民建房于墩顶，动迁后被平。春秋时期，干将、莫邪在干将墩西（葑塘村田庄河陈珠宝坟址）设坊炼剑。后来娄葑境内又出现江氏冶坊。据《吴门表隐》卷三记载：“冶坊，六门附郭十六房，娄关江氏世业。今易他姓者虽多，然其称犹江氏也。”娄关即今娄门路一带，属新苏村城乡接合部。

田庄河村民以许姓居多。截至1995年动迁前，有村民93人，其中男性40人、女性53人；有耕地面积260亩。村民经济来源以种植水生作物和农作物为主。水生作物主要有“水八仙”；农作物主要有水稻、油菜、小麦等。解放后部分村民还养殖奶牛增加收入。

1995年，因工业园区开发建设，田庄河征地动迁，居民搬迁至徐家浜二村，田庄河自然村消失。2017年末，田庄河原址上建有欧尚超市、苏州尚美国际化妆品有限公司。

◎ 建在田庄河原址上的欧尚超市（2019年摄）

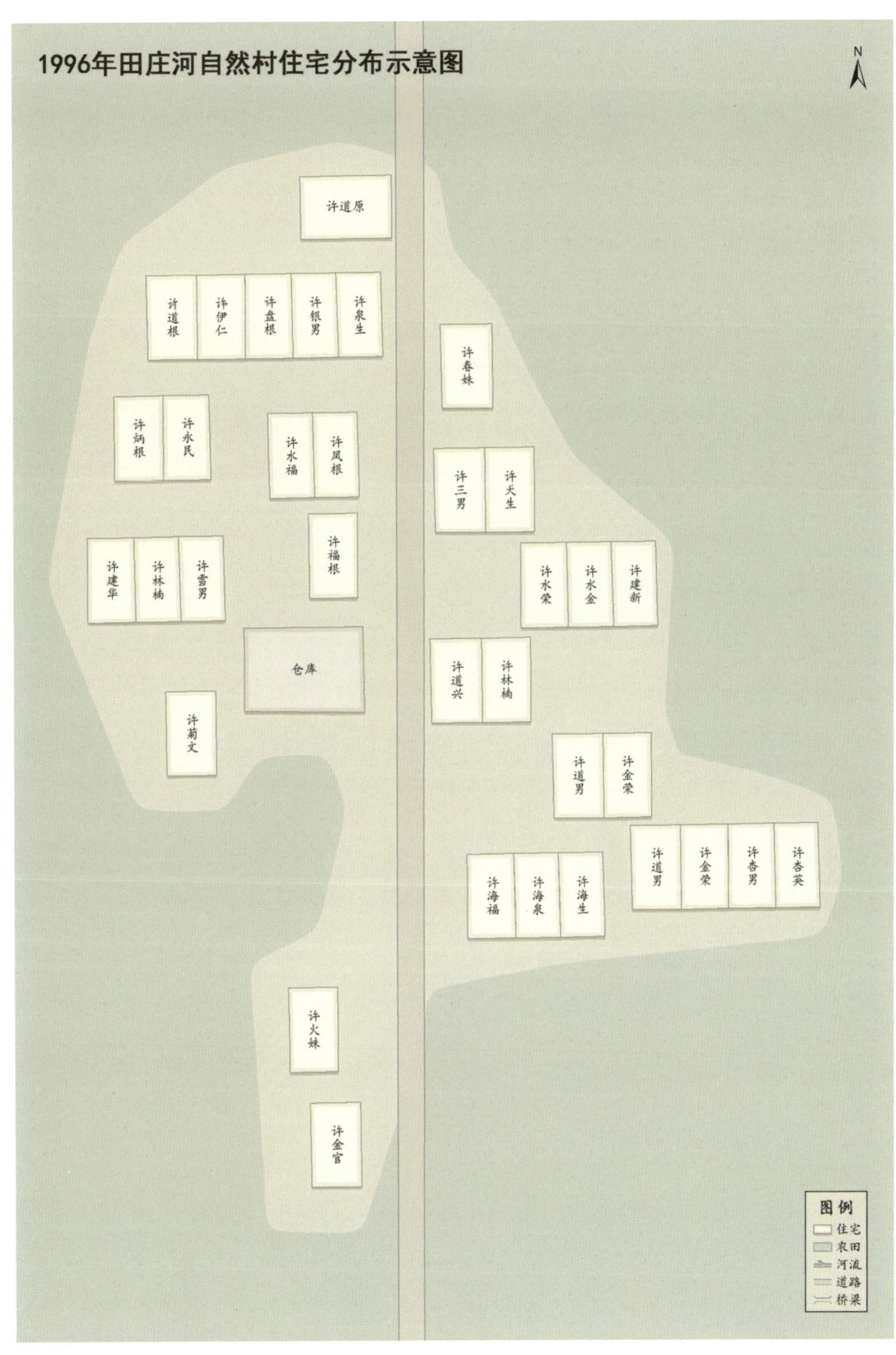
1996年田庄河自然村住宅分布示意图
N
许道原
许道根
许伊仁
许盘根
许银男
许泉生
许春妹
许炳根
许永民
许水福
许凤根
许三男
许天生
许福根
许建华
许林楠
许雪男
许水荣
许水金
许建新
仓库
许道兴
许林楠
许菊文
许道男
许金荣
许道男
许金荣
许杏男
许杏英
许海福
许海泉
许海生
许火妹
许金官
图例
住宅
农田
河流
道路
桥梁

六、翁家浜

翁家浜东邻井亭桥浜（河），南至田庠河，西抵徐家浜，北濒相门塘。因相门塘河至村庄有条浜叫翁家浜而得名。

翁家浜由原生产大队第7、9生产队组成，村内有生产河和翁家浜。70年代窑厂从葑门塘搬至翁家浜，90年代初窑厂关闭。

翁家浜村民以韩、杜两姓居多。截至1995年动迁前，有村民353人，其中男性179人、女性 174人；有耕地面积950亩。翁家浜经济来源以种植水生作物和农作物为主。水生作物主要有“水八仙”，农作物主要有水稻、油菜、小麦等。

1995年，因工业园区开发建设，翁家浜征地动迁，居民搬迁至徐家浜二村，翁家浜自然村消失。2017年末，翁家浜原址上建有消防中队、变电站、宜佳花园和新馨花园小区。

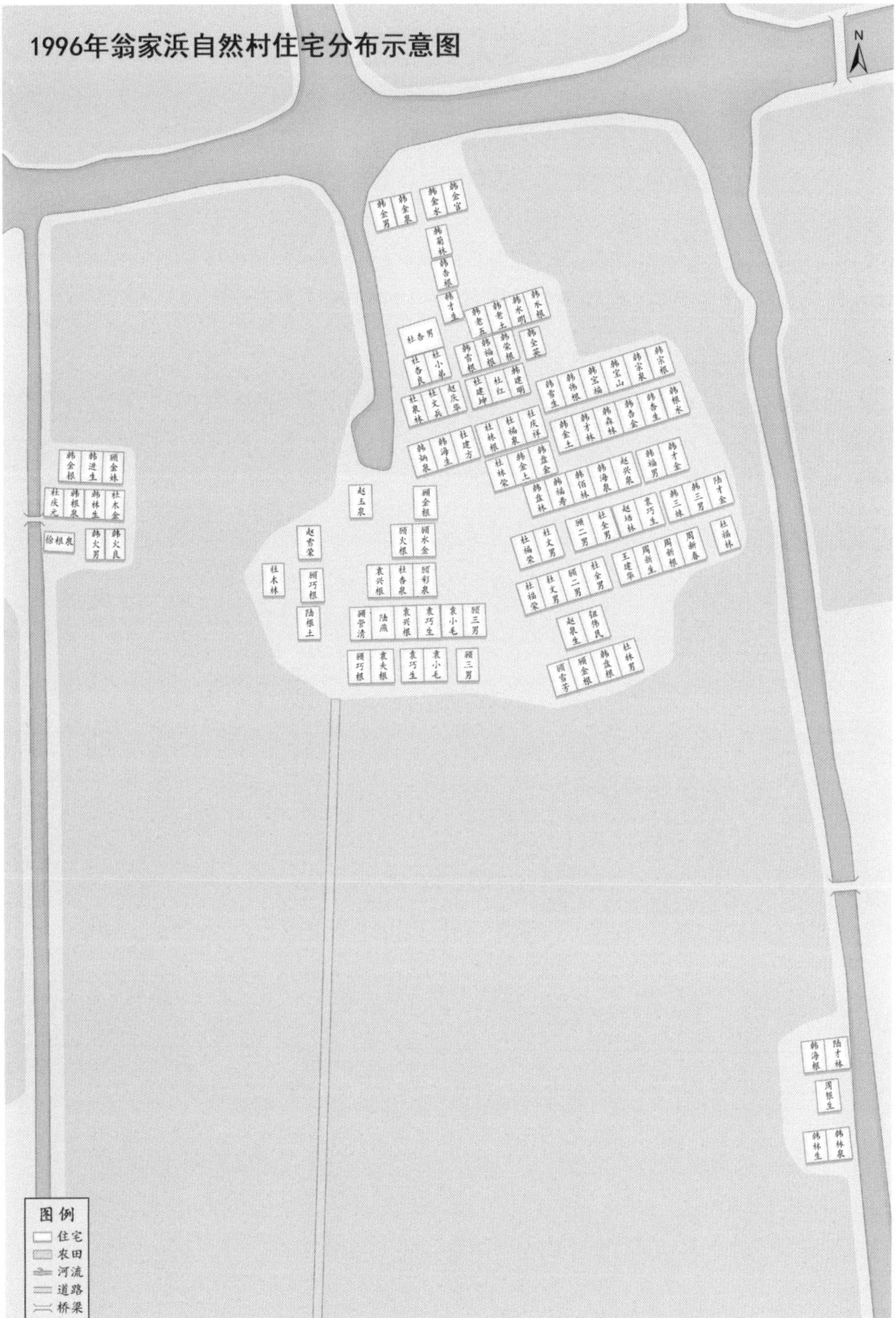
1996年翁家浜自然村住宅分布示意图
N
韩金男
韩金泉
韩金水
韩金官
韩菊林
韩杏根
韩才生
韩老五
韩老土
韩水明
韩水根
杜杏男
杜杏良
杜小弟
韩雪根
韩福根
韩荣根
韩全英
杜泉林
杜文兵
赵庆华
杜建坤
杜红
韩建明
韩雪生
韩伟根
韩宝福
韩宝山
韩宗泉
韩宗根
韩锅泉
韩海生
杜建方
杜林根
杜福泉
杜庆祥
韩金土
韩才林
韩森林
韩杏金
韩杏生
韩根水
杜林荣
韩金土
韩盘金
韩盘林
韩福寿
韩佰林
韩海泉
赵兴泉
韩福男
韩才金
韩三妹
韩三男
陆才金
顾二男
杜全男
赵培林
袁巧生
杜福林
杜福荣
杜文男
王建华
周新生
周新根
周新春
杜福荣
杜文男
顾二男
杜全男
赵泉生
钮伟民
顾雪芳
顾金根
韩盘根
杜林男
赵玉泉
顾金根
赵雪荣
顾火根
顾水金
杜木林
顾巧根
袁兴根
杜杏泉
顾彩泉
陆根土
顾管清
陆燕
袁兴根
袁巧生
袁小毛
顾三男
顾巧根
袁夫根
袁巧生
袁小毛
顾三男
韩金根
韩进生
顾金妹
杜庆元
韩根泉
韩林生
杜木金
徐根泉
韩火男
韩火良
韩海根
陆才林
周根生
韩林生
韩林泉
图例
住宅
农田
河流
道路
桥梁

七、徐家浜

徐家浜东起翁家浜，南至刘家浜，西临苏嘉路，北抵相门塘。因早期村民徐姓居多而得名。

徐家浜由原生产大队第3、4生产队组成，村内有永仙桥可通至苏嘉路，村内有茅山堂庙宇。

徐家浜村民以徐、顾、王姓居多。截至1995年动迁前，有村民74户，142人，其中男性66人、女性76人；有耕地面积436亩。徐家浜村民经济来源以种植水生作物和农作物为主。水生作物主要有“水八仙”，农作物主要有水稻、油菜、小麦等。

1995年，因工业园区开发建设，徐家浜征地动迁，居民搬迁至徐家浜北二村、徐家浜二村、徐家浜新村，徐家浜自然村消失。2017年末，徐家浜原址上建有徐家浜北二村。

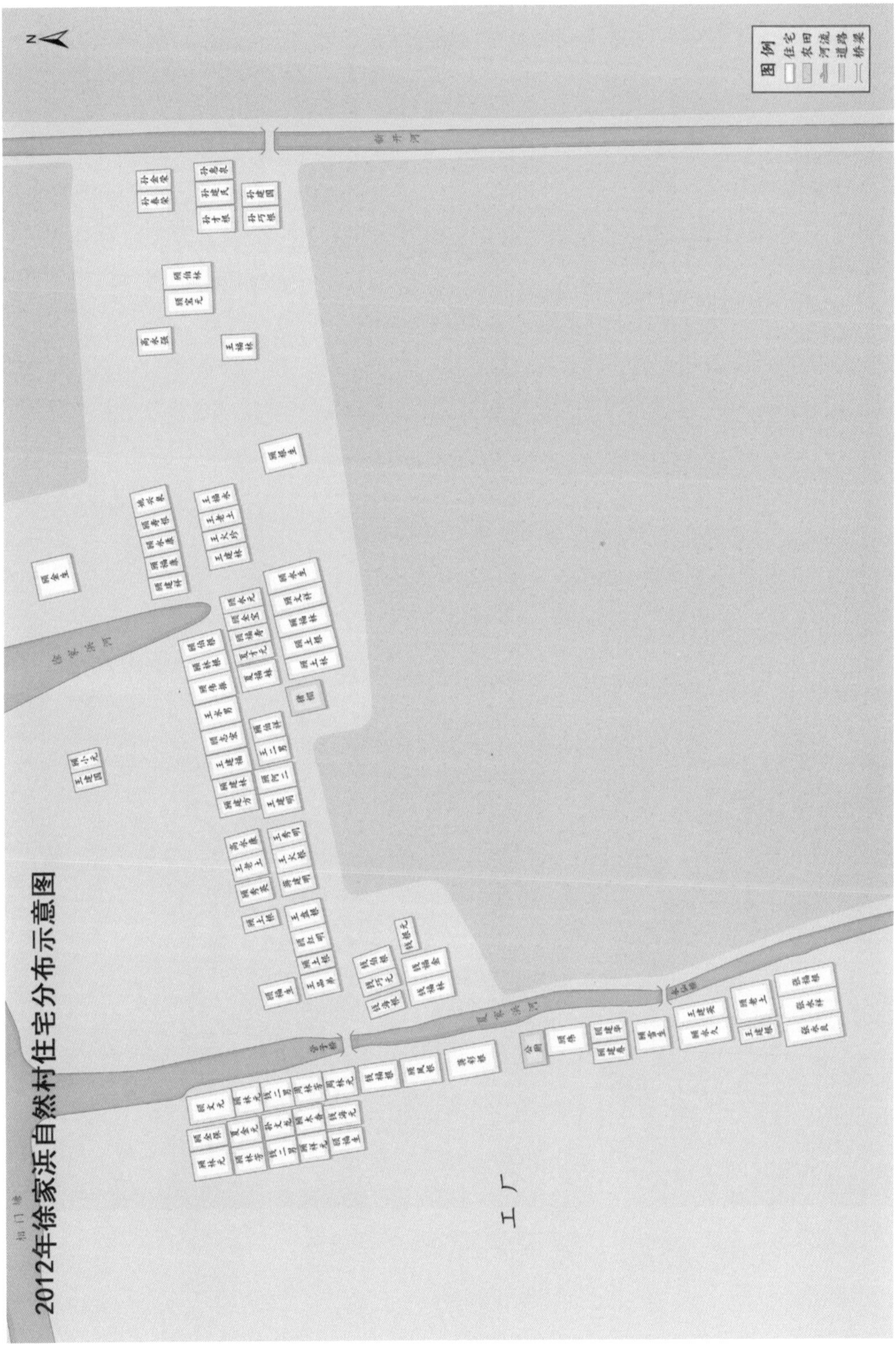

2012年徐家浜自然村住宅分布示意图

八、张家厍

张家厍东邻杨树港，南抵黄天荡，西至双泾港，北临葑门塘。

张家厍由原生产大队第18、19、20生产队组成，村内有生产河和杨树港。

张家厍境内有卢家坟明墓、卢珪墓志铭、顾曾墓。1993年11月，苏州博物馆配合苏州至上海虹桥机场公路基础工程人员，发掘清理卢家坟明墓3座。卢家坟为明代一卢姓家族墓地，相传为卢天官之墓。发掘出土墓志铭5块，分别为“义门卢君墓志铭”“周氏硕人墓志铭”“故承事郎卢钦墓志铭”。棺内一女尸未腐。

张家厍村民以范、吴、周、沈、袁、陈、顾姓居多。据1995年统计，有村民321人，其中男性147人、女性174人；有耕地面积1060亩。张家厍村主要农作物有水稻、油菜、小麦等；主要水生作物有“水八仙”。

1995年，因工业园区开发建设，张家厍征地动迁，居民搬迁至徐家浜二村，张家厍自然村消失。2017年末，张家厍原址上建有中国联通（苏州市分公司）、苏州维景国际大酒店、国际科技园、东环路常台高速、富华苑小区。

◎ 建在张家厍原址上的苏州维景国际大酒店（2016年摄）

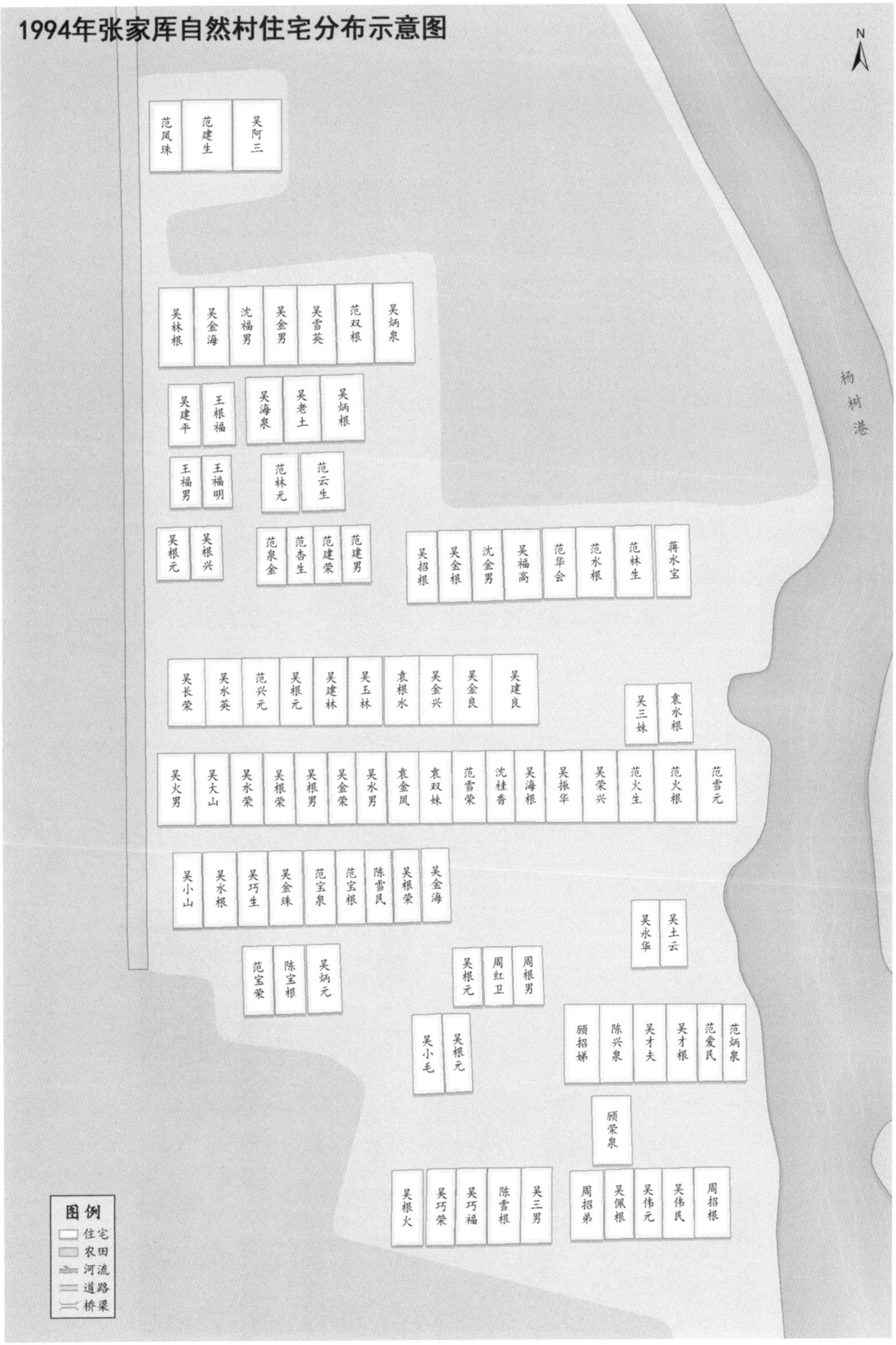

1994年张家库自然村住宅分布示意图

N

范凤珠　范建生　吴阿三

吴林根　吴金海　沈福男　吴金男　吴雪英　范双根　吴炳泉

吴建平　王根福　吴海泉　吴老土　吴炳根

王福男　王福明　范林元　范云生

吴根元　吴根兴　范泉金　范杏生　范建荣　范建男　吴招根　吴金根　沈金男　吴福高　范华会　范水根　范林生　蒋水宝

吴长荣　吴水英　范兴元　吴根元　吴建林　吴玉林　袁根水　吴金兴　吴金良　吴建良　吴三妹　袁水根

吴火男　吴大山　吴水荣　吴根荣　吴根男　吴金荣　吴水男　袁金凤　袁双妹　范雪荣　沈桂香　吴海根　吴振华　吴荣兴　范火生　范火根　范雪元

吴小山　吴水根　吴巧生　吴金珠　范宝泉　范宝根　陈雪民　吴根荣　吴金海　吴永华　吴土云

范宝荣　陈宝根　吴炳元　吴根元　周红卫　周根男

吴小毛　吴根元　顾招娣　陈兴泉　吴才夫　吴才根　范爱民　范炳泉

顾荣泉

吴根火　吴巧荣　吴巧福　陈雪根　吴三男　周招弟　吴佩根　吴伟元　吴伟民　周招根

杨树港

图例
住宅
农田
河流
道路
桥梁

第八章　泾园南社区

泾园南社区位于娄葑街道北部扬东路南侧，东濒唯亭街道，南接城际铁路，西临312国道，北隔沪宁高速与相城区相望。

2001年6月原跨塘镇双庙村、杨家门村合并为跨塘镇临湖村，2003年4月划归娄葑镇。2004年10月，由洋泾村、临湖村合并为娄葑镇泾园南社区居委会。2个行政村辖有21个自然村，其中洋泾村辖段泾里、三家村、观音堂、桥头、南浜底、罗家庄、计家庄、秋家溇、矮凳桥9个自然村；临湖村辖横泾、南泽桥、杨家门、拾图村，毛泾浜、史家浜、东至村、赵家庄、朱家村、孟下村、田家浜、横江里12个自然村。

泾园南社区辖泾园新村、泾园二村、临芳苑一区、临芳苑二区4个拆迁安置小区，占地面积22.5万平方米。泾园新村于1998年入住居民，2005年新建季家庄小区，合并后为现在的泾园新村，有住宅楼32幢784套，建筑面积7.2万平方米；泾园二村于2005年入住居民，现有住宅楼34幢800套，建筑面积6.5万平方米；临芳苑一区于2006年入住居民，现有住宅楼21幢504套，建筑面积7.7万平方米；临芳苑二区于2010年入住居民，现有住宅楼14幢825套，建筑面积8.1万平方米，是社区唯一的高层建筑小区。

◎ 泾园南社区办公楼（2018年摄）

泾园南社区境内设有苏州工业园区娄葑学校、苏州工业园区新融学校、苏州工业园区娄葑街道泾园幼儿园。所辖小区内设有医疗卫生服务站、警务室、一站式服务中心、宴会厅、阅览室、图书馆、健身中心、农贸市场、商业一条街、老年活动中心、便利超市等便民设施。

泾园南社区获得“江苏省充分就业示范社区”“江苏省绿色社区”“苏州市先锋社区”“苏州市绿色社区”“苏州工业园区文明社区”“苏州工业园区区镇一体化建设先进集体”“苏州工业园区就业创业工作先进集体”“苏州工业园区先进单位”等称号。

2017年末，社区户籍人口4575人，暂住人口约9150人。途经社区境域的公交车有19路、87路、119路、161路、166路、169路、262路、256路等。

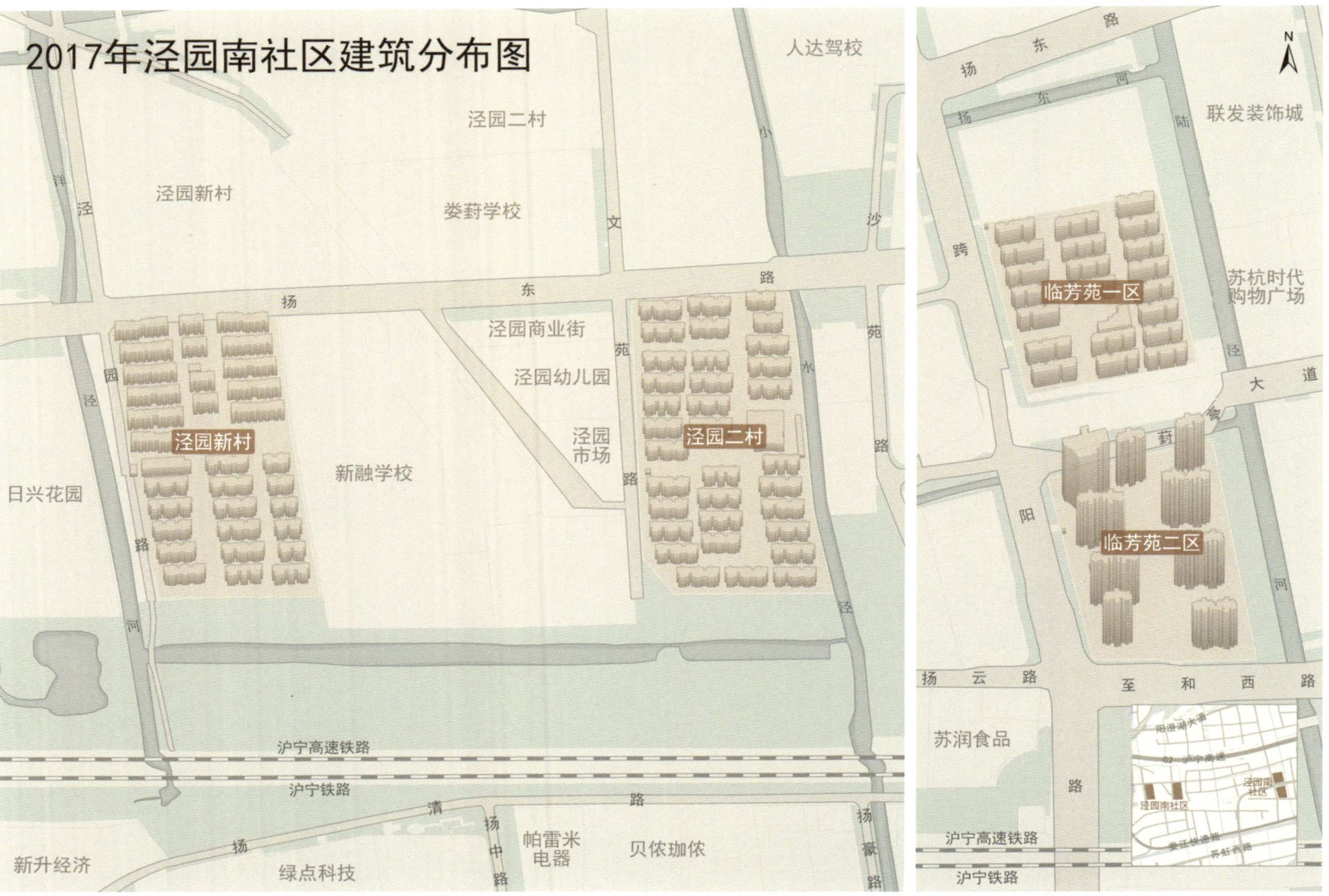
2017年泾园南社区建筑分布图
人达驾校
泾园二村
泾园新村
娄葑学校
扬东路
泾园商业街
泾园幼儿园
泾园市场
泾园新村
泾园二村
新融学校
日兴花园
沪宁高速铁路
沪宁铁路
新升经济
绿点科技
帕雷米电器
贝依珈依
扬中路
扬豪路
联发装饰城
苏杭时代购物广场
临芳苑一区
临芳苑二区
泾大道
扬云路
至和西路
苏润食品
沪宁高速铁路
沪宁铁路
泾园南社区

2017年泾园南社区总貌图

一、矮凳桥

矮凳桥东邻倪浜，南临娄江河、312国道，西紧靠硫酸厂，北为段泾里。因村中有桥似矮凳而得名。

清末，矮凳桥属习义乡孝廉里二十三都四图。解放后隶属原吴县跨塘桥东乡，1958年与段泾里为同一生产队，为跨塘公社洋泾大队第1生产队，1960年又与段泾里分割，成立洋泾大队第11生产队。1963年划归苏州市郊区娄葑公社后，为娄葑公社洋泾大队第11生产队。

矮凳桥原位于苏州硫酸厂中间，1965年因市政府建造苏州硫酸厂，向东搬迁至现地址。因地理交通位置优越，原洋泾镀锡厂、洋泾木器厂、洋泾村村部先后建造或搬迁在该村附近。

矮凳桥村民以王、沈、顾、樊、张姓居多。截至1998年动迁前，有村民36户，100人，其中男性47人、女性53人；有耕地面积84.64亩。村民原以种植粮食、蔬菜为主，后因苏州硫酸厂、苏州第四毛纺厂在此建厂征地，大部分劳动力为征地安置工而进厂就业。

1998年，因工业园区开发建设，矮凳桥整体动迁。1999年9月底，搬迁安置在泾园新村，矮凳桥自然村消失。2017年末，扬富路53号为矮凳桥原址，建有苏州天扬服饰有限公司等企业。

◎ 建在矮凳桥原址上的苏州天扬服饰有限公司（2019年摄）

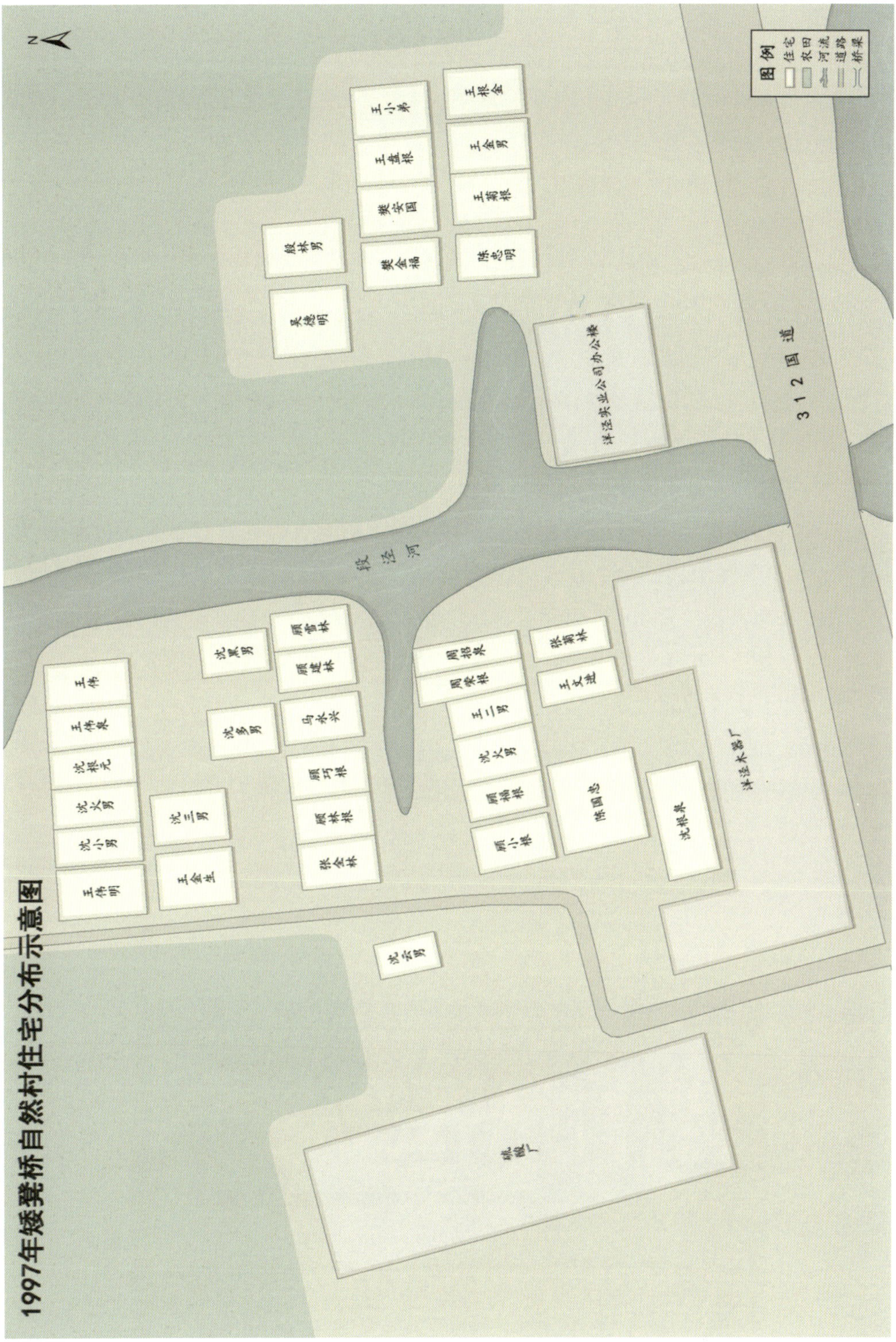

1997年矮凳桥自然村住宅分布示意图

二、东至村

东至村东邻8号河，南邻横江河，西隔朱家村，北沿6号河北拾图里。因位于杨家门村最东部，故名东至村。

清末，东至村属司义乡孝廉里二十三都一图。1930年属永安乡，1947年至解放前属娄江乡。解放初期属娄北乡，1950年底属桥东乡，1957年后属跨塘乡，2004年划归至娄葑镇。

东至村东西中间有条浜（江），中间有座桥，通往横江河，居民房屋坐落在浜（江）口两侧。村内有一座“观音堂”，庙舍3间2厢房，占地1亩，1958年被拆除。

东至村1976年随跨塘开发建设“农业吨粮方”开挖6号河时填去大半条浜（江），并在6号河村南首东埼陆泾河村庄建起一座单拱水泥桥，1988年翻建为公路桥。村中铺有0.7米宽的水泥板道路。1995年，村里修建有宽3.5米的渣土碎石路，直通跨阳路乡级公路。1995年开始，居民在6号河南北两岸翻建新楼房。

东至村村民以陈、倪、张、赵、周姓氏居多。截至2004年动迁前，有村民42户，164人，其中男性82人、女性82人；有耕地面积207.44亩。东至村以蔬菜种植为主，其次饲养家禽家畜，部分居民兼卖蔬菜、水产品、肉类等。50至60年代办起“繁殖场”，养猪、羊、兔等，70年代开始“蚌珠”养殖，产品通过外贸公司远销海外。

2004年，因工业园区开发建设，有两户居民拆迁被安置在泾园二村（罗家庄小区）18、19幢。2008年，因工业园区开发建设，东至村整体拆迁，居民安置在临芳苑二区，东至村自然村消失。2017年末，阳澄湖大道南、亭翔街西为东至村原址，建有港华燃气唯亭加气站。

◎ 建在东至村原址上的港华燃气唯亭加气站（2019年摄）

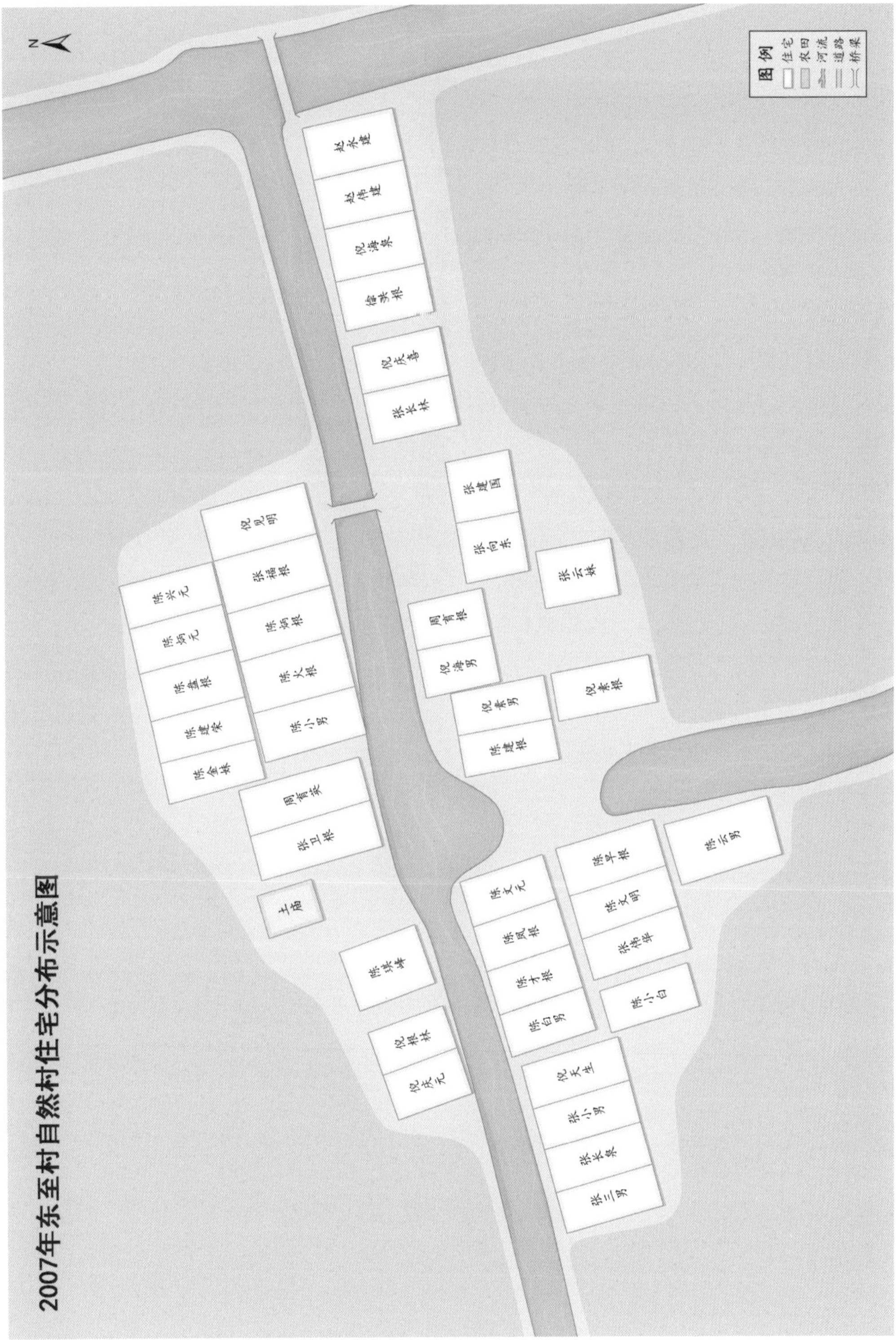

2007年东至村自然村住宅分布示意图

N

陈金妹
陈建荣
陈盘根
陈炳元
陈兴元
土庙
张卫根
周育英
陈小男
陈火根
陈炳根
张福根
倪见明
倪庆元
倪根林
陈琪峰
赵永建
赵伟建
倪海泉
徐洪根
倪庆喜
张长林
周育根
倪海男
张建国
张向东
陈建根
倪素男
陈文元
陈凤根
陈才根
陈白男
倪天生
张小男
张长泉
张三男
陈早根
陈文明
张伟华
陈小白
陈云男
倪素根
张云妹

图例
住宅
农田
河流
道路
桥梁

三、段泾里

段泾里位于洋泾村东南角，东邻倪浜村、南靠矮凳桥、西近三家村、北为沪宁铁路。段泾里又名潭泾里，因居民依河而建得名。

解放前，段泾里属二十三都四图，解放后属吴县跨塘乡。1958年成立人民公社后，段泾里村民生产积极性高涨，成为当时农业战线典型。1963年划归苏州市郊区娄葑公社洋泾大队第一生产队，1963年1月25日《苏州日报》第二版刊发了记者施培厚的长篇通讯《集体经济显威力、一年更比一年强——跨塘公社洋泾大队第一生产队的见闻》，对当时该村如何搞好农业生产、如何增收进行了详细的报道。

段泾里村民住宅沿段泾巷以西依河而建。西南角有个潘家坟，该坟坟主是苏州市潘氏巷，潘姓家族祖坟，该坟南北长150米，东西宽200米。潘家祖辈清朝京城为官，坟地规模宏大，有寺堂三间，由本生产队查姓家族看坟，然后又由王姓家族看坟，坟前有石人石马，建筑设施齐全，在“文化大革命”中被挖掉。

段泾里村民以徐、范、王、张姓居多。截至1998年动迁前有村民37户，140余人，其中男性68人、女性72人；有耕地132.57亩。村民以种植粮食、蔬菜为主。

1998年，因工业园区开发建设，段泾里整体动迁，村民于1999年9月底安置在泾园新村，段泾里自然村消失。2017年末，312国道北、扬明路西为段泾里原址，建有苏州工业园区装和技研涂地板工业有限公司。

1997年段泾里自然村住宅分布示意图

N

徐小弟
徐福根
徐金元
张火男
徐文剑
徐招根
张火根
查长根
徐福男
徐根火
查阿林
徐水根
范忠根
范忠兴
徐盘根
徐兔子
徐杏根
范金林
范建林
范水男
范金水
范土根
范火男
段泾河
范全生
张金火
张福男
查林根
武登明
武登友
东风刀具厂
王忠明
王建明
王根土
王文忠
王小弟
王建华
王伟仁
王佰泉

图例
住宅
农田
河流
道路
桥梁

四、观音堂

观音堂位于洋泾村中部，东邻三家村，南依苏州硫酸厂，西近桥头，北靠沪宁铁路。因村中有一座观音堂而得名。

解放前，观音堂属二十三都四图。解放后属吴县跨塘桥东乡。1963年，划归苏州市郊区娄葑公社洋泾大队第3生产队。

观音堂坐落在自然村中间，房屋为3间瓦房，砖木结构，室内有观世音佛像，解放前二十三都四图村民每到观世音生日，人人都去烧香拜佛，直至“文化大革命”拆掉。在观音堂东北角原有老宅3间年久失修，50年代至60年代，在此开办洋泾小学，70年代小学扩建搬迁至罗家庄，三间民房改为娄葑供销社下乡分设的代销店，直至供销社80年代撤销分店，房屋归洋泾村所有并拆迁。

观音堂村民以金、林、冯、唐、沈姓居多。截至1998年动迁前，有村民27户，130人，其中男性66人、女性64人；有耕地面积125.63亩。村民以种植水稻、三麦、油菜籽等农作物和种植番茄、茄子等蔬菜为主，主要经济来源为蔬菜出售和劳动工资性收入。

1998年，因工业园区开发建设，观音堂整体动迁，村民于1999年、2000年分两批安置至泾园新村，观音堂自然村消失。2017年末，扬中路西、扬清路南为观音堂原址，建有绿点（苏州）科技有限公司。

◎ 建在观音堂原址上的绿点（苏州）科技有限公司（2019年摄）

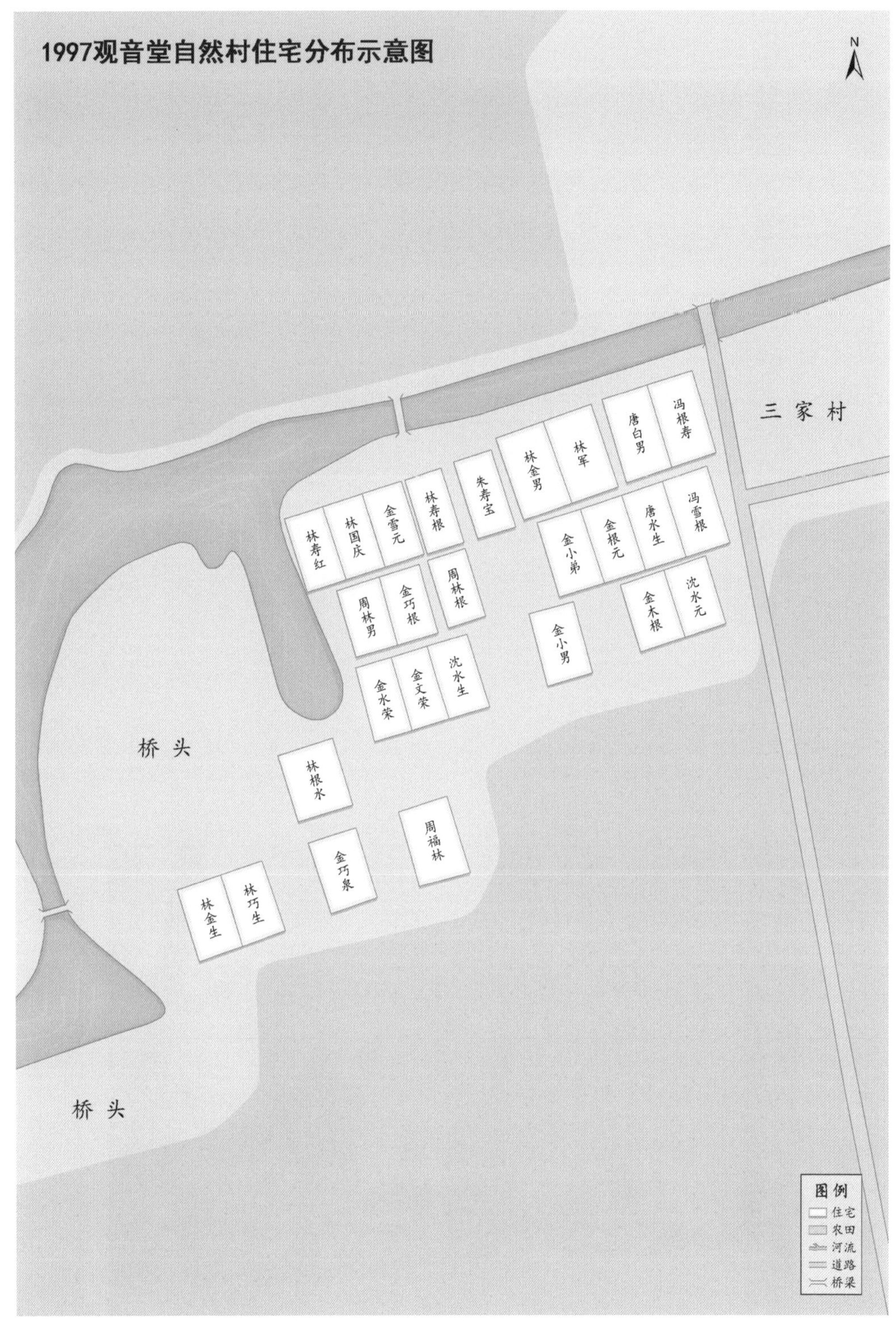
1997观音堂自然村住宅分布示意图
N
三家村
冯根寿
唐白男
林军
林金男
朱寿宝
林寿根
金雪元
林国庆
林寿红
冯雪根
唐水生
金根元
金小弟
沈水元
金木根
金小男
周林根
金巧根
周林男
沈水生
金文荣
金水荣
桥头
林根水
周福林
金巧泉
林巧生
林金生
桥头
图例
住宅
农田
河流
道路
桥梁

五、横江里

横江里位于杨家门村委会驻地，东邻8号生产河（陆泾河），南邻田家浜，西隔杨家门，北沿横江河。

清末，横江里属司义乡孝廉里二十三都八图，1930年属永安乡，1947年至解放属娄江乡，解放初期属娄北乡，1950年底属桥东乡，1957年后属跨塘乡，2004年划归娄葑镇。

横江里村民房屋坐落在横江河南首，村民出行靠木船。横江河上有一座里塘桥，1976年填河被拆。

1976年，跨塘开发建设“农业吨粮方”，平整横江里村内河道，内坟墩头铲平，跨塘西片8号修筑。1995年横江里村道路铺设宽3.5米的渣土碎石路面，直通社区村级公路。

横江里村民以陈、周、朱、徐姓为主，截至2008年4月动迁前，有村民19户，78人，其中男性41、女性37人；有耕地面积88.09亩。村民副业以蔬菜种植为主，其次是饲养家禽家畜。部分居民兼营贩卖蔬菜、水产品、肉类等。70年代，杨家门养殖业扩充了“蚌珠”产业，建有横江里作业生产基地。

2008年，随着工业园区开发建设，横江里整体拆迁，村民均被安置在临芳苑二区，横江里自然村消失。2017年末，跨阳路东、唯文路北为横江里原址，建有菁源公寓。

◎ 建在横江里原址上的菁源公寓（2019年摄）

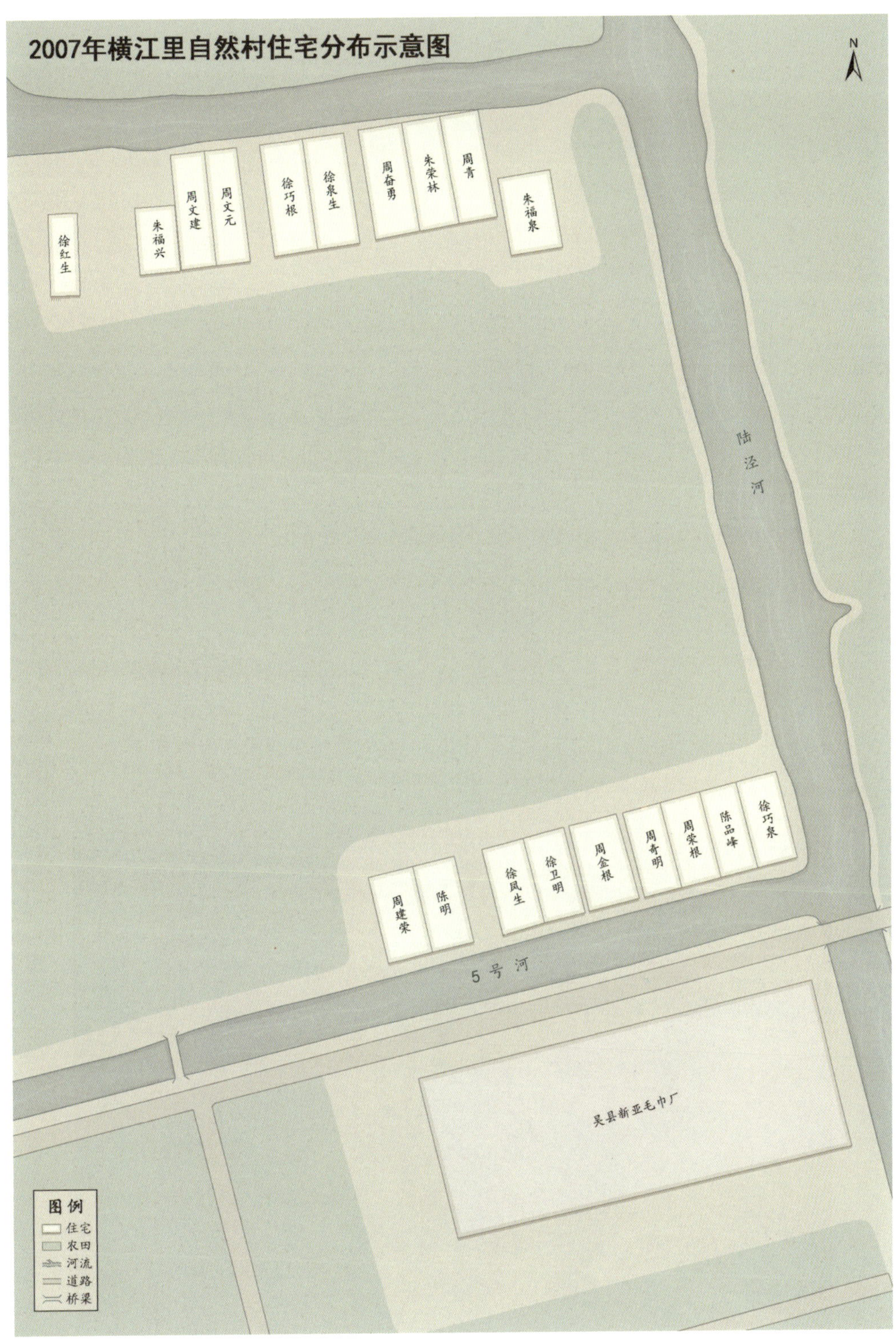
2007年横江里自然村住宅分布示意图
N
徐红生
朱福兴
周文建
周文元
徐巧根
徐泉生
周奋勇
朱荣林
周青
朱福泉
陆泾河
徐巧泉
陈品峰
周荣根
周青明
周金根
徐卫明
徐凤生
陈明
周建荣
5号河
吴县新亚毛巾厂
图例
住宅
农田
河流
道路
桥梁

六、横泾

横泾东邻跨塘镇古娄村，南邻乡级公路，西靠陆泾河，北临阳澄湖。

清末，横泾属习义乡孝廉里二十二都。1930年至解放属临湖乡。1950年底属湖滨乡，1953年7月属跨塘乡，1956年3月属桥东乡，1957年3月属跨塘乡。1968年4月横泾大队并入杨家门，1973年4月横泾划出单独成立大队。2001年6月与杨家门合并为跨塘镇临湖村。2003年4月划归娄葑镇。

横泾原来为汤家港、横泾西、横泾东三个自然村。1950～1970年期间，汤家港、横泾东向南迁移到横泾西，合并为一个横泾自然村。

横泾村中有河浜5条，东西向的有鸭头浜、长扎浜；南北向的有塘头浜、汤家港、东村浜。后新开8号河，长1000米，南通娄江，北达阳澄湖。造有水泥结构的公路桥、蠡塘桥、便民桥。

横泾有主要干道1条，南通跨阳公路，长1100米，宽6米，水泥路面；次干道长500米，宽6米，渣土路面；村内支道8条，共长500米，1984年均铺上0.7米宽的水泥路板。全村支、干道总长2000米，道路总投资12万元。

村内有跨塘精细化工厂、跨塘胶木电器厂、跨塘民乐综合厂、双庙包装印刷厂4家村办企业，后转为私人经营，主要产品有对甲苯磺酸、胶木电器、纸盒、印刷品等。

◎ 建在横泾原址上的阳澄湖生态公园（2019年摄）

横泾村民以李、汤、唐姓居多。截至2008年4月动迁前，有村民165户，676人，其中男性332人、女性344人；有耕地面积436.03亩，村民家庭副业以蔬菜种植为主。解放前主种塔菜、雪里青、芥菜，主销常熟、无锡市区；后主种青菜、韭菜、长豇豆、四季豆、药芹等蔬菜，主销苏州市区。

2008年4月，随着工业园区开发建设征地，横泾整体拆迁，村民被安置在泾园南社区临芳苑二区，横泾自然村消失。2017年末，阳澄湖大道北、水郎街西为横泾原址，建有阳澄湖生态公园。

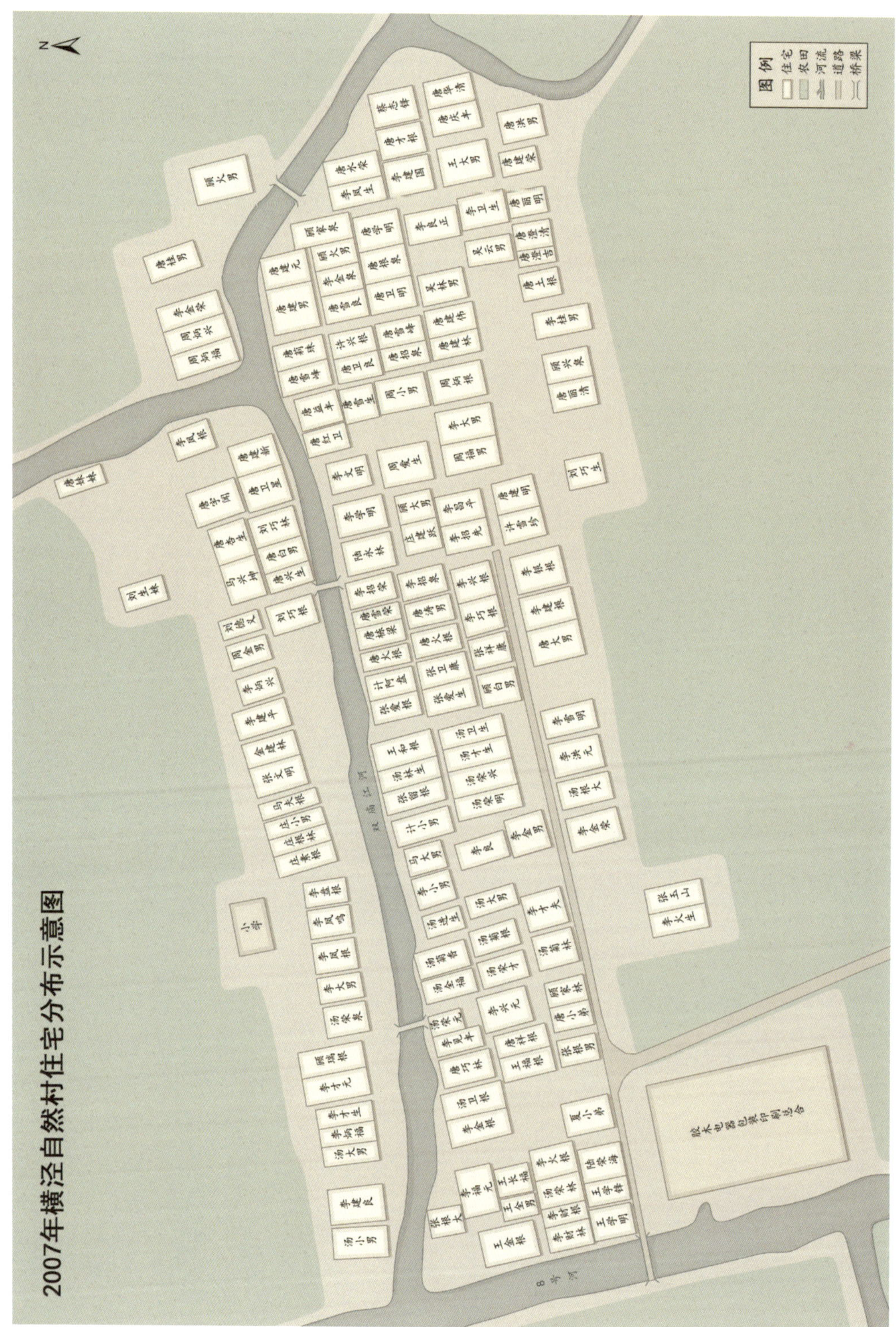

2007年横泾自然村住宅分布示意图

七、计家庄

计家庄又名季家庄，东邻罗家庄，南邻沪宁线，西邻洋泾河，北邻石家庄。因村民多姓计而得名。

清末，计家庄属习义乡孝廉里二十三都四图。解放后更名，属跨塘桥东乡辖。1963年由跨塘乡迁入娄葑乡。

计家庄交通方便，陆上以手推车、自行车、汽车运输，水上以船运输。

计家庄村民以季、计、吴、钱、唐、王姓居多，林、沈、杨、武、高等姓氏村民为70年代搬迁而来。截至2000年动迁前，有村民64户，275人，其中男性138人、女性137人；有耕地面积211.58亩。计家庄主要农作物为水稻、三麦、油菜，以口粮田自足为主；蔬菜主要是番茄、茄子、辣椒等。计家庄丝瓜在苏州城内较为出名，深得市民喜爱。村民主要收入为蔬菜售卖和劳动工资性收入。

2000年，因工业园区开发建设，计家庄整体拆迁，村民安置在泾园新村，计家庄自然村消失。2017年末，扬东路南、泾园路东为计家庄原址，建有泾园新村。

◎ 建在计家庄原址上的泾园新村（2019年摄）

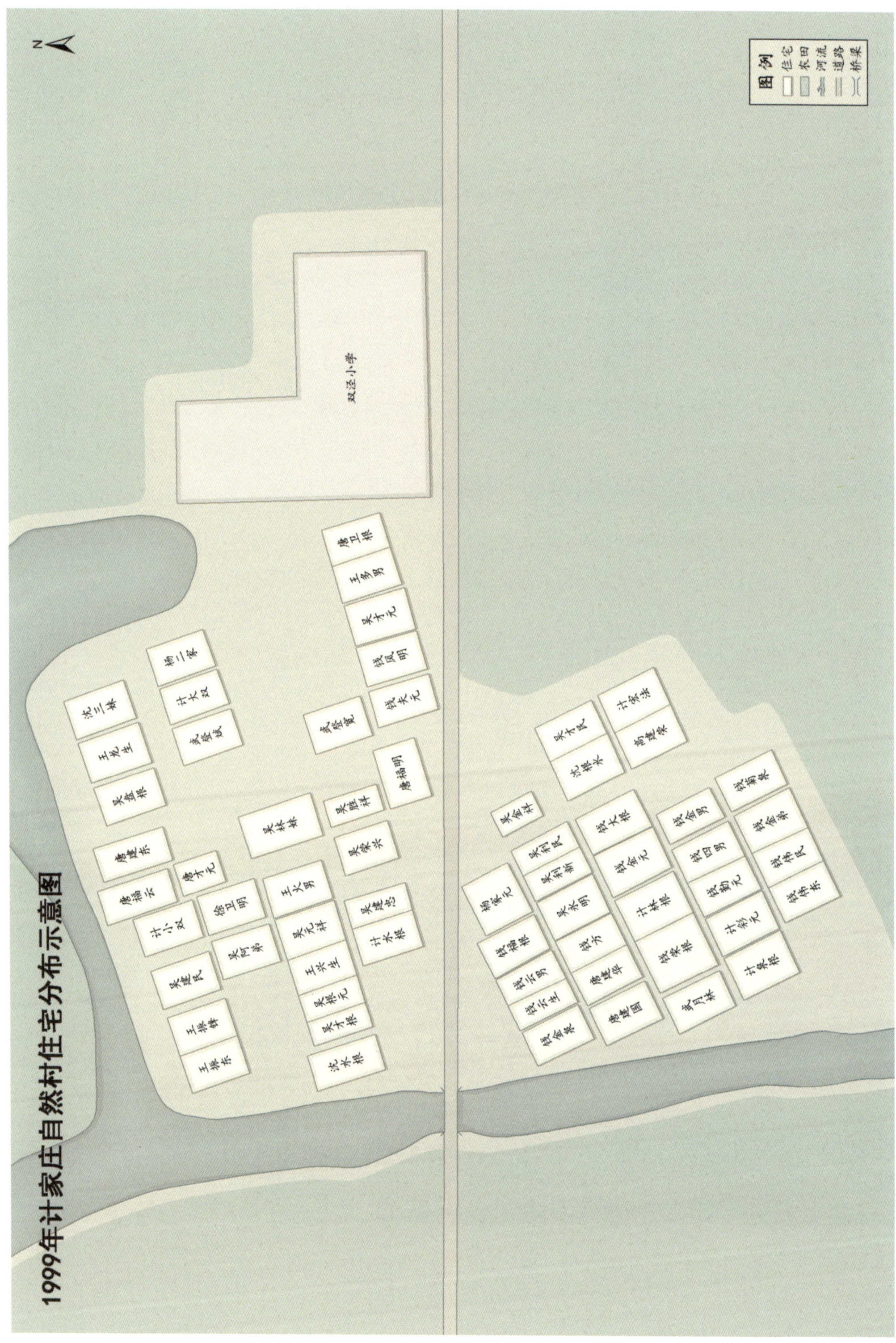
1999年计家庄自然村住宅分布示意图

八、罗家庄

罗家庄是洋泾村最大的一个自然村，位于洋泾村北部中心位置，东隔小水泾，南邻沪宁铁路线，西临季家庄，北靠秋家楼。因村民罗姓居多而得名。

清末，罗家庄属二十三都四图。解放后为跨塘桥东乡团结合作社。1960年后划到郊区娄葑公社。

罗家庄紧靠沪宁线，中国人民解放军解放上海时部队住进罗家庄5天左右，解放军帮助农户拔菜花种地，出发时村民将大门板放在桥上方便部队过人过马，为解放上海做出了贡献。

罗家庄小水泾东面一片田地是坟地，为最后一块集中区。在知识青年上山下乡时，罗家庄小水泾东岸根据苏州市安排建造了一个知青点，共6幢楼房，三层高，每层20间，待到知识青年返城过后，开办有一座养鸡场，后移交给娄葑公社洋泾村，改造成大队农机场。

罗家庄村民以罗、王、沈、包等姓居多。截至2004年，有村民103户，人口493人，其中男性249人、女性244人；有土地面积438.94亩。罗家庄农作物以水稻、三麦、油菜为主，蔬菜以番茄、茄子、长豇豆、丝瓜和白菜等为主，主要经济来源为蔬菜售卖和劳动工资性收入。

2004年，因工业园区开发建设征地，罗家庄原址拆迁建造动迁房，村民安置在泾园二村，罗家庄自然村消失。2017年末，扬东路南、文苑路东为罗家庄原址，建有泾园二村。

◎ 建在罗家庄原址上的泾园二村（2019年摄）

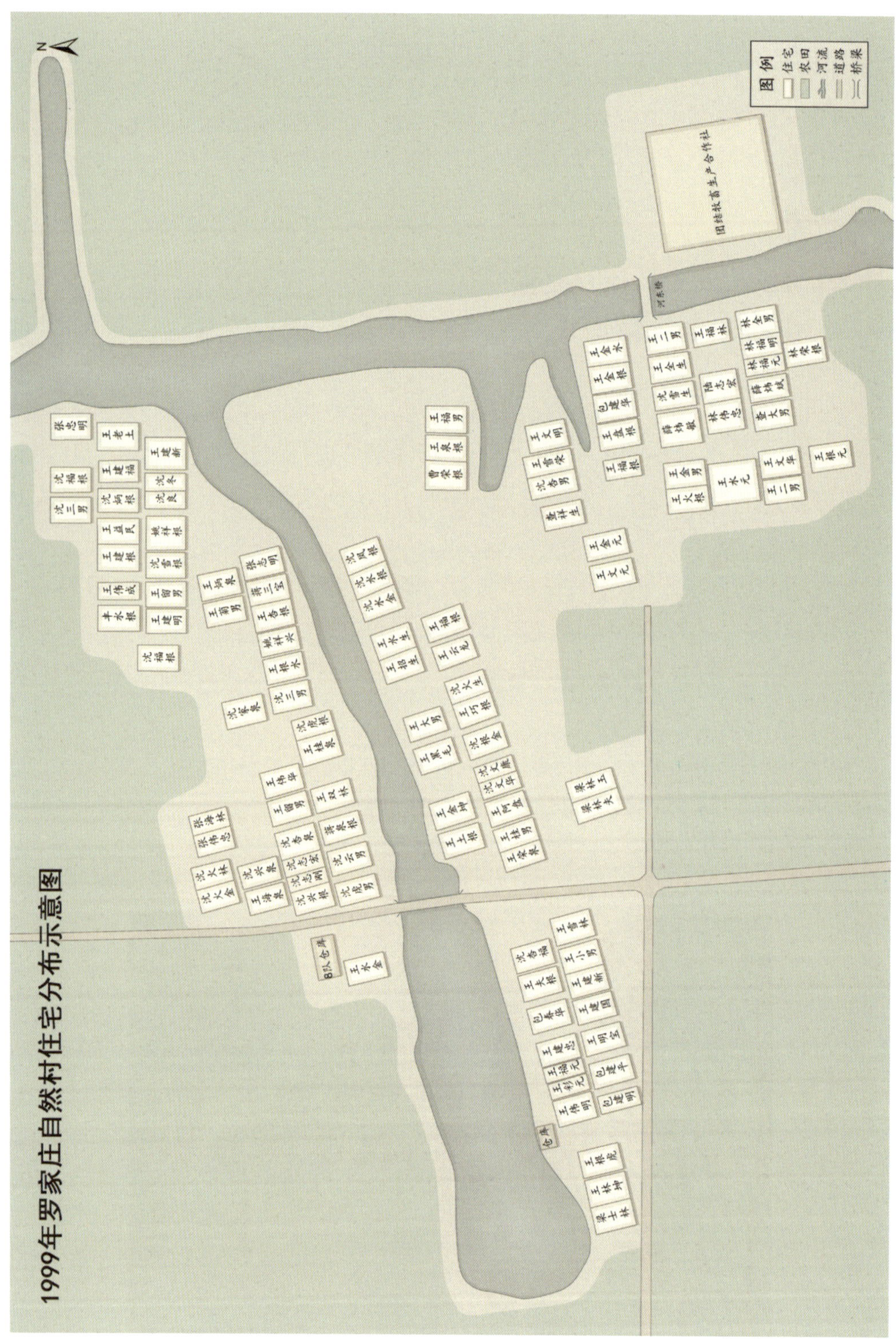

1999年罗家庄自然村住宅分布示意图

九、毛泾浜

毛泾浜，东至陆泾河与高浜村相邻，南临沪宁高速公路，西接村级公路，北邻杨家门5号河。

清末，毛泾浜属习义乡孝廉里二十三都八图。1930年属永安乡，1947年至解放属娄江乡。1950年底属桥东乡，1957年后属跨塘人民公社，2003年4月划归娄葑镇。

毛泾浜从前离苏州市区三里路，出行靠木船，每家每户把种植的多类蔬菜运往苏州市区换取收入。

村南北中间隔条浜，浜底头有座狮子坟，形成南北两岸，南即史家浜，北通田家浜、横江里。村中心偏东浜上有一座木桥，后建为水泥桥。

1976年，跨塘人民公社规划建设“农业吨粮方”，开挖的4号河穿越毛泾浜南岸靠史家浜村界，贯通陆泾河—大小泾河。沪宁高速公路穿越南岸东至陆泾河，西至村级公路孟下村段。苏州市蔬菜公司在该村设有生产基地，占地面积4万多平方米，配置作业高棚60只，种植的蔬菜供给城市居民。

毛泾浜村民以赵、杨、许、顾、姚、蒋姓为主。截至2004动迁前，有居民53户，231人，其中男性112人、女性119人；有耕地面积284.54亩。村民收入来源依靠种植水稻、油菜、小麦为主，副业则种植青菜、萝卜、芹菜、大蒜等。

2004年4月，因工业园区开发建设，毛泾浜整体拆迁，村民安置在泾园二村，毛泾浜自然村消失。2017年末，跨阳路东、唯文路南为毛泾浜原址，建有澄泮新村。

◎ 建在毛泾浜原址上的澄泮新村（2019年摄）

2003年毛泾浜自然村住宅分布示意图

十、孟下村

孟下村东邻村公路，南邻沪宁高速公路，西隔大水泾河，北靠5号河。

清末，孟下村属习义乡孝廉里二十三都一图。1930年属永安乡，1947年至解放属娄江乡。1950年底属桥东乡，1957年后属跨塘乡，2003年4月划归娄葑镇。

孟下村村民住宅分布在4号河、5号河南北。村中心有一条河浜，东西方向有木桥一座，后翻建成水泥桥。

1976年，跨塘乡建设开发“农业吨粮方”，开挖的4号河、5号河穿越孟下村田地。1992年建设的“沪宁高速公路”，经过孟下村。1995年，孟下村在原有道路基础上，扩大修筑宽3.5米的渣土碎石路。孟下村与唐庄村合建杨塘小学及合作医疗室。

孟下村村民以韩、沈、王、顾、张、陈姓为主。截至2003年动迁前，有村民72户，274人，其中男性137人、女性137人；有耕地面积353.75亩。村民以种植水稻、小麦、油菜为主业，副业以种植蔬菜为主。

2003年，因建造沪宁高速公路，孟下村沿4号河的11户居民第一批拆迁，安置在泾园二村。2004年，因工业园区开发建设，孟下村沿村级公路5号河10户居民实施第二批拆迁，安置在泾园二村。2005年5月，随着工业园区进一步开发建设，实施整体动迁，剩余村民于2005年8月份全部动迁完毕，安置在临芳苑一区，孟下村自然村消失。2017年末，和顺路南、扬贤路西为孟下村原址，建有苏州市黄天源食品有限公司。

◎ 建在孟下村原址上的苏州市黄天源食品有限公司（2019年摄）

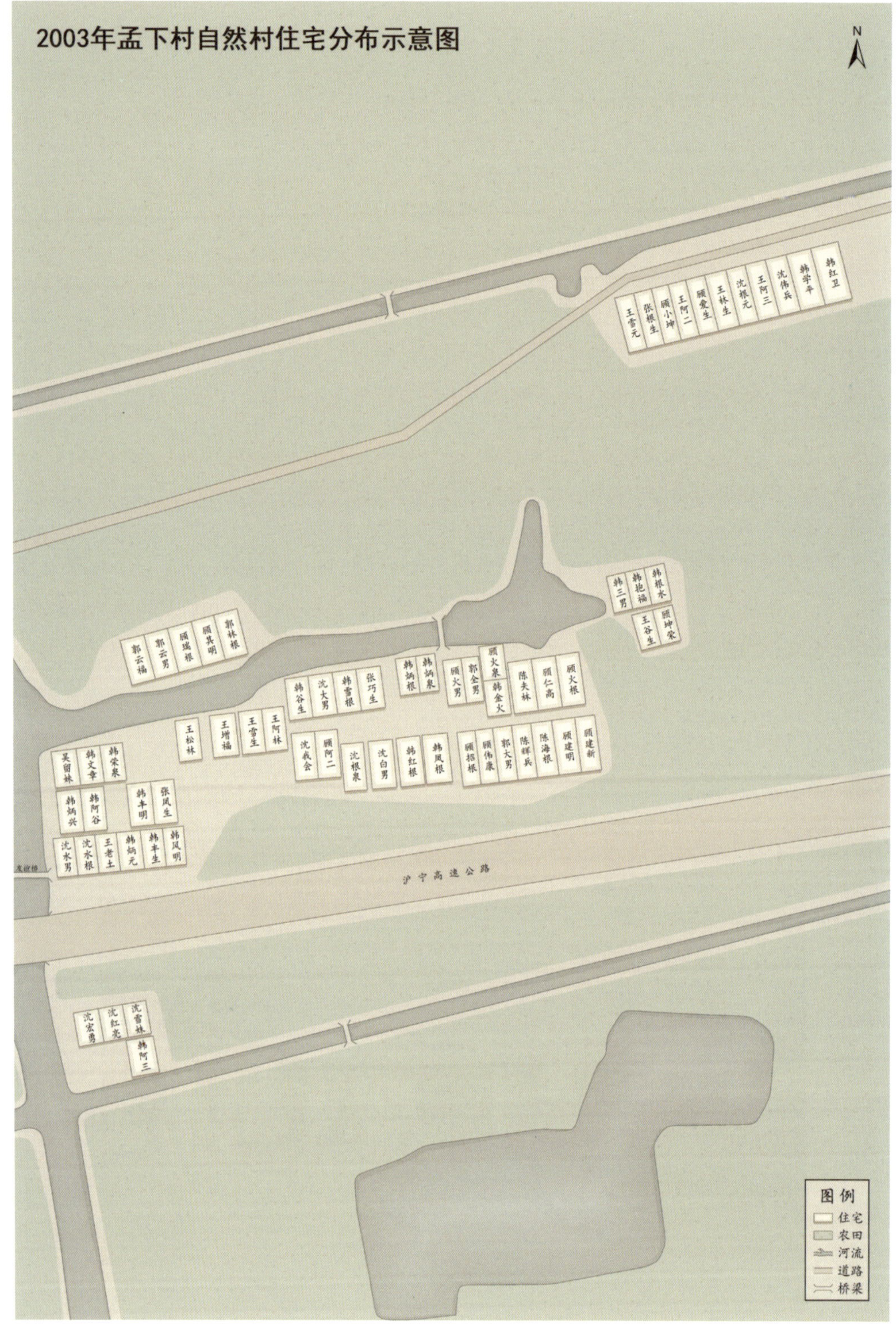
2003年孟下村自然村住宅分布示意图
N
王雪元
张根生
顾小坤
王阿二
顾爱生
王林生
沈根元
王阿三
沈伟兵
韩学平
韩红卫
郭云福
郭云男
顾瑞根
顾其明
郭林根
韩三男
韩艳福
韩根水
王谷生
顾坤荣
韩谷生
沈大男
韩雪根
张巧生
韩娲根
韩娲泉
顾火男
郭全男
顾火泉
韩金火
陈夫林
顾仁高
顾火根
王松林
王增福
王雪生
王阿林
沈莪会
顾阿二
沈根泉
沈白男
韩红根
韩凤根
顾招根
顾伟康
郭大男
陈辉兵
陈海根
顾建明
顾建新
吴留妹
韩文章
韩荣泉
韩娲兴
韩阿谷
韩丰明
张凤生
沈水男
沈水根
王老土
韩娲元
韩丰生
韩凤明
沪宁高速公路
沈宏勇
沈红亮
沈雪妹
韩阿三
图例
住宅
农田
河流
道路
桥梁

十一、南浜底

南浜底位于洋泾村西南角，东邻段泾里，南隔娄江河，西近312国道，北靠桥头。因村前有一条小河浜而得名。

清末，南浜底属习义乡孝廉里二十三都四图。解放前属二十三都四图。中华人民共和国成立后隶属吴县跨塘桥头乡，1963年划归苏州市郊区娄葑公社洋泾大队第5生产队。

南浜底村民以田、王、赵、沈姓居多。截至1998年动迁前，有村民27户，99人，其中男性48人、女性51人；有耕地面积103.17亩。村民主要种植粮食，兼种蔬菜，收入来源以种植粮食、蔬菜收入和工资性收入为主。

因工业园区开发建设，南浜底于1999年、2000年分两批进行征地动迁，村民安置在泾园新村，南浜底自然村消失。2017年末，扬华路南、扬中路西为南浜底原址，建有苏州市娄江污水处理厂。

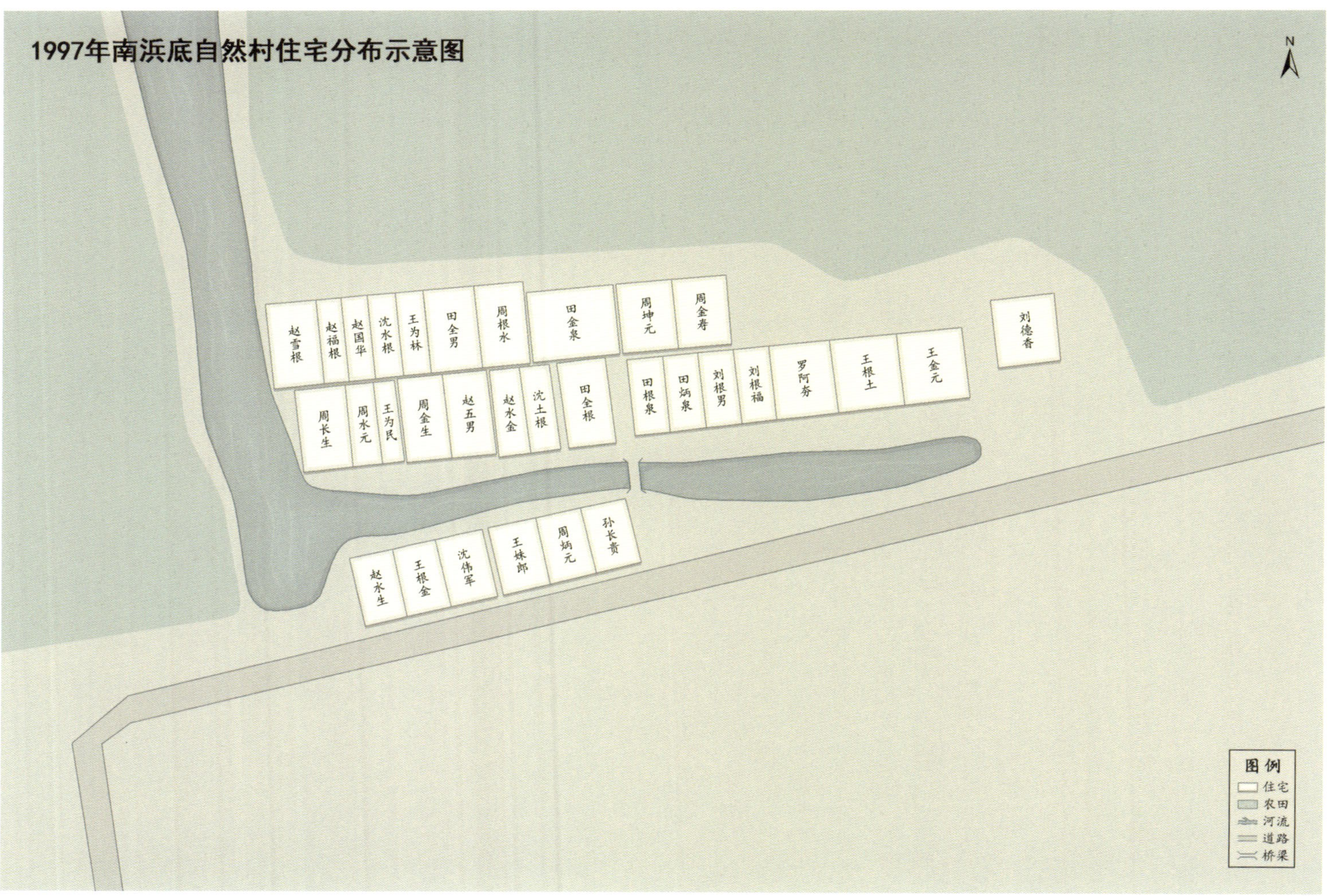

1997年南浜底自然村住宅分布示意图

十二、南石桥

南石桥东至村级公路，南临孟下村，西隔大水泾，北邻6号河。因村落南部有一座石桥而得名。

清末，南石桥属习义乡孝廉里二十三都一图。1930年属永安乡，1947年至解放属娄江乡。解放初属娄北乡，1950年底属桥东乡，1957年后属跨塘乡。2003年4月划归娄葑镇。

南石桥有一座猛将堂，庙舍2间，占地400平方米，供奉猛将刘锐。解放前，每年农历七月初七猛将生日，农家都要抬请猛将，敲锣打鼓到农田四周巡游，驱蝗保丰收。1969年，猛将堂在建造村大会堂时拆除。

1968年，实行村合作医疗，有村卫生室1个、用房2间、赤脚医生3名；同年竣工的柳器厂，主产品有柏油蒲、鱼蒲以及各种柳器加工品种，产品销往上海炼油厂、上海水产供应公司等企业。1980年竣工的砖窑厂，主要产品是八五砖。另有杨家门纸塑包装印刷厂、油漆加工厂等村办企业。

1990年，南石桥行政办公地点迁移至田家浜村。1995年村内主干道路铺上3.5米宽的渣土碎石路面。

南石桥村民以金、周、李、马、吴、陆姓居多。截至2004年4月动迁前，有村民27户，105人，其中男性56人、女性49人；有耕地面积172亩。村民以种植水稻、小麦、油菜为主业，副业以种植蔬菜为主。

2004年4月，因工业园区开发建设，南石桥整体拆迁，村民被安置在泾园二村，南石桥自然村消失。2017年末，扬泰路北、扬贤路西为南石桥原址，建有创投工业坊7号。

◎ 建在南石桥原址上的创投工业坊7号（2019年摄）

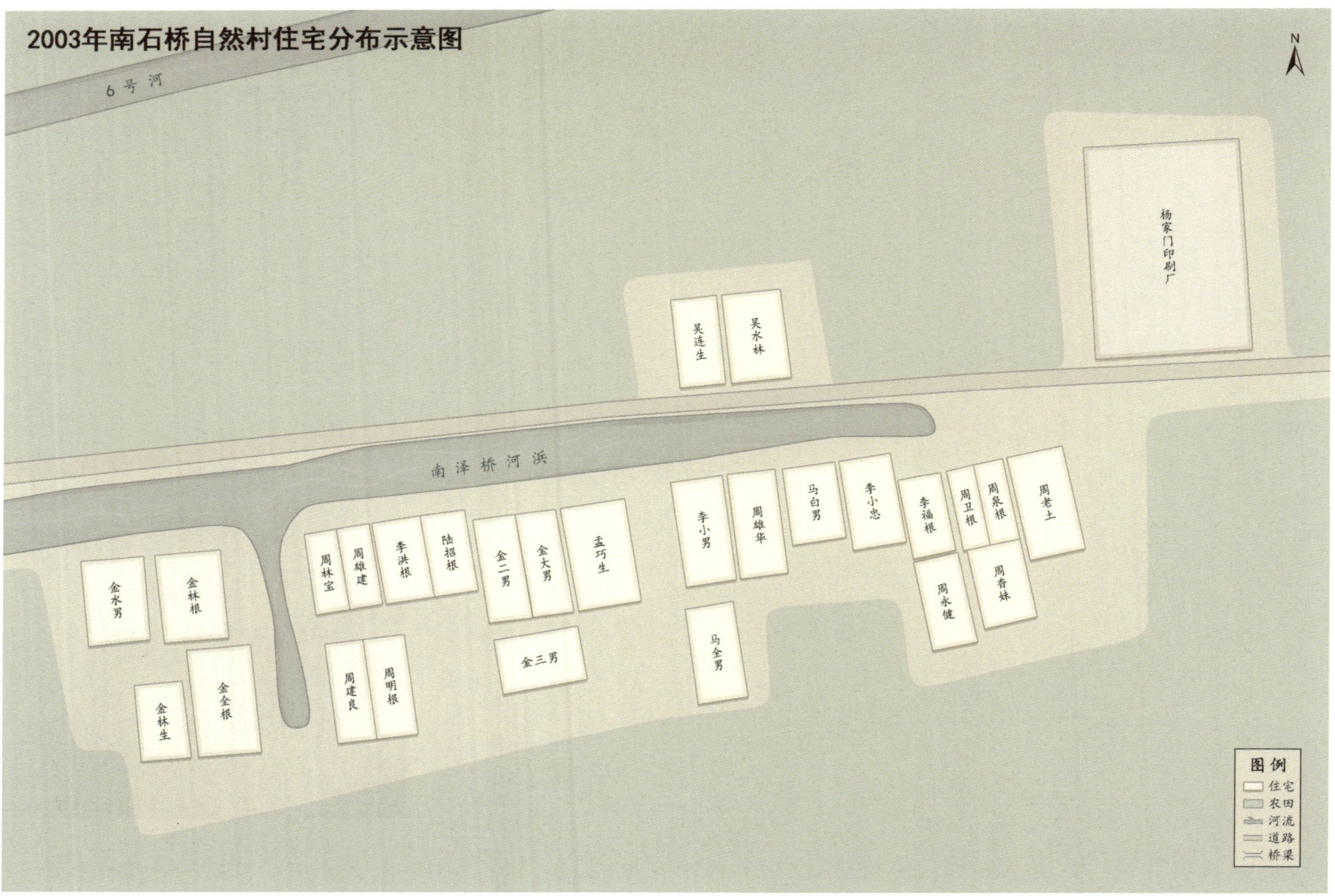
2003年南石桥自然村住宅分布示意图
N
6号河
杨家门印刷厂
吴连生
吴水林
南泽桥河浜
金水男
金林根
金林生
金全根
周林宝
周雄建
李洪根
陆招根
周建良
周明根
金二男
金大男
孟巧生
金三男
李小男
周雄华
马白男
李小忠
马全男
李福根
周卫根
周泉根
周老土
周永健
周香妹
图例
住宅
农田
河流
道路
桥梁

十三、桥头

桥头位于洋泾村西南角，东邻观音堂，南依南浜底，西邻312国道，北邻沪宁铁路。因村中有桥而得名。

清末，桥头属习义乡孝廉里二十三都四图，俗称四图里。中华人民共和国成立后属吴县跨塘乡，1963年划归苏州市郊区娄葑乡。1998年动迁前为苏州工业园区娄葑镇洋泾村第四组。

桥头土地以坟地居多，洋泾河以西土地村民称之为“南阡”“北阡”。“南阡”以土墩坟为主，称之为“ 坟”；“北阡”以地下墓居多，当年在开麦沟时，经常挖出棺材木板，应为古代苏州城中人家墓地。

桥头村民以周、张姓居多，另有李、武、刘等姓。截至1998年动迁前，有村民29户，120多人，其中男性68人、女性52人；有耕地面积121.17亩。村民以种植水稻、三麦、油菜等粮食作物及番茄、丝瓜、白菜等蔬菜作物为主，后期曾种植过茨菰等水生作物。村民主要经济收入来源为蔬菜售卖和劳动工资性收入。

因工业园区开发建设，桥头整体拆迁，村民于1999年、2000年分两批安置在泾园新村，桥头自然村消失。2017年末，扬清路南为桥头原址，建有苏州光正特钢有限公司。

◎ 建在桥头原址上的苏州光正特钢有限公司（2019年摄）

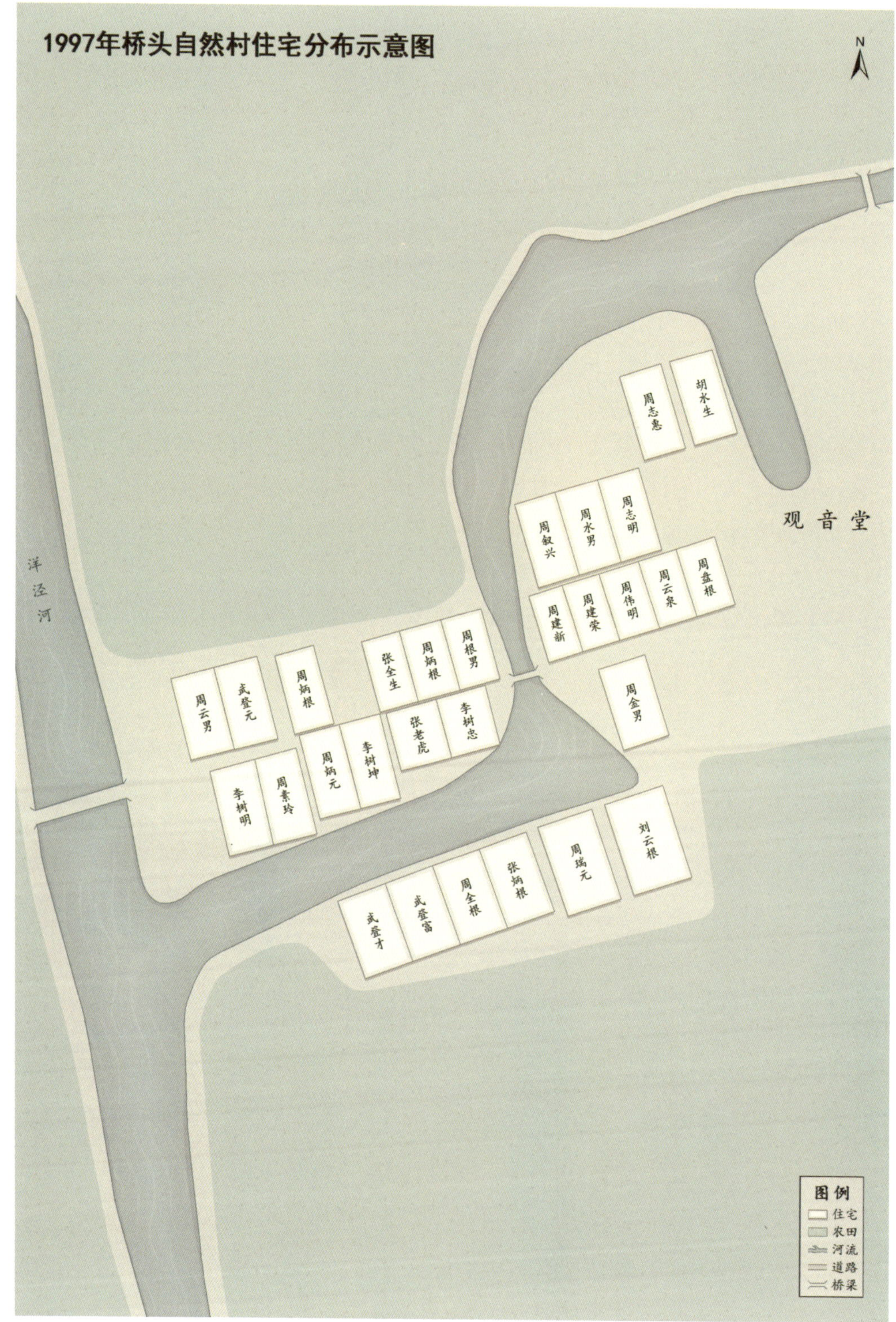

1997年桥头自然村住宅分布示意图

十四、秋家楼

秋家楼又名秋家溇，东邻小水泾，南靠罗家庄，西邻板泾头、大岸头，北隔唐家浜。

清末，秋家楼属于二十三都四图最北，过小河为二十三都五图。解放初期属跨塘桥东乡，1963年划归苏州郊区娄葑公社，名称为洋泾村第10生产队。

秋家楼原来交通不便，去苏州市区要坐船，往东至小水泾，往北走唐家浜河，再转到洋泾河。70年代，洋泾村大队兴修水利，开辟了一条80米左右长的人工河，交通得到改善。

秋家楼村民以吴、金、陆姓居多。截至2000年动迁前，有村民33户，145人，其中男性73人、女性72人；有耕地面积132.44亩。村民主要种植水稻、小麦、油菜等粮食作物；也种植番茄、茄子、辣椒、叶菜类、丝瓜等蔬菜以增加收入。

1992年，沪宁高速公路兴建时，征用秋家楼部分土地；2000年，因工业园区开发建设，秋家楼整体动迁，居民大都安置在泾园二村，秋家楼自然村消失。2017年末，扬东路南、文苑路东为秋家楼原址，建有泾园二村。

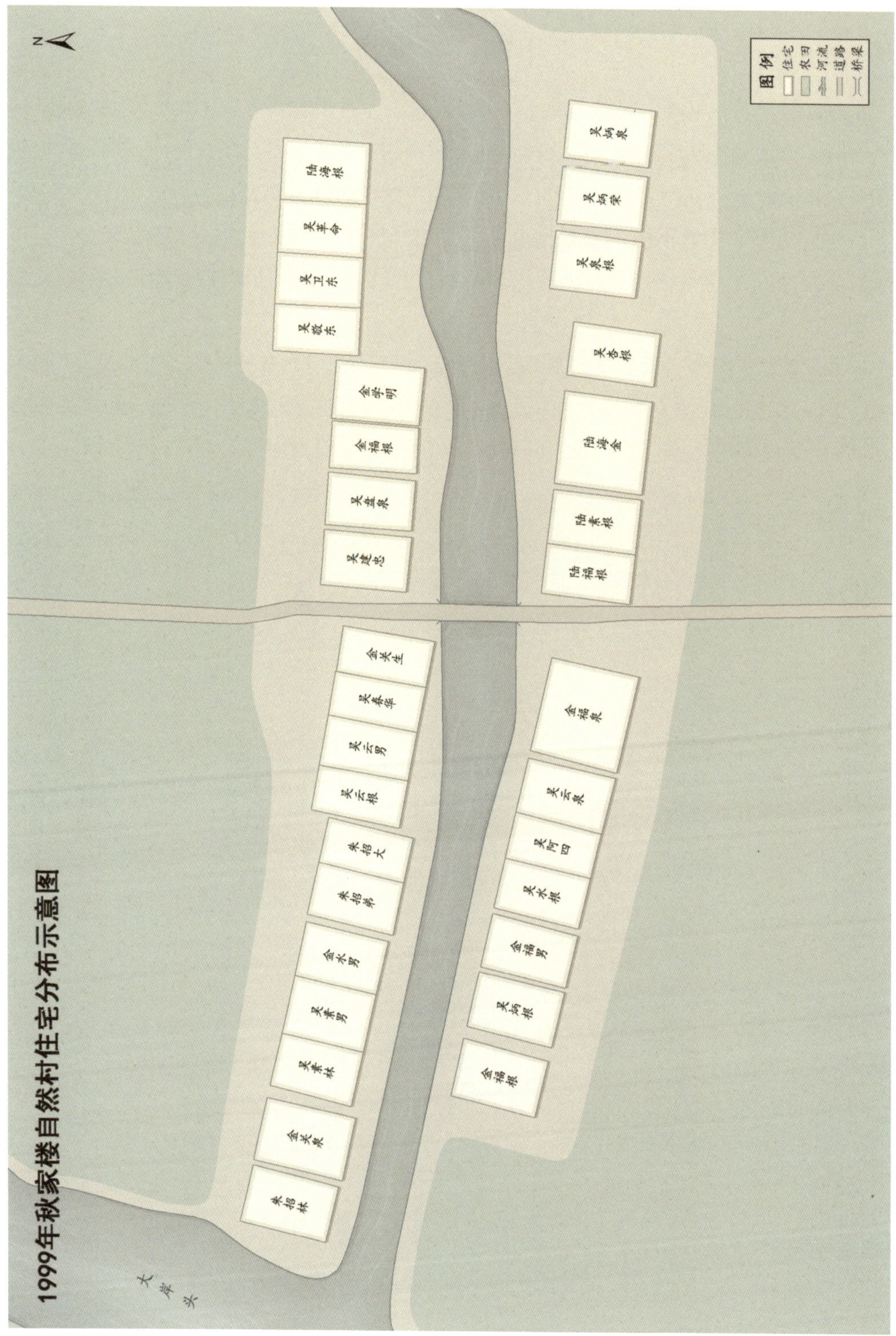
1999年秋家楼自然村住宅分布示意图
N
图例
住宅
农田
河流
道路
桥梁
陆海根
吴革命
吴卫东
吴敬东
金学明
金福根
吴金泉
吴建忠
吴炳泉
吴炳荣
吴泉根
吴杏根
陆海金
陆素根
陆福根
金关生
吴春华
吴云男
吴云根
朱招大
朱招弟
金水男
吴素男
吴素林
金关泉
朱招林
金福泉
吴云泉
吴阿四
吴水根
金福男
吴炳根
金福根
大岸头

十五、三家村

三家村位于洋泾村中部，东邻段泾里小水泾河，南依硫酸厂，西与观音堂相连，北紧靠沪宁铁路。三家村，顾名思义，因原村中只有三户人家而得名。

清末，三家村属习义乡孝廉里二十三都四图。解放后隶属吴县跨塘桥头乡，1963年划归苏州市郊区娄葑公社洋泾大队第2生产队。

70年代，三家村为洋泾大队中心地带，村内有洋泾大队部、洋泾小学、洋泾村办企业竹器厂，90年代末期，洋泾村村部从三家村迁出。

三家村村民以冯、徐、唐姓居多。截至1998年拆迁前，有村民26户，140人，其中男性71人、女性69人；有耕地面积132.69亩，村民以种植粮食、蔬菜为主。

1998年，因工业园区开发建设，三家村整体拆迁，村民安置在泾园新村，三家村自然村消失。2017年末，扬华路南、扬中路东为三家村原址，建有苏州宝兴电线电缆有限公司、苏州帕雷米电器有限公司等企业。

◎ 建在三家村原址上的苏州宝兴电线电缆有限公司（2019年摄）

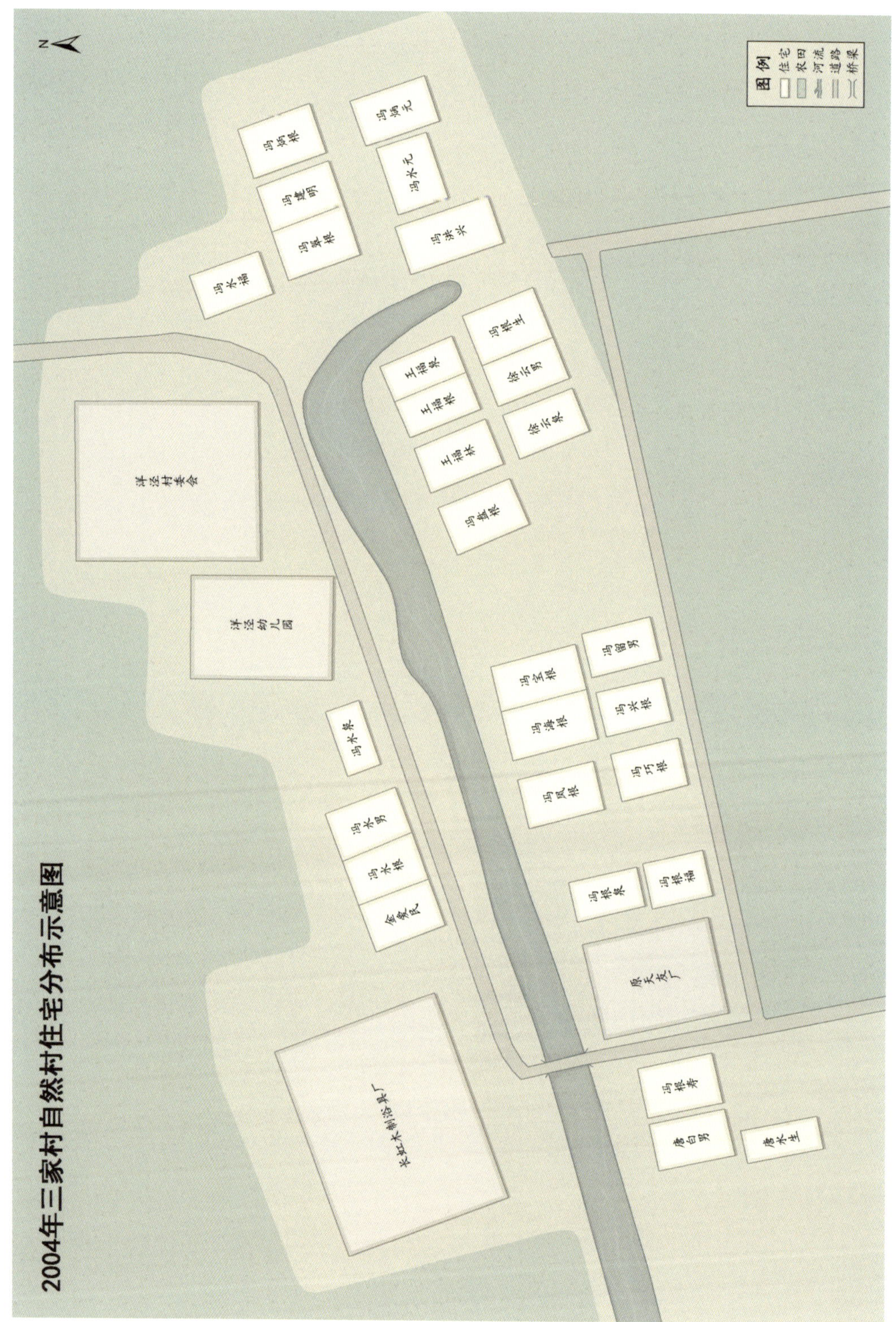
2004年三家村自然村住宅分布示意图
N
图例
住宅
农田
河流
道路
桥梁
冯炳根
冯炳元
冯水元
冯建明
冯水福
冯根生
王福泉
徐云男
王福根
徐云泉
王福林
洋泾村委会
洋泾幼儿园
冯留男
冯宝根
冯兴根
冯海根
冯水泉
冯巧根
冯凤根
冯水男
冯水根
金象民
冯根泉
冯根福
原天友厂
冯根寿
长虹木制浴具厂
唐白男
唐水生

十六、拾图里

拾图里位于杨家门村北部，东至8号河，南邻6号河，西沿大水泾河，北靠阳澄湖。因旧时有庙宇名为拾图，故命名为拾图里。

清末，拾图里属习义乡孝廉里二十三都十图。1930年属永安乡，1947年至解放前属娄江乡，解放初期属娄北乡。1950年底属桥东乡，1957年属跨塘乡。2003年4月划归娄葑镇。

拾图里有间“土地庙”，庙舍6间2厢房，占地1.5亩，后拆除。1951年，开设一所私塾学校拾图小学，1958年合并为杨介门小学；1994年杨介门小学弃用，同年并入杨唐小学，2005年杨唐小学在动迁时拆除。

拾图里村民以陈、王、汤、马、吴等姓居多，无锡硕放建民航机场时，迁来两户许、陈姓原地居民，后一直居住在此地。截至2003年动迁前，有村民153户，612人，其中男性286人、女性326人；有耕地面积820.71亩。村民以种植水稻、小麦、油菜为主业，副业以种植蔬菜为主。部分农户将种植的蔬菜送到3千米外的苏州市区换取零用钱，俗称“买担头”。

◎ 建在拾图里原址上的苏州工业园区兆丰资产管理有限公司（2019年摄）

因工业园区开发建设，2003年8月，拾图里南巷整体拆迁，村民安置于泾园二村北区。2005年6月，拾图里北巷整体拆迁，村民安置于临芳苑一区，拾图里自然村消失。2017年末，阳澄湖大道南、扬贤路东为拾图里原址，建有苏州工业园区兆丰资产管理有限公司。

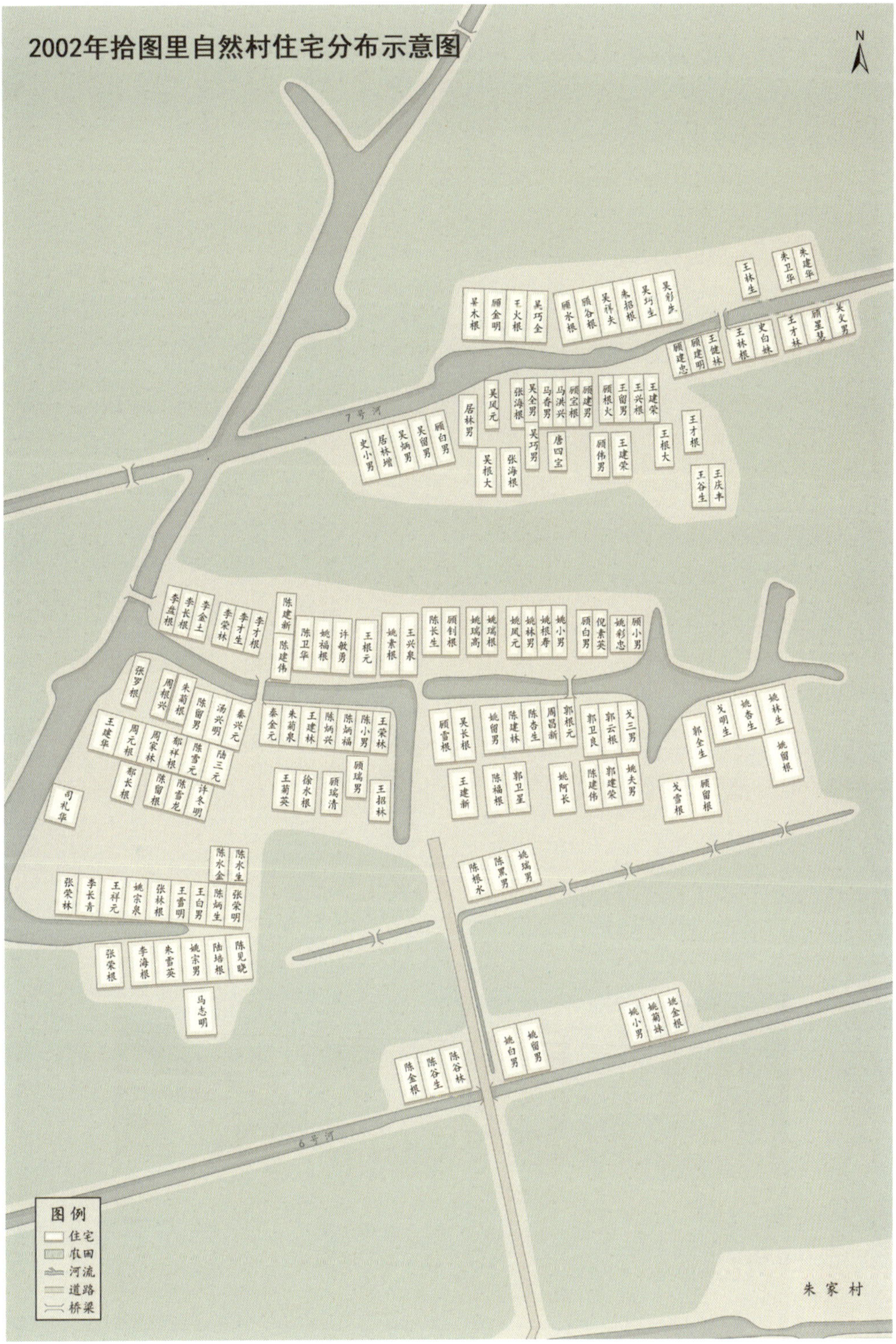
2002年拾图里自然村住宅分布示意图
N
7号河
6号河
朱家村
图例
住宅
农田
河流
道路
桥梁
吴木根
顾金明
王火根
吴巧全
顾水根
顾谷根
吴祥夫
朱招根
吴均生
吴彩生
王林生
朱卫华
朱建华
顾建忠
顾建明
王健林
王林根
史白妹
王才林
顾墨琴
吴文男
居林男
吴凤元
张海根
吴全男
马香男
马洪兴
顾宝根
顾建男
顾根火
王留男
王兴根
王建荣
史小男
居林增
吴炳男
吴留男
顾白男
吴巧男
唐四宝
顾伟男
王建荣
王根大
王才根
吴根大
张海根
王谷生
王庆丰
李盘根
李长根
李金土
李荣林
李才生
李才根
陈建新
陈建伟
陈卫华
姚福根
许敏男
王根元
姚素根
王兴泉
陈长生
顾钊根
姚瑞高
姚瑞根
姚凤元
姚林男
姚根寿
姚小男
顾白男
倪素英
姚彩忠
顾小男
张罗根
周根兴
朱菊根
陈留男
汤兴明
秦兴元
秦金元
朱菊泉
王建林
陈炳兴
陈炳福
陈小男
王荣林
王建华
周元根
周家林
郁祥根
陈雪元
陆三元
郁长根
陈留根
陈雪龙
许冬明
司礼华
王菊英
徐水根
顾瑞清
顾瑞男
王招林
顾雪根
吴长根
姚留男
陈建林
陈杏生
周昌新
郭根元
郭卫良
郭云根
戈三男
戈明生
姚杏生
姚林生
郭全生
姚留根
王建新
陈福根
郭卫星
姚阿长
陈建伟
郭建荣
姚夫男
戈雪根
顾留根
陈水金
陈水生
陈根水
陈黑男
姚瑞男
张荣林
李长青
王祥元
姚宗泉
张林根
王雪明
王白男
陈炳生
张荣明
张荣根
李海根
朱雪英
姚宗男
陆培根
陈见晓
马志明
姚小男
姚菊妹
姚金根
姚白男
姚留男
陈金根
陈谷生
陈谷林

十七、史家浜

史家浜东至陆泾河，南邻3号河界，西隔孟下村，北靠沪宁高速公路。因村内有一条名为史家浜的河浜而得名。

清末，史家浜属习义乡孝廉里二十三都七图。1930年属永安乡，1947年至解放前属娄江乡。1950年底属桥东乡，1957年后属跨塘乡。2003年4月划归娄葑镇。

史家浜中有一条河浜东西流向，民宅沿河浜南北两岸排列，分别为南岸第4、19生产队，北岸第5、20生产队。

史家浜在解放初期有一座私塾学校，名“史家浜学堂”。

60年代，史家浜内有一所小学，有一座变压器，史家浜5队建有饲料加工厂。

1976年，跨塘开发建设“农业吨粮方”，在史家浜4队地块开挖3号河。

史家浜外浜南北原有木桥，于1988年新修建水泥桥一座。1992年修筑“沪宁高速”公路穿越史家浜，里浜19队整体搬至南岸。1994年，苏州蔬菜公司在杨家门蔬菜基地开发一条南北长300米、宽4米的水泥路，经过史家浜19队。

史家浜村民以高、李、钱、王、姚等姓为主。截至2005年5月动迁前，有村民62户，283人，其中男性143人、女性140人；有耕地面积364.82亩。村民以种植水稻、小麦、油菜、蔬菜为主。

2005年5月，因工业园区开发建设，史家浜整体拆迁，村民安置在临芳苑一区，史家浜自然村消失。2017年末，唐庄路北为史家浜原址，建有苏州世麒电子科技有限公司。

◎ 建在史家浜原址上的苏州世麒电子科技有限公司（2019年摄）

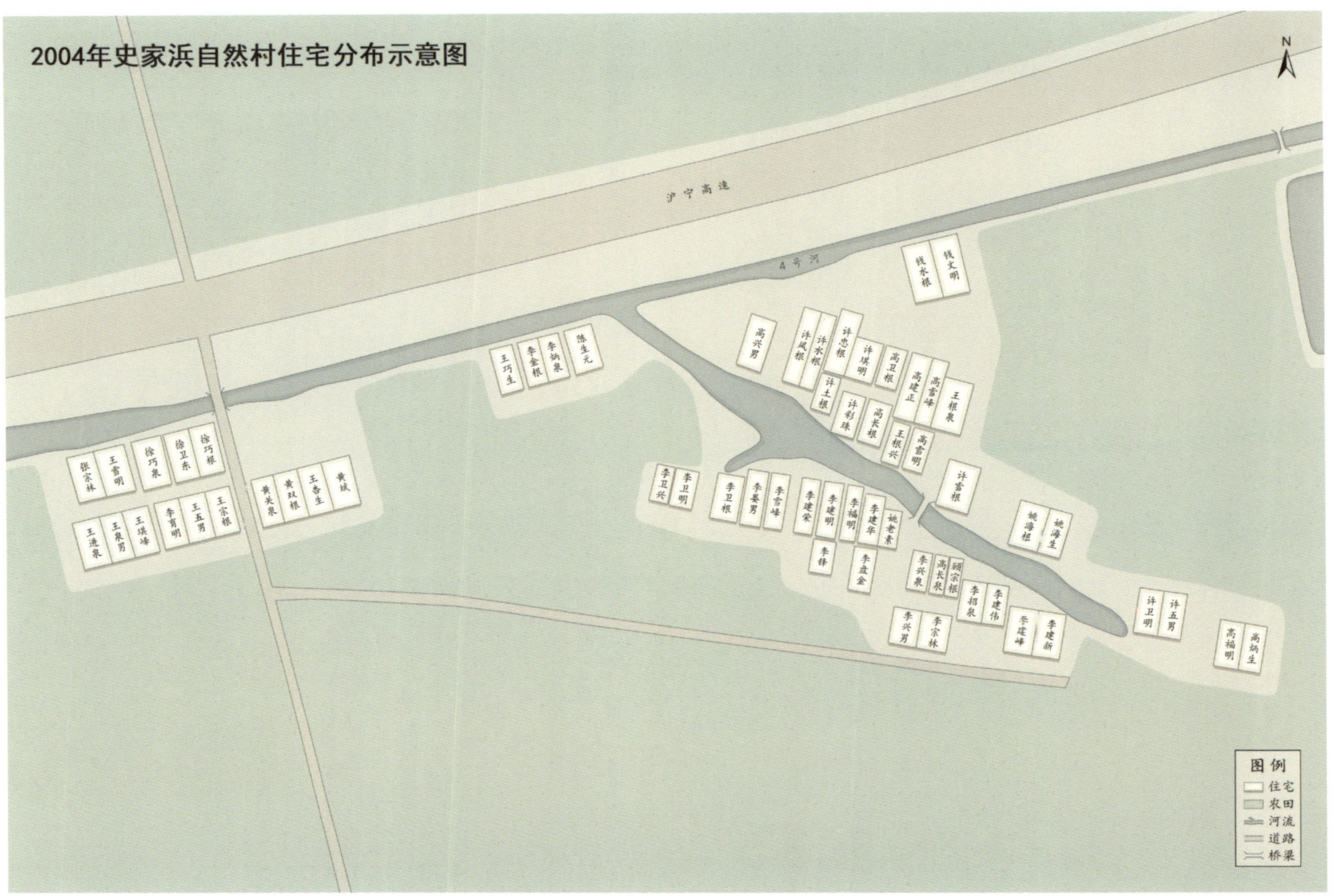
2004年史家浜自然村住宅分布示意图
N
沪宁高速
4号河
钱水根
钱文明
高兴男
许凤根
许水根
许忠根
许琪明
高卫根
高建正
高雪峰
王根泉
许土根
许彩珠
高长根
王根兴
高雪明
许富根
姚海根
姚海生
许卫明
许五男
高福明
高炳生
李卫兴
李卫明
李卫根
李雪峰
李建荣
李建明
李福明
李建华
李锋
李兴泉
高长泉
顾宗根
李相泉
李建伟
李兴男
李宗林
李建峰
李建新
王巧生
李金根
李炳泉
陈生元
张宗林
王雪明
徐巧泉
徐卫东
徐巧根
王进泉
王泉男
王琪峰
李育明
王五男
王宗根
黄关泉
黄双根
王杏生
黄斌
图例
住宅
农田
河流
道路
桥梁

十八、田家浜

田家浜东邻横江里，南靠5号河，西近杨家门，北沿河浜。因村民多姓田而得名。

清末，田家浜属习义乡孝廉里二十三都八图。1930年属永安乡，1947年至解放前属娄江乡。解放初期属娄北乡，1950年底属桥东乡，1957年底属跨塘乡。2003年4月划归娄葑镇。

田家浜浜口通向横江河，居民房屋大多集中在村浜南北岸上。1976年开挖5号河后，一部分居民房屋在5号河北岸边落地。同年在5号河上新建单拱水泥桥一座。

田家浜村所在地有杨家门村委会工业区，区内新亚毛巾厂生产毛巾、浴巾、地巾等产品，主要销售到上海外贸公司、苏州百货商店。辰辰床垫厂以沙发床垫为主产品，销往苏州、上海。工业园区内还有杨家门综合服务站、农村代销店、种子站、农机农药站等。

1976年，跨塘开发建设"农业吨粮方"，开挖的5号河东西流向，穿越田家浜村南农田。1988年，在田家浜5号河南岸沿线建设乡级村主管道铺上水泥路。1995年，田家浜道路东北接跨阳路大道。

田家浜村民以田、曾、徐、周姓居多。截至2004年4月动迁前，有村民10户，41人，其中男性22人、女性19人；有耕地面积46.36亩。村民以种植水稻、小麦、油菜为主，副业种植青菜、萝卜、芹菜、大蒜等蔬菜，销往苏州市区。

2004年，因工业园区开发建设，田家浜整体拆迁，村民安置在泾园二村，田家浜自然村消失。2017年末，和顺路北为田家浜原址，建有苏州福田激光精密仪器有限公司。

◎ 建在田家浜原址上的苏州福田激光精密仪器有限公司（2019年摄）

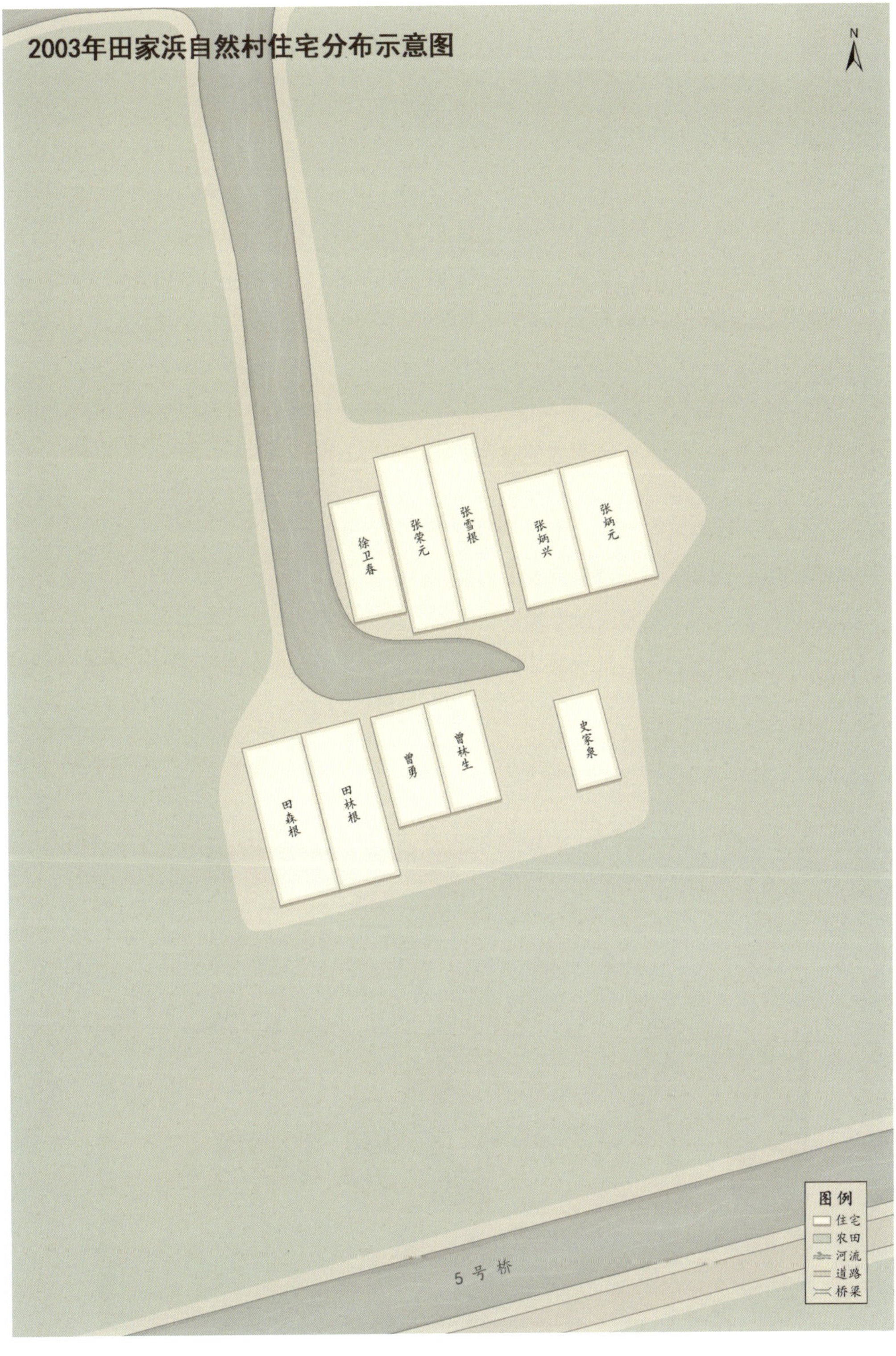

2003年田家浜自然村住宅分布示意图

N

徐卫春
张荣元
张雪根
张炳兴
张炳元
田森根
田林根
曾勇
曾林生
史家泉
5号桥

图例
住宅
农田
河流
道路
桥梁

十九、杨家门

杨家门东邻田家浜，南沿5号河，西靠村级公路，北隔朱家村。因村民多姓杨而得名。

清末，杨家门属习义乡孝廉里二十三都一图。1930年属永安乡，1947年至解放前属娄江乡。解放初期属娄北乡，1950年底属桥东乡，1957年属跨塘乡。2003年4月划归娄葑镇。

杨家门行政村发端于杨家门，建大队时，驻地设在杨家门。杨家门属大队中心地带，设立有饲料加工厂、代销店、水厂场等企业。

60年代前，杨家门行政村内有4所私塾学校，1958年并为杨家门小学，有1～6年级6个班，200余名学生，8位教师。

1976年，跨塘开发建设“农业吨粮方”，在杨家门开挖5号河，填河时拆除石桥，重建拱形水泥桥。1995年，建设村级公路穿越杨家门，并铺设3.5米宽的水泥路面。

杨家门村民以杨姓居多，另有李、张、田等姓氏，截至2004年4月动迁前，有村民28户，114人，其中男性53人、女性61人；有耕地面积85.77亩。村民以种植水稻、小麦、油菜为主，副业以种植蔬菜为主，销往苏州市区。

2004年4月，因工业园区开发建设，杨家门整体拆迁，村民安置在泾园南社区泾园二村，杨家门自然村消失。2017年末，和顺路北、大水泾东为杨家门原址，建有苏州影视教育孵化基地。

◎ 建在杨家门原址上的苏州影视教育孵化基地（2019年摄）

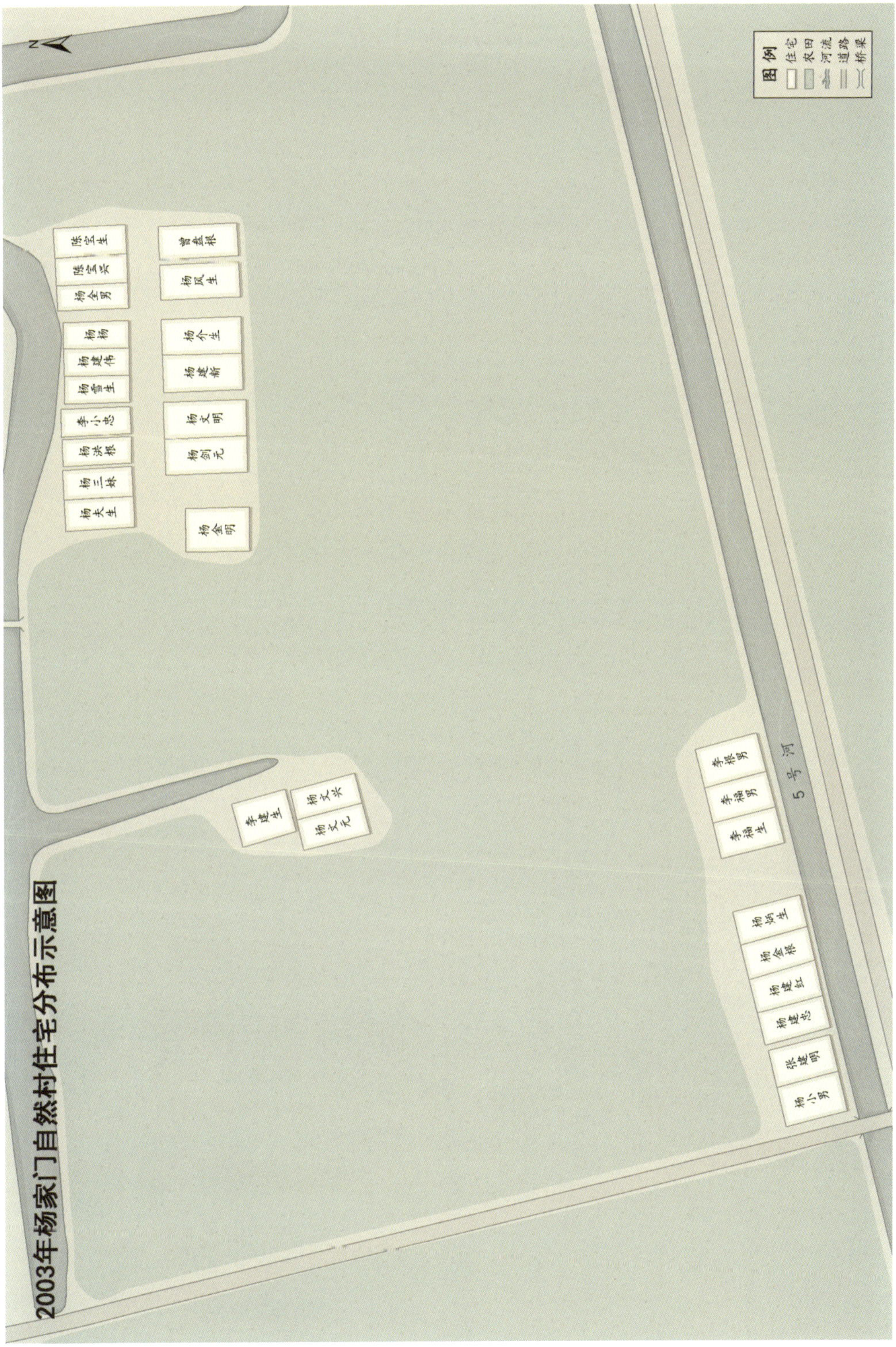
2003年杨家门自然村住宅分布示意图
N
图例
住宅
农田
河流
道路
桥梁
陈宝生
陈宝兴
杨全男
杨杨
杨建伟
杨雪生
李小忠
杨洪根
杨三妹
杨夫生
曾盘根
杨凤生
杨介生
杨建新
杨文明
杨剑元
杨金明
李建生
杨文兴
杨文元
李根男
李福男
李福生
杨金根
杨建红
杨建忠
张建明
杨小男
5号河

二十、赵家庄

赵家庄东接8号河，南隔陆泾岸田地，西靠史家浜，北沿4号河。赵家庄又名赵家里，因村民多姓赵而得名。

清末，赵家庄属习义乡孝廉里二十三都八图。1930年属永安乡，1947年至解放属娄江乡。1950年底属桥东乡，1957年后属跨塘乡。2003年4月划归娄葑镇。

赵家庄村中间有条港，港长300多米，东西直通陆泾河，民宅沿港两岸排列。港南边分散有几座坟，坟墩平整成一片高田。

60年代初期，赵家庄开办繁殖场，饲养猪、牛、羊、兔。70年代末，利用河港水面、鱼池水面办起“蚌珠”养殖基地，利用高田种植黄麻，产品近销跨塘供销社，远销上海等地。

赵家庄以前出行靠木船，农田里灌溉靠踏水车，耕地靠水牛犁田，晚上点煤油灯，冬天取暖靠生柴火。

1988年，赵家庄铺设0.7米宽的水泥道，连接村级道路。1995年，在原路基地面上扩建新建3.5米宽的渣土碎石路面，形成村级公路。

◎ 建在赵家庄原址上的临芳苑四区（2019年摄）

赵家庄村民以赵、钱、曾、姚姓为主。截至2005年动迁前，全村有居民9户，人口40人，其中男22人、女18人；有耕地面积40.95亩。

2005年5月，随着工业园区开发建设，赵家庄整体拆迁，村民安置在临芳苑一区，赵家庄自然村消失。2017年末，跨阳桥东、扬东路北、沪宁高速公路南为赵家庄原址，建有临芳苑四区。

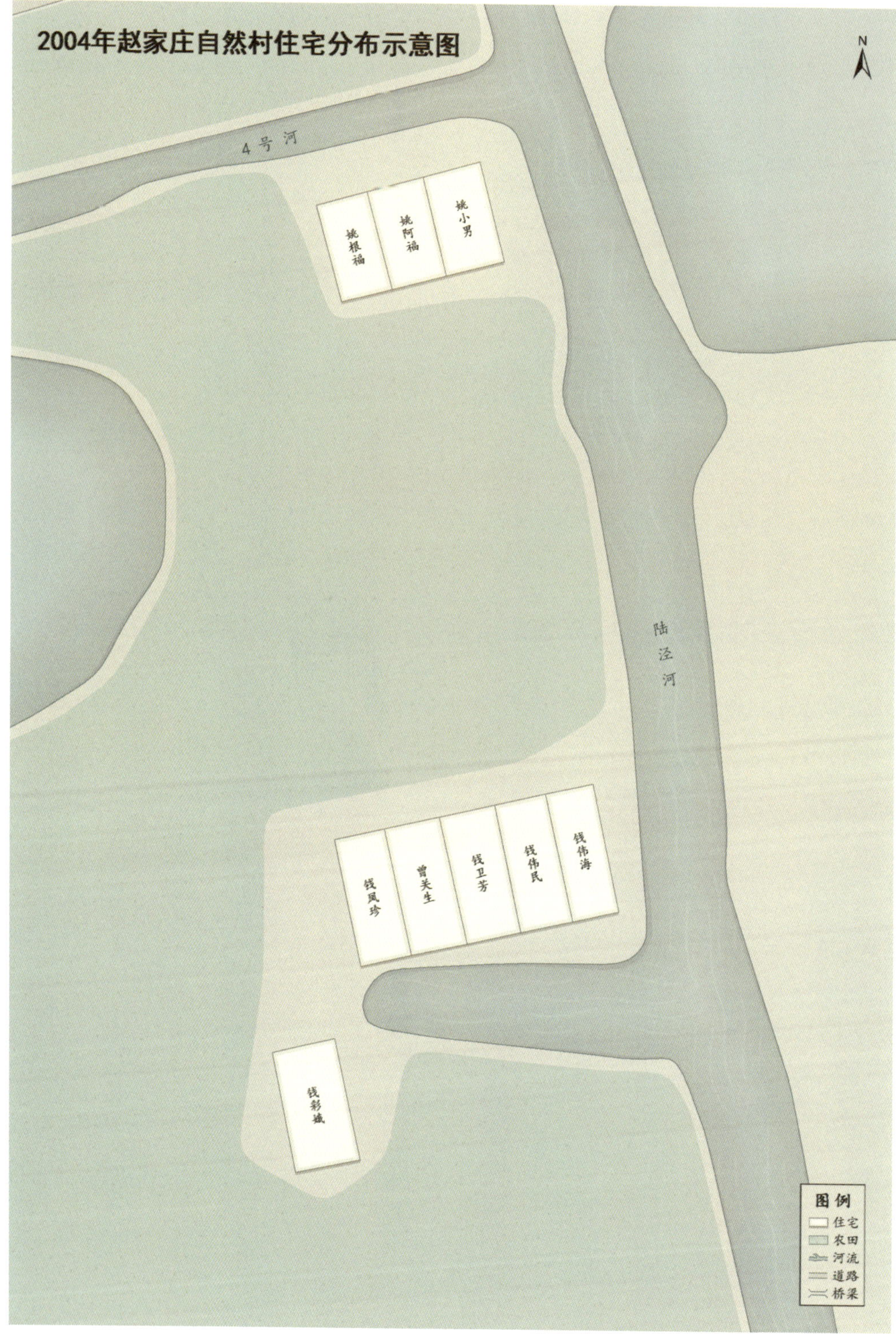
2004年赵家庄自然村住宅分布示意图
N
4号河
姚根福
姚阿福
姚小男
陆泾河
钱凤珍
曾关生
钱卫芳
钱伟民
钱伟海
钱彩娥
图例
住宅
农田
河流
道路
桥梁

二十一、朱家村

朱家村位于杨家门村西部，东邻东至村，南至杨家门，西隔村级公路，北沿6号河。因村民多姓朱而得名。

清末，朱家村属习义乡孝廉里二十三都一图。1930年属永安乡，1947年至解放前属娄江乡。解放初期属娄北乡，1950年底属桥东乡，1957年后属跨塘乡。2003年4月划归娄葑镇。

朱家村60年代建有杨家门行政村第二座变压站，开办轧米厂企业，方便大队水利灌溉。

1976年，跨塘公社开发建设“农业吨粮方”，因施工河道在朱家村开挖5号河，原有一座古石板桥通往杨家门，填河时被拆除，1988年建造单拱水泥桥，1992年新建翻建成公路桥。1995年，村道路铺上3.5米宽的渣土碎石路面，出行更为方便。

朱家村人陈百元（1929—1952），1951年参加中国人民志愿军，为某部炮兵六团高射机枪连战士，1952年3月牺牲。

朱家村村民以李、朱、史姓居多。截至2004年4月动迁前，有居民24户，86人，其中男性42人、女性44人；有耕地面积83.63亩。村民主要种植水稻、油菜、小麦等。副业为种植蔬菜，销往苏州城，部分村民兼营贩卖蔬菜、水产品和肉类。

2004年4月，随着工业园区开发建设征地，朱家村整体拆迁，村民安置在泾园二村，朱家村自然村消失。2017年末，扬泰路北、扬和路西为朱家村原址，建有创投工业坊4号。

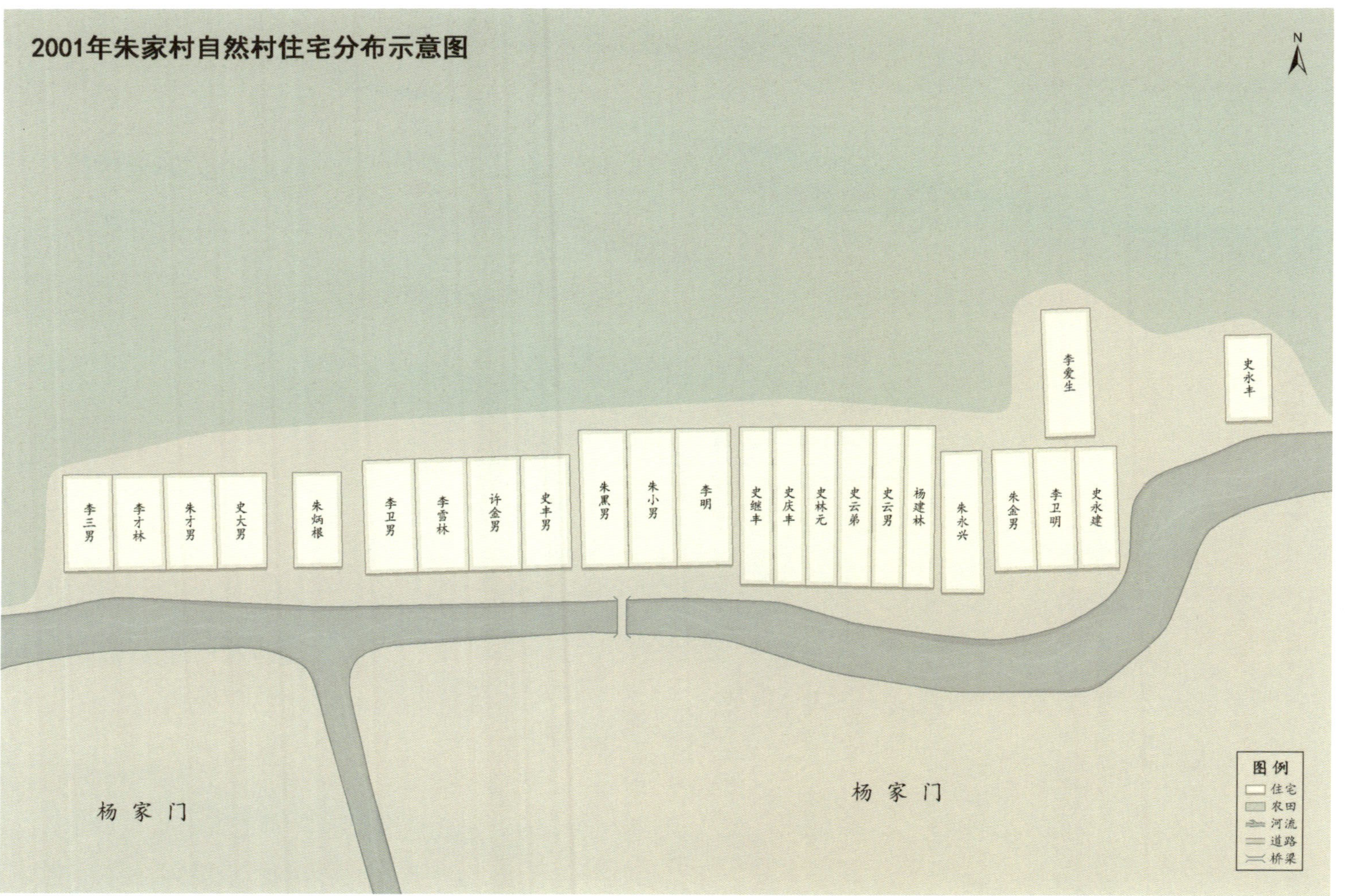
2001年朱家村自然村住宅分布示意图
N
李三男
李才林
朱才男
史大男
朱炳根
李卫男
李雪林
许金男
史丰男
朱黑男
朱小男
李明
史继丰
史庆丰
史林元
史云弟
史云男
杨建林
朱永兴
朱金男
李卫明
史永建
李爱生
史永丰
杨家门
杨家门
图例
住宅
农田
河流
道路
桥梁

第九章　泾园北社区

泾园北社区位于娄葑街道北部，东临工业园区，南邻泾园南社区，西接苏州市区，北靠相城区，四周沪宁高速、苏嘉杭高速、北环高架、城际铁路围绕。

2004年10月，泾园北社区由板泾、倪浜、唐庄、阳西4个行政村合并而成。4个行政村辖27个自然村，其中板泾行政村辖邓巷浜、韩家浜、陆家庄、石家庄、板泾楼、大岸楼、山青子、山脚下8个自然村；倪浜行政村辖郭家浜、土公浜、张杏浜、南板桥、倪家浜、北板桥、毛家浜、黄倪浜、长浜钥匙浜、唐家浜10个自然村；唐庄行政村辖张家浜、湖峰港、唐庄桥、王家庄、朱家浜5个自然村，阳西行政村辖湾里南岸、湾里北岸、阳围村、方家村4个自然村。

泾园北社区辖泾园新村、泾园二村、临芳苑三区和临芳苑四区4个拆迁安置小区，占地面积33.29万平方米。泾园新村是社区第一批动迁房，多为原板泾动迁居民，1998年开工建设，2000年竣工，建造多层住宅楼27幢696套；泾园二村、临芳苑三区多为原倪浜、唐庄动迁居民居住，多层住宅楼58幢1448套，高层住宅楼6幢461套；临芳苑四区是阳西行政村动迁住宅，是4个行政村动迁中离原地最远的行政村，2009年开工建设，2011年竣工，建造高层住宅楼8幢1120套。

◎ 泾园北社区办公楼（2018年摄）

泾园北社区境内设有娄葑学校，所辖小区内设有文化广场、篮球场、羽毛球场、独墅湖图书馆分馆、老年活动室等公共活动场所和商业街，老年大学分校、综合性文化服务中心、国防教育基地以及尚德家长学堂等文化阵地，设有一站式服务中心、社区服务中心、社区卫生服务中心、社区警务室等配套服务设施，建有标准出租厂房2.2万平方米，另有股份合作社等多个富民载体。泾园北社区获得“江苏省和谐示范社区”“江苏省充分就业示范社区”“江苏省绿色社区”“江苏省民主法治示范社区”“苏州市科学发展十佳村”“苏州市农民增收致富十强村”“苏州市先进基层党组织”“苏州市城乡发展一体化先进集体”等称号。

2017年末，社区常住人口1.38万人，其中户籍人口5473人。经过泾园北社区境域的公交车有166路、119路、19路、87路、262路、256路、161路、169路、162路。

◎ 江苏省科技企业孵化器（2019年摄）

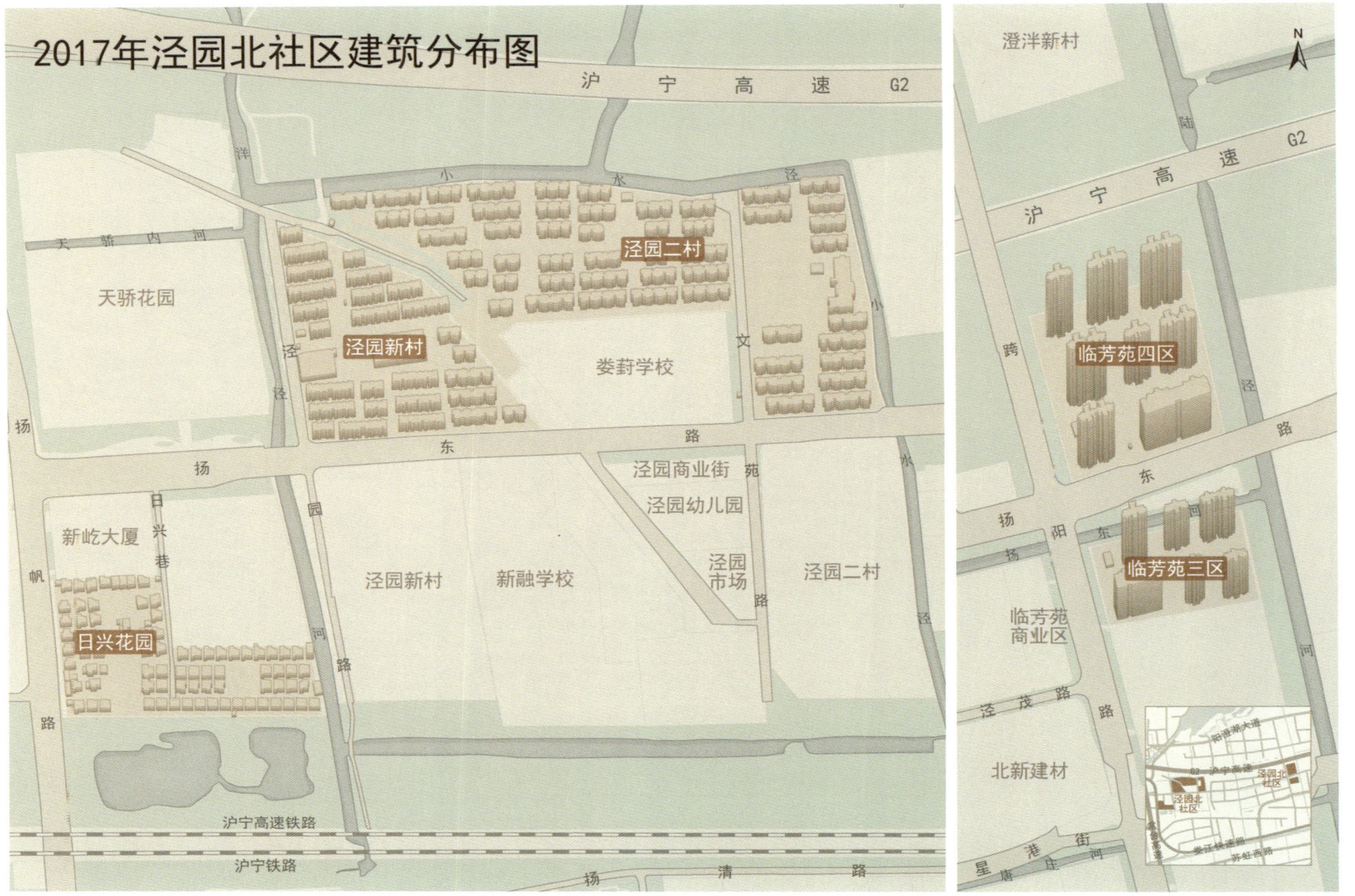
2017年泾园北社区建筑分布图
沪宁高速G2
天骄花园
天骄内河
泾园新村
泾园二村
娄葑学校
扬东路
泾园商业街
泾园幼儿园
泾园市场
苑文路
新屹大厦
日兴巷
日兴花园
帆路
泾园新村
新融学校
泾园二村
泾园河路
沪宁高速铁路
沪宁铁路
扬清路
澄洋新村
临芳苑四区
临芳苑三区
临芳苑商业区
扬阳东路
泾茂路
北新建材
星港街

2017年泾园北社区总貌图

一、北板桥

北板桥东沿大水泾，南邻倪家浜，西接秋家楼，北靠毛家浜。解放前因村中北巷港河上，有一座村民外出必经之木桥北板桥而得名。

北板桥村东，大水泾西侧，有一座东唐王庙，与韩家浜西唐王庙相呼应，因先有前者、再有后者，前者叫娘舅庙，后者叫外甥庙。1958年前，东唐王庙南侧有一株与庙同龄的百年银杏，树围需5至6名成年男子合抱才能围住，庙北侧还有一棵数百年的柏树。两棵大树均于1958年“大跃进”大炼钢铁而伐作柴火。在北板桥北堍西侧，解放后建有光明小学，即后来的倪浜小学。

北板桥村民为倪浜第5生产队成员，村民姓费者居多，另有周、吴、张等姓氏。截至2002年动迁前，有村民27户，113人，其中男性54人、女性59人；有土地面积10.2万平方米。改革开放前，村民收入来源主要依靠种植水稻、大麦、蔬菜和在村内河浜养鱼；改革开放后，村民在兼顾农业生产的同时，大量进入乡镇企业、村办企业工作谋生。

1992年，北板桥因沪宁高速公路建设被征耕地153亩；2002年，因工业园区开发建设，所有居民动迁至泾园二村。2003年，村庄全部拆除，北板桥自然村消失。2017年末，沪宁高速公路以北、和顺路以南、缤特力路以东为北板桥原址，原址上有沪宁高速及两侧绿化带以及建有娄葑创投孵化器。

◎ 建在北板桥原址上的娄葑创投孵化器（2019年摄）

2003年北板桥自然村住宅分布示意图

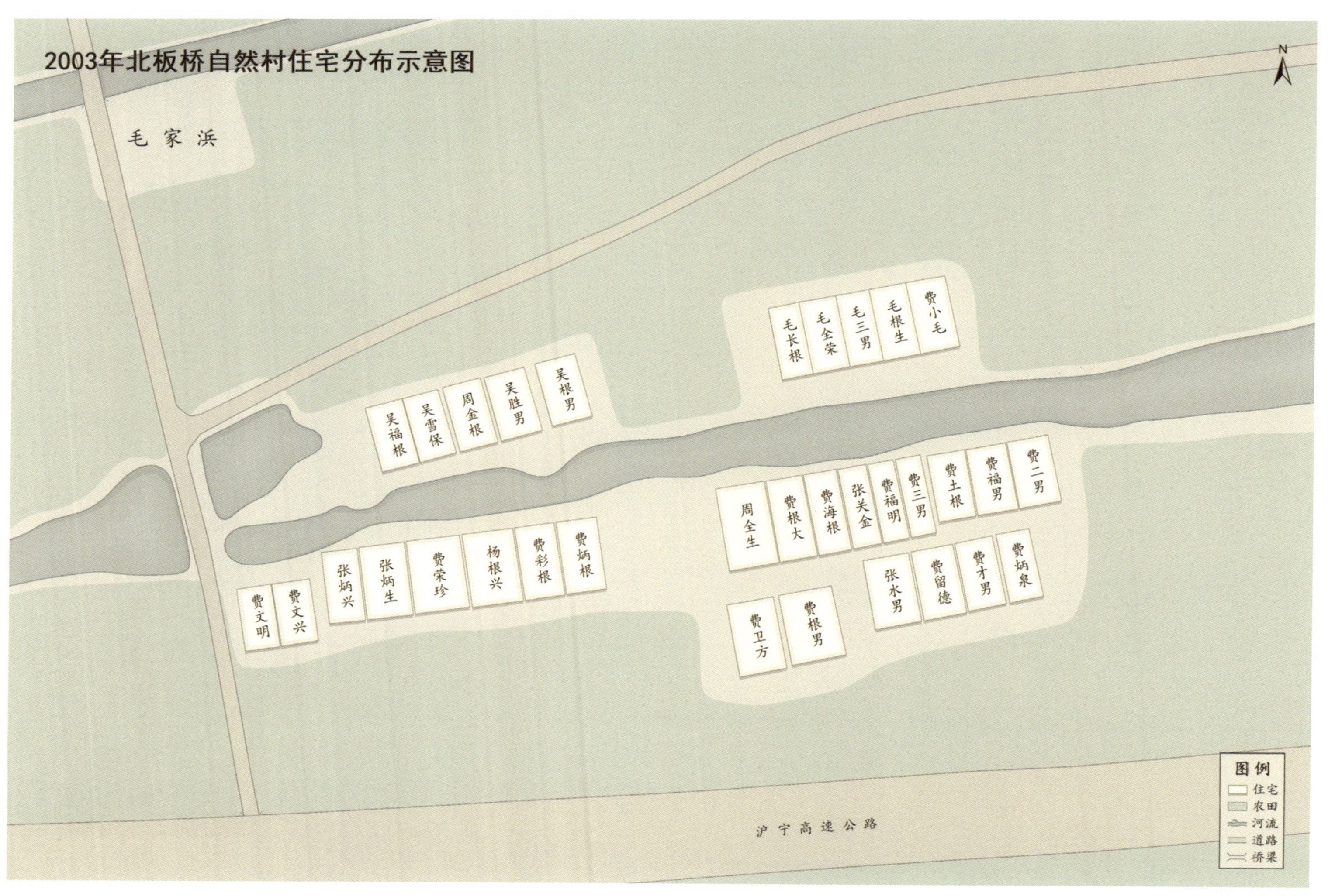

二、郭家浜

郭家浜东接唐庄桥，南至沪宁铁路，西沿大水泾，北靠朱家浜。因村民多为郭姓而得名。

郭家浜最早属于唐庄村，1952年因行政区域重新划分而划归倪浜村，郭家浜村为倪浜第4生产队，村内1958年之前只有倪浜第1生产队，1958年后村内又新设第10生产队。唐庄村和倪浜村则因工业园区行政区域重新划分，于2001年合并为倪庄。

郭家浜西侧大水泾上曾有一座洋桥，桥西堍有一侵华日军所造碉堡。后洋桥被改建成更加现代的铁路桥，碉堡则于“文化大革命”时被拆除。

郭家浜村内郭姓村民占大多数，另有吴、陆、蒋、查、卢等姓氏。其中，陆姓村民非原生村民，系30年代抗战时因村落被日军烧毁从附近闻家浜迁来的村民。截至2008年4月动迁前，全村总户数61户，人口为266人，其中男116人、女150人；有土地面积16.5万平方米。解放后，村民收入主要依靠种植水稻、小麦、油菜，另有制作扫帚、竹刷、竹匾等手工竹器加工技艺，是家庭副业收入的主要来源。村民除农业生产外，还到村办企业、乡镇企业工作，增加收入。

◎ 建在郭家浜原址上的城际铁路绿化带（2019年摄）

2008年4月份，因城际铁路开工建设，郭家浜整体拆迁，村民安置在临芳苑三区，郭家浜自然村消失。2017年末，扬云路以南，沪宁铁路以北，大水泾以东为郭家浜原址，建有城际铁路绿化带。

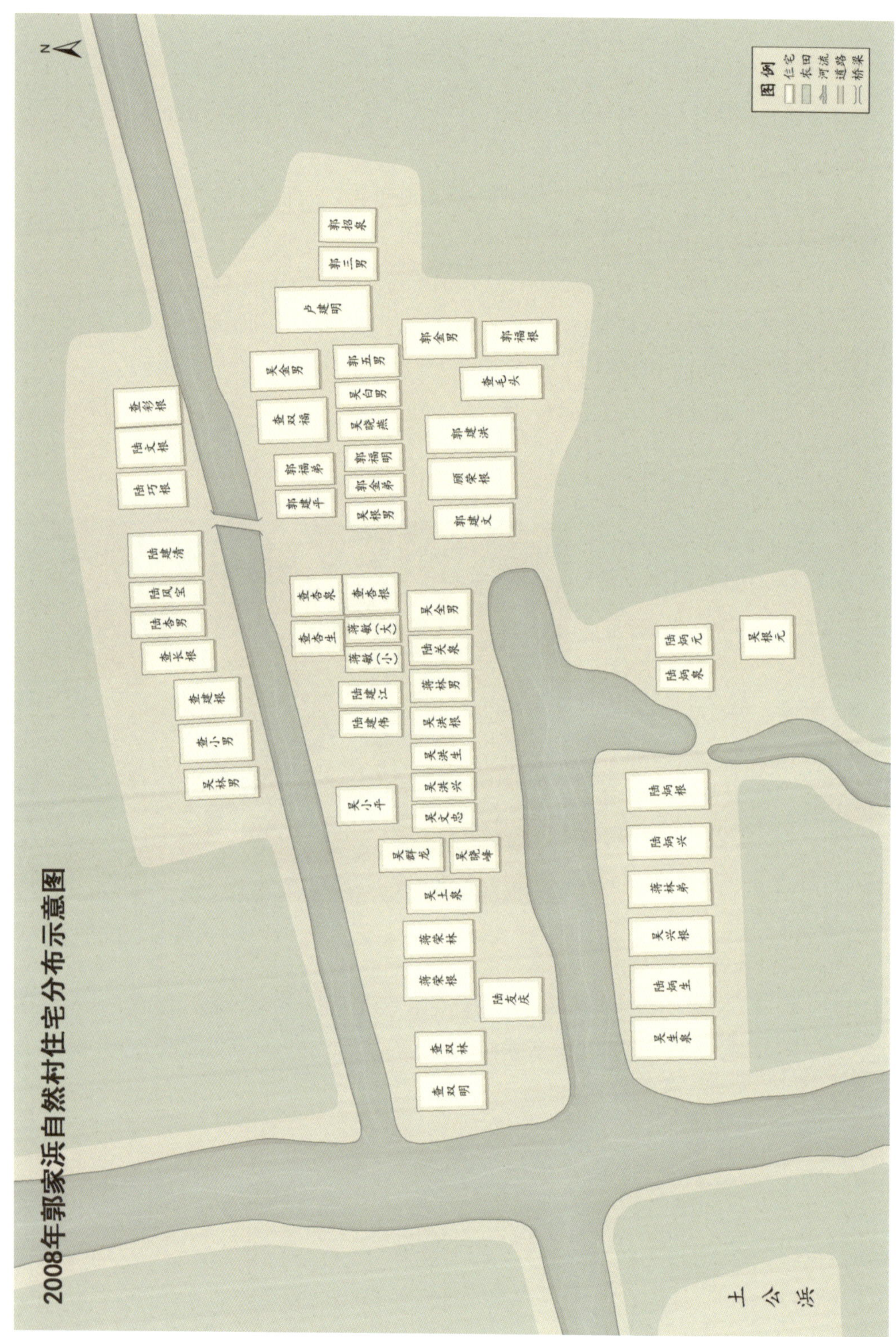

2008年郭家浜自然村住宅分布示意图

三、韩家浜

韩家浜东至312国道，南靠板泾第1生产队，西邻沿塘河，北邻山脚下。因村中有条韩家浜的河浜而得名。

韩家浜东侧有西唐王庙，与北板桥东唐王庙遥相呼应，前者叫外甥庙，后者叫娘舅庙。在韩家浜村南侧，有一坟场称作朗岗坟，曾有两位新四军士兵被当地村民短暂安葬在朗岗坟。两位新四军士兵的抗日故事也被村中多名老人证实：抗战期间，日军火车途经韩家浜附近的路段被新四军炸毁，日军发起追击。撤退过程中，有两名新四军士兵不幸中弹，并在撤退至韩家浜南侧时伤重遇难。村民暗中将两人遗体藏起并安葬在朗岗坟，当晚新四军将两人遗体重新挖出带走。后日军得知消息，将韩家浜村全部烧毁。

韩家浜村民以俞、查、汤姓居多，另有陈、潘、许等姓氏。截至1998年动迁前，有村民27户，105人，其中男性50人、女性55人；有土地面积8万平方米。村民以种植水稻、蔬菜为主。

韩家浜东面有一所农科站，提供周边居民育苗服务。改革开放前，村民收入来源主要为种地。改革开放后，板泾村大力发展村办企业和私营经济，大部分适龄村民到板泾村办企业上班，同时兼顾种田。

1998年，因沪宁高速公路开工建设，村内首批7户家庭动迁。2004年，因工业园区征地建设，剩余20户家庭全部动迁，当年村庄全部拆除，村民集中安置在泾园新村，韩家浜自然村消失。2017年末，312国道西侧附近区域为韩家浜原址，建有苏州通源机动车检测有限公司、江苏通源旧机动车交易市场有限公司和泾园北社区股份合作社所建富民载体。

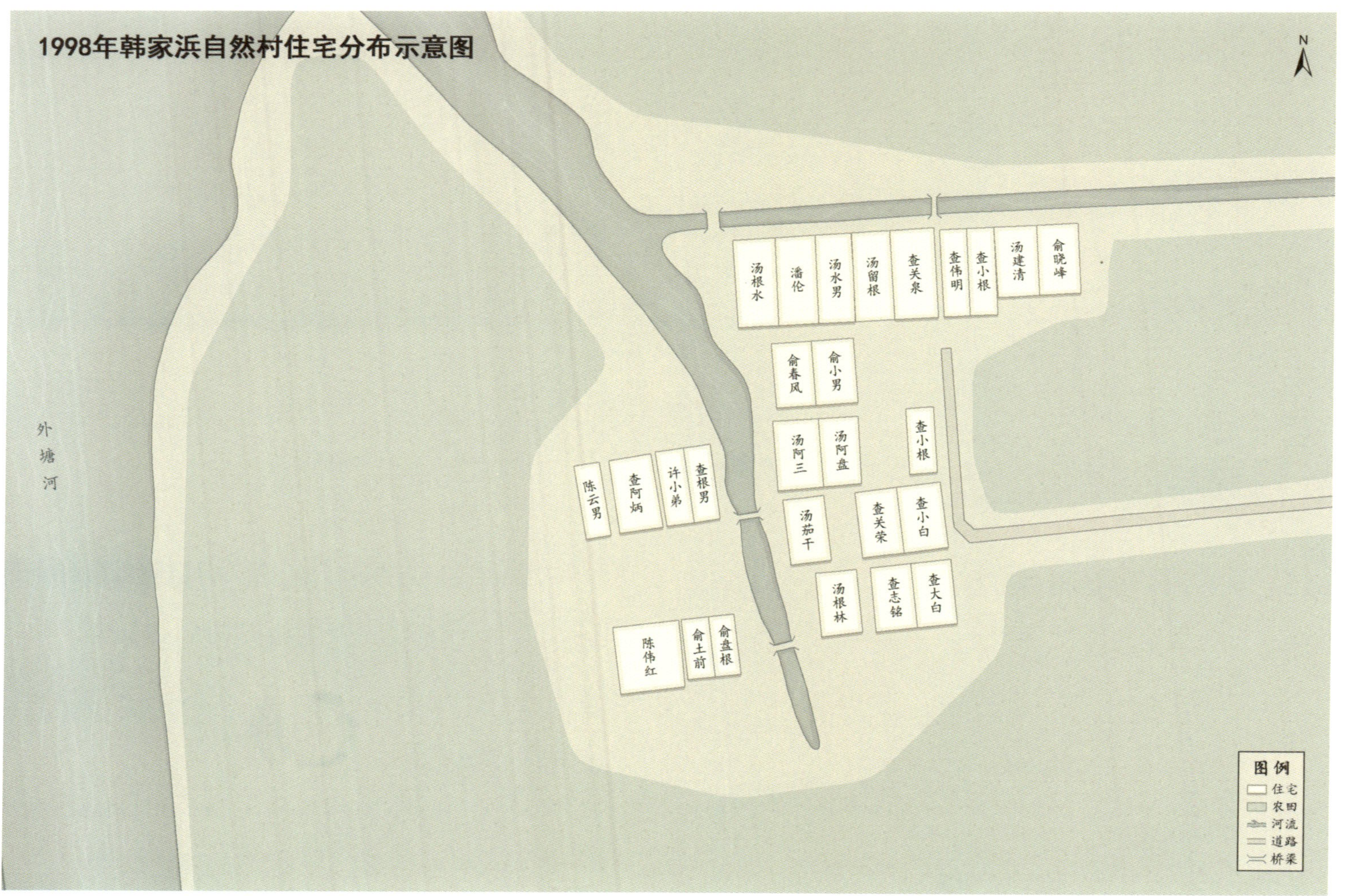

1998年韩家浜自然村住宅分布示意图

四、黄倪浜

黄倪浜东沿大水泾、南靠毛家浜，西邻唐家浜，北接长浜钥匙浜，西南处与唐家浜相连。因村内名为黄倪浜的河浜而得名。

黄倪浜西南处与唐家浜相连，村子北侧有一座沈家坟。村民为倪浜第6、12、14生产队社员，为倪浜村最大的自然村。黄倪浜村民重视强身健体，解放前直至改革开放时都有习武传统。由于倪浜多河浜，船只是重要的运输工具，每逢农历三、四月份庙会，当地有比赛摇快船的传统，黄倪浜村民常年占据头名。

旧时，黄倪浜村内有一名老年村民口口相传的大善人，名叫李洪祥。黄倪浜较为贫困，有些穷人家基本生活都极其困难，如遭遇家中有人过世时，常常无钱去置办丧事所用的饭菜、物品、棺材等。李洪祥常常主动帮忙，施舍给穷人必要的生活物资，为穷人买办婚丧喜事必要的物品，极受村民尊敬，其事迹被村民广为传播。

黄倪浜村中李姓为多，另有吴、朱、钱等姓。截至2003年动迁前，有村民57户，365人，其中男性181人、女性184人；有土地面积25.3万平方米。村民收入来源主要依靠种植水稻、小麦、蔬菜。

2003年，因工业园区开发建设，黄倪浜土地被征用，居民全部动迁至泾园二村。2004年村庄全部拆除，黄倪浜自然村消失。2017年末，和顺路以北，阳澄湖大道以南，大水泾以西为黄倪浜原址，建有创投工业坊。

◎ 建在黄倪浜原址上的创投工业坊（2019年摄）

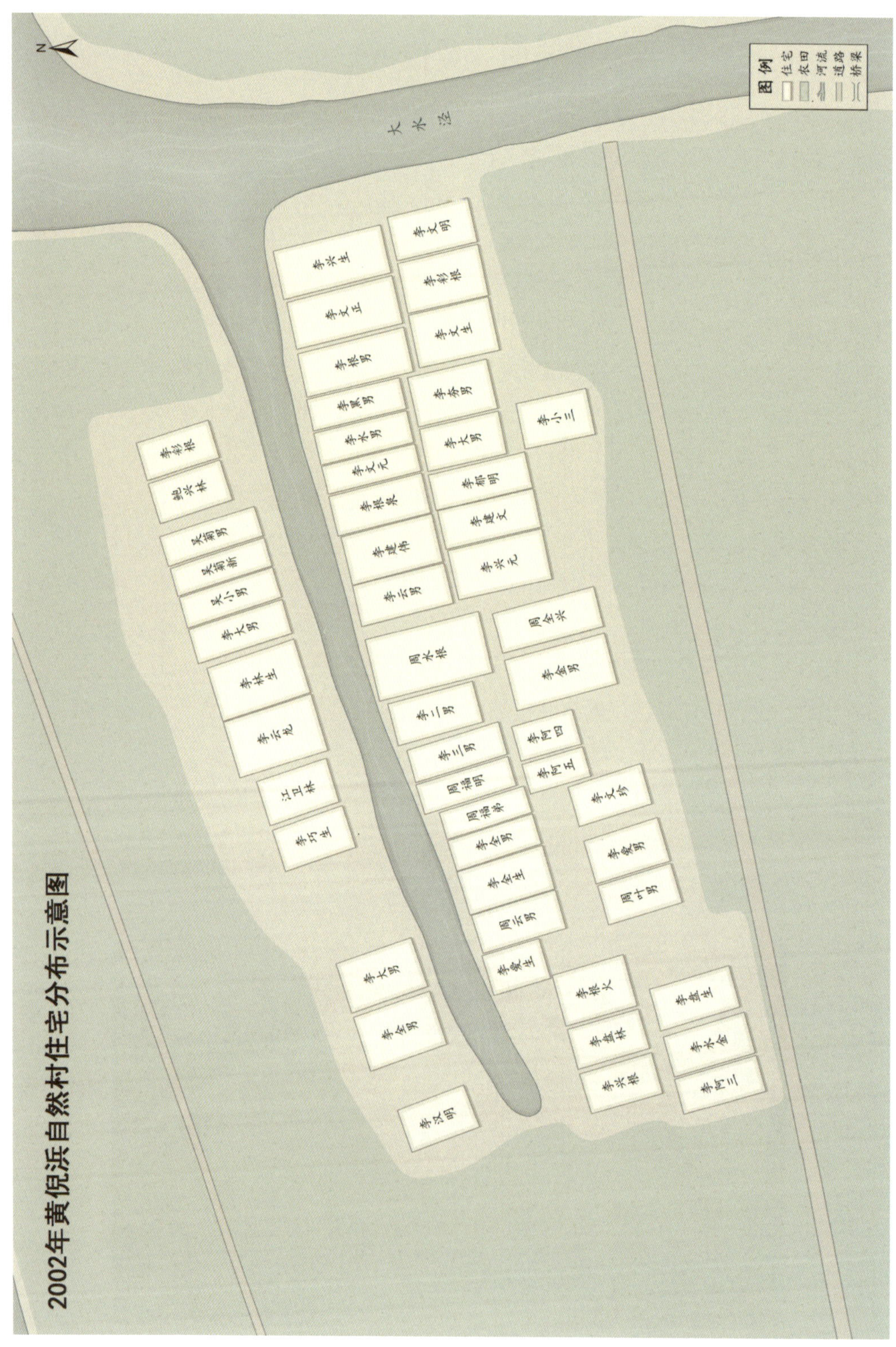
2002年黄倪浜自然村住宅分布示意图
图例
住宅
农田
河流
道路
桥梁
大水泾

五、石家庄

石家庄位于板泾村东面，村东是农田，南面是村庄和农田，临接娄门，西临陆家庄，北面是农田和板泾河。因村落石姓人家居多，传说清朝还有一位石姓状元居住在此而得名。

石家庄村中有石桥和庙各一座，庙名叫西唐王庙。每逢农历初一、十五，村民们会前往西唐王庙烧香。石家庄用石料制作的东西较多，有一石库门，庄上的小步石直接铺到娄门路。村中还有一棵大杨树，1974年种植，因枝繁叶茂，保留至今。

石家庄村中建有娄葑学校，其前身是解放初建造在西唐王庙的一所耕读小学，1957年在耕读小学基础上办起板泾小学，1988年板泾小学与洋泾小学合并为双泾小学。1999年在石家庄东面建造新学校，即现在的苏州工业园区娄葑学校。

石家庄村民以石、王、计姓居多。截至1999年拆迁前，有村民共48户，165人，其中男性95人、女性70人；有土地面积约16.7万平方米。村民以种植水稻、蔬菜为主，收获后的蔬菜上交到集体蔬菜公司，供应给城市居民。

1999年，随着工业园区开发建设，石家庄整体拆迁，村民安置在泾园新村，石家庄自然村消失。2017年末，泾园路东侧附近区域为石家庄原址，建有泾园新村、泾园北社区行政大楼。

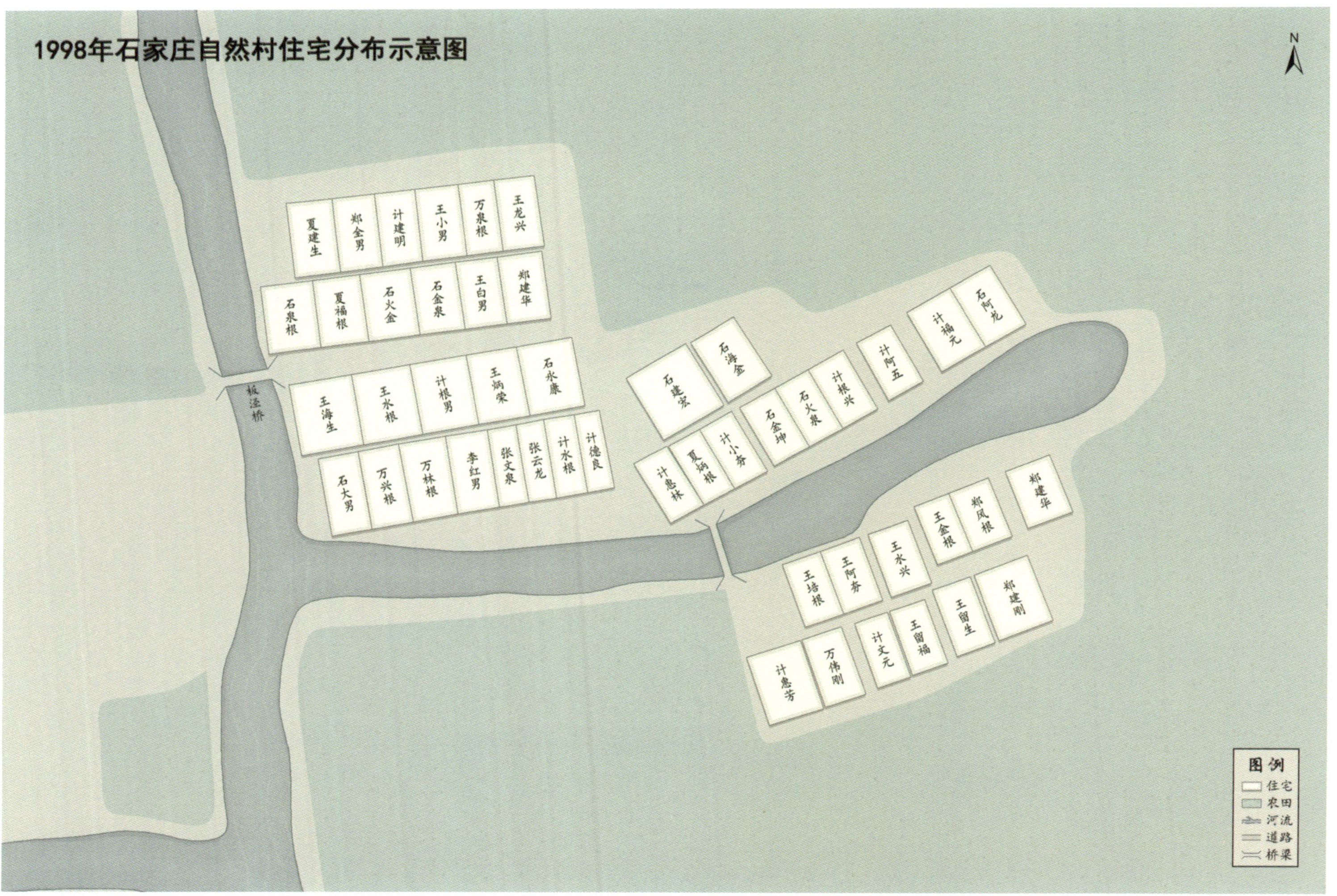
1998年石家庄自然村住宅分布示意图
N
夏建生
郑金男
计建明
王小男
万泉根
王龙兴
石泉根
夏福根
石火金
石金泉
王白男
郑建华
王海生
王水根
计根男
王炳荣
石永康
石大男
万兴根
万林根
李红男
张文泉
张云龙
计水根
计德良
板泾桥
石建宏
石海金
计惠林
夏炳根
计小芬
石金坤
石火泉
计根兴
计阿五
计福元
石阿龙
郑建华
郑凤根
王金根
王水兴
王阿芬
王培根
郑建刚
王留生
王留福
计文元
万伟刚
计惠芳
图例
住宅
农田
河流
道路
桥梁

六、唐家浜

唐家浜东邻黄倪浜，南靠秋家楼，西沿小水泾与大岸楼、山青子相连，北接阳澄湖。因村内有河浜名为唐家浜，而最早到该处河浜沿岸处定居者多姓唐而得名。

村内有小水泾支流，支流上有大板桥、小板桥两座桥梁，为村民出行的主要通道。小板桥东侧有称作贾家坟的坟墓，墓地上有门槛和石道，“大跃进”时被拆除。小板桥西北有 座堂房，有三间院子四座大厅，解放前为村里一徐姓大户所拥有，后由村民居住。后被拆除由村民新建自住楼房。

解放前，唐家浜常有来自横泾、蚬子山的持枪、持刀强盗光顾。为保护村庄，村民自发组成民防队，搭建眺望台日夜防范，在阳澄湖沿岸钉下木桩并用铁链连起，组成沿岸的防护栏以防强盗侵扰。

唐家浜村民以唐、徐、金、周、钱等姓居多。截至2004年动迁前，有村民47户，236人，其中男性110人、女性126人；有土地面积16万平方米。村民收入来源主要依靠种植水稻、小麦和蔬菜。

2004年，因工业园区开发建设，唐家浜土地被征用，所有居民全部动迁至泾园二村，唐家浜自然村消失。2017年末，和顺路以北，阳澄湖大道以南，小水泾以东为唐家浜原址，建有苏州金冠科技有限公司、深圳长城开发苏州电子有限公司等企业。

◎ 建在唐家浜原址上的深圳长城开发苏州电子有限公司（2019年摄）

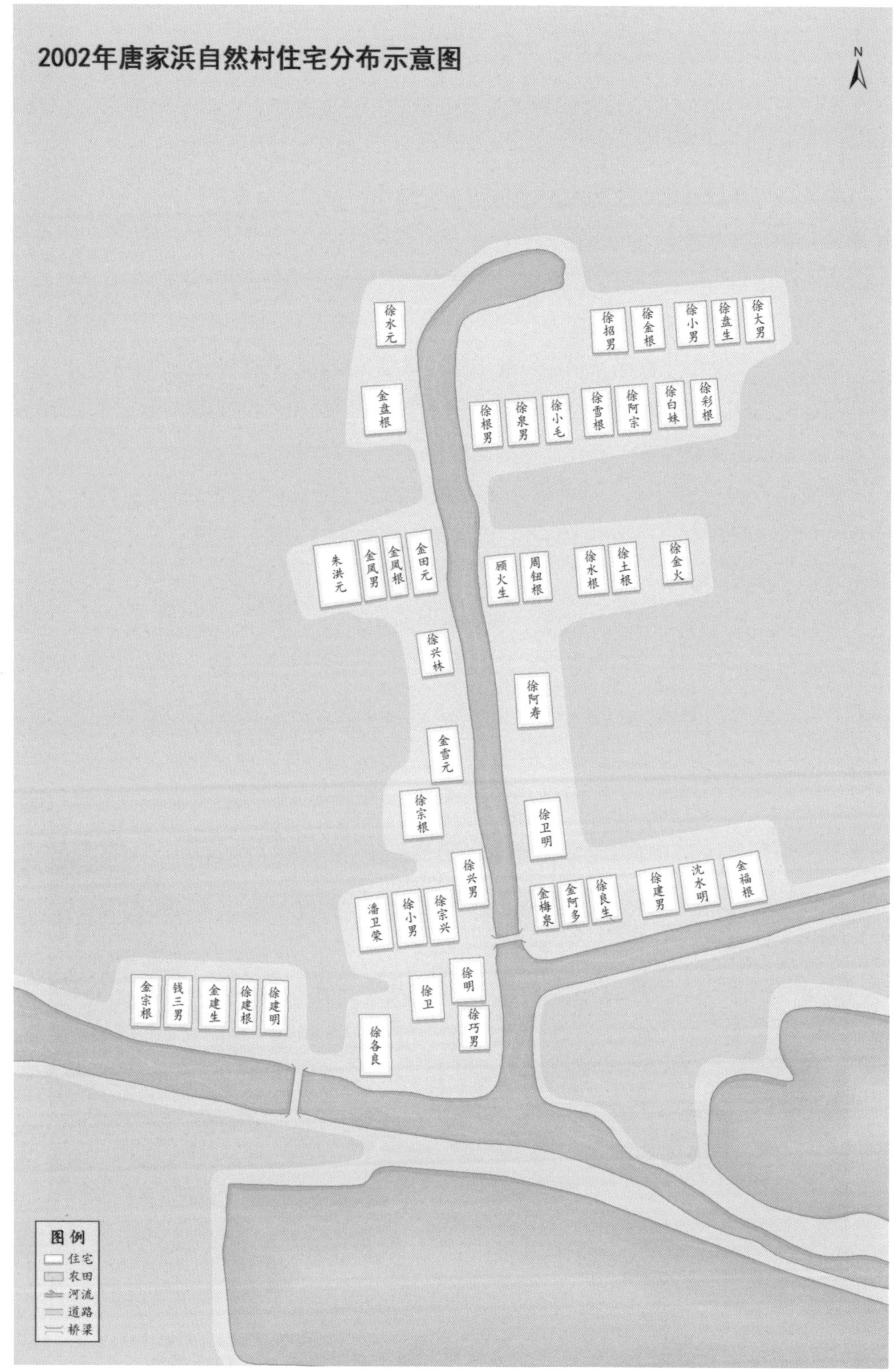
2002年唐家浜自然村住宅分布示意图
N
徐水元
徐招男
徐金根
徐小男
徐盘生
徐大男
金盘根
徐根男
徐泉男
徐小毛
徐雪根
徐阿宗
徐白妹
徐彩根
朱洪元
金凤男
金凤根
金田元
顾火生
周钮根
徐水根
徐土根
徐金火
徐兴林
徐阿寿
金雪元
徐宗根
徐卫明
徐兴男
潘卫荣
徐小男
徐宗兴
金梅泉
金阿多
徐良生
徐建男
沈水明
金福根
金宗根
钱三男
金建生
徐建根
徐建明
徐卫
徐明
徐巧男
徐各良
图例
住宅
农田
河流
道路
桥梁

七、倪家浜

倪家浜东沿大水泾，南邻南板桥，西隔小水泾与秋家楼对望，北靠北板桥。因村中有一条名为倪家浜的河浜而得名。

倪家浜村外东北方向的土地庙叫东唐王庙，有数百年历史。村前4号河南岸东侧，有村里建造的配套公建房12间，其中村委部分办公用房2间、机耕队用房3间、老年活动室2间、代销店用房3间、医务室用房2间。4号河南岸西侧有一所五年制学校倪浜小学，于1977年从北板桥搬迁至此，直到90年代后合并至杨家门小学。

倪家浜村民为倪浜第4生产队成员，以陆姓居多，还有部分徐姓村民。截至2002年动迁前，有村民38户，161人，其中男性70人、女性91人；有土地面积约9.9万平方米。改革开放前，村民收入来源主要依靠种植水稻、小麦、油菜、蔬菜和在村内河浜养鱼；改革开放后，村民在兼顾农业生产的同时，大量进入乡镇企业、村办企业工作谋生。

1992年，倪家浜村因沪宁高速公路建设，有8户村民拆除房子，在耕地上重新划宅基地后重建。2002年，因工业园区开发建设，29户居民全部动迁至泾园二村。2003年，村庄全部拆除，倪家浜自然村消失。2017年末，扬东路以北，沪宁高速公路以南，大水泾以西为倪家浜原址，建有明扬印刷厂等企业。

◎ 建在倪家浜原址上的明扬印刷厂（2019年摄）

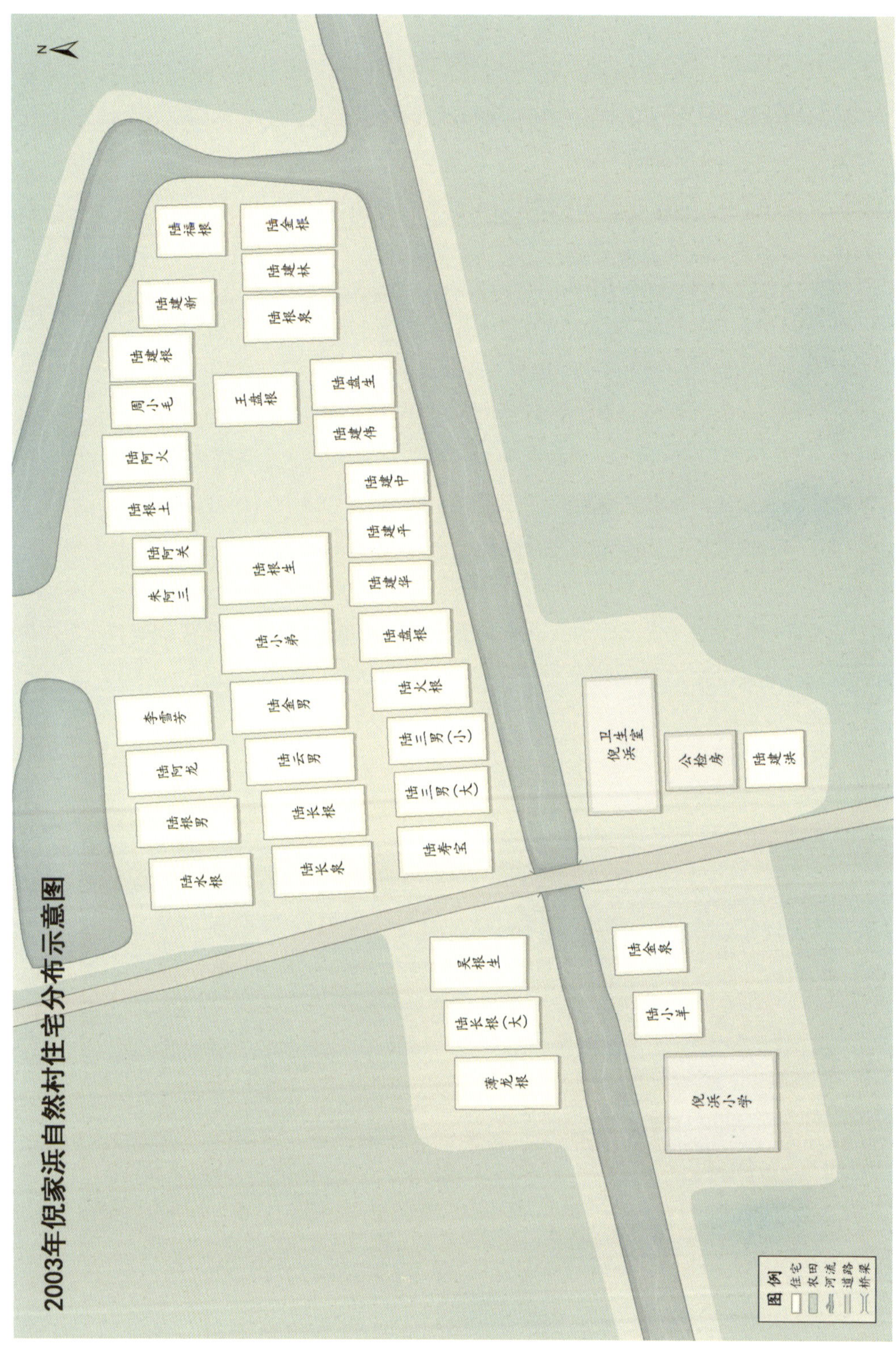

2003年倪家浜自然村住宅分布示意图

八、土公浜

土公浜东沿大水泾，南靠沪宁铁路，西接罗家庄，北邻张杏浜。因村中有一条名为土公浜的河浜而得名。

土公浜为倪浜第2生产队。村南坟墓较多。村子最西侧有一座灌溉机房，是倪浜村最早的灌溉机房，为南部自然村提供灌溉用水。

土公浜南洋泾地界上有一座里王庙，为附近居民重要的宗教场所。每年农历三、四月庙会期间，土公浜有舞龙灯、抢万人伞[1]的传统，在庙会上有村民表演提香档[2]的功夫。

村中居民以吴姓为多，另有蒋、沈、金、张等姓。截至2008年动迁前，有村民29户，118人，其中男性56人、女性62人；有土地面积10.2万平方米。村民收入来源主要依靠种植水稻、小麦和蔬菜。

2008年，因城际铁路建设需要，土公浜土地被征用，27户居民全部动迁至临芳苑三区，村庄全部拆除，土公浜自然村消失。2017年末，城北工业坊以南，沪宁铁路以北，大水泾以西为土公浜原址，现为城际铁路绿化带。

① 抢万人伞：在小山形状的物件上挂上写好的姓名求菩萨保佑，村民认为挂得越高越吉利。

② 提香档：在庙会上比赛时，把50斤石锁挂在参赛村民的胳膊上，谁举得快举得高，谁就是第一名。

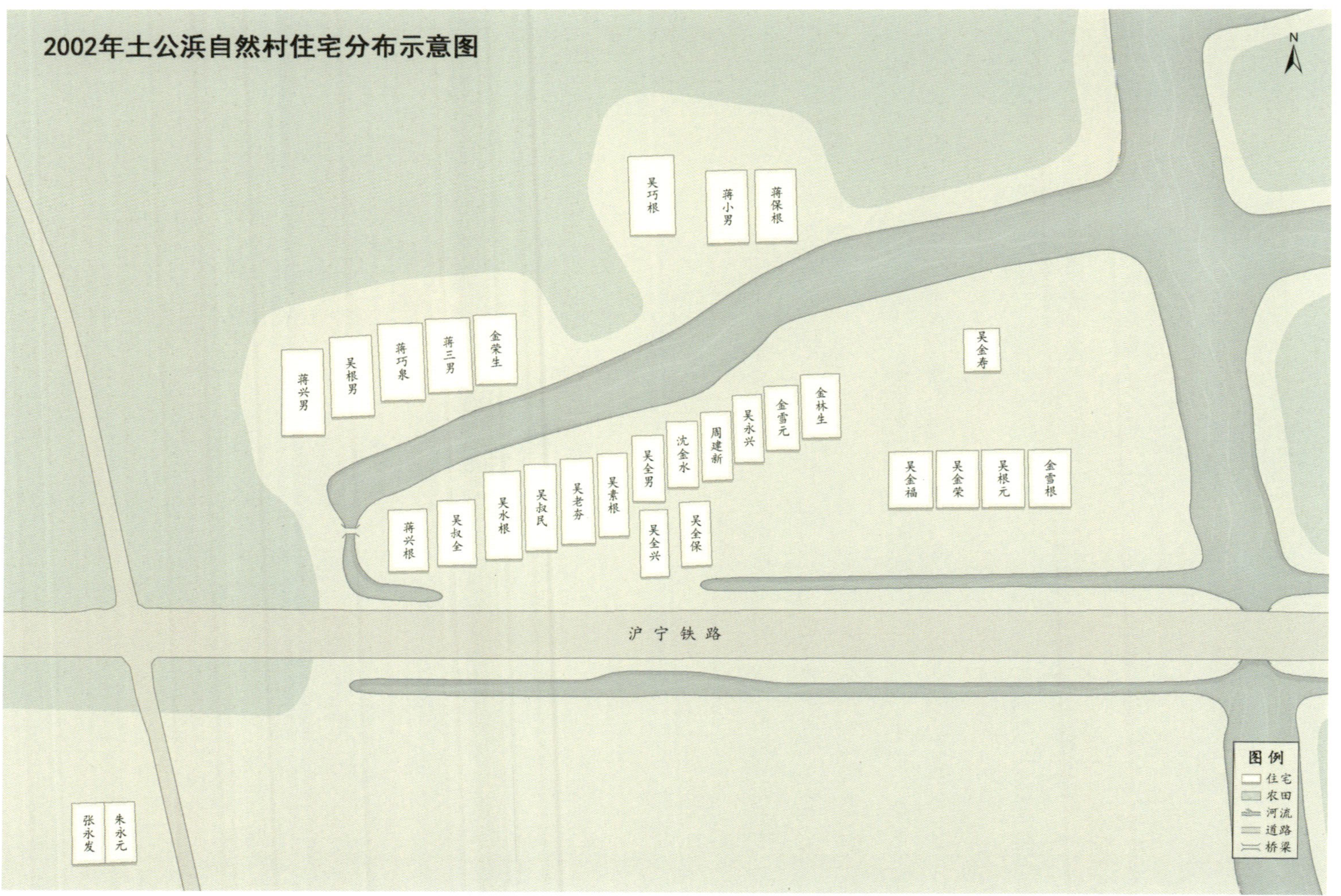
2002年土公浜自然村住宅分布示意图
N
吴巧根
蒋小男
蒋保根
蒋兴男
吴根男
蒋巧泉
蒋三男
金荣生
吴金寿
金林生
金雪元
吴永兴
周建新
沈金水
吴全男
吴素根
吴老夯
吴叔民
吴水根
吴叔全
蒋兴根
吴全兴
吴全保
吴金福
吴金荣
吴根元
金雪根
沪宁铁路
张永发
朱永元
图例
住宅
农田
河流
道路
桥梁

九、湾里南岸

湾里南岸东临阳围村，南接相城区蚬山村五组，西与蚬山村前湾相连，北靠湾里北岸。因位于阳西村小河浜南岸而得名。

湾里南岸是阳西村的一个自然村，由自然村东塘与湾里于1987年10月合并而成。

1968年为响应政府“围湖造田”号召，该村家家出力，人人参与，新造500亩土地，大部分开挖成鱼塘，放养青、草、鳊、鲢、鲫鱼等水产品；部分种植水稻、小麦及柑橘等水果。

村民祖辈以捕鱼、捉蟹、扒蚬子为生，地名蚬子山就是由祖辈长年累月捕蚬子脱壳而成。至70年代中期，村民以水上运输业为主，当时的胥门、娄门、南门（人民桥）、盘门、葑门、金门（长船湾）、老阊门、平门均有该村的运输船只，尤以平门桥附近为甚，运输收入占当时全村经济总量的一半以上。

湾里南岸村民以居、徐、姚、周姓居多。截至2009年4月动迁前，有村民84户，人口318人，其中男性176人、女性142人。湾里南岸村民以“勤劳、淳朴、敦厚、友善”为村训。

2009年4月，因区域规划调整，湾里南岸整体拆迁，村民安置在临芳苑四区，湾里南岸自然村消失。2017年末，相城区沈桥村岘山南岸东侧区域为湾里南岸原址，现为蔬菜基地。

◎ 湾里南岸村貌（2009年摄）

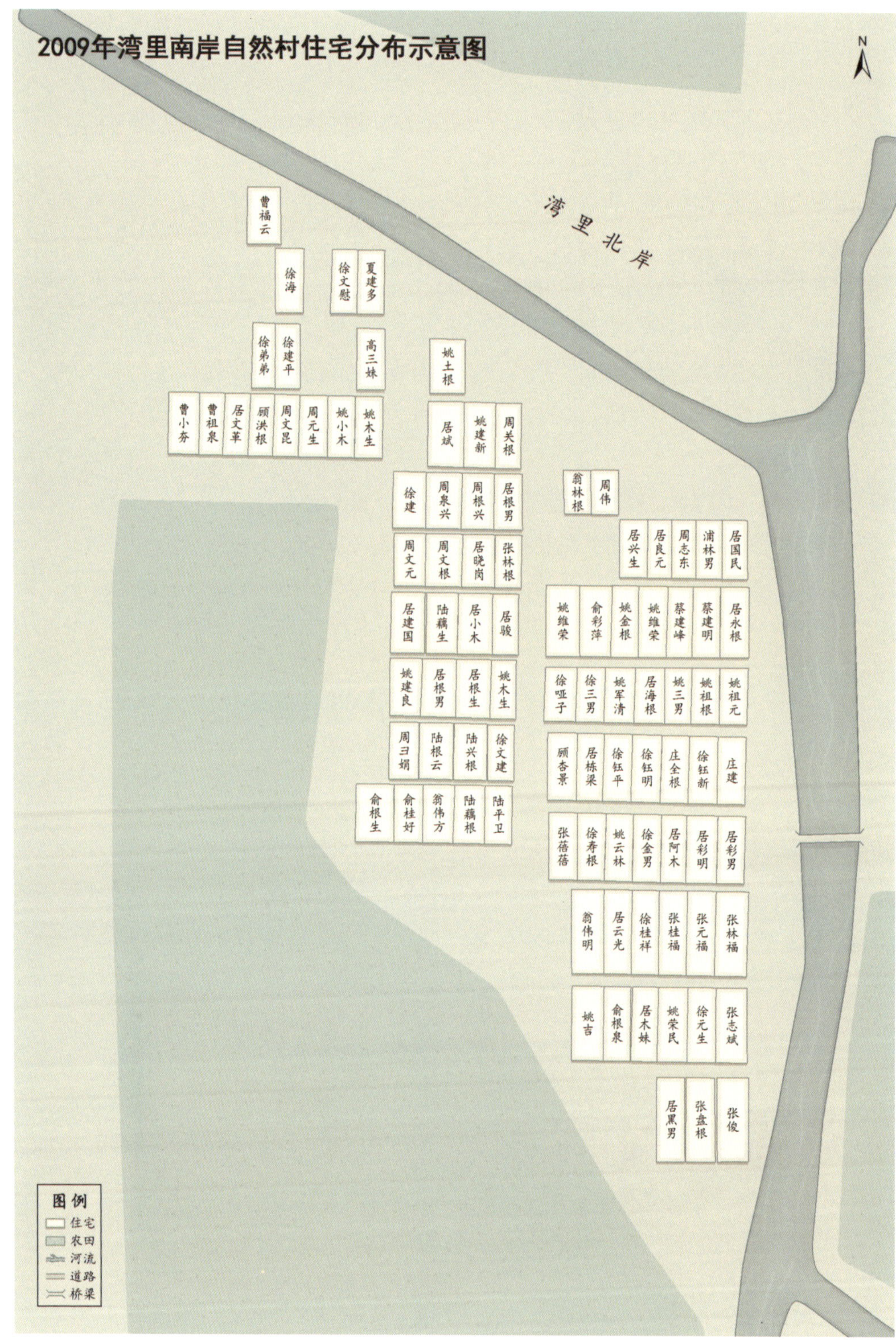
2009年湾里南岸自然村住宅分布示意图
N
湾里北岸
曹福云
徐海
徐文魁
夏建多
徐弟弟
徐建平
高三妹
姚土根
曹小夯
曹祖泉
居文革
顾洪根
周文昆
周元生
姚小木
姚木生
居斌
姚建新
周关根
徐建
周泉兴
周根兴
居根男
翁林根
周伟
周文元
周文根
居晓岗
张林根
居兴生
居良元
周志东
浦林男
居国民
居建国
陆藕生
居小木
居骏
姚维荣
俞彩萍
姚金根
姚维荣
蔡建峰
蔡建明
居永根
姚建良
居根男
居根生
姚木生
徐哑子
徐三男
姚军清
居海根
姚三男
姚祖根
姚祖元
周ヨ娟
陆根云
陆兴根
徐文建
顾杏景
居栋梁
徐钰平
徐钰明
庄全根
徐钰新
庄建
俞根生
俞桂好
翁伟方
陆藕根
陆平卫
张蓓蓓
徐寿根
姚云林
徐金男
居阿木
居彩明
居彩男
翁伟明
居云光
徐桂祥
张桂福
张元福
张林福
姚吉
俞根泉
居木妹
姚荣民
徐元生
张志斌
居黑男
张盘根
张俊
图例
住宅
农田
河流
道路
桥梁

十、湾里北岸

湾里北岸位于阳澄湖西湖腰段，东南面均傍阳澄湖 ，西接相城区太平镇13大队，北面紧靠苏州中环北线和京沪高铁。原与湾里南岸合称湾里村，属蚬山村湾里段，后被河道一分为二，河北称湾里北岸。

湾里北岸地处吴县太平镇境内，1958年前行政归属吴县沈桥乡联合村。1958年11月划归苏渔乡。1970年属苏州郊区娄葑公社。

1973年，村民开始开挖鱼塘，1976年结束，形成以捕捞、水产养殖为主的产业结构。春夏季牵银鱼、张虾笼，秋冬季牵甲簖[①]，内外水面养殖阳澄湖大闸蟹及四大家鱼[②]。

村内办有阳西小学，前后开办40多年，1976年至1978年开办两年制初中班。1995年，阳西小学校长徐寿根创办洋喜工艺品厂，其“荷花”“公牛”牌扑克一度畅销江浙沪、东北、四川、山东、重庆等地。

湾里北岸村民以居、徐、姚、周等姓居多。截至2009拆迁前，有村民152户，661人，其中男性312人、女性349人；有土地面积约7.3万平方米。村民以捕捞、水产养殖为生。

2009年4月，因工业园区开发建设，湾里北岸整体拆迁，村民均安置在临芳苑四区，湾里北岸自然村消失。2017年末，相城区沈桥村岘山北岸东侧、中环南侧区域为湾里北岸原址，现为蔬菜地和养鱼塘、蟹塘。

---

① 牵甲簖：两船一组在冬季专门用网在阳澄湖捕捞鲫鱼的形式和工具。

② 四大家鱼：青鱼、草鱼、鲢鱼（白鲢）、鳙鱼（花鲢）。

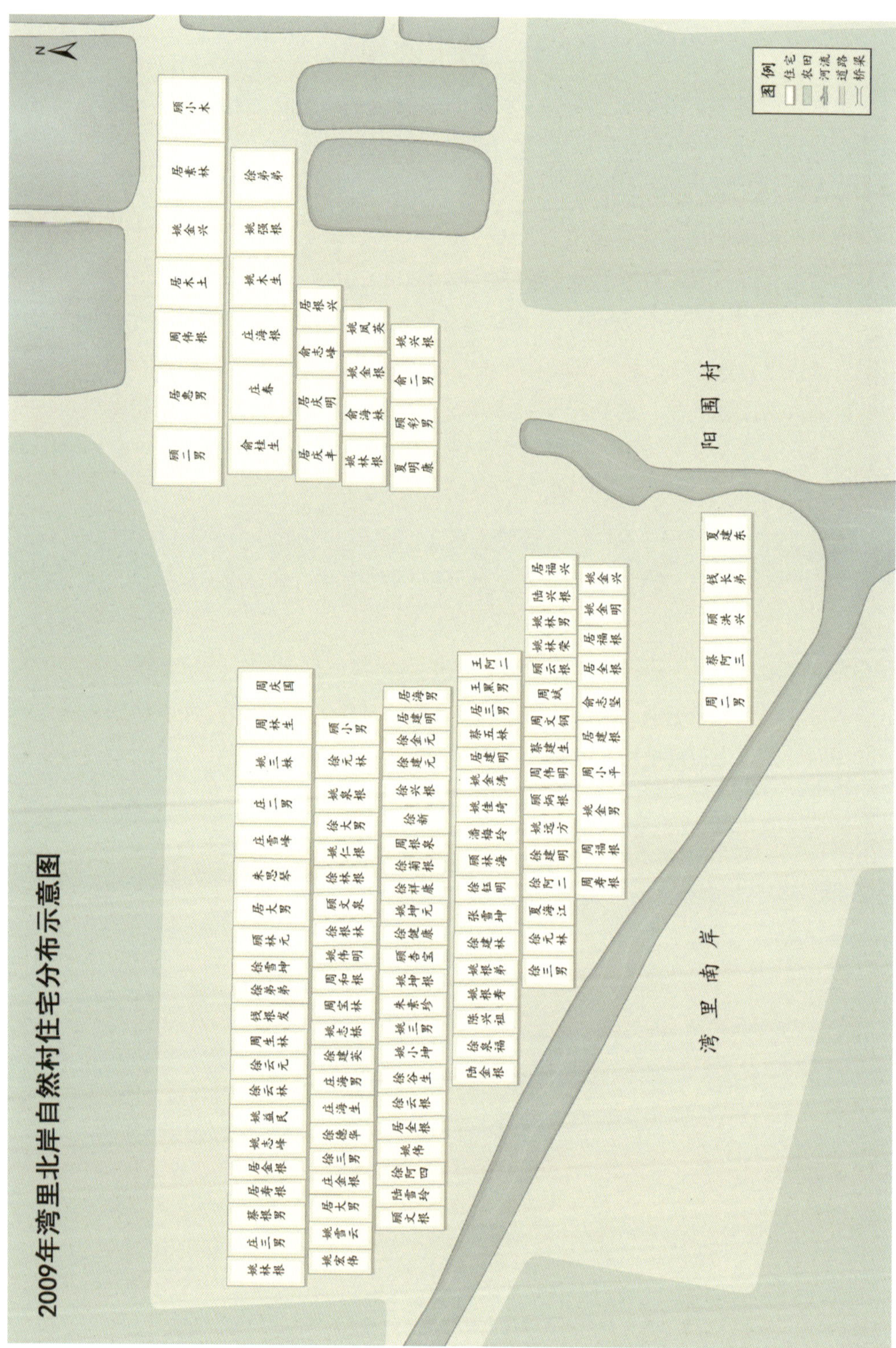

2009年湾里北岸自然村住宅分布示意图

十一、张杏浜

张杏浜原名张安浜，东沿大水泾，南邻土根浜，西靠小水泾和罗家庄，北接北板桥。因村中有名为张安浜的河浜而得名，后在地名勘察中误写为张杏浜而沿用至今。

张杏浜村民隶属倪浜第11生产队。村东侧有名为张张桥的桥梁，为居民跨越大水泾至唐庄朱家浜的主要通道。村内有两座大坟，一座位于村子东侧，为肖家祖坟，坟前有一株榉树，树龄数百年，须三个成年人才可合抱。另一座位于村子西侧，是一座数米高的官坟，坟上盖有瓦块，坟前有石道和一座莲花池，坟两侧有护栏，均为数吨重的大型石栏构成。坟旁有坟堂屋，解放前有专人看护坟墓，解放后坟堂屋分给村民居住。村北侧有一座观音堂，"大跃进"时被拆除。村西矗立有一座水塔，于90年代建成，为整个倪浜村人提供自来水。

张杏浜村民以肖姓、张姓居多，少数为吴姓。截至2002年动迁前，有村民20户，87人，其中男性38人、女性49人；有土地面积约8.9万平方米。村民收入来源主要依靠种植水稻、大麦和蔬菜。

2002年，因工业园区开发建设，张杏浜整体动迁，居民全部搬迁至泾园二村，张杏浜自然村消失。2017年末，沪宁铁路以北，扬东路以南，大水泾以西为张杏浜原址，建有城北工业坊。

2002年张杏浜自然村住宅分布示意图

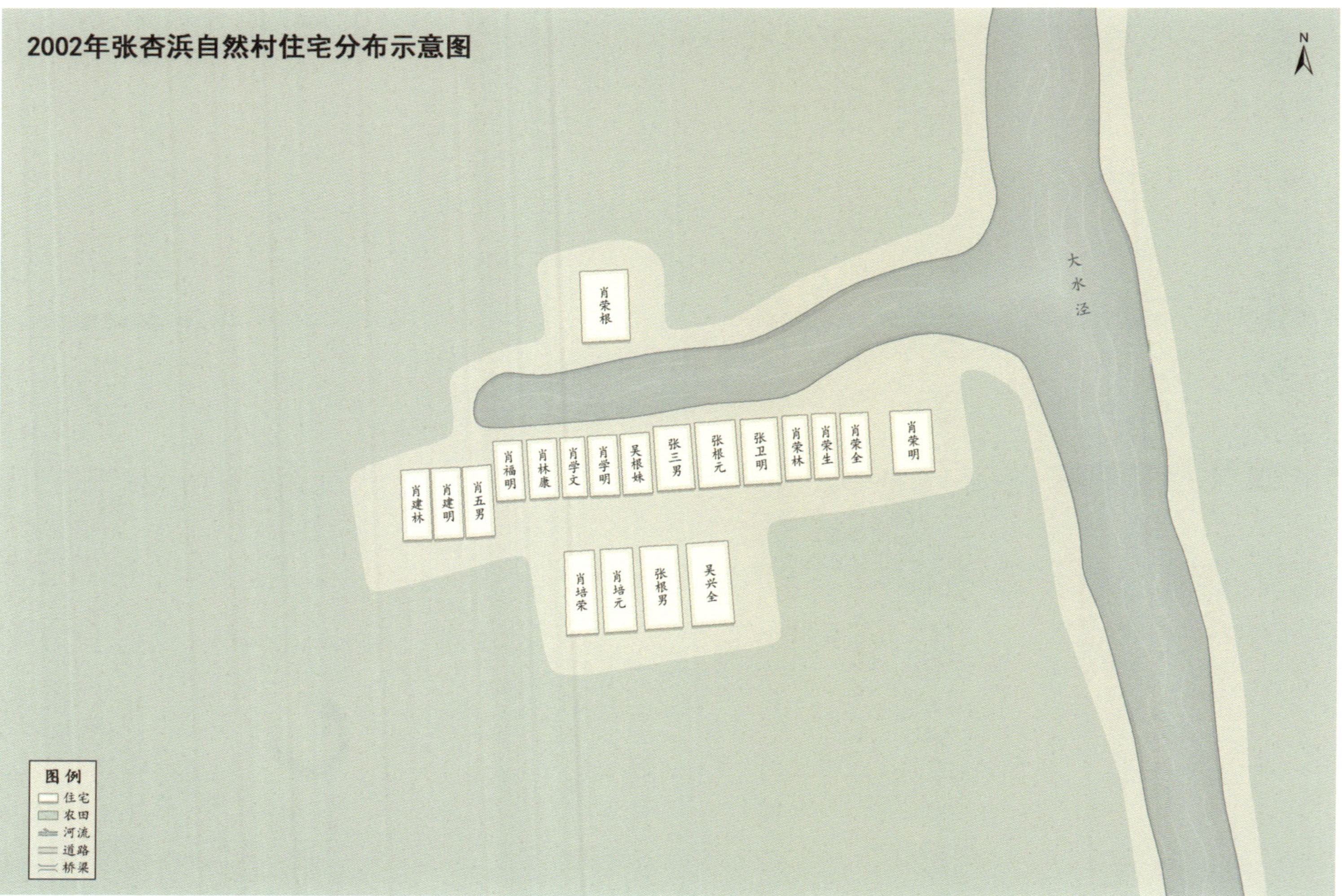

十二、长浜钥匙浜

长浜钥匙浜东沿大水泾，南靠黄倪浜，西接唐家浜，北邻阳澄湖。解放前为长浜和钥匙浜，因村内有一长条状河浜和一钥匙状河浜而得名。后因村内生产队调整合并而成长浜钥匙浜。

长浜钥匙浜村民为倪浜第8、15生产队社员及部分第14生产队社员。长浜浜底处是倪浜村第二座灌溉机房，为北部自然村提供灌溉用水。村内有一座清朝苏姓官员坟墓，坟旁有坟堂屋，解放前有人看坟。"大跃进"时期，坟墓被挖开，出土文物以玉器、铜钱为主。

解放前后，长浜钥匙浜常有来自横泾、蚬子山的持枪、持刀强盗。为保护村庄，村民自发组成民防队，搭建眺望台日夜防范，在阳澄湖沿岸钉下木桩并用铁链连起，组成沿岸防护栏以防强盗进入。

长浜钥匙浜村民以朱姓为多，另有沈、吴、陆、李等姓。截至2003年动迁前，有村民45户，156人，其中男性75人、女性81人；有土地面积约12.7万平方米。村民收入来源主要依靠种植水稻、大麦和蔬菜。

2003年，因工业园区开发建设，长浜钥匙浜村土地被征用，居民全部动迁至泾园二村，长浜钥匙浜自然村消失。2017年末，和顺路以北，阳澄湖大道以南，大水泾以西为长浜钥匙浜原址，建有创投工业坊。

◎ 建在长浜钥匙浜原址上的创投工业坊（2018年摄）

2003年长浜钥匙浜自然村住宅分布示意图

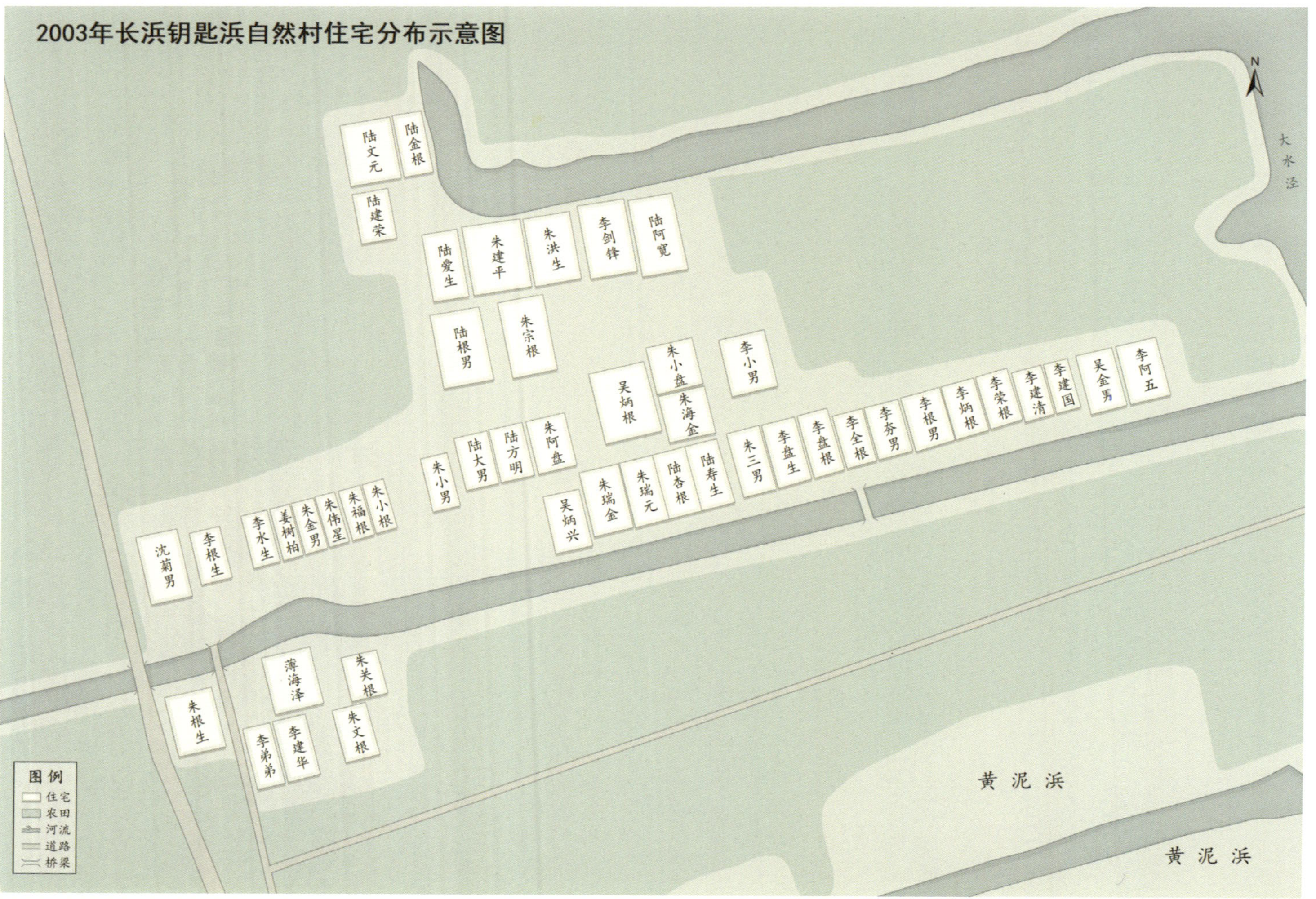

十三、朱家浜

朱家浜东接史家浜，南靠郭家浜，西邻大水泾，北至孟下村。

朱家浜的历史最早可追溯到清朝末年，距今一百多年。

朱家浜西北边有个行行桥，大水泾和张行浜的交界处有张张桥，在东北角有蒋家坟，在东面有王家庄庙，香火十分鼎盛。

朱家浜分为第1生产队和第6生产队，村民以王、郭、沈、平、陆姓居多。截至2002年动迁前，朱家浜有村民51户，201人，其中男性101人、女性100人；有土地面积53万平方米。村民收入来源主要依靠种植水稻、小麦、蔬菜以及养猪。

2002年，因建造扬东路，村民全部动迁至泾园二村，朱家浜自然村消失。2017年末，扬云路以北，扬东路以南，大水泾以东为朱家浜原址，建有苏州北新建材有限公司、泾园二村。

◎ 建在朱家浜原址上的苏州北新建材有限公司（2019年摄）

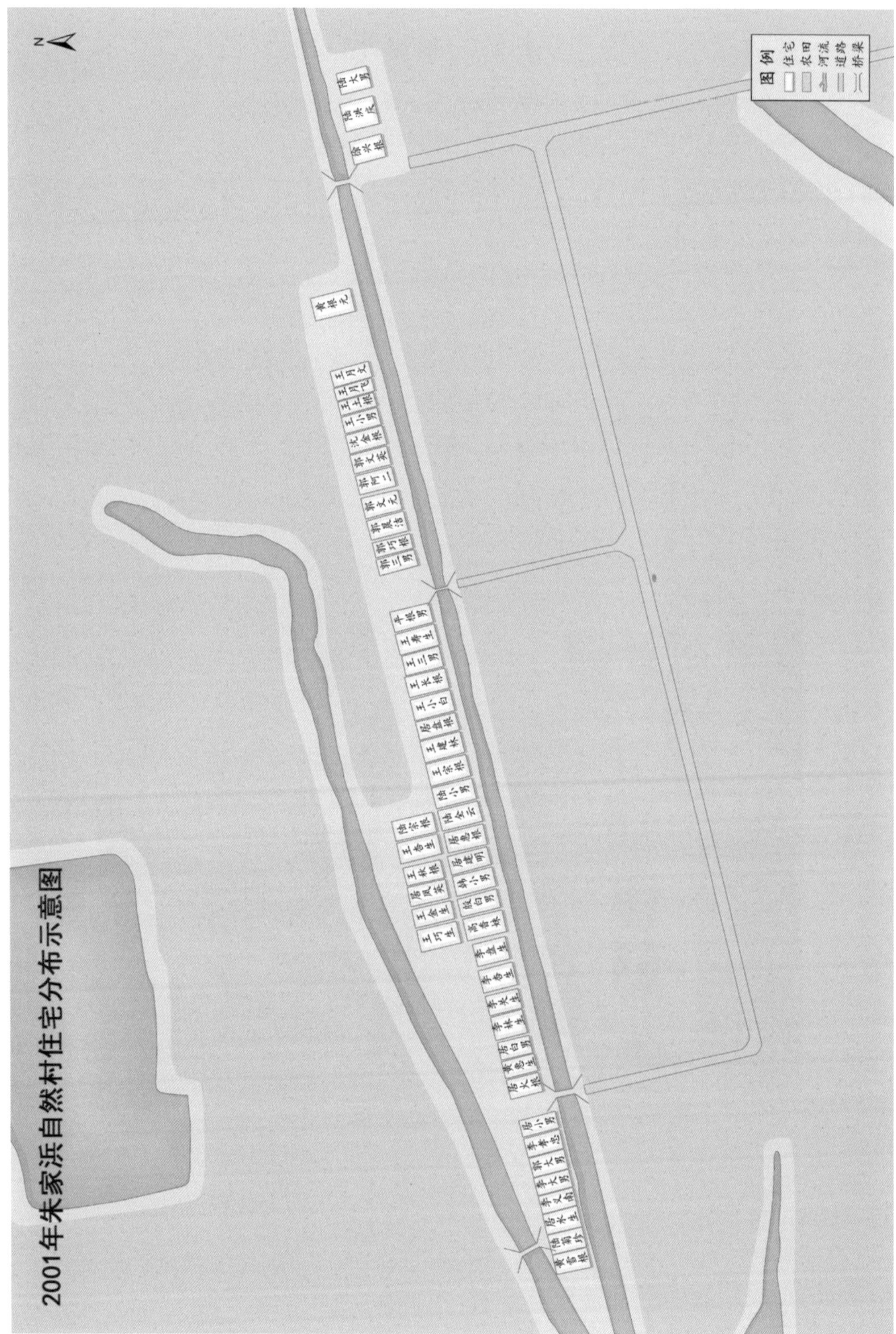
2001年朱家浜自然村住宅分布示意图
N
图例
住宅
农田
河流
道路
桥梁

十四、方家村

方家村东北接312国道，南邻京沪铁路，西枕沿塘河，河对面是原吴县化肥厂。

方家村原为娄葑四大队渔业组。1970年，由于常年从事捕捞业的渔民居无定所，根据当时安置政策便落户到娄葑四大队。由于阳西村住宅用地奇缺，大部分落户的渔民一直无法上岸建房定居，直至1986年经娄葑乡协调，在娄葑板泾西南一隅叫方家村的地方规划一块住宅用地，渔民得以全部上岸建房定居。

方家村村南有一条方家浜，村民住宅均依浜北而建。村内唯一一条无名水泥通道连接村东的312国道。

方家村村民以韩、赵、张、徐、石姓居多。截至2008年动迁前，有村民35户，143人，其中男性67人、女性76人；土地面积约5200平方米。动迁安置后，村民基本以在附近就业及阳澄湖零星捕捞为主要生活来源。

2008年5月，随着工业园区在北部开发建设，方家村整体搬迁。2010年，村民安置到京沪铁路南边的新苏苑小区，方家村自然村消失。2017年末，京沪铁路北、312国道西为方家村原址，建有江苏通源旧机动车交易市场有限公司停车场及草坪绿化景观。

2008年方家村自然村住宅分布示意图
N
外塘河
唐林妹
张长生
韩宝林
韩小男
陆金彩
徐建男
徐龙泉
唐小马
石福林
石福堂
张老虎
周小根
徐金男
唐小龙
韩小羊
周小男
张红宝
张长根
赵根林
赵伟
唐兴男
石长根
赵老虎
石全林
赵小蛇
唐根男
石福官
赵根福
顾四妹
赵福宝
韩根男
赵林男
周云根
图例
住宅
农田
河流
道路
桥梁

十五、毛家浜

毛家浜东沿大水泾与杨家门对岸，南靠北板桥，西邻唐家浜，北接黄倪浜。因村内有一条民国前即称为毛家浜的河浜而得名。

毛家浜村民为倪浜第13生产队社员。

毛家浜村内有一条新开河5号河，河道将毛家浜分成南北两半，河岸上有一座简易水泥桥，方便两岸村民日常来往。新开河北岸西侧的10户人家由黄倪浜搬迁至此。大集体时，毛家浜村有村级企业柳条厂，主要经营柳条编织。

毛家浜村中毛姓最多，顾、周次之，另有吴、朱、费等姓。毛姓居民多数居住在河浜东边名叫毛家场的次级小村落里。截至2001年动迁前，有村民22户，101人，其中男性47人、女性54人；有土地面积约8.5万平方米。村民收入来源主要依靠种植水稻、小麦、油菜、蔬菜以及养猪。

2001年至2002年，因工业园区开发建设，毛家浜土地被征用，居民全部动迁至泾园二村，2003年村庄全部拆除，毛家浜自然村消失。2017年末，沪宁高速公路以北，和顺路以南，缤特力路以东为毛家浜原址，建有创投孵化器厂房。

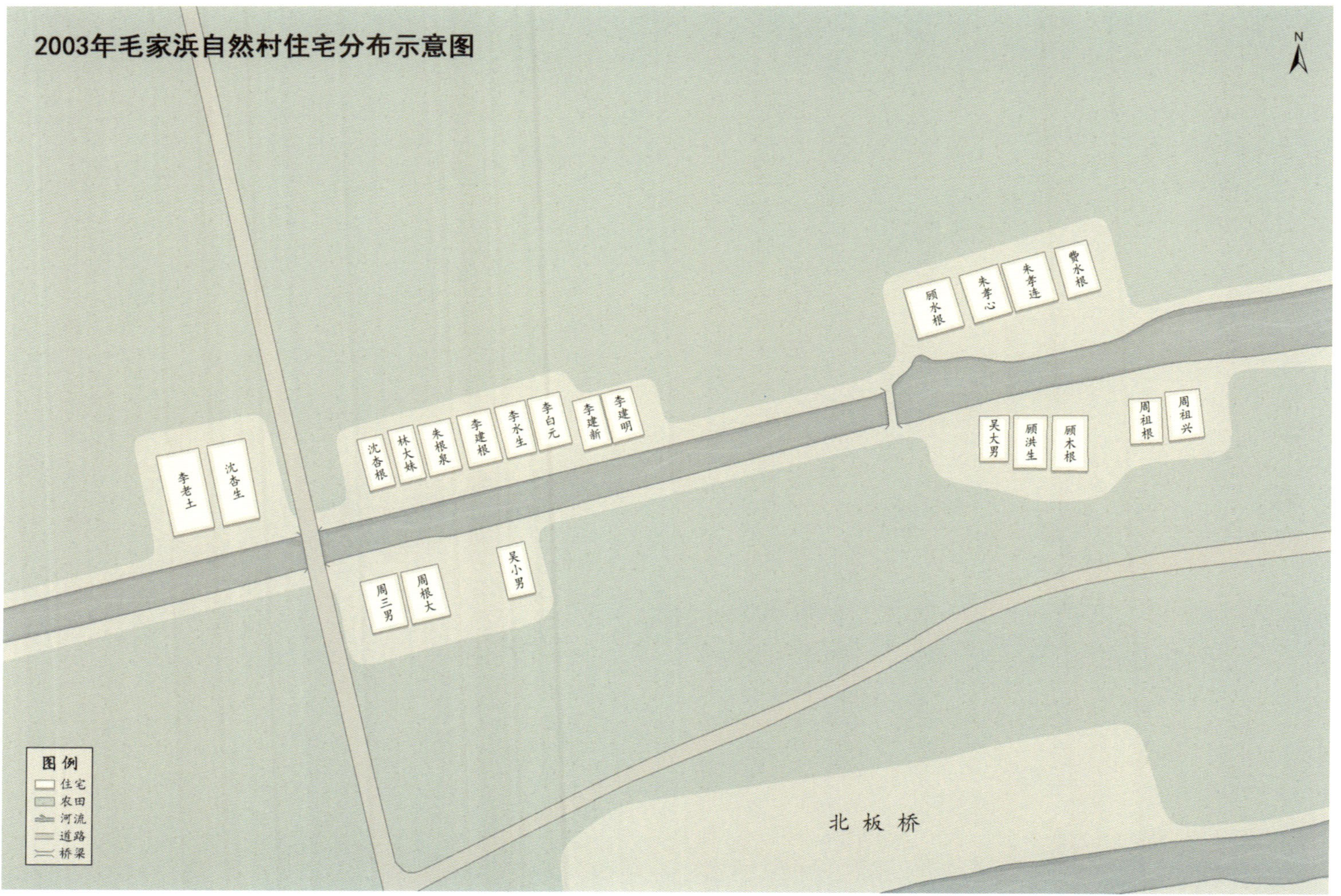
2003年毛家浜自然村住宅分布示意图
N
李老土
沈杏生
沈杏根
林大妹
朱根泉
李建根
李水生
李白元
李建新
李建明
顾水根
朱孝心
朱孝莲
费水根
吴大男
顾洪生
顾木根
周祖根
周祖兴
周三男
周根大
吴小男
北板桥
图例
住宅
农田
河流
道路
桥梁

十六、板泾楼

板泾楼位于石家庄北部，东临小水泾，南隔板泾河，西傍洋泾河，北接农田。

板泾楼有一座桥，名叫板泾桥，是大岸楼、山青子村民来往必经之处。村民出行都靠步行。

板泾楼村民以周、蒋、李姓居多。截至2005年拆迁前，有村民27户，108人，其中男性63人、女性45人；有土地面积为12万平方米。村民主要经济来源为种植水稻和蔬菜，种植好的蔬菜上交到集体蔬菜公司后，再供应给城市居民。

2005年，因工业园区开发建设，板泾楼整体拆迁，村民搬迁至泾园新村，板泾楼自然村消失。2017年末，沪宁高速公路南侧附近区域为板泾楼原址，建有草坪等绿化景观。

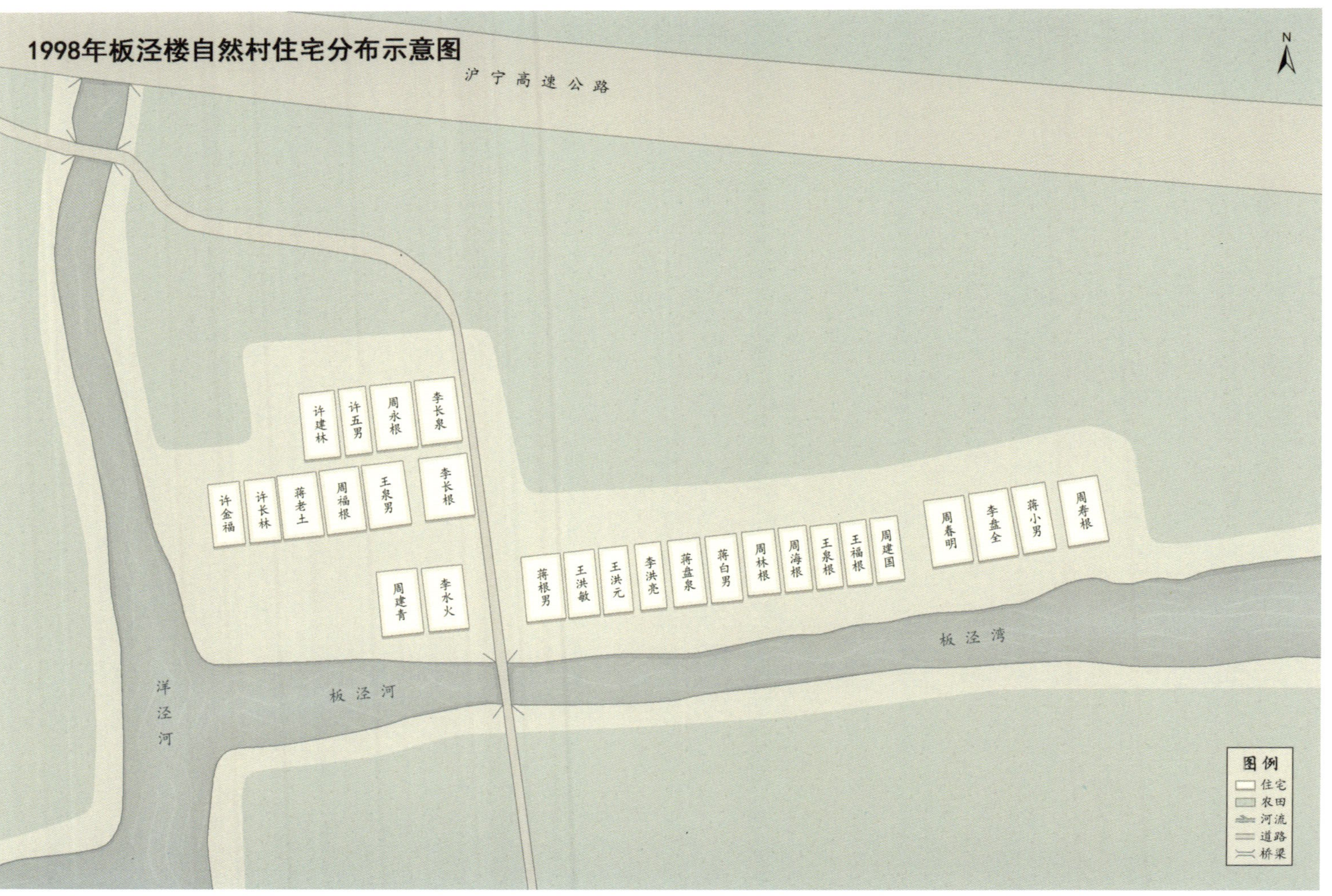

1998年板泾楼自然村住宅分布示意图

十七、大岸楼

大岸楼位于板泾的东北角，东临唐家浜，南靠板泾楼，西接山脚下，北靠农田。

大岸楼村民以高、沈姓居多。截至2000年拆迁前，有村民38户，130人，其中男性85人、女性45人；有土地面积12.3万平方米。全村以种植水稻为主、蔬菜种植为辅。主要经济来源为种水稻和蔬菜，蔬菜种植后上交到集体蔬菜公司，再供应给城市居民并获得相应报酬。

2000年，因工业园区开发建设，大岸楼整体征地拆迁，村民安置在泾园新村，大岸楼自然村消失。2017年末，和顺路南侧附近区域为大岸楼原址，建有兆丰鑫创公寓、苏州工业园区兆丰资产管理有限公司。

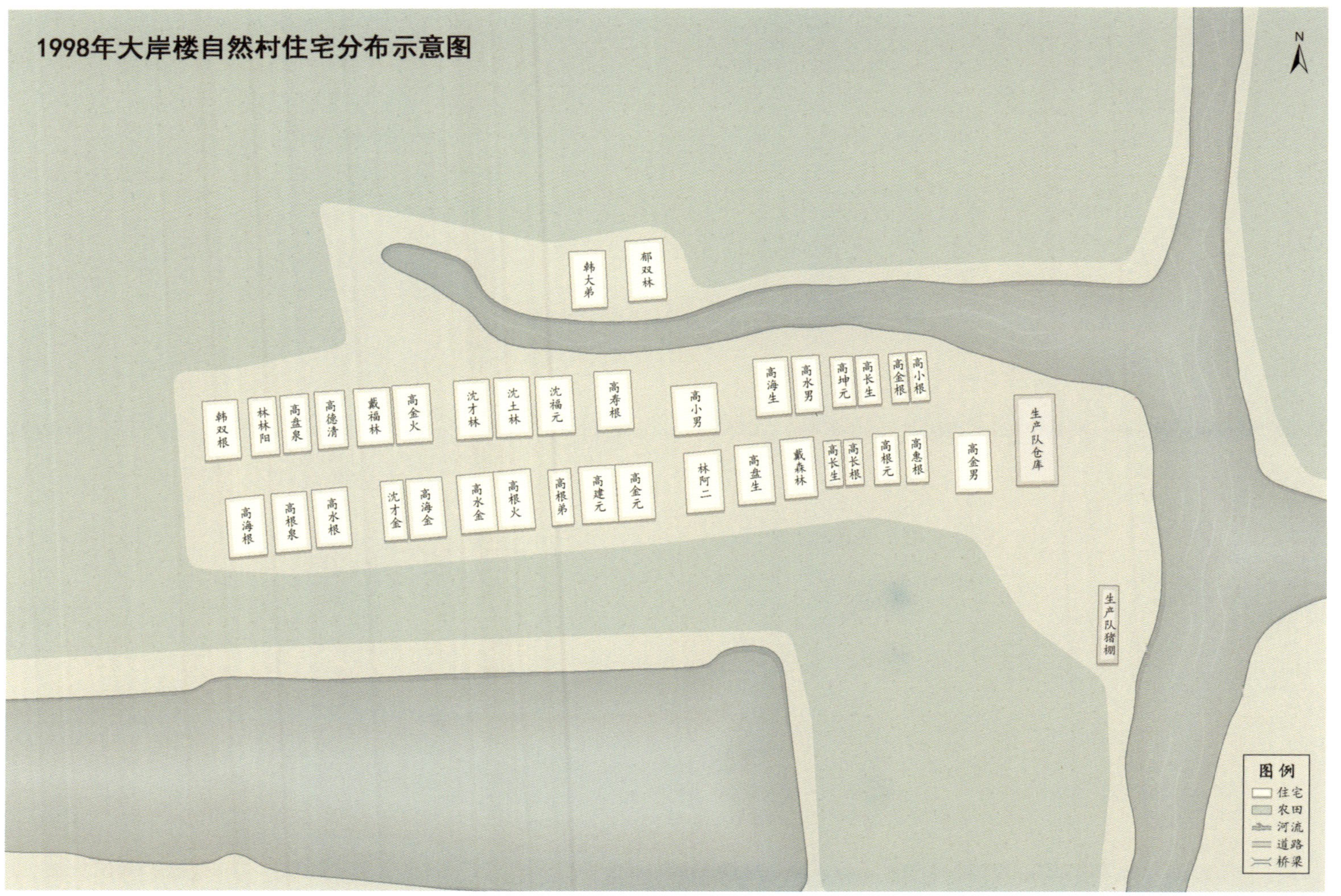
1998年大岸楼自然村住宅分布示意图
N
韩大弟
郁双林
韩双根
林林阳
高盘泉
高德清
戴福林
高金火
沈才林
沈土林
沈福元
高寿根
高小男
高海生
高水男
高坤元
高长生
高金根
高小根
生产队仓库
高海根
高根泉
高水根
沈才金
高海金
高水金
高根火
高根弟
高建元
高金元
林阿二
高盘生
戴森林
高长生
高长根
高根元
高惠根
高金男
生产队猪棚
图例
住宅
农田
河流
道路
桥梁

十八、山脚下

山脚下位于板泾的西北角，东临洋泾河，南、西均是农田，北隔阳澄湖。

山脚下村民以徐、郁姓为主。截至1998年拆迁前，有村民63户，250人，其中男性146人、女性104人；有土地面积约16.7万平方米。村民以种植水稻、蔬菜为主，蔬菜种植后上交到集体蔬菜公司，再供应给城市居民。

1998年，因工业园区开发建设，山脚下整体拆迁，村民均安置在泾园新村，山脚下自然村消失。2017年末，扬庭路东侧附近区域为山脚下原址，建有兆润圆创生活广场。

◎ 建在山脚下原址上的兆润圆创生活广场（2019年摄）

1998年山脚下自然村住宅分布示意图

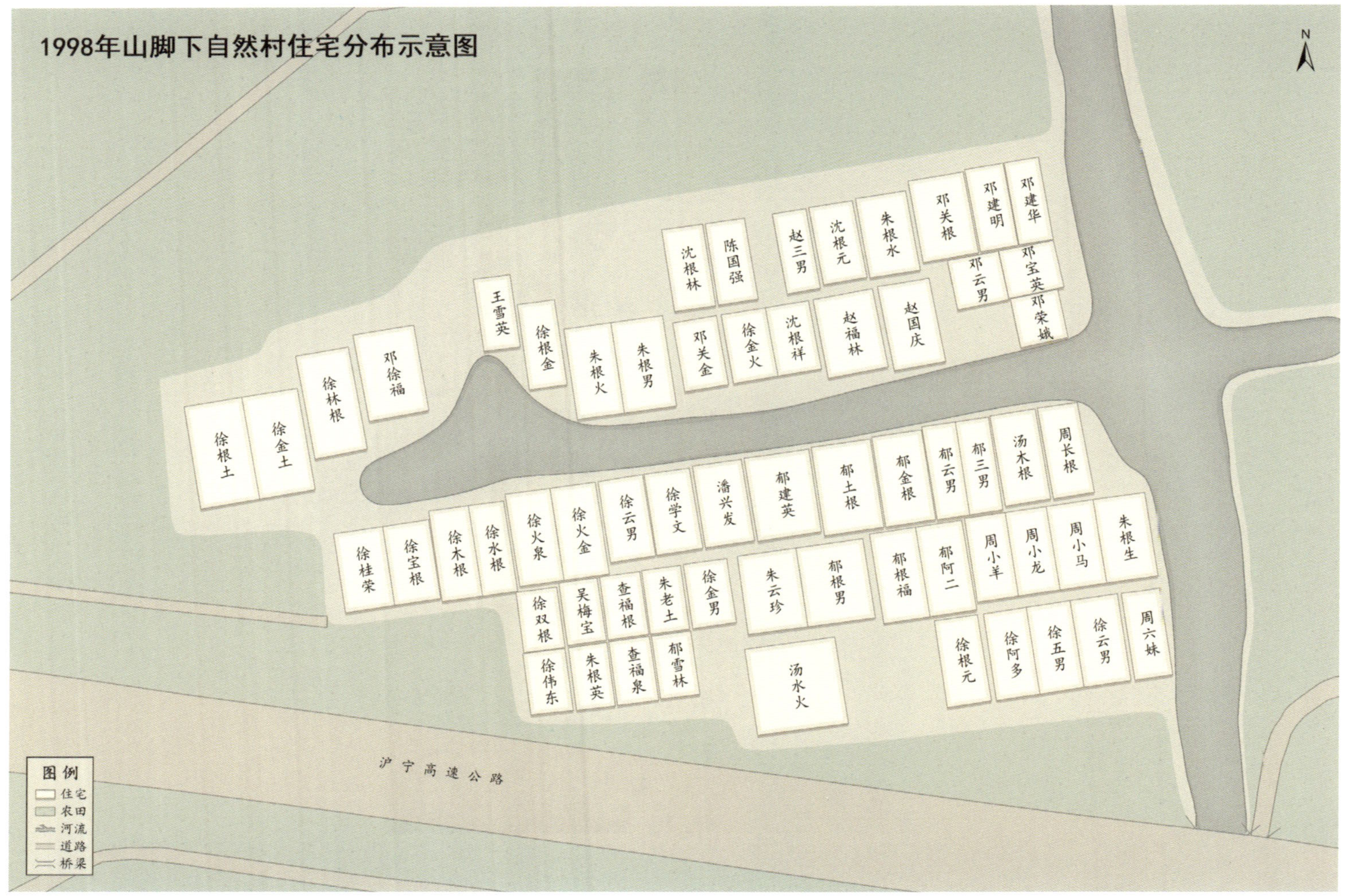

十九、山青子

山青子东临小水泾，南、西面均是农田，北隔阳澄湖。因村落旁边有座山丘，故取名山青子。

山青子村民以陈姓为主。截至1999年拆迁前，有村民35户，160人，其中男性86人、女性74人；有土地面积约12.5万平方米。全村以水稻、蔬菜种植为生。

1999年，因工业园区开发建设，全村征地拆迁，拆迁时各自寻找过渡房，拆迁完毕后村民均安置在泾园新村，山青子自然村消失。2017年末，扬庭路西侧附近区域为山青子原址，建有香堤澜湾小区。

◎ 建在山青子原址上的香堤澜湾小区（2019年摄）

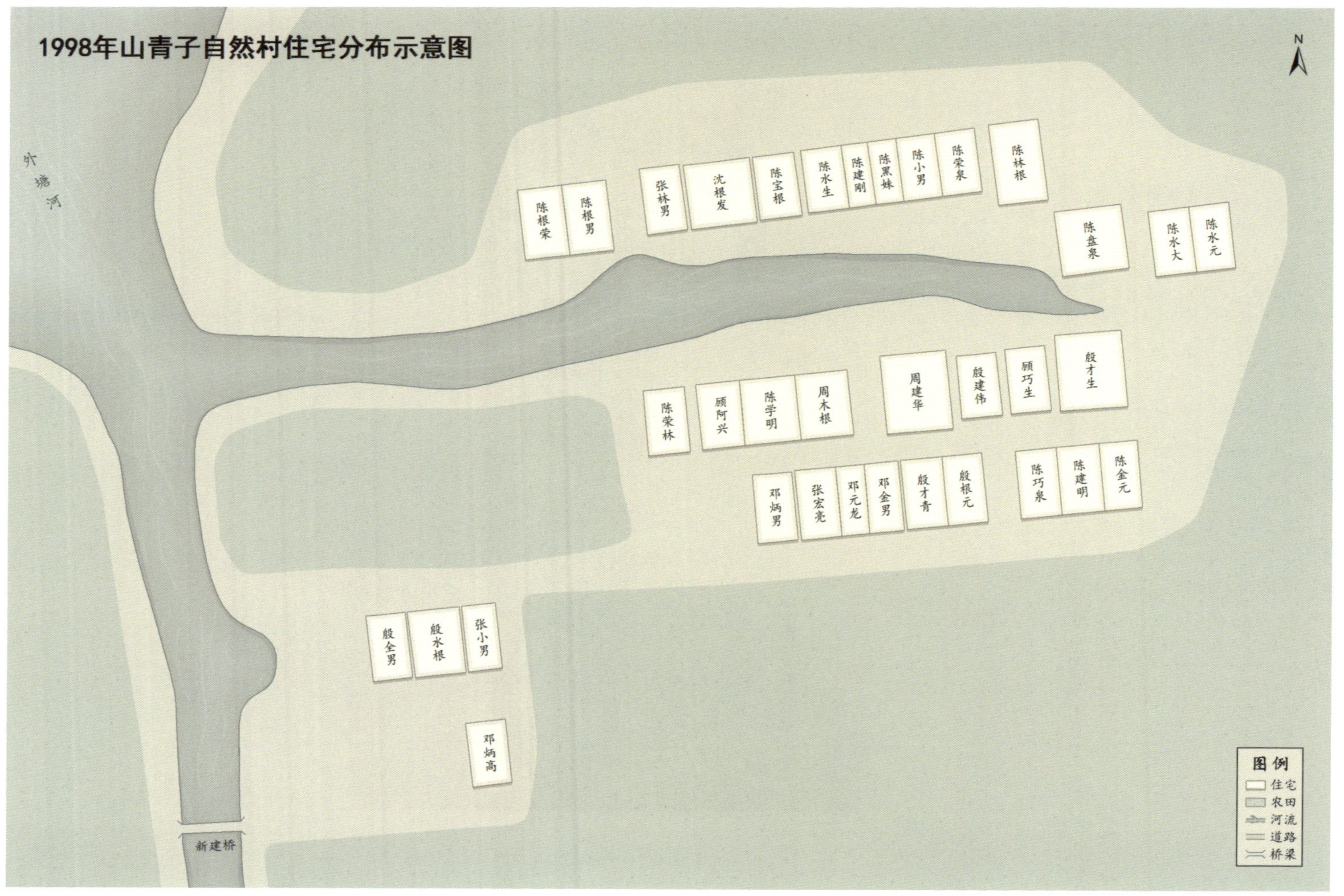

1998年山青子自然村住宅分布示意图

二十、阳围村

阳围村东连内塘鱼池、橘园，南有洋喜工艺品厂，西面上坡即是拦河小坝、后湾，河对面是湾里南岸，北接阳西小学。因在阳澄湖围垦时逐渐形成村落，故取名阳围村。

阳围村形成于70年代初至1985年，由湾里南岸、湾里北岸两个自然村移建至此。村民以居、徐、周、姚姓居多。截至2009年动迁前，有村民32户，132人，其中男性72人、女性60人；有土地面积约6667平方米。阳围村村民动迁前主要是以外湖围网养殖、内塘养殖及一部分外出做工为经济来源，养殖户以养为主、捕捞为辅。

2009年，因工业园区开发建设，阳围村整体动迁。2011年底，村民被安置在临芳苑四区，阳围村自然村消失。2017年末，中环南侧、阳澄湖西侧区域为阳围村原址，现为部分“水八仙”种植地和蔬菜地。

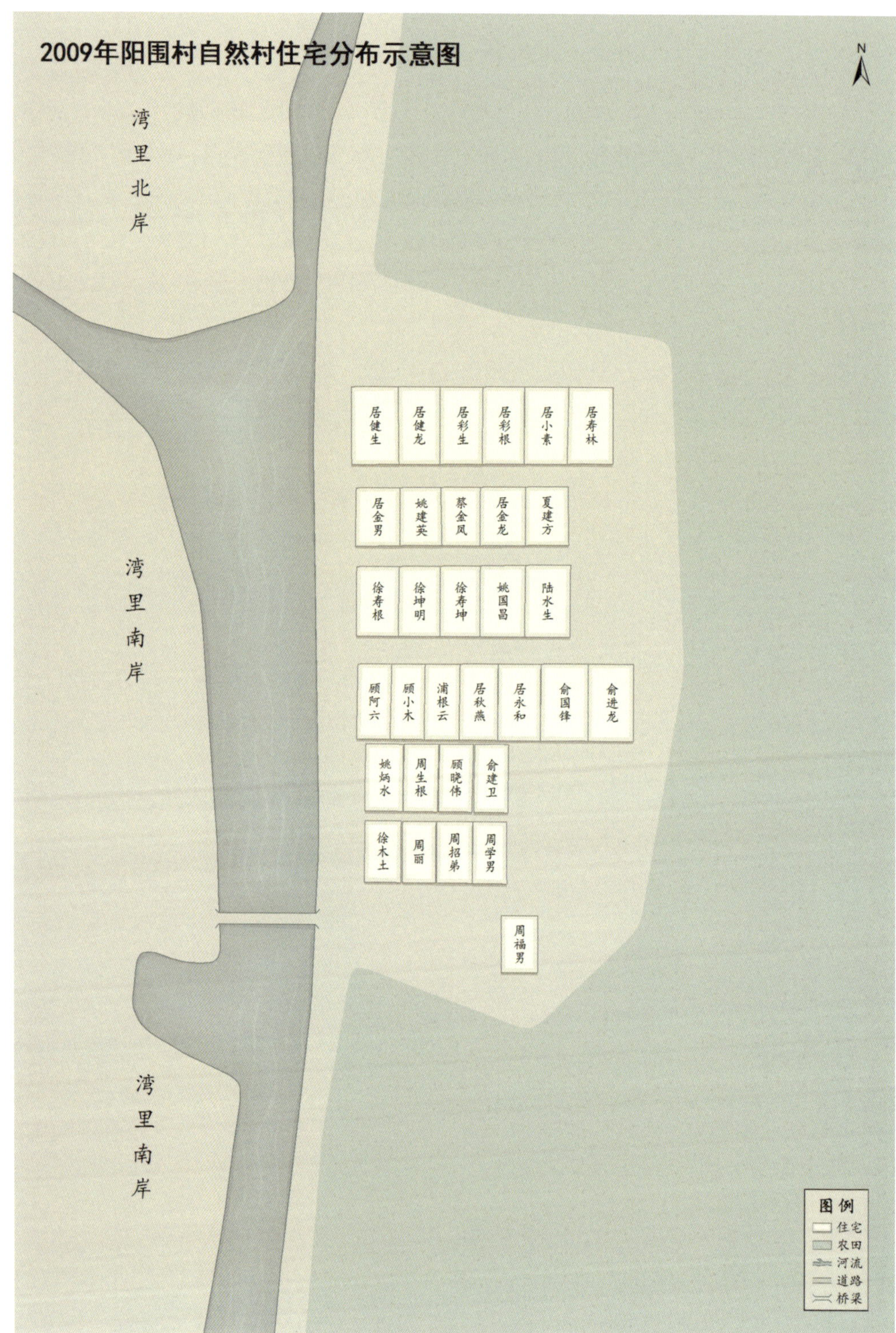
2009年阳围村自然村住宅分布示意图
N
湾里北岸
湾里南岸
湾里南岸
居健生
居健龙
居彩生
居彩根
居小素
居寿林
居金男
姚建英
蔡金凤
居金龙
夏建方
徐寿根
徐坤明
徐寿坤
姚国昌
陆水生
顾阿六
顾小木
浦根云
居秋燕
居永和
俞国锋
俞进龙
姚炳水
周生根
顾晓伟
俞建卫
徐木土
周丽
周招弟
周学男
周福男
图例
住宅
农田
河流
道路
桥梁

二十一、陆家庄

陆家庄东临河流，南面是京沪铁路，西面是312国道，北面是农田。

陆家庄有一座小桥，有一座下马墩的南北彭家坟，当时城里做官的人去世以后，都要来农村找块风水地安葬，坟墓有人看护，看护人还可在墓地周围耕作。

陆家庄原有个农机站，主要提供农田耕作机器设备，服务整个板泾村。1994年陆家庄划入工业园区，全部土地被征用，是板泾行政村首个无土地自然村。1999年该村建有农副产业交易市场。

陆家庄村民以陆、陈、龚姓居多。截至1997拆迁前，有村民38户，人口126人，其中男性68人、女性58人。陆家庄原有土地面积13.2万平方米，后发展成约15.7万平方米。村民以种植水稻、蔬菜为生。

1997年至2001年，为配合工业园区首个8平方千米区域的启动，启动区内的中医院、百货公司因土地征收搬迁至此，陆家庄陆续拆迁完毕，村民均安置在泾园新村内，陆家庄自然村消失。2017年末，312国道两侧附近区域为陆家庄原址，建有新屹大厦、弘德隆水果批发市场，日兴花园、天骄花园小区。

◎ 建在陆家庄原址上的新屹大厦（2019年摄）

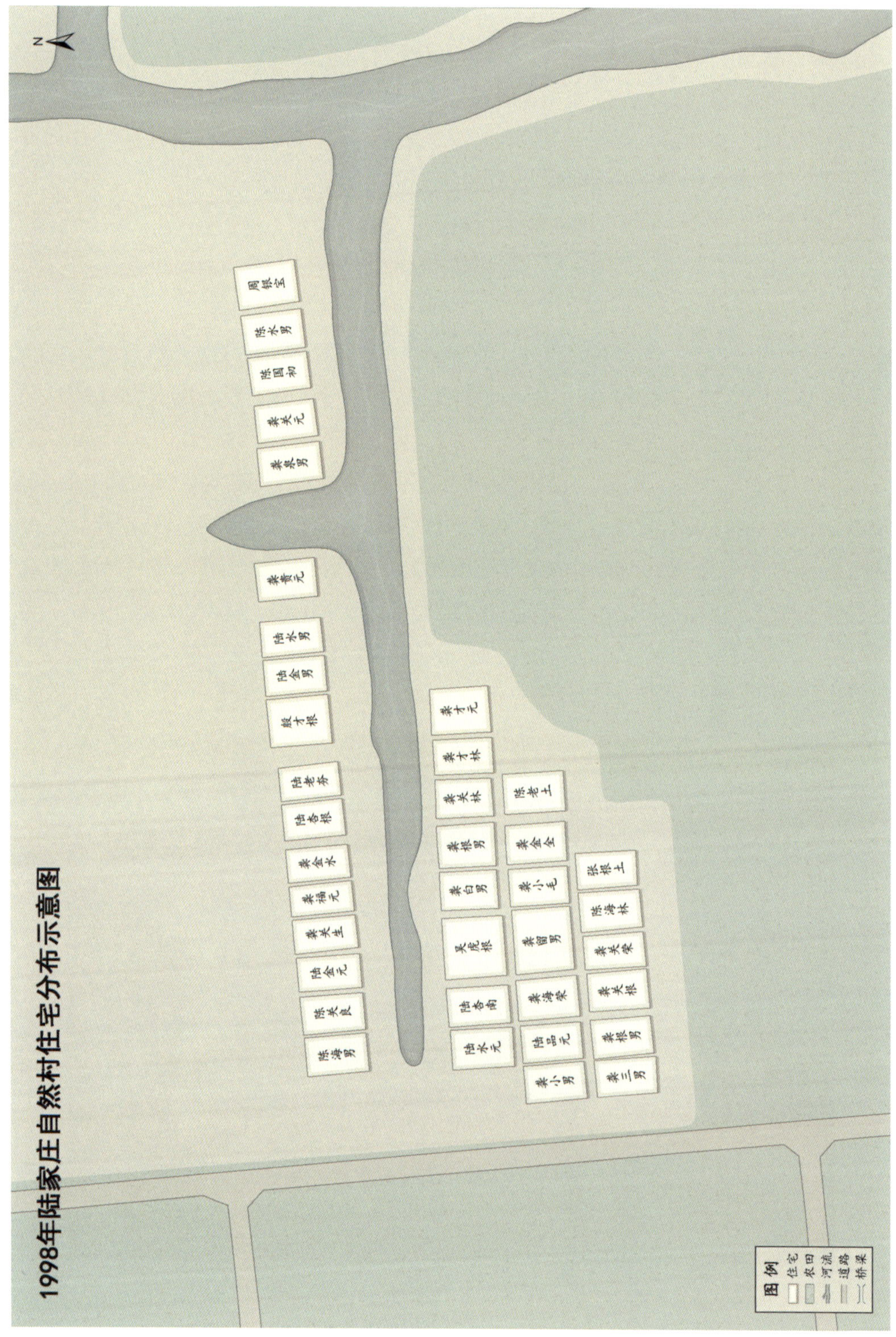

1998年陆家庄自然村住宅分布示意图

二十二、邓巷浜

邓巷浜东南均为农田，西隔沿塘河，北接铁路。因以邓姓村民居多而得名。

邓巷浜村内邓巷浜河东西走向，全长650米，宽2.5米。村民进入板泾村必先经过邓巷浜。

1975年，公共汽车公司和房管局在邓巷浜设立知青点，市里30人左右来此，后苏州市自行车零件厂（以下称车零厂）拆迁选址至此，知青安排到车零厂工作。该厂属轻工局，厂内有职工400多人，占地约3.67万平方米。

1986，邓巷浜村东面建有粪码头，当时，村民因种植农作物需要，远到苏州市齐门运输粪肥，交通十分不便。后经板泾村申请，新建粪码头于此，占地约6667平方米，成为当时周边洋泾村等北部区域的运输集中地，大小船只来往频繁。后由于规划需要，粪码头于1994拆除。

邓巷浜村民以沈、王、丰姓居多。截至2000年6月拆迁前，有村民共46户，194人，其中男性109人、女性85人；有土地面积约13.7万平方米。村民以种田为主，主要种植水稻、蔬菜。种好的蔬菜上交到集体蔬菜公司，再供应给城市居民。

2000年，因工业园区开发建设，邓巷浜整体拆迁，村民均安置在泾园新村，邓巷浜自然村消失。2017年末，京沪铁路南侧附近区域为邓巷浜原址，建有苏嘉杭高速公路、苏州第一塑胶有限公司。

◎ 建在邓巷浜原址上的苏州第一塑胶有限公司（2019年摄）

1998年邓巷浜自然村住宅分布示意图

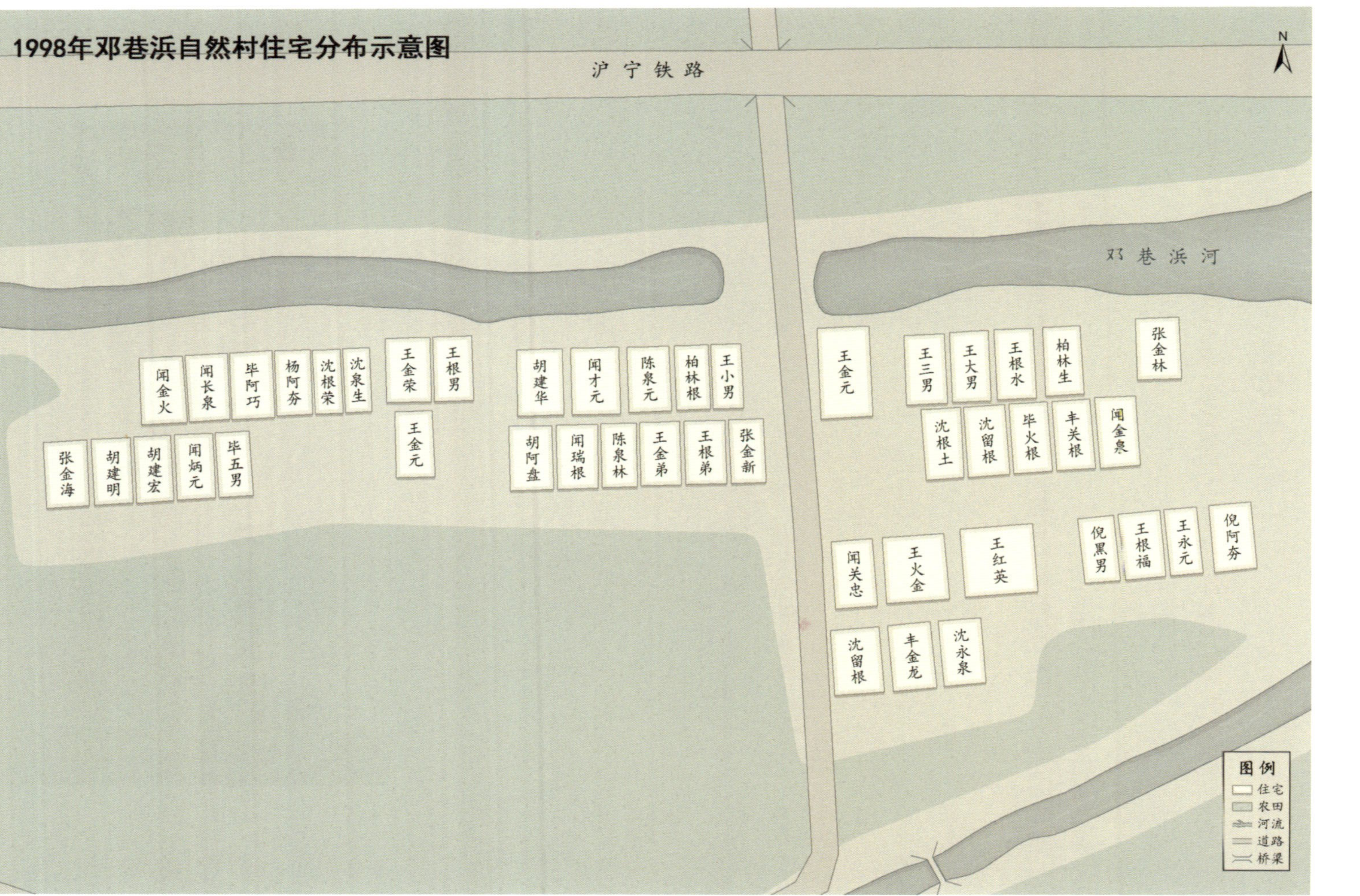

二十三、湖峰港

湖峰港东靠湖峰港，南接312国道，西邻大水泾，北至沪宁铁路。

湖峰港的起源最早可追溯到清朝末年，距今已有一百多年历史。

1983年，苏州市食品公司征用该村生产队土地80亩建设厂房3万平方米，从苏州市钱万里桥搬迁至湖峰港西岸312国道北侧。剩余50亩作为村民的口粮田，有70名左右村民享受征地政策，进入苏州肉联厂工作，成为正式职工。

湖峰港村民以周姓为主，另有李、张、许姓。截至2002年动迁前，有村民22户，115人，其中男性53人、女性62人；有耕地面积130亩。村民收入来源主要依靠种植水稻、大麦、蔬菜、养猪以及务工。

2002年，因征地拆迁，村民全部动迁至临芳苑三区，村庄全部拆除，湖峰港自然村消失。2017年末，湖峰港桥以北，苏州肉联厂以东，沪宁铁路以南为湖峰港原址，现为金鸡湖功能区拆迁地块。

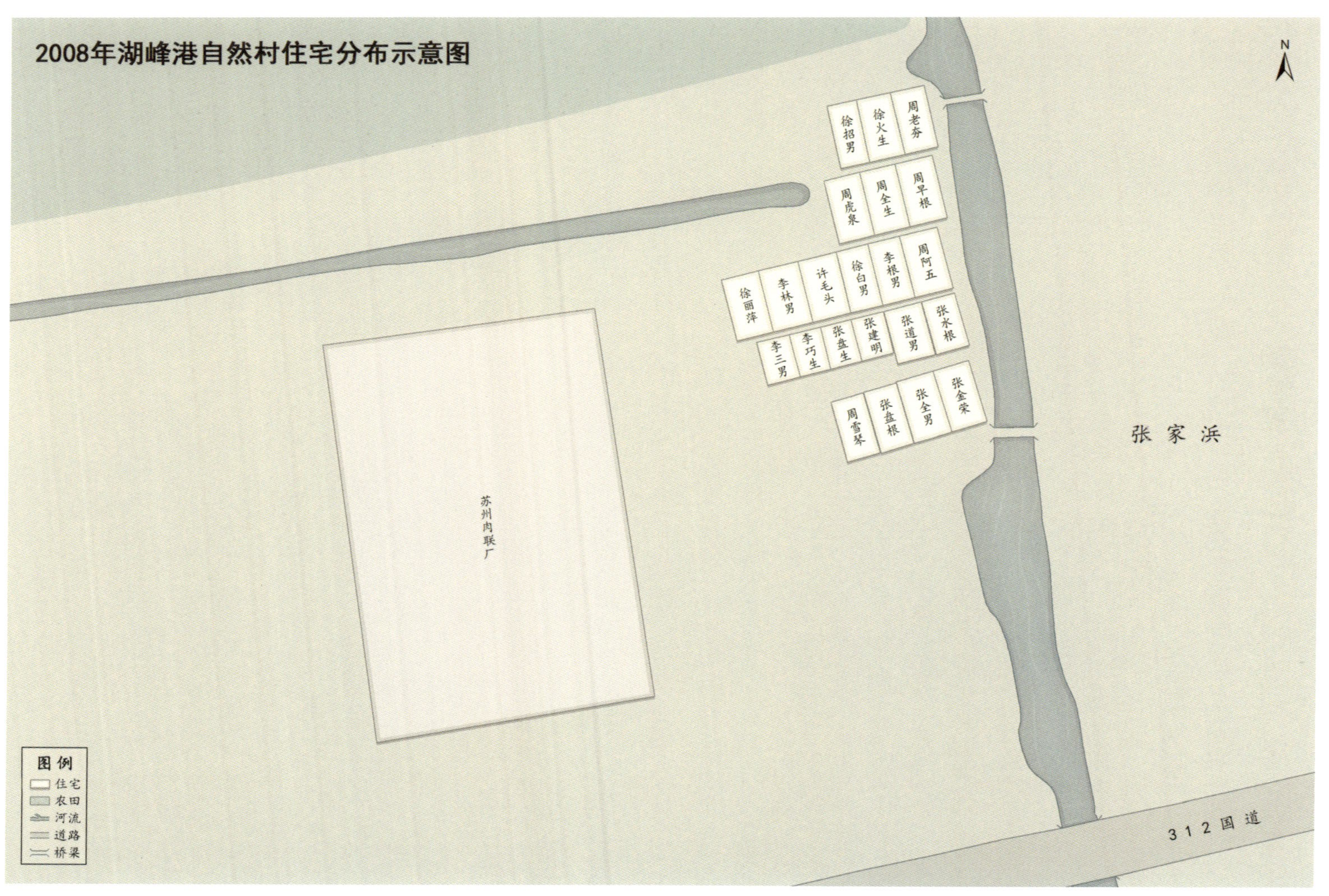

2008年湖峰港自然村住宅分布示意图

二十四、南板桥

南板桥东沿大水泾，南邻张巷浜，西接秋家楼，北靠倪家浜。解放前因村中南巷港河上建有村民外出必经木桥南板桥而得名。

村后原有座木桥，是北面村庄居民进出必经通道，1968年拆除后新建砖混结构桥梁一座，彻底解决村民通行难的问题。南板桥村东200米左右有陆雪墩坟一座，南板桥村西有老坟一座，3号河西南150米左右有石头坟一座。

南板桥村民为倪浜第3生产队成员，村中王、徐姓居多，另有周、陆、林、杨等姓。截至2001年动迁前，有村民30户，114人，其中男性57人、女性57人；有土地面积9.2万平方米。改革开放前，村民收入来源主要依靠种植水稻、大麦、蔬菜和在村内河浜养鱼；改革开放后，村民兼顾农业生产的同时，大量进入乡镇企业、村办企业工作谋生。

2001年，因工业园区开发建设，南板桥村整体动迁，居民安置至泾园二村，2002年村庄全部拆除，南板桥自然村消失。2017年末，城北工业坊以北，唐庄桥以南，大水泾以西为南板桥原址，建有苏州冠来新材料有限公司、苏州南部塑料有限公司、苏州吉田精密模具有限公司、众福科技（苏州）有限公司等企业。

◎ 建在南板桥原址上的苏州冠来新材料有限公司（2019年摄）

2003年南板桥自然村住宅分布示意图
N
徐五男
徐根泉
徐根男
顾金福
王祥根
王凤先
王火男
陆大男
陆海泉
陆海根
杨全根
徐菊根
胡海金
王盘生
王盘根
王老土
王凤生
王保根
徐根大
陆海宾
王火生
林发根
林双根
王夫根
周伟青
林水男
张雪根
张雪元
肖三妹
周洪根
图例
住宅
农田
河流
道路
桥梁

二十五、王家庄

王家庄东邻陆金坝，南靠唐庄桥，西接朱家浜，北至史家浜。

王家庄起源最早可追溯到清朝末年，距今已有一百多年历史。王家庄分为第2、5、8、9生产队。

王家庄有一所二年制初中唐庄中学，附近倪浜、杨家门、高浜、横泾四个村的学生均在该校就读，90年代初废止后转读跨塘中学。

王家庄原有唐庄大队部用房，前后两排四间，同时有柳条编织加工厂用房，主要经营柳条编织品。

王家庄村民以顾、陈、徐，张、黄姓居多。截至2003年动迁前，有村民80户，387人，其中男性192人、女性195人；有土地面积38.8万平方米。村民收入来源主要依靠种植水稻、大麦、蔬菜以及养猪。

2003年，因工业园区开发建设，王家庄整体搬迁，居民全部动迁至泾园二村，王家庄自然村消失。2017年末，扬东路以南，扬云路以北，跨阳路以西为王家庄原址，建有城北工业坊、临芳苑三区、苏州北新建材有限公司。

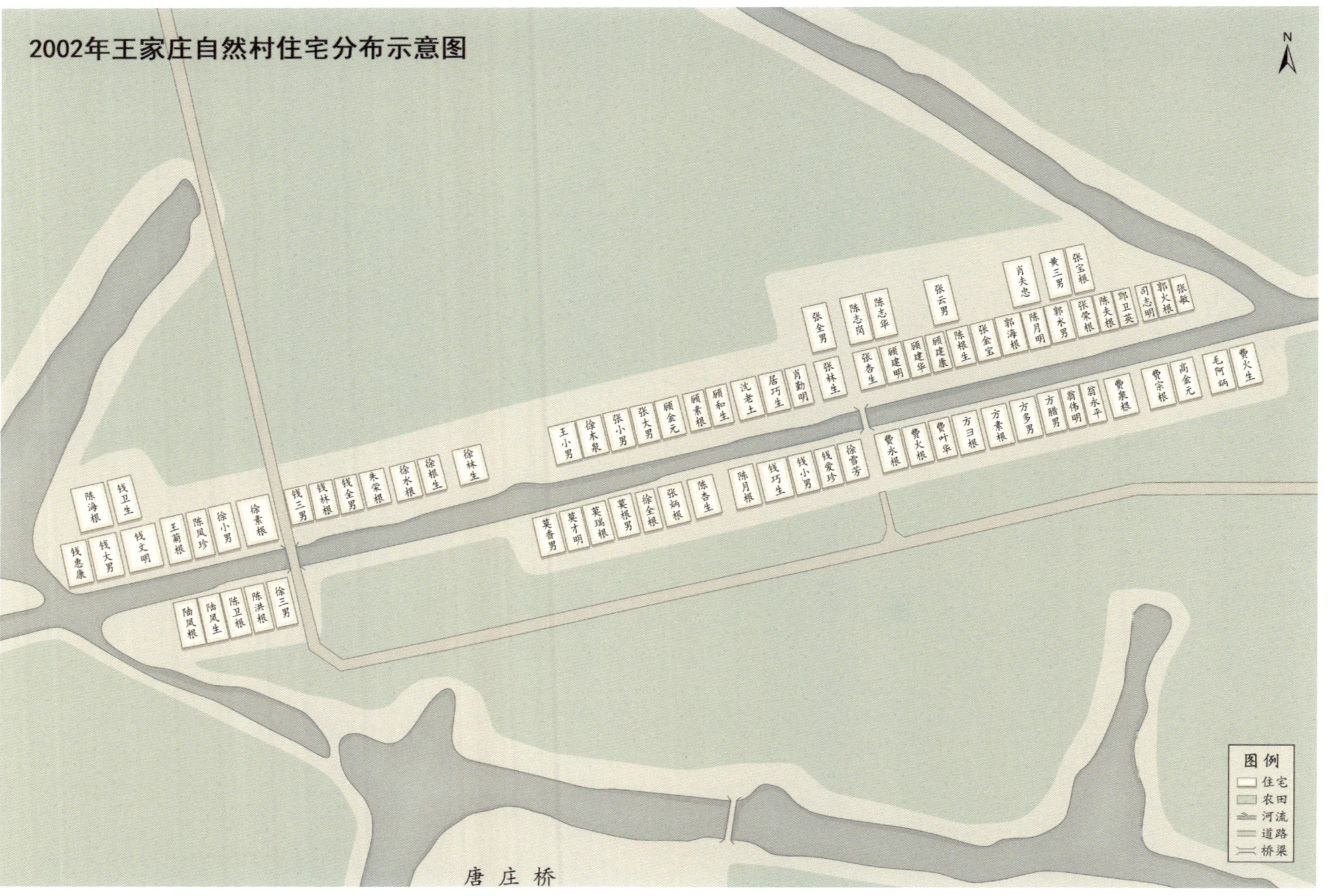
2002年王家庄自然村住宅分布示意图
N
陈海根
钱卫生
钱惠康
钱大男
钱文明
王菊根
陈凤珍
徐小男
徐素根
钱三男
钱林根
钱全男
朱荣根
徐水根
徐根生
徐林生
王小男
徐木泉
张小男
张大男
顾金元
顾素根
顾和生
沈老土
居巧生
肖勤明
张林生
张全男
陈志岗
陈志华
张杏生
顾建明
顾建华
顾建康
陈根生
张金宝
张云男
郭海根
陈月明
郭水男
张荣根
陈夫根
郭卫英
司志明
郭火根
张敏
肖夫忠
黄三男
张宝根
陆凤根
陆凤生
陈卫根
陈洪根
徐三男
莫香男
莫才明
莫瑞根
莫根男
徐全根
张娲根
陈杏生
陈月根
钱巧生
钱小男
钱爱珍
徐雪芳
费水根
费火根
费叶华
方习根
方素根
方多男
方腊男
翁伟明
翁永平
费象根
费宗根
高金元
毛阿娲
费火生
唐庄桥
图例
住宅
农田
河流
道路
桥梁

二十六、张家浜

张家浜东靠陆金坝，南接312国道，西邻湖峰港，北至沪宁铁路。

张家浜起源最早可追溯到清朝末年，距今已有一百多年历史。张家浜只有一个第4生产队。

1975年，张家浜响应国家号召，在村北侧、铁路南侧新建苏州市第二中学农业分校，学生以学习农业技术专业为主。1979年搬离，后改为唐庄大队办公场所。

张家浜村民以张姓为主，另有李、奚、王、刘等姓。截至2008年动迁前，有村民29户，118人，其中男性57人、女性61人；有土地面积约9.3万平方米。村民收入来源主要依靠种植水稻、大麦、蔬菜以及养猪。

2008年，因工业园区开发建设，张家浜整体动迁，居民安置在临芳苑三区，张家浜自然村消失。2017年末，312国道以北，沪宁铁路以南，湖峰港以东为张家浜原址，建有金鸡湖功能区内多家企业。

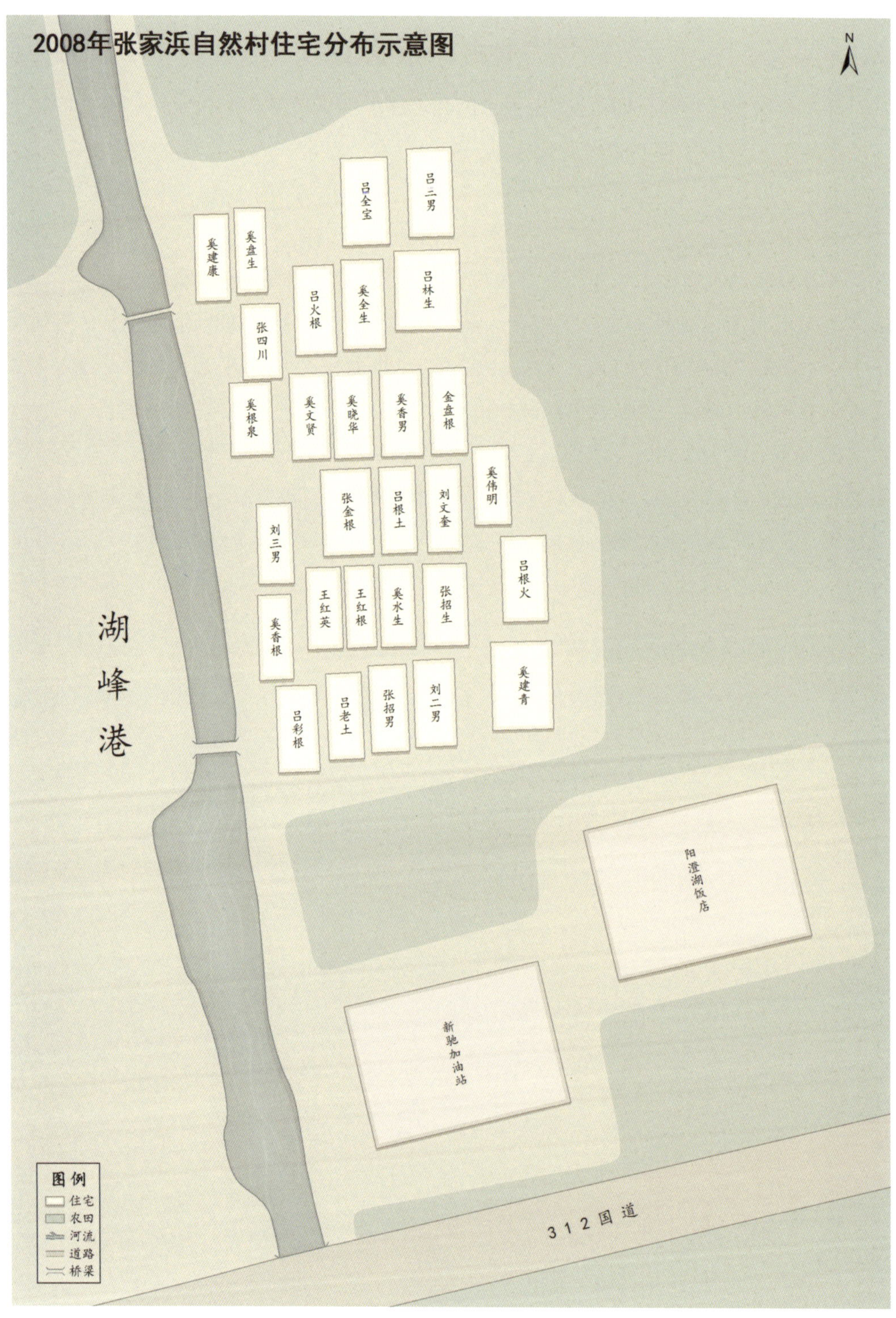
2008年张家浜自然村住宅分布示意图
N
吕全宝
吕二男
奚建康
奚盘生
吕火根
奚全生
吕林生
张四川
奚根泉
奚文贤
奚晓华
奚香男
金盘根
奚伟明
张金根
吕根土
刘文奎
刘三男
吕根火
王红英
王红根
奚水生
张招生
奚香根
奚建青
吕彩根
吕老土
张招男
刘二男
湖峰港
阳澄湖饭店
新驰加油站
312国道
图例
住宅
农田
河流
道路
桥梁

二十七、唐庄桥

唐庄桥东靠陆金坝，南接铁路，西邻湖峰港，北至王家庄。因村北侧原有一座木桥叫“唐庄桥”而得名。

唐庄桥的起源最早可追溯到清朝末年，距今已有一百多年历史。唐庄桥只有一个生产队，即第3生产队。

1968年，唐庄桥村北侧的木桥被拆除，新建“忠心桥”。1995年，唐庄桥村委会为了发展村集体经济，在村东南侧新建村委会办公大楼及村办企业厂房。开办拉丝厂、印刷厂，不少村民进入工厂工作。

唐庄桥村民以张姓为主，另有陈、居、莫、钱等姓。截至2004年动迁前，有村民22户，114人，其中男性57人、女性57人；有土地面积约7.1万平方米。村民收入来源主要依靠种植水稻、大麦、蔬菜以及养猪。

2004年，因工业园区开发建设，全村居民全部动迁至泾园二村，唐庄桥自然村消失。2017年末，沪宁铁路以北，扬云路8号以南为唐庄桥原址，建有城际铁路绿化带。

◎ 建在唐庄桥原址上的城际铁路绿化带（2019年摄）

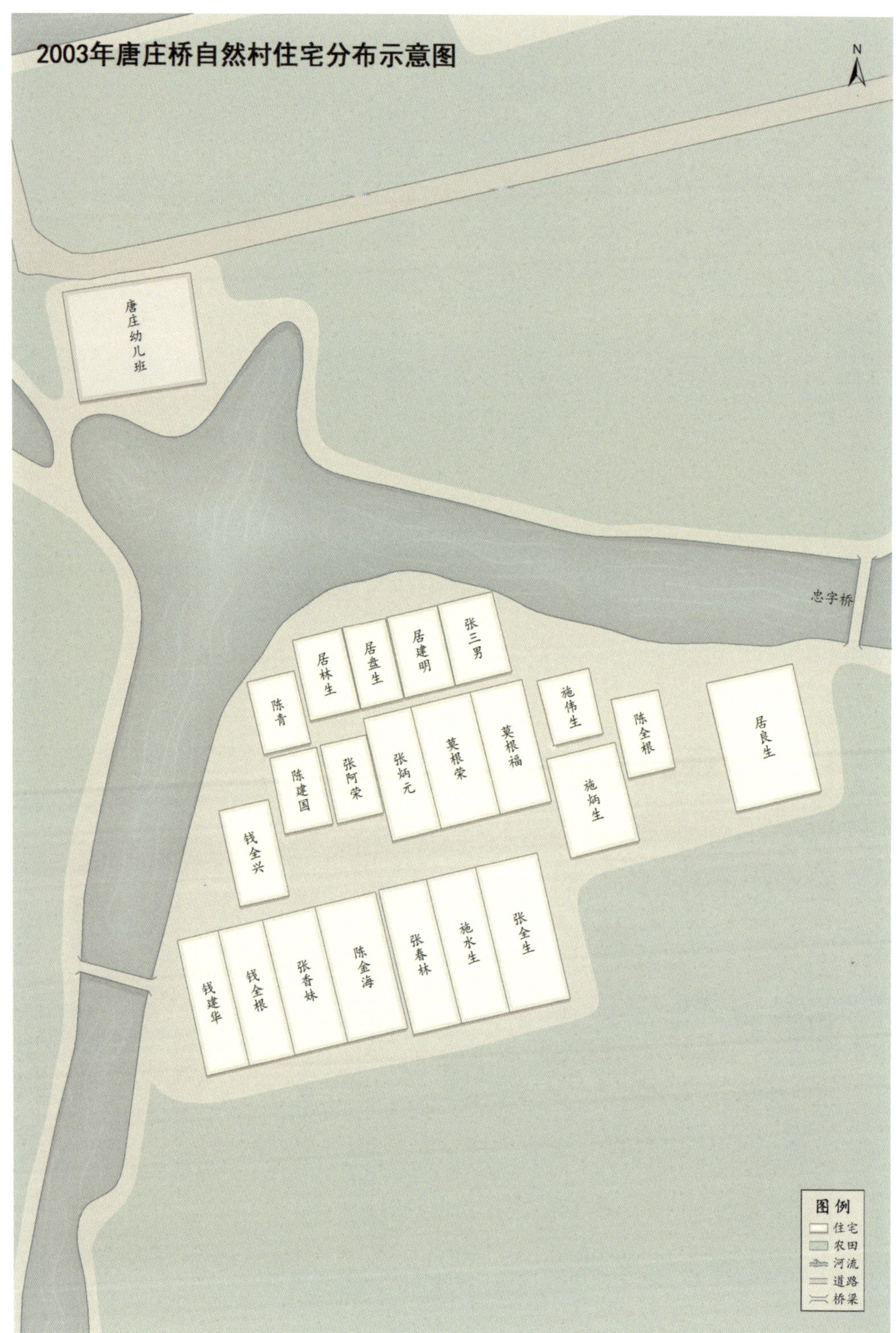
2003年唐庄桥自然村住宅分布示意图
N
唐庄幼儿班
忠字桥
张三男
居建明
居盘生
居林生
陈青
施伟生
陈全根
居良生
莫根福
莫根荣
张炳元
张阿荣
陈建国
施炳生
钱全兴
张全生
施水生
张春林
陈金海
张香妹
钱全根
钱建华
图例
住宅
农田
河流
道路
桥梁

第十章　新苏社区

新苏社区原为新苏村，因邻近苏州城而得名。社区位于苏州市娄门外，北部与市区娄门外大街交叉结合，312国道、娄门路、东环路、三新路均经过此地。

新苏社区原占地面积约25万平方米，由苏家场、矮凳桥、木属头、李家浜、赵家浜、砟草浜、一斗山、小桥浜、林家庄、徐河浜、马弄里、酱园里、苏安浜、驳船浜、冯家村和花钵窑16个自然村组成。其中，苏家场、矮凳桥、木属头、李家浜、马弄里、酱园里、驳船浜、冯家村动迁后划归姑苏区。自从80年代初新苏第一个自然村动迁以来，随后二十多年的时间里，16个自然村陆续动迁。新苏逐步完成了由大队（村）向城市社区的历史演变。新苏村动迁后大多安置在新苏苑和东港二村。

新苏社区原为蔬菜村，1970年，有耕地面积2805亩，其中水田2001亩，旱田804亩。村内社员620户、2674人，分为16个生产队。随着苏州市区的不断扩大，耕地逐渐减少，村级经济转向工商业。1995年6月，成立新苏居委会，地址在东环路东港一村村口。1996年，全居委会共有工商业企业12家，外商投资企业6家，形成化工、机械、电子、新型建材、食品5大类、15个品种，产品行销10多个国家和地区。在1996年举办的工业园区劳动竞赛中，新苏居委会荣获全区村（居委会）办企业利税第一名，销售收入第三名。1999年末，居委会尚有耕地面积54亩，均为蔬菜地；有居民633户、1497人，其中男性724人、女性773人。分为3个居民小组，其中农户142户，568人。1999年实现社会总产出1.9亿元，国内生产总值6249万元。

2009年，新苏社区境内兴建新苏大厦，2013年投入使用。新苏大厦位于东环路1518号，建筑面积约2.3万平方米，高54.25米，共有14层，总投资达1.16亿元人民币。

新苏社区管理新苏苑、东港二村两个小区28栋住宅，1464套房屋。

新苏苑为小高层住宅小区，住宅以钢筋混凝土框架结构为主。

东港二村有14幢为原新苏村动迁居民，住宅以砖混结构为主，小区建有纳凉亭、居民活动广场、幼儿活动场所以及健身设施三套。配套功能齐全，设有学校、幼儿园、社区一站式服务中心、老年活动中心、宴会厅、健身房、图书馆、综合功能馆，社区警务室等。

截至2017年，新苏苑、东港二村新苏社区常住人口4500余人，其中，户籍人口1200余人。途经小区的公交车有6路、814路、817路、305路、169路、109路、110路等。

◎ 新苏社区办公楼（2018年摄）

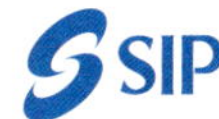

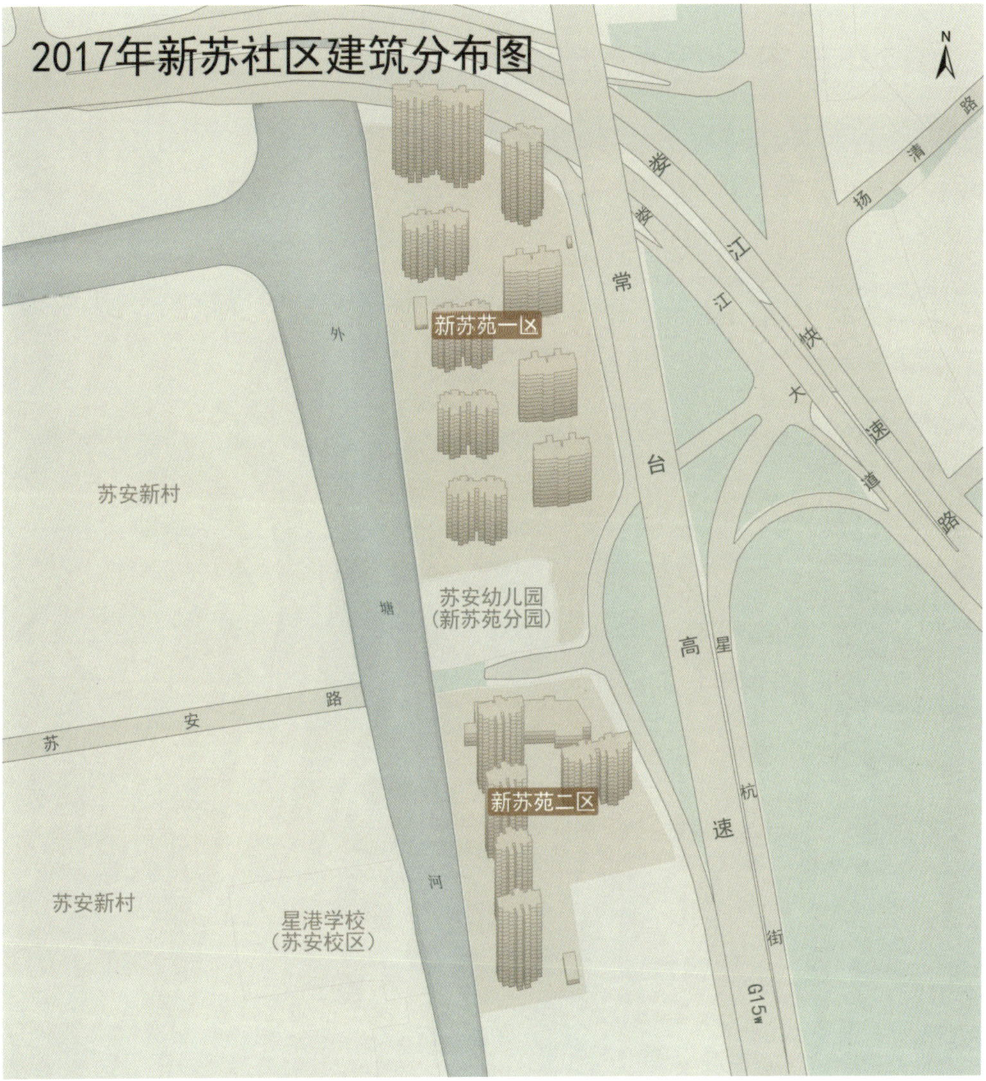
2017年新苏社区建筑分布图
N
新苏苑一区
苏安新村
苏安幼儿园
（新苏苑分园）
苏安路
外塘河
新苏苑二区
苏安新村
星港学校
（苏安校区）
常台高速
星杭街
G15w
娄江快速路
娄江大道
扬清路

孙家河
东港二村
飘一路
星港学校
常台高速
星杭街
G15w
北环快速路
新苏社区
娄江快速路
苏虹西路
东环快速路
现代大道
新苏社区
星明街

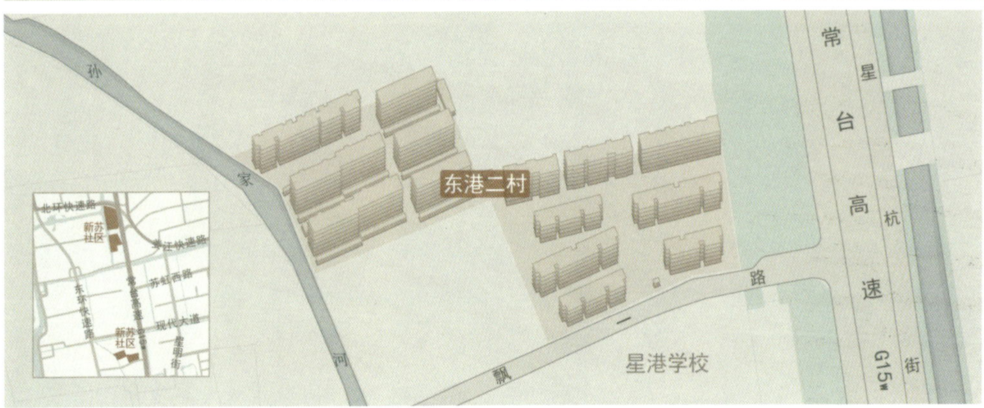

2017年新苏社区总貌图
新苏苑一区
苏安新村
苏安幼儿园
（新苏苑分园）
新苏苑二区
苏安新村
星港学校
（苏安校区）
外塘河
苏安路
常台高速
星港街
G15w
东港二村
星港学校

一、花钵窑

花钵窑东靠洋泾河，南起斫草浜，西邻一斗山，北至娄江河。因以前专做花钵、砂锅等产品而得名。

花钵窑有座桥，名为永安桥，俗名里跨塘桥，又称新造桥，南宋庆元年间建造，南北走向，横跨娄江河，桥南堍为自然村。明万历九年（1581）里人蒋二南重建。清康熙十九年（1680）圮，蒋二南曾孙、进士蒋德埈倡议并资助重建。道光元年（1821）里人重修，十六年（1836）状元石韫玉等募捐重建。咸丰十年（1860）毁。光绪二十四年（1898）又重新修建，宽3.4米，长48.35米，为单拱桥，跨度12.5米。永安桥与娄门城门口之永宁桥遥相呼应，有“两水夹明镜，双桥落彩虹”之誉。1994年永安桥改建为木板平桥。

解放初期，花钵窑主要烧制花钵、砂锅等，80年代初期市区征用其土地，建起苏州市电池二厂，主要生产电池，后因自然村动迁而拆除。

◎ 建在花钵窑原址上的东港新村（2019年摄）

花钵窑村民以沈、张、朱姓居多。截至1994年动迁前，有村民41户，168人，其中男性92人、女性76人；有耕地面积125亩。村民以种植水稻、蔬菜为主，1976年水田改为旱田后，主要种植蔬菜。

1994年12月，因工业园区开发建设，花钵窑整体动迁，村民安置在东港二村小区，花钵窑自然村消失。2017年末，常台工业园区北段两侧为花钵窑原址，建有东港新村（210幢～216幢）、威特立创能科技（苏州）有限公司。

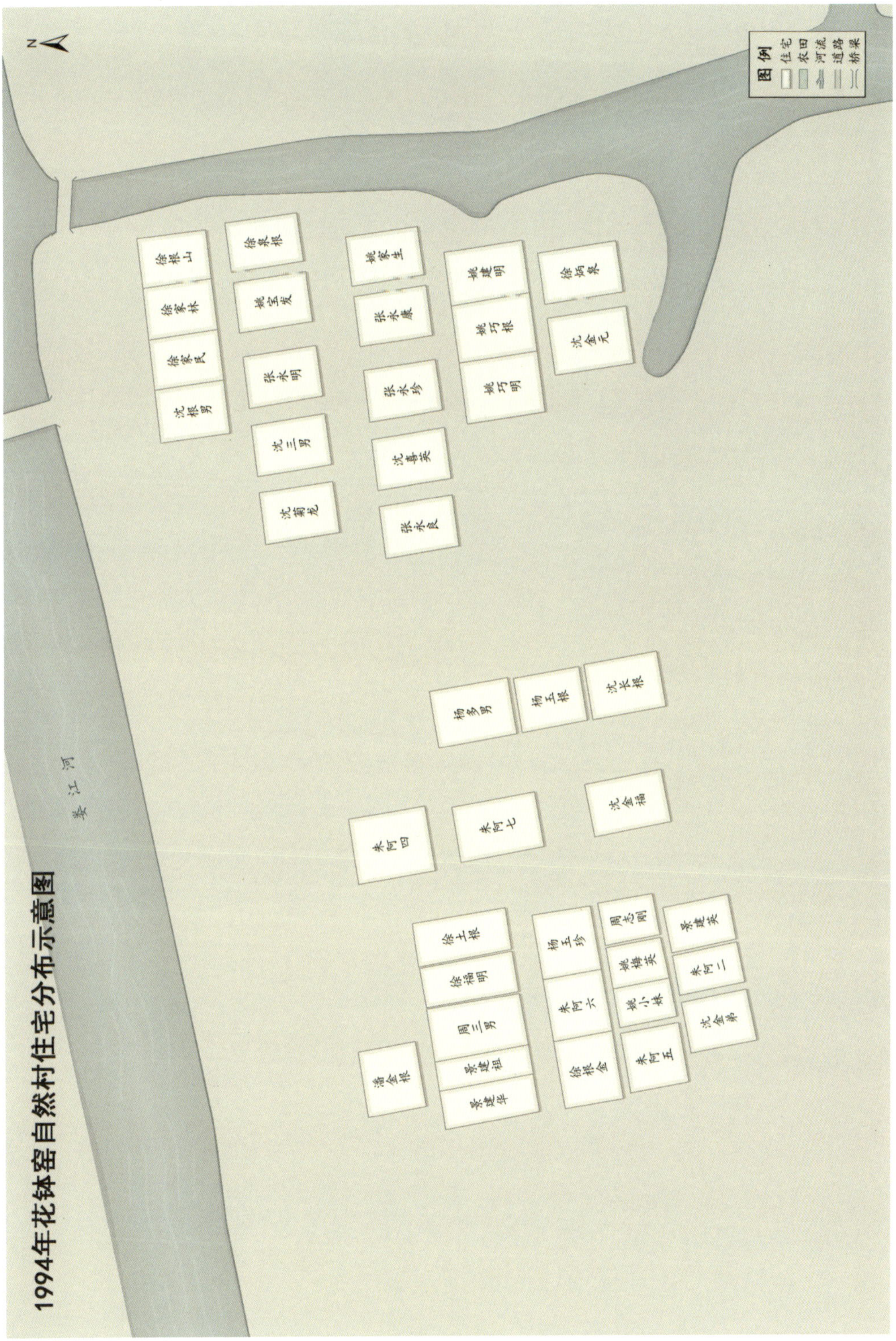

1994年花钵窑自然村住宅分布示意图

娄江河

沈根男 徐家民 徐家林 徐根山

沈菊龙 沈三男 张永明 姚宝发 徐泉根

张永良 沈喜英 张永珍 张永康 姚家生

姚巧明 姚巧根 姚建明

沈金元 徐炳泉

潘金根

朱阿四

景建华 景建祖 周三男 徐福明 徐土根

朱阿七

杨多男

杨玉根

沈长根

沈金福

徐根金 朱阿六 杨玉珍

朱阿五 姚小妹 姚梅英 周志刚

沈金弟 朱阿二 景建英

图例

住宅

农田

河流

道路

桥梁

二、李家浜

李家浜东邻砟草浜，南起三星路，西靠东港河，北至一斗山路。因第一家来此种客田的人家姓李而得名。

李家浜原为新苏村第4生产队，村落西南角有家村办厂，名为新苏电视机四分厂。1985年村征用村耕地面积25亩，与苏州孔雀电视机厂联营生产电视机。90年代中期孔雀牌电视机与飞利浦合资后停产，其地被工业园区征用建起百润发超市，后改为大润发超市。

李家浜村民以吴、陈姓居多。截至1993年动迁前，有村民68户，215人，其中男性101人、女性114人；有耕地面积153亩。村民主要种植水稻、蔬菜，1976年水田改为旱田后，主要种植蔬菜。

1993年，因工业园区开发建设，李家浜被征地动迁，村民安置在东港新村，李家浜自然村消失。2017年末，李家浜原址上建有大润发超市、东港新村。

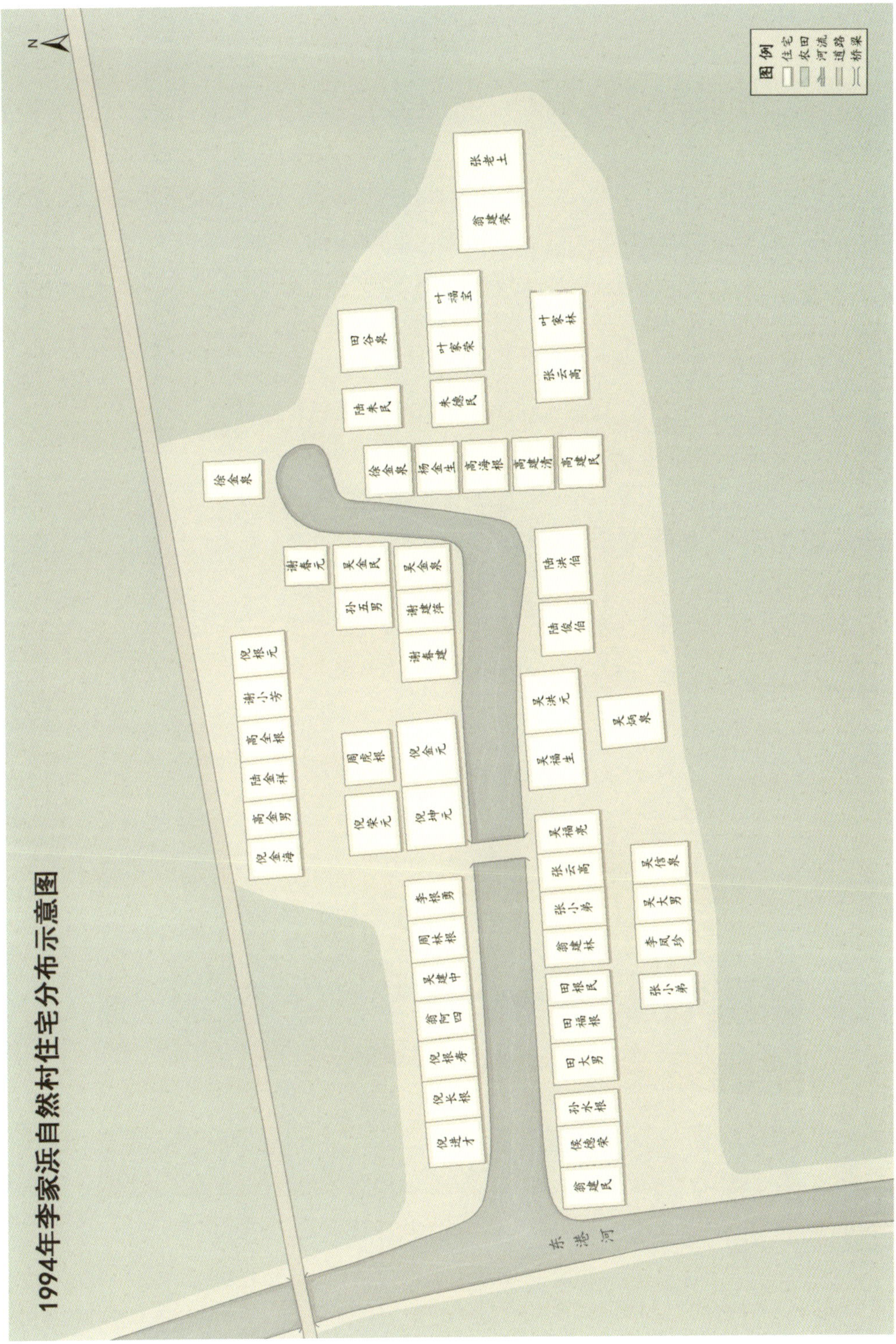

1994年李家浜自然村住宅分布示意图

N
倪金海
高金男
陆金祥
高全根
谢小芳
倪根元
徐金泉
谢春元
孙五男
吴金民
倪荣元
周虎根
倪坤元
倪金元
谢春建
谢建萍
吴金泉
徐金泉
杨金生
高海根
高建清
高建民
陆朱民
田谷泉
朱德民
叶家荣
叶福宝
翁建荣
张老土
张云高
叶家林
倪进才
倪长根
倪根寿
翁阿四
吴建中
周林根
李根勇
翁建民
侯德荣
孙水根
田大男
田福根
田根民
翁建林
张小弟
张云高
吴福亮
吴福生
吴洪元
陆俊伯
陆洪伯
吴炳泉
张小弟
李凤珍
吴大男
吴信泉
东港河
图例
住宅
农田
河流
道路
桥梁

三、林家庄

林家庄东临312国道，南起小桥浜，西靠外塘河[①]，北至新苏路。因村口有座林家桥而得名。

小桥浜和林家庄两个自然村之间有座桥梁名为林家桥，清代晚期建成，原为木板便桥，1982年重建为钢筋混凝土平桥，宽2.5米，长5米。后因动迁拆除。

林家庄北面有一个鱼塘，因90年代初征地，被填埋。建有娄葑开发仓储公司和相门废铁厂厂房。娄葑开发仓储公司因312国道拓宽改造而拆迁。相门废铁厂原址是阳西药厂，1997年废铁厂搬迁至此并营运近十年，后因动迁而拆除。

林家庄东面曾经有一个打谷场，随着手工作业被机械作业替代，及水田改为旱田种植蔬菜，铁犁牛耕的生产方式逐渐被机械所代替。

林家庄以杨、徐、王姓居多。截至2006年动迁前，有村民47户，147人，其中男性74人、女性73人；有耕地面积156亩。村民以种植水稻为主，后改为旱田，以种植蔬菜为主。

2006年，因工业园区开发建设，林家庄整体动迁，村民搬迁至新苏苑小区，林家庄自然村消失。2017年末，新苏苑、常台高速西侧为林家庄原址，建有新苏苑小区。

◎ 建在林家庄原址上的新苏苑小区（2019年摄）

① 外塘河：又名官渎河，南起新苏官渡桥，北经新苏、板泾村，通阳澄湖，长3.6千米，宽20～70米。相传春秋战国时期炼剑工匠所需矿石由此水道引进，当时炼剑由工官负责，故称“官渡”。外塘河是通往阳澄湖周边乡镇的水路要道。

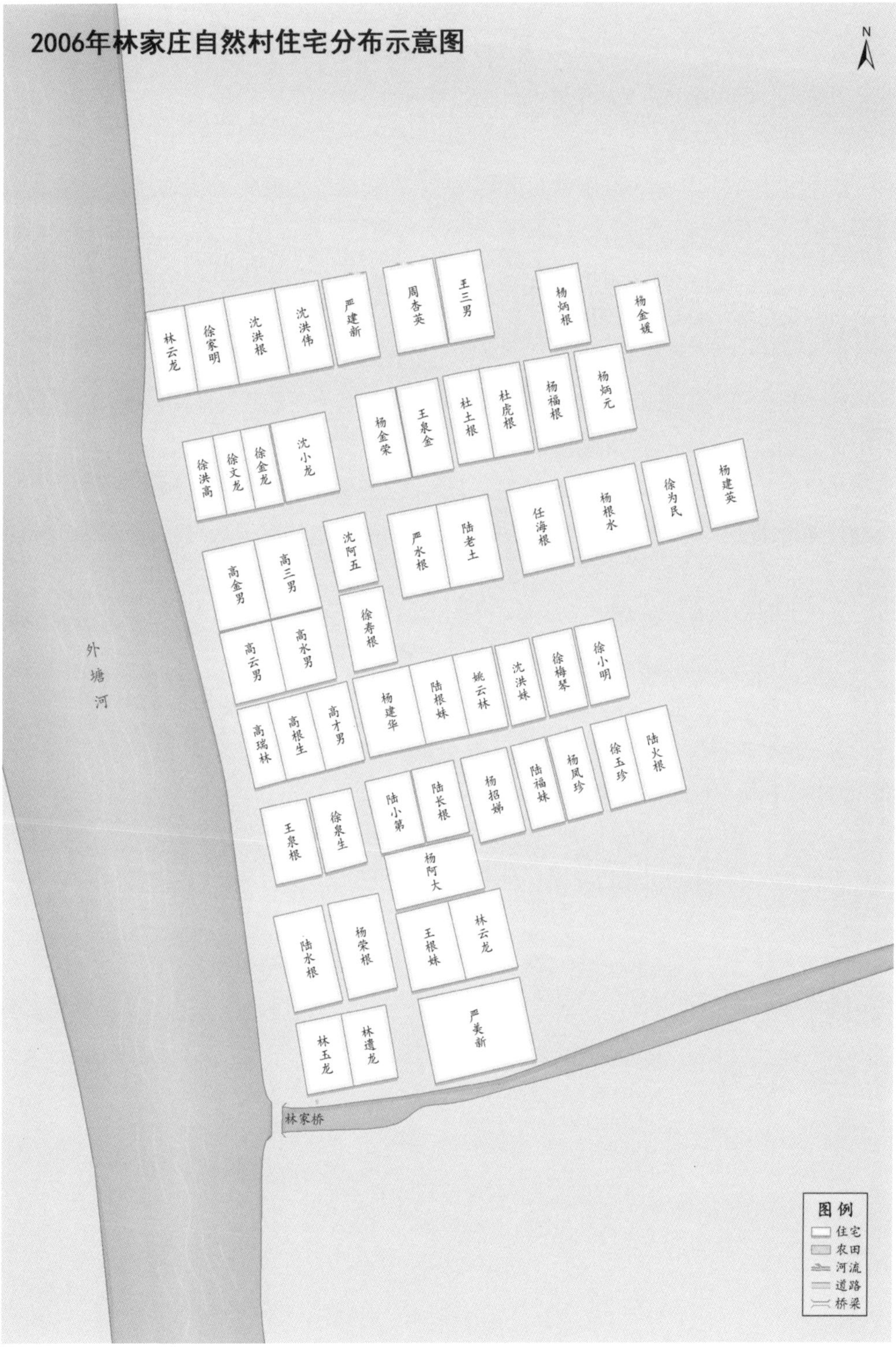

2006年林家庄自然村住宅分布示意图

N

林云龙 徐家明 沈洪根 沈洪伟 严建新 周杏英 王三男 杨炳根 杨金媛
杨金荣 王泉金 杜土根 杜虎根 杨福根 杨炳元
徐洪高 徐文龙 徐金龙 沈小龙
沈阿五 严水根 陆老土 任海根 杨根水 徐为民 杨建英
高金男 高三男 徐寿根
高云男 高水男
杨建华 陆根妹 姚云林 沈洪妹 徐梅琴 徐小明
高瑞林 高根生 高才男
陆小第 陆长根 杨招娣 陆福妹 杨凤珍 徐玉珍 陆火根
王泉根 徐泉生 杨阿大
陆水根 杨荣根 王根妹 林云龙
林玉龙 林遗龙 严美新
外塘河
林家桥

图例
住宅
农田
河流
道路
桥梁

四、苏安浜

苏安浜原名苏巷浜，又名桑巷浜，东邻外塘河，南起苏安新村，西靠东环路，北至沪宁线。因苏安浜而得名。

苏安浜以原312国道为界限分为南北两片，北边全部为田地，南部是村庄。在村落南部当中靠河有块打谷场，主要用于晾晒麦子、稻谷，周边有一放置农业用具的仓库。1982年包产到户后，该空地出租给私人，建起了苏州市振兴木材加工厂。1992村征地建小区后，在空地北面建起了3间厂房，厂房为私人建造，土地仍归新苏村所有。苏州市新航机电设备公司、苏州市互感器厂和苏州市钟表原件厂租在这里。

312国道原贯穿苏安浜，后改道，原国道线后改名为新苏路。征用自然村土地而建起的位于坝基桥北堍的苏州港务二区管理处，占地面积50亩，建筑面积2000平方米，主要在河道上拖运煤、石、沙，木材等。港务二区于90年代初拆除。1995年3月，娄葑交通管理所搬迁至此，占地面积3000平方米，有两层办公楼一幢，建筑面积2000余平方米。

在苏安浜东北方位建有蔬菜农场。后该处被村里征用，建起新苏工业小区。工业小区位于新苏路的北面，内有华东医疗设备厂、苏城机电设备厂等企业，主要生产五金、磨具、车床等零件产品。后于2004年拆除。

苏安浜村中有座坟墓，名为王天锡庙，王天锡曾任教谕（县学教官），康熙五十四年（1715）榜眼缪曰藻为之撰铭。

苏安浜村民以陈姓居多。截至2006年动迁前，有村民45户，155人，其中男性78人、女性77人；有耕地面积213亩。村民以种植水稻为主，1976年后改为旱田，以种植蔬菜为主。

2006年初，因工业园区开发建设，苏安浜陆续动迁。2010年，苏安浜全部拆除，村民搬迁至新苏苑小区，苏安浜自然村消失。2017年末，新苏路东南为苏安浜原址，目前为一片空地。

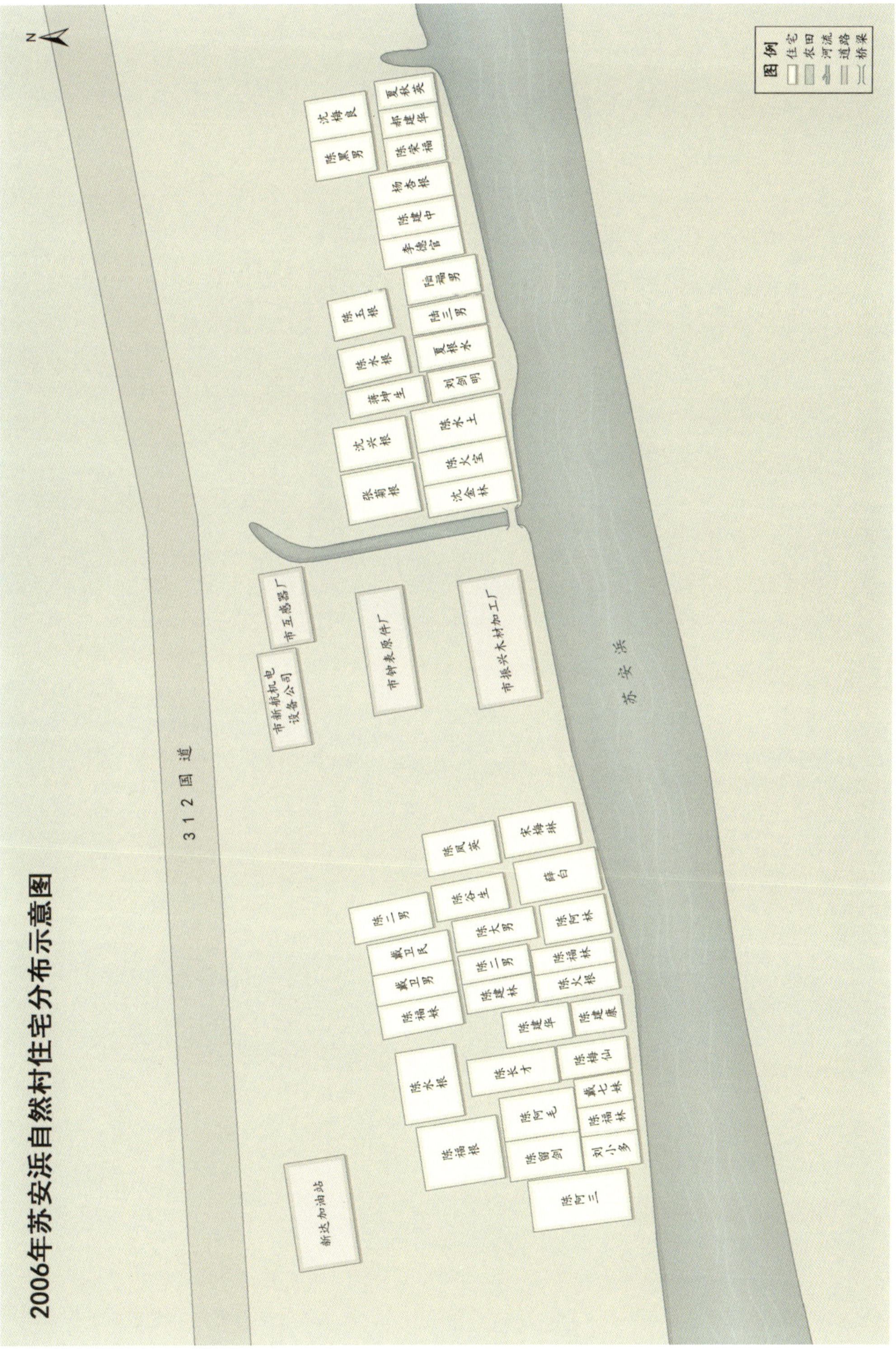

2006年苏安浜自然村住宅分布示意图

N

312国道

新达加油站
市新航机电设备公司
市互感器厂
市钟表原件厂
市振兴木材加工厂

苏安浜

陈阿三
陈留剑
陈阿毛
刘小多
陈福林
戴七妹
陈福根
陈水根
陈长才
陈梅仙
陈建华
陈建康
陈福妹
戴卫男
戴卫民
陈二男
陈建林
陈二男
陈大男
陈谷生
陈凤英
陈火根
陈福林
陈阿林
薛白
宋梅琳

张菊根
沈兴根
蒋坤生
陈水根
陈玉根
沈金林
陈火宝
陈水土
刘剑明
夏根水
陆三男
陆福男
李德官
陈建中
杨杏根
陈黑男
沈梅良
陈荣福
郁建华
夏秋英

图例
住宅
农田
河流
道路
桥梁

五、小桥浜

小桥浜东邻312国道，南抵娄门路，西起外塘河，北至五金厂。因位于官渡桥[①]东侧小桥浜而得名。

小桥浜以原精细化工厂为界限分为外浜和里浜，西侧为外浜，东侧为里浜。外浜从外塘河东至精细化工厂，里浜从精细化工厂至312国道。

外浜，原官渡下浜有学校名为苏州第二十中学，后改为娄葑中学，搬至三星路。搬迁后，原址建成苏州市五金厂（校办厂）。里浜有个学校，校址在娄门外大街柳仙庙，故名柳仙庙学校，后改名为四合学校，后搬迁至东环路冯家村，改名为娄葑镇娄东小学，原柳仙庙保留。

解放后上海人到这里开福康药厂，1978年药厂关闭改为国企苏州助剂厂。2003年国企改制后，助剂厂和硫酸厂合并改名为苏州精细化工厂。北侧还有一个村办厂，名为苏州汰桶厂，主要为精细化工厂做配套。

小桥浜村民以薛、陆、朱、金、蒋姓居多。截至2006年动迁前，有村民65户，260人，其中男性153 人、女性107人；有耕地面积156亩。村民以种植水稻为主，改为旱田后，以种植蔬菜为主。

2006年，因工业园区开发建设，小桥浜整体拆迁，村民安置在新苏苑小区及东港二村，小桥浜自然村消失。2017年末，常台高速工业园区段两侧为小桥浜原址，建有新苏苑小区。

---

① 官渡桥：始建于元至正二年（1342），以后多次修建，明代学者都穆有记。清咸丰十年（1860）毁，同治四年（1865）重建。1970年重建为钢筋混凝土无肋双曲拱桥，宽12.3米，长36.32米，跨度28.8米。

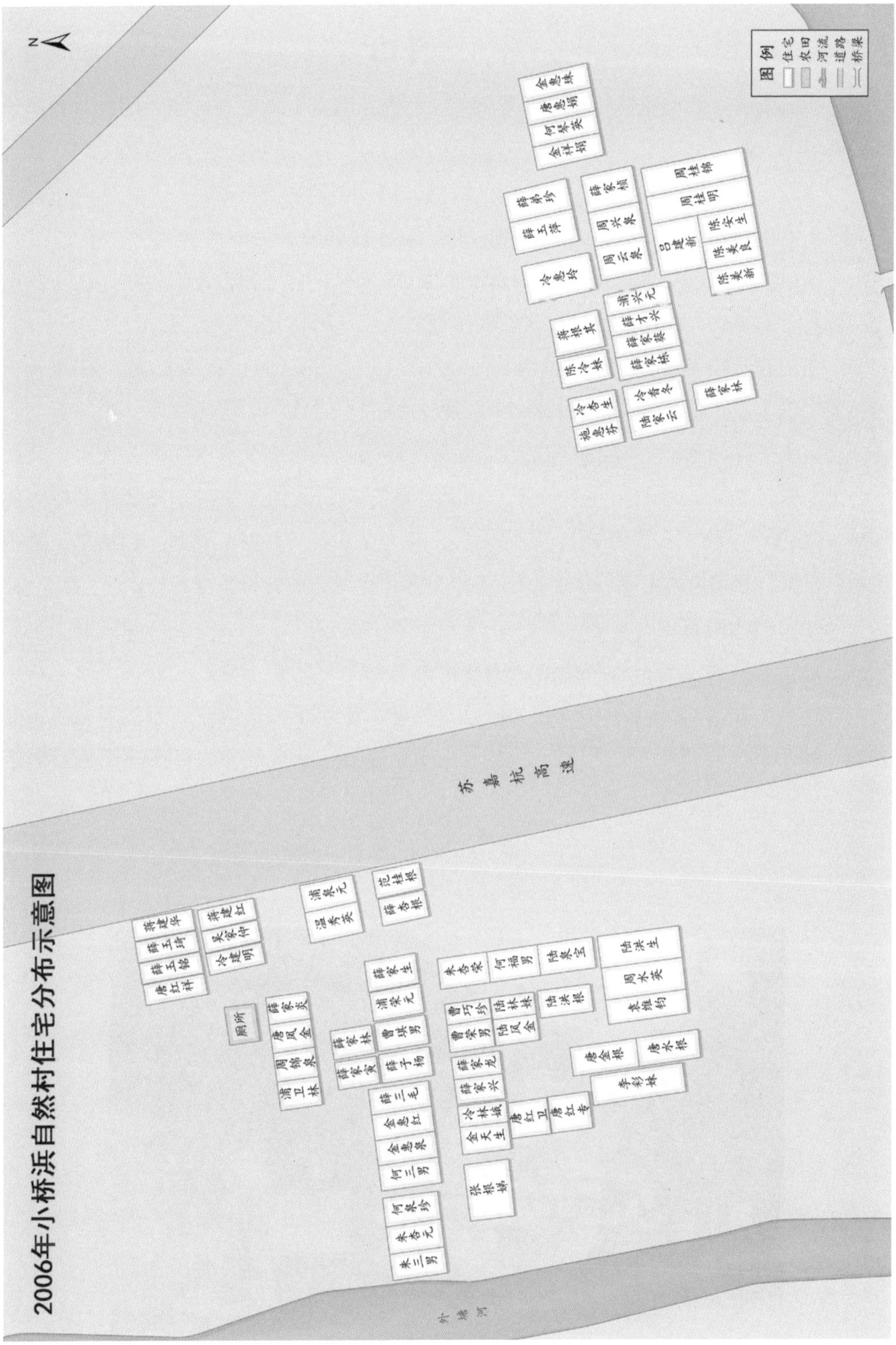

2006年小桥浜自然村住宅分布示意图

六、一斗山

一斗山东南分别与花钵窑和李家浜相邻，西靠东港河，北至娄江河。因村边有座坟堆形似小山，故名一斗山。

一斗山以一斗山路为界线，分为南北村落，村民住宅主要分布在一斗山路两边。一斗山村中有两座古代桥梁。一座名澄泗泾桥，位于村西北，为清代晚期建成的石拱桥，1970年建成为钢筋混凝土平桥，宽4.1米，长10.55米；另外一座为南洋泾桥，位于村东北，清代晚期建的石拱桥，1983年改建为钢筋混凝土平桥，宽3.6米，长6.2米。

一斗山有两座庙宇，分别为横海将军庙和三官堂。据《吴门表隐》载："横海将军庙在娄门外下塘，名老土地堂。"神姓韩名说，系西汉时人，封横海将军，因"有功于吴，立庙娄郊"。横海将军庙原有二进，南为头庙门三间，中为天井，北为大堂。解放后横海将军庙被毁，原址处曾开设苏州市人造板厂，后改建为住宅。三官堂在村西侧（原一斗山上），祀"三官老爷"，始建无考，清光绪四年（1878）重建。1918年，募捐重修三官堂，并增设朱七老爷像。1969年庙被拆除，现庙址处属东港新村。

一斗山的西南方建有钟表元件厂，是娄东小学的校办厂，主要生产防震器、宝石轴承、磁钢、微调电容、石英振子。1971年改为新苏村的种子场，主要用于研究种植蔬菜的秧苗，70年代末种子场改名为新苏农科站后搬迁至村落的东南方位与花钵窑交界处，80年代末期被娄葑征用后，新苏卫生所、新苏村居民委员会、娄门街道都搬迁至此。

◎ 建在一斗山原址上的东港新村（2019年摄）

一斗山有两个工程队和一个钢模站，位于自然村东北方向。其中，常熟赵市建筑工程队于70年代初期租用村落16亩土地，后因苏州市政策原因，征用自然村土地，主要修建道路和房子。南通建筑工程队于70年代中期租用自然村土地，租用耕地面积3亩地。同年常熟钢模站也租用土地3亩，主要堆放建房钢管模具。

一斗山村民以平、陈、缪姓居多。截至2000年动迁前，有村民75户，262人，其中男性138人、女性124人；有耕地面积176亩。村民以种植水稻和蔬菜为主。

2000年7月，因工业园区开发建设，一斗山整体动迁，村民安置在东港新村，一斗山自然村消失。2017年末，一斗山原址上建有东港新村。

1994年一斗山自然村住宅分布示意图

七、斫草浜

斫草浜东邻洋泾河，南起相门塘，西靠赵家浜，北至花钵窑。“斫草”在吴语中意为“割草”，以此得名。

斫草浜为原新苏村生产大队第6生产队。斫草浜以原三新路为界限分为南北村落。三新路，东起新湖上巷村，西至新苏村李家浜接东环路，建于80年代初，长500米，宽3.5米，为渣土路面。80年代末，改为水泥道路，长2000米，宽5米。因该路经过新苏、新升、新湖，故名为三新路。斫草浜村动迁后，路名改为苏春路。

斫草浜东北方位原有一个知青点。1978年知青点改为苏州新亚丝织厂，1988年和振亚丝织厂合并，新亚丝织厂成为振亚丝织厂的仓库。斫草浜村西北方位有村办厂为苏州东方电池厂，创建于1989年。

斫草浜村民以朱、顾姓居多。截至1995年动迁前，有村民49户，258人，其中男性131人、女性127人；有耕地面积236亩。村民主要种植水稻，水田改为旱田后，以种植蔬菜为主。

1995年8月，因工业园区开发建设，斫草浜整体动迁，村民于1996年1月安置到东港二村，斫草浜自然村消失。2017年末，斫草浜原址上建有印象城购物中心。

◎ 建在斫草浜原址上的印象城购物中心（2019年摄）

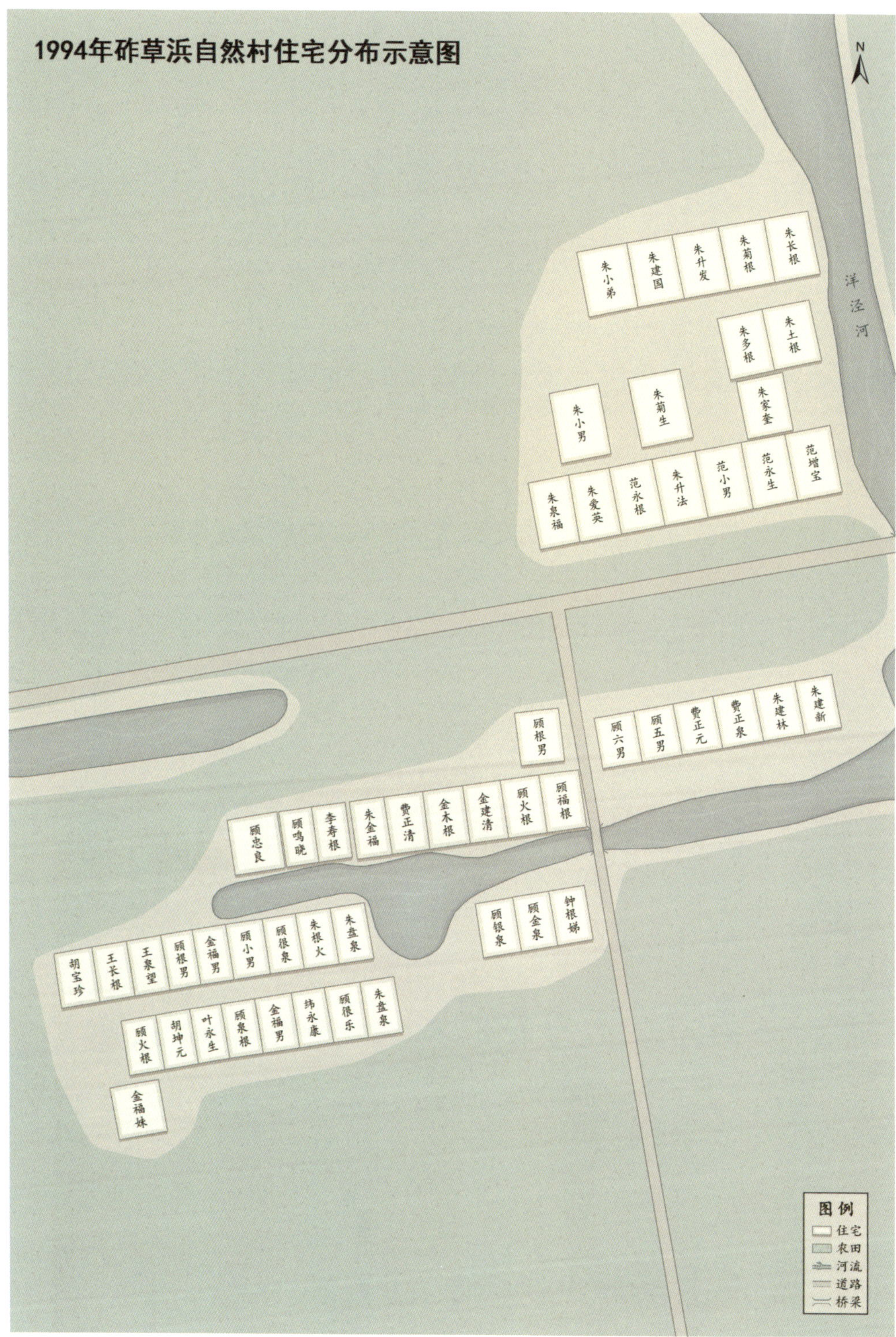
1994年砟草浜自然村住宅分布示意图
N
洋泾河
朱小弟
朱建国
朱升发
朱菊根
朱长根
朱多根
朱土根
朱小男
朱菊生
朱家奎
朱泉福
朱爱英
范永根
朱升法
范小男
范永生
范增宝
顾根男
顾六男
顾五男
费正元
费正泉
朱建林
朱建新
顾忠良
顾鸣晓
李寿根
朱金福
费正清
金木根
金建清
顾火根
顾福根
顾银泉
顾金泉
钟根娣
胡宝珍
王长根
王泉望
顾根男
金福男
顾小男
顾很泉
朱根火
朱盘泉
顾火根
胡坤元
叶永生
顾泉根
金福男
纬永康
顾很乐
朱盘泉
金福妹
图例
住宅
农田
河流
道路
桥梁

八、赵家浜

赵家浜东与砟草浜相邻，南起相门塘，西靠孙家河，北至三星路。

赵家浜以村落内新苏路为界线，分为南北两部分，其北部为田地，南部为村民住宅。

1971年，娄葑公社征用赵家浜村北面土地建起娄葑砖瓦厂，主要生产销售红八五砖，并经营石子、石沙。1997年经济体制改革，将集体性质的工业企业以个体形式承包、租赁，同年娄葑砖瓦厂拆除。1999年3月31日娄葑完成撤乡设镇，娄葑砖瓦厂搬迁至东兴路的星红工业小区与苏州市华美丝绒厂合并。

赵家浜村南部有两个工程队，为常熟谢桥工程队和支塘工程队。谢桥工程队征用自然村土地10亩，支塘工程队租用谢桥工程队土地3亩。

1980年中百公司租用赵家浜村1.5亩土地建起仓库。1986年苏州第一人民医院征用赵家浜1亩土地建仓库。两个仓库位于工程队的东面，后因村落动迁拆除。

赵家浜村民以胡、叶、顾姓居多。截至2004年动迁前，有村民42户，186人，其中男性102人、女性84人；有土地面积263亩。村民主要种植水稻、蔬菜，水田改为旱田后，以种植蔬菜为主。

2004年，因工业园区开发建设，赵家浜整体动迁，村民安置在东港二村小区，赵家浜自然村消失。2017年末，赵家浜原址上建有苏州工业园区星港学校。

◎ 建在赵家浜原址上的苏州工业园区星港学校（2018年摄）

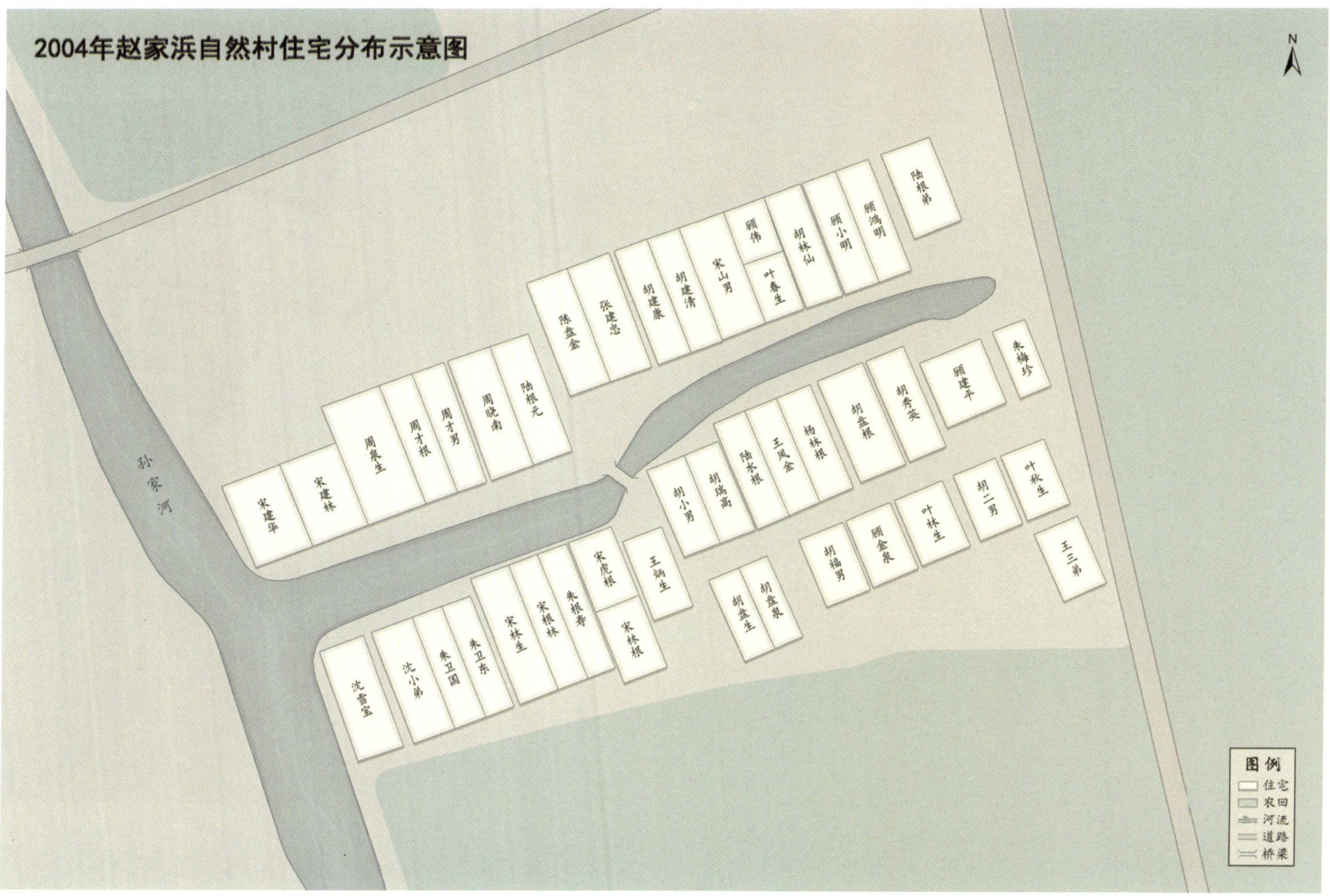
2004年赵家浜自然村住宅分布示意图
N
陆根弟
顾鸿明
顾小明
胡林仙
顾伟
叶春生
宋山男
胡建清
胡建康
张建忠
陈盘金
陆根元
周晓南
周才男
周才根
周泉生
宋建林
宋建华
朱梅珍
顾建平
胡秀英
胡盘根
杨林根
王凤金
陆水根
胡瑞高
胡小男
叶秋生
胡二男
叶林生
顾金泉
胡福男
王三弟
胡盘泉
胡盘生
王炳生
宋虎根
宋林根
朱根寿
宋根林
宋林生
朱卫东
朱卫国
沈小弟
沈富宝
孙家河
图例
住宅
农田
河流
道路
桥梁

第十一章　梅花社区

梅花社区，位于娄葑街道西北部，东临官渎花园，南临梅巷河，西与梅林新苑接壤，北与梅花三村相连。因动迁居民安置于梅花新村、梅花二村，故称梅花社区。

梅花社区由原新湖、新升两个行政村合并而成。两村东起凤凰泾、西至洋泾塘，南起相门塘、北至娄江，共4.01平方千米。

1994年5月，苏州工业园区首期8平方千米开发建设正式启动，原新湖村、新升村被纳入征地范围。1995年底，原新湖村、新升村所辖18个自然村全部消失，包括原新湖村所辖叶家浜、唐家浜、上巷村、金狮桥、东莫香港、王坟头、下马浜，原新升村所辖洋泾里、北塘滩、宋家园、王家浜、西莫香港、何家浜、徐家场、官郎村、外朱泗桥、陈家巷、蒋家巷。

1996年5月，新湖村委会撤村成立新湖居委会，新升村委会撤村成立新升居委会。2000年10月，新湖居委会和新升居委会合并成立梅花社区居委会。

◎ 梅花社区办公楼（2019年摄）

梅花社区辖有梅花新村、梅花二村两个安置小区。梅花新村于1994年底开工建造，1995年6月竣工，占地面积12万平方米，建筑面积18.6万平方米，共51幢，195个单元，2258套住宅。梅花二村于1996年5月开工建造，1997年底竣工，占地面积3.3万平方米，建筑面积5.2万平方米，共18幢，62个单元，732套住宅。2002年7月，梅花社区划归平江区（现姑苏区）。

梅花社区居委会办公地点设在梅花新村内。社区所辖村级工业小区位于扬清路6号、8号，建有厂房3.5万平方米。社区设有图书馆、妇女微家、宴会厅、无言斋民俗博物馆等公共活动场所和社区一站式服务中心、警务室、卫生服务站、娄葑学校梅花校区、泾园幼儿园梅花分园、菜场等公共配套设施。梅花社区获得“江苏省充分就业示范社区”“江苏省创业型社区”“江苏省级标准化居民学校”“江苏省计划生育先进单位”“苏州市建设社会主义新农村示范村”“苏州市先锋社区”等称号。

截至2017年12月，梅花社区共有户籍人口5957人，流动人口7467人。途经梅花社区的公交线路有19路、161路、980路。

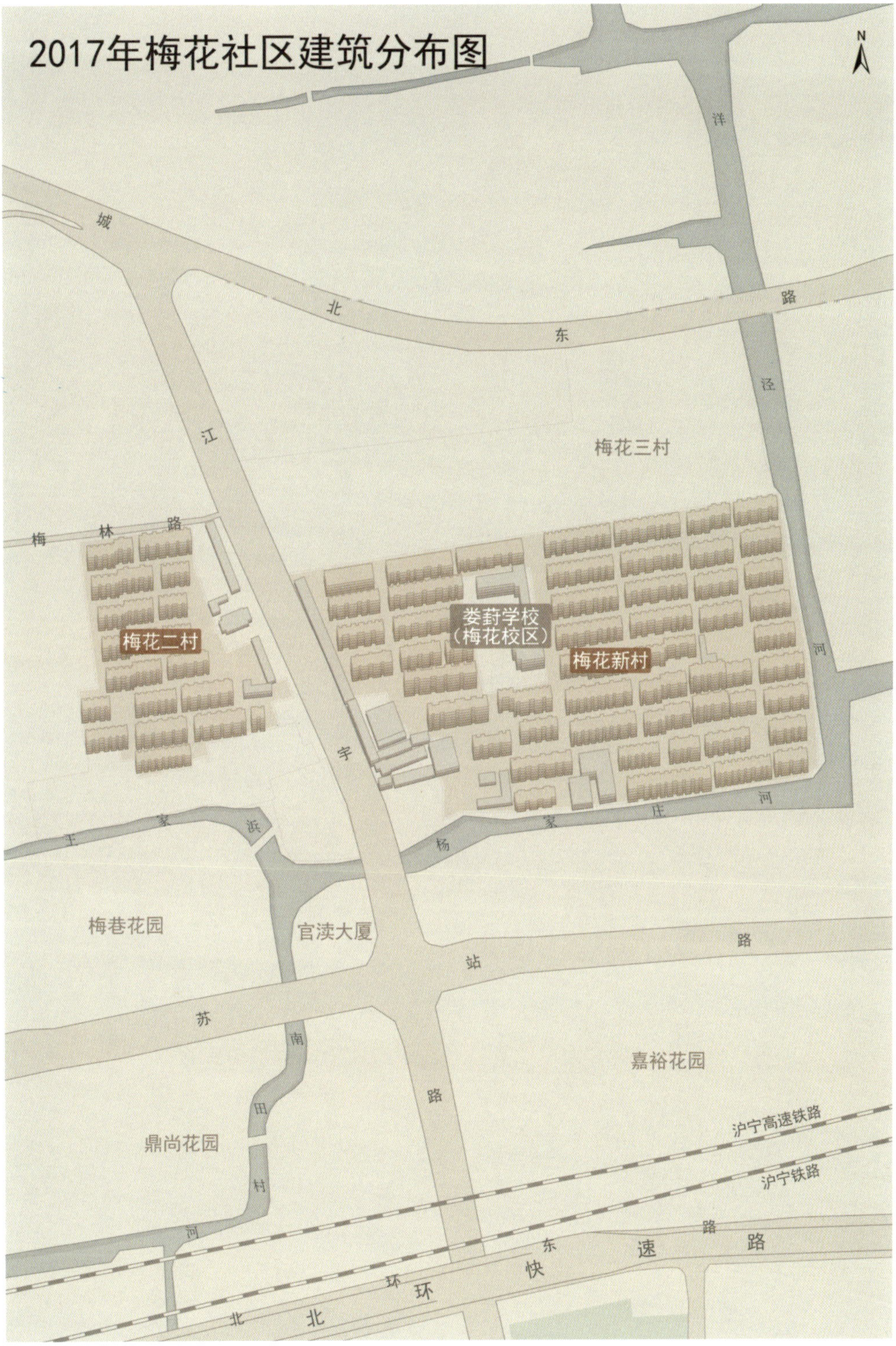

2017年梅花社区建筑分布图

N
城北东路
洋泾河
江宇路
梅林路
梅花三村
梅花二村
娄葑学校
（梅花校区）
梅花新村
王家浜
杨家庄河
梅巷花园
官渎大厦
苏站路
南田村河
嘉裕花园
鼎尚花园
沪宁高速铁路
沪宁铁路
北环东路
北环快速路

2017年梅花社区总貌图
N
城北东路
洋泾河
梅花三村
娄葑学校
（梅花校区）
梅花二村
梅花新村
梅巷花园
官渎大厦
嘉裕花园
鼎尚花园
沪宁高速铁路
沪宁铁路

一、北塘滩

北塘滩位于娄江边，距离娄葑镇中心2.1千米，东至莫香港，南临宋家园、蒋家巷、外朱泗桥，西靠洋泾里，北接娄江。因大多数人家沿河而居，自然形成一线，娄葑南片人统称这条线上的人家为北塘滩。

北塘滩位于新升村最北端，是新升村最大的村落，整个自然村呈一线排列，北塘滩有一条小河浜，称蒋甲里浜，位居北塘滩最东边。村西边也有一条小河，原长250米，由北向南折西再拐向北，形成U字形河流。原河滩有一转河澄，在转河澄处有一坟墓，墓主人系清末官僚蒋氏。1958年转河澄被填没，建有新升大队部，1964年新升大队部移至杨阿浜，后又多次搬迁，1995年新升村位于三星湖以南。

在团新路到底的北塘滩中间，有一座庙宇称为总管堂，主供随粮王，是宋朝官员，因在大灾时期，放粮赈灾，百姓在此建庙纪念。

北塘滩村民以蒋、方、李姓居多。截至1995年，有村民132户，513人，其中男性262人、女性251人；有土地面积883.5亩。村民以种植蔬菜为主，主要种植番茄、黄瓜、辣椒、莴苣、白菜、大青菜、丝瓜等旱生蔬菜。

1995年，因工业园区8平方千米首期开发，北塘滩村民整体搬迁至梅花新村、梅花二村，北塘滩自然村消失。2017年末，北塘滩原址上建有星明大厦、博世汽车部件（苏州）有限公司、苏州日月新半导体有限公司。

◎ 建在北塘滩原址上的苏州日月新半导体有限公司（2019年摄）

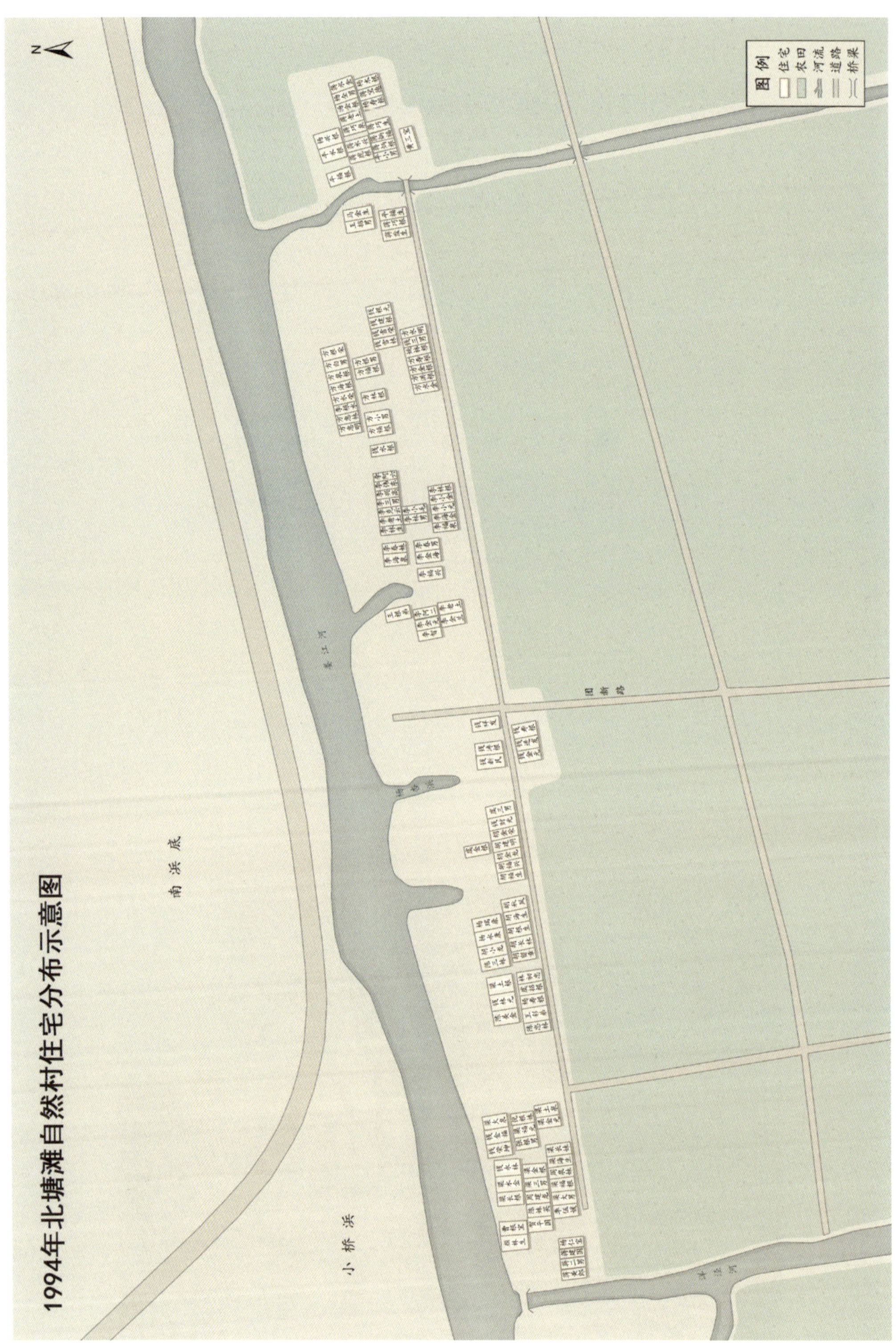

1994年北塘滩自然村住宅分布示意图

二、下马浜

下马浜位于新湖村中间段，距离娄葑镇中心3千米，东临唐家浜，南依上巷村，西靠北塘摊，北隔娄江。

下马浜村落为东西走向，村中有一条南北流向的小河，中间有小桥连接，河东河西居住人群均等。新湖小学坐落在下马浜村东中间段，全村学生就近就学。村内有座烽火明王庙，烽火明王为朱元璋敕封。清朝后期，烽火明王土地归在江南苏州府元泾陈公乡二十四都十九、二十图。1995年工业园区规划建设用地，烽火明王土地庙被供养人群自发安置在梅花新村围墙边。后来，村民又自发把烽火明王土地老爷搬迁至安齐王庙[①]东部，自此成为合法宗教场所。

下马浜村民以顾、杜、胡、姚姓居多。截至1995年动迁前，有村民91户，人口427人，其中男性 211人、女性216人；有耕地面积745.5亩。村民以种植水稻和蔬菜为生，蔬菜主要种植番茄、黄瓜、辣椒、莴苣、白菜、大青菜、丝瓜等。

◎ 建在下马浜原址上的中园大厦（2019年摄）

① 安齐王庙：建于宋朝，庙内主供安齐王爷。平江区人民政府在2003年6月批准安齐明王土地为合法宗教场所，并对外开放。苏州道教协会派遣道长李盘根驻安齐明王庙全面负责教务工作。

1995年，因工业园区8平方千米首期开发，村民整体迁至梅花新村，下马浜自然村消失。2017年末，下马浜原址上建有中园大厦、苏虹工业坊。

◎ 建在下马浜原址上的苏虹工业坊（2019年摄）

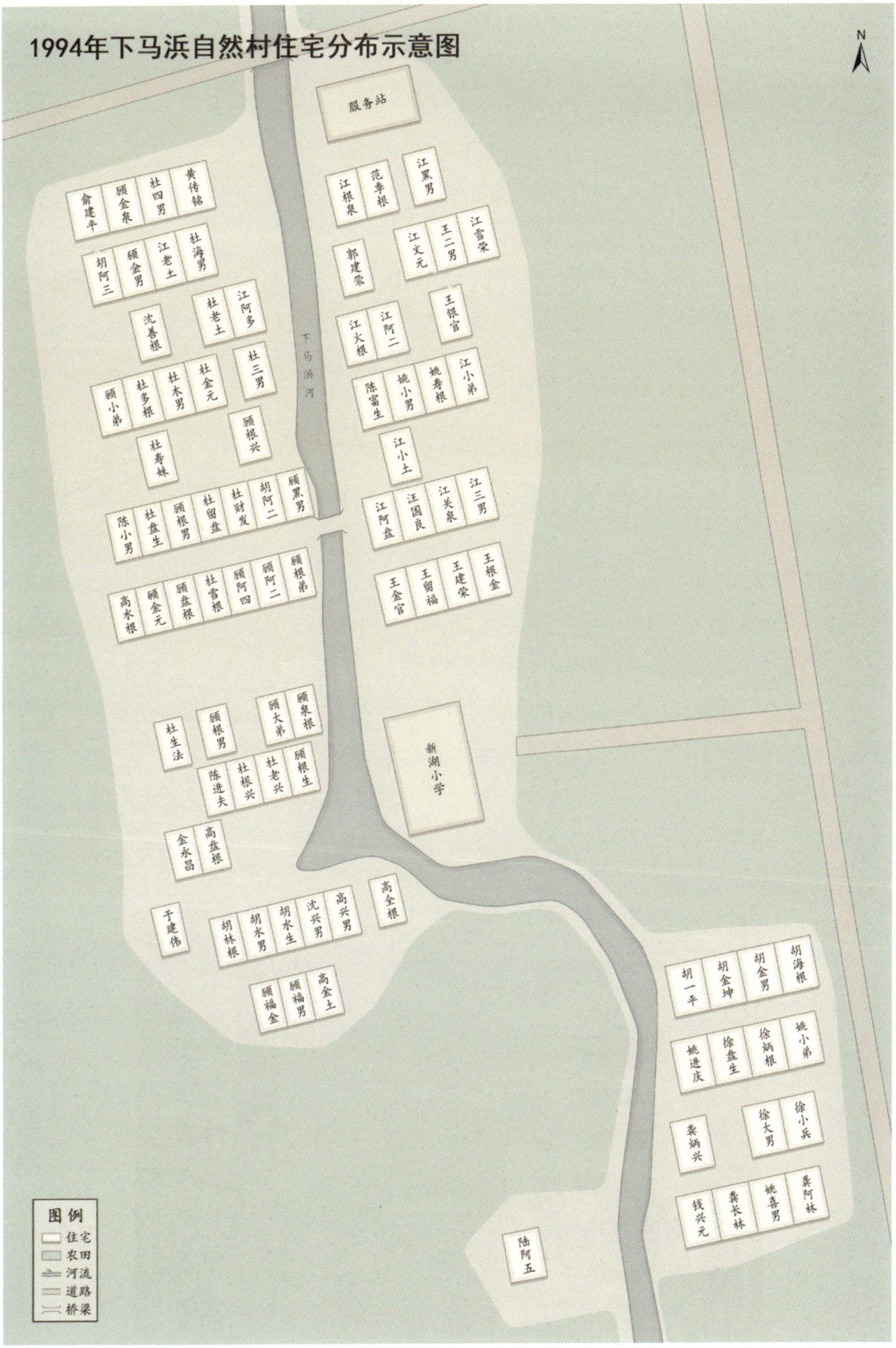

1994年下马浜自然村住宅分布示意图

N

服务站
俞建平 顾金泉 杜四男 黄传铭
胡阿三 顾金男 江老土 杜海男
沈善根 杜老土 江阿多
杜三男
顾小弟 杜多根 杜木男 杜金元
杜寿林 顾根兴
陈小男 杜盘生 顾根男 杜留盘 杜财发 胡阿二 顾黑男
高水根 顾金元 顾盘根 杜雪根 顾阿四 顾阿二 顾根弟
杜生法 顾根男 顾大弟 顾泉根
陈进夫 杜根兴 杜老兴 顾根生
金永昌 高盘根
于建伟 胡林根 胡水男 胡水生 沈兴男 高兴男 高金根
顾福金 顾福男 高金土
下马浜河
江根泉 范李根 江黑男
郭建荣 江文元 王二男 江雪荣
王银官
江火根 江阿二
陈富生 姚小男 姚寿根 江小弟
江小土
江阿盘 汪国良 江关泉 江三男
王金官 王留福 王建荣 王根金
新湖小学
胡一平 胡金坤 胡金男 胡海根
姚进庆 徐盘生 徐炳根 姚小弟
龚炳兴 徐大男 徐小兵
钱兴元 龚长林 姚喜男 龚阿林
陆阿五

图例
住宅
农田
河流
道路
桥梁

三、蒋家巷

蒋家巷位于新升村中间，距离娄葑镇中心1.8千米，东至宋家园，南隔陈家巷，西临团新路，北望北塘滩。

蒋家巷村有一条河浜，由西向东北延伸。村西侧300米处建有新升小学，新升村的学龄儿童就近上学。

1978年，蒋家巷因属于郊区，村民自己不种粮食，享受与苏州市民一样的待遇，每个月每人发放粮票28斤，年终还会发放副食品票，如布票、糖票、煤球票等。供销社以股份制的形式每家认购原始股3元。为鼓励村民，大队对家有3亩田以上的家庭实行优惠价认购黄鱼车。

1982年，随着计划经济向市场经济的转轨，各种规定陆续取消。村民的蔬菜实行自产自销，自由种植，各自家庭销往不同的农贸市场。1985年至1990年间基本每家都住上二层楼房。

蒋家巷村民以史姓为多，另有张、吴、高、杨、冷、王、周、徐等姓。截至1995年动迁前，有村民37户，156人，其中男性80人、女性76人；有耕地面积258亩。蒋家巷实行包产到户后，每家平均分到承包责任田3～5亩不等，家中成员基本是一人在社办厂或者队办厂上班，其余人员在家种田。村民以种植蔬菜为生，主要种植番茄、黄瓜、辣椒、莴苣、白菜、大青菜、丝瓜等旱生蔬菜。

1995年，因工业园区8平方千米首期开发，村民整体搬迁至梅花新村、梅花二村，蒋家巷自然村消失。2017年末，蒋家巷原址上建有新城花园。

◎ 建在蒋家巷原址上的新城花园（2019年摄）

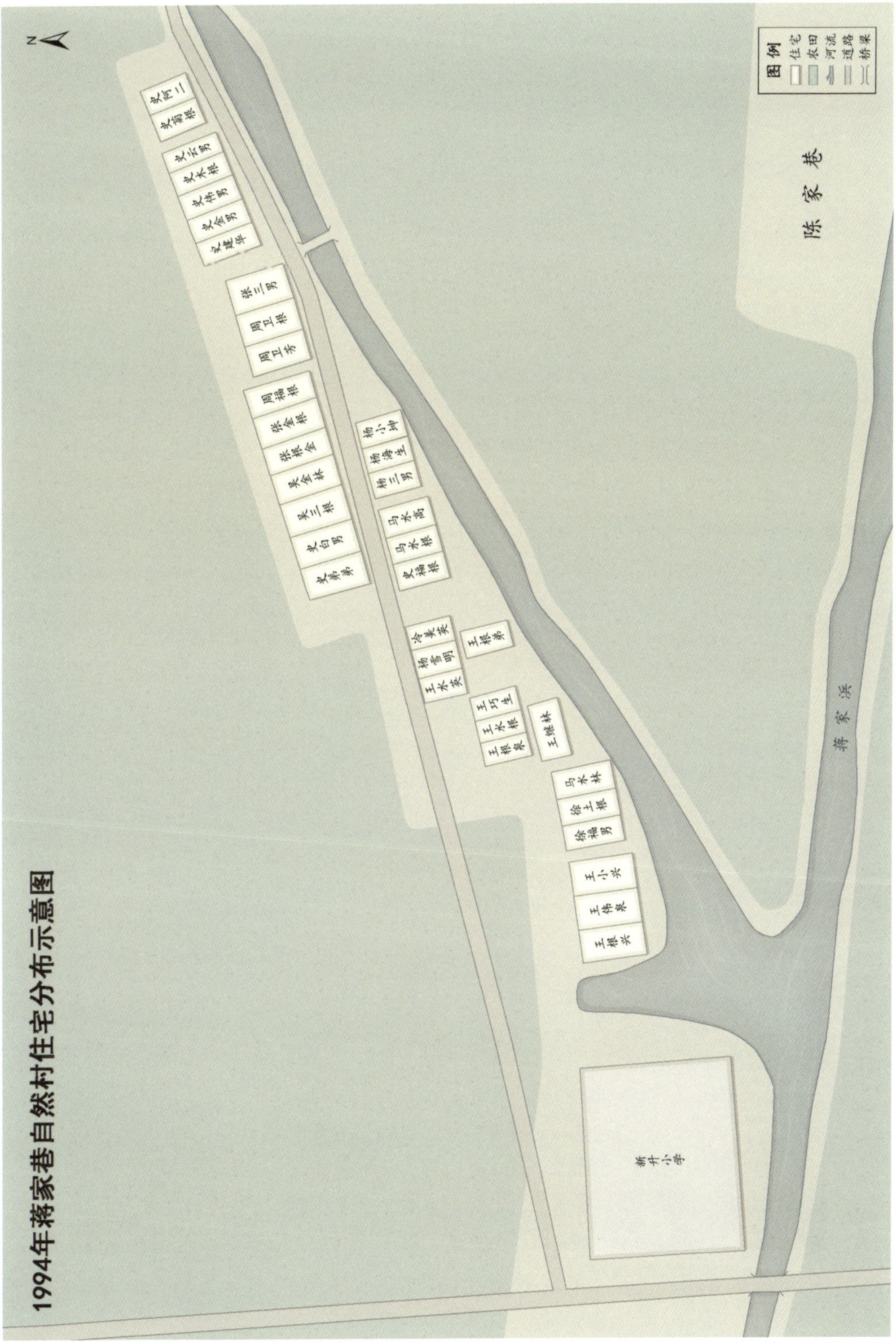

1994年蒋家巷自然村住宅分布示意图

四、东莫香港

东莫香港距离娄葑镇中心2.5千米，东至金鸡湖，南隔相门塘河，西临东莫香港，北望三新路。因村有一条东莫香港河而得名。

东莫香港大多数村民有烧香的习惯，从清雍正年间开始归属于江南苏州府元泾陈公乡二十四都十九、二十图曹候明王土地。曹候明王因有恩于当方百姓，建庙供奉于此。每年农历三月十五为曹候明王生日，香火旺盛。

东莫香港村民以居、杨、孙姓居多，另有王、江、莫等姓。截至1995年动迁前，有村民26户，120人，其中男性58人、女性62人；有耕地面积190.5亩。村民以种植蔬菜、水稻等农作物为生。1983年包产到户后，村民以种植蔬菜为生，主要种植番茄、黄瓜、辣椒、莴苣、白菜、大青菜、丝瓜等旱生蔬菜。每月上交大队分配任务，按月结算，多余的销往苏州各个菜场。东莫香港除村大多数人以传统方式种田外，也有少部分人从事奶牛养殖等致富。

1995年，因工业园区8平方千米首期开发，村民整体搬迁至梅花新村，东莫香港自然村消失。2017年末，东莫香港原址上建有世纪金融大厦、国际大厦。

◎ 建在东莫香港原址上的国际大厦（2019年摄）

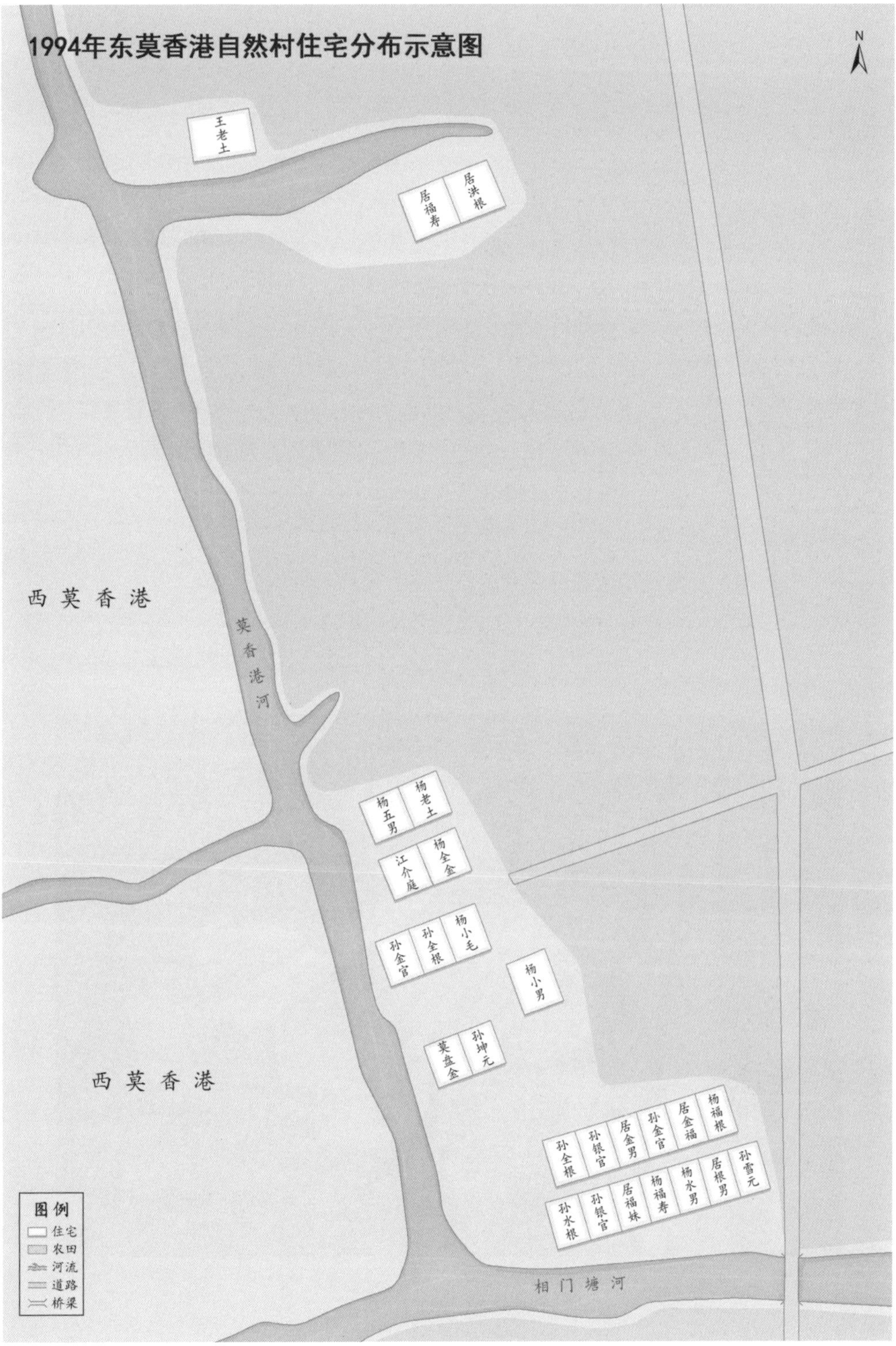

1994年东莫香港自然村住宅分布示意图

N

王老土
居福寿
居洪根

西莫香港

莫香港河

杨五男
杨老土
江介庭
杨全金
孙金官
孙全根
杨小毛
杨小男
莫盘金
孙坤元

西莫香港

孙全根
孙银官
居金男
孙金官
居金福
杨福根
孙水根
孙银官
居福妹
杨福寿
杨水男
居根男
孙雪元

相门塘河

图例
住宅
农田
河流
道路
桥梁

五、陈家巷

陈家巷又名陈家郎，位于三星路之北，东至宋家园，南隔三新路，西临外朱泗桥，北望蒋家巷。

陈家巷原有市面店铺，建筑也似自然巷市状态，村坊延线。村内有一条河港由西向东南延伸，西与蒋家巷汇合，直接通向朱泗桥，东接王家浜，1973年接通，1980年因筑路而中断。

陈家巷村民以张姓居多，其余为徐、毛、施、蒋、戴等姓。截至1995年动迁前，有村民30户，人口130人，其中男性63人、女性67人；有耕地面积208.5亩。1982年后，陈家巷实行包产到户，每家平均分到承包责任田3～5亩不等，家中成员基本是一个在社办厂或者队办厂上班，其余人员在家种田。村民以种植蔬菜为生，主要种植番茄、黄瓜、辣椒、莴苣、白菜、大青菜、丝瓜等旱生蔬菜。

1995年，因工业园区8平方千米首期开发，村民整体搬迁至梅花新村、梅花二村，陈家巷自然村消失。2017年末，陈家巷原址上建有新城邻里中心。

◎ 建在陈家巷原址上的新城邻里中心（2019年摄）

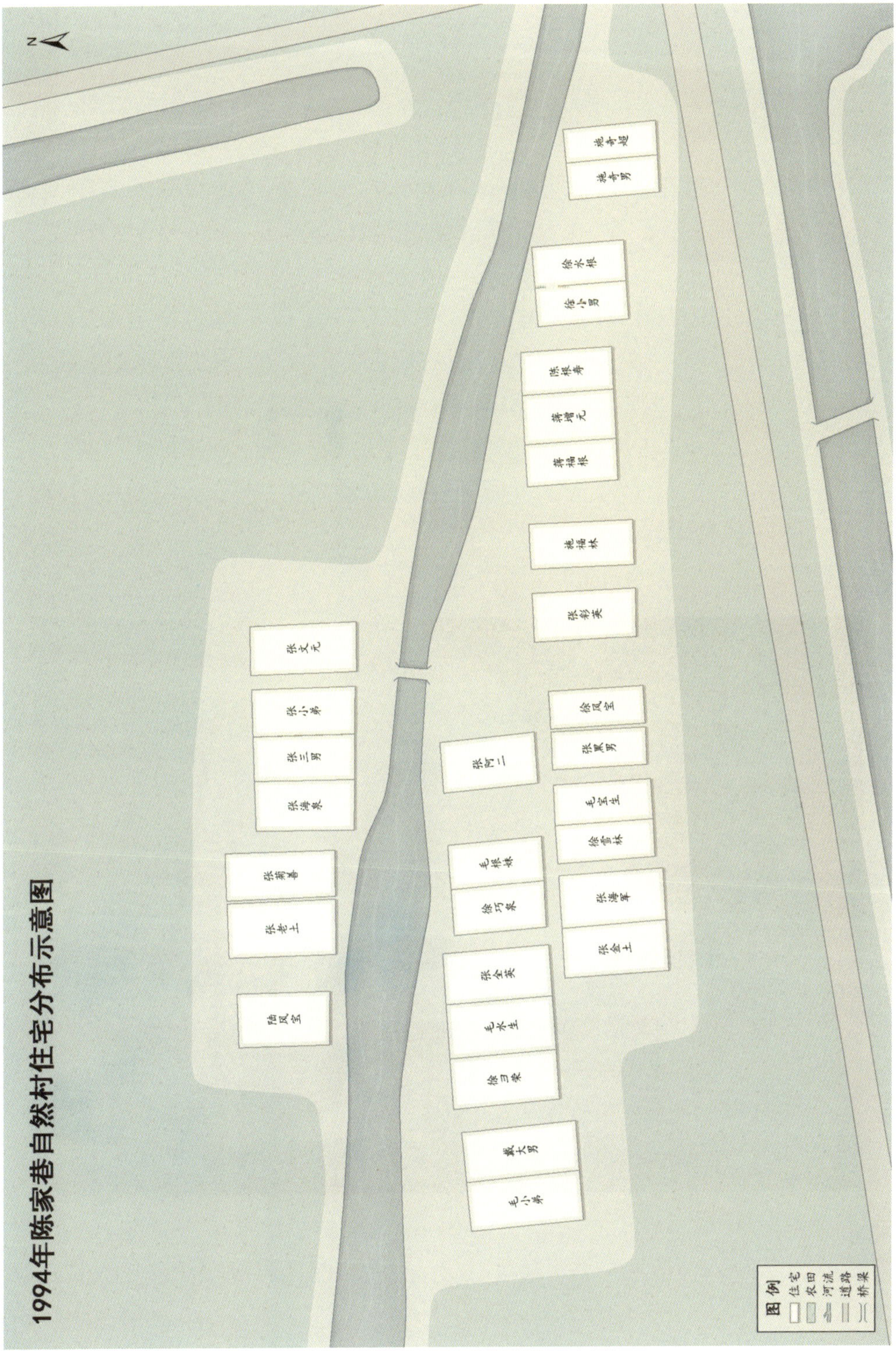

1994年陈家巷自然村住宅分布示意图

N

陆风宝
张老土
张菊善
张海泉
张三男
张小弟
张文元
毛小弟
戴大男
徐彐荣
毛水生
张全英
徐巧泉
毛根妹
张阿二
张金土
张海军
徐雪林
毛宝生
张黑男
徐风宝
张彩英
施福林
蒋福根
蒋增元
陈根寿
徐小男
徐水根
施奇男
施奇超

图例
住宅
农田
河流
道路
桥梁

六、官郎村

官郎村距离镇中心1千米，东至何家浜，南隔徐家场，西临洋泾河，北望三新路。境内有道观，村中有条河叫官郎河，因而得名官郎村。

村中有条河全长1500米，南北流向，在南端有一小河浜，向东朝张夹里村落延伸。河最北端改名外朱泗桥，河中端为官郎，河最南端改名徐家场。大队部设在官郎地界，在团新路以西。

官郎村村民大多数姓沈，也有胡、史、周、马等姓。截至1995年动迁前，有村民42户，176人，其中男性88人、女性88人；有耕地面积264亩。村民以种植蔬菜为生，主要种植番茄、黄瓜、辣椒、莴苣、白菜、大青菜、丝瓜等旱生蔬菜。

1995年，因工业园区8平方千米首期开发，村民整体搬迁至梅花新村、梅花二村，官郎村自然村消失。2017年末，官郎村原址上建有华庭苑小区。

◎ 建在官郎村原址上的华庭苑小区（2019年摄）

1994年官郎村自然村住宅分布示意图

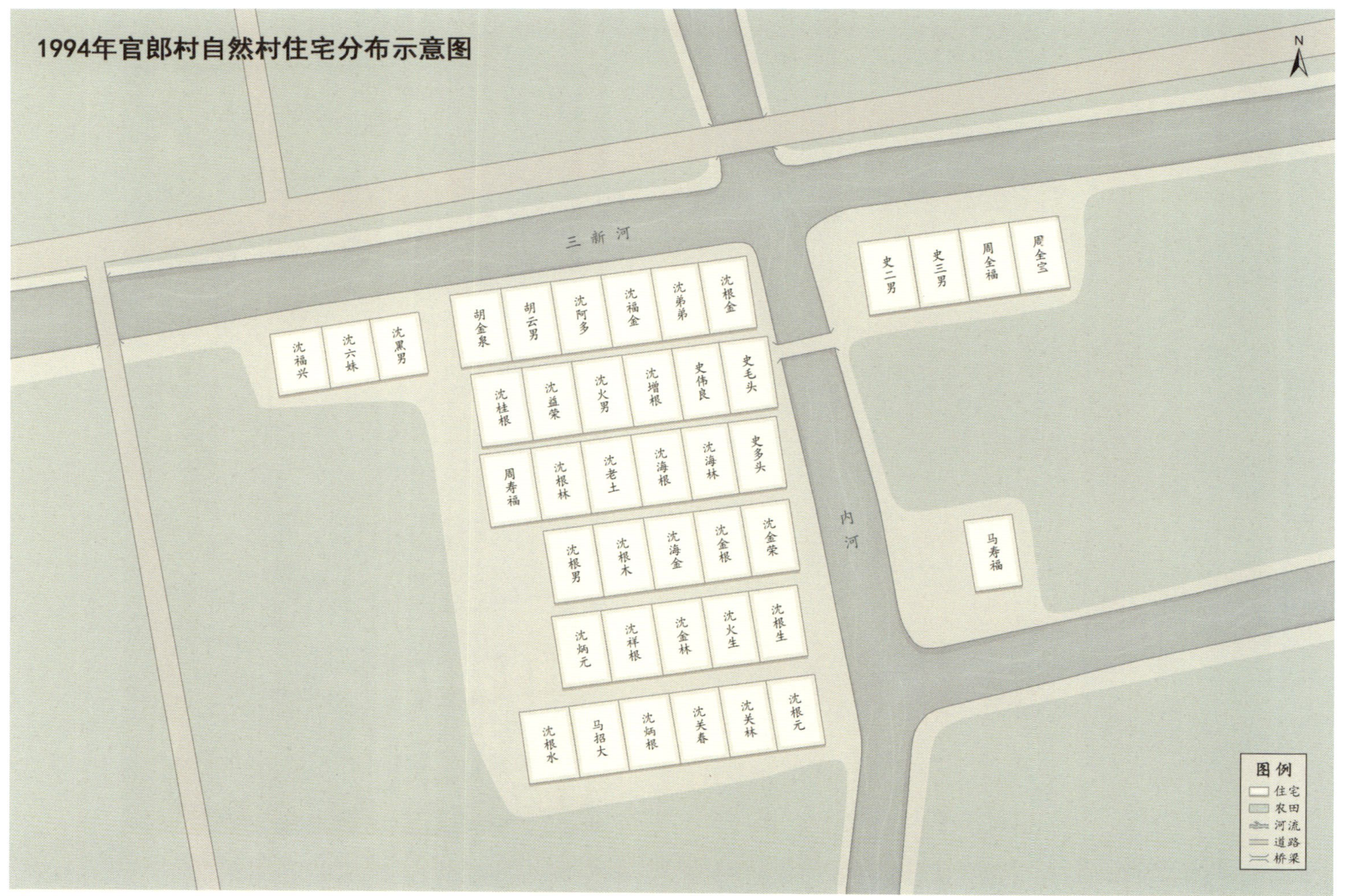

七、何家浜

何家浜东靠干家浜，南望徐家场，西临团新路，北隔三星河。何家浜村中有一条小河浜，东西向贯穿全村，村民沿河而居。解放前，位于河北岸最西端有一户何姓人家，河浜定名为何家浜，村名根据河名而沿称。

何家浜在团新路以东，是距新升村部最近的一个自然村，位于新升村中间。何家浜原长300米，1981年在浜底向南开挖一条新河，长约200米。

村民戴招林1983年被授予“全国三八红旗手”称号。养殖生猪大户范云妹1989年9月获得“全国劳动模范”称号，同年被评为“苏州市农村妇联‘双学双比’劳动生产能手”，1991年又被苏州市妇联总工会评为“三八红旗手”。

何家浜村民以戴姓为多，其余为金、王、冯、曹、陆等姓。截至1995年动迁前，有村民47户，206人，其中男性100人、女性106人；有耕地面积355.5亩。村民以种植蔬菜为生，主要种植番茄、黄瓜、辣椒、莴苣、白菜、大青菜、丝瓜等旱生蔬菜。

1995年，因工业园区8平方千米首期开发，村民整体搬迁至梅花新村、梅花二村，何家浜自然村消失。2017年末，何家浜原址上建有都市花园西区。

◎ 建在何家浜原址上的都市花园（2019年摄）

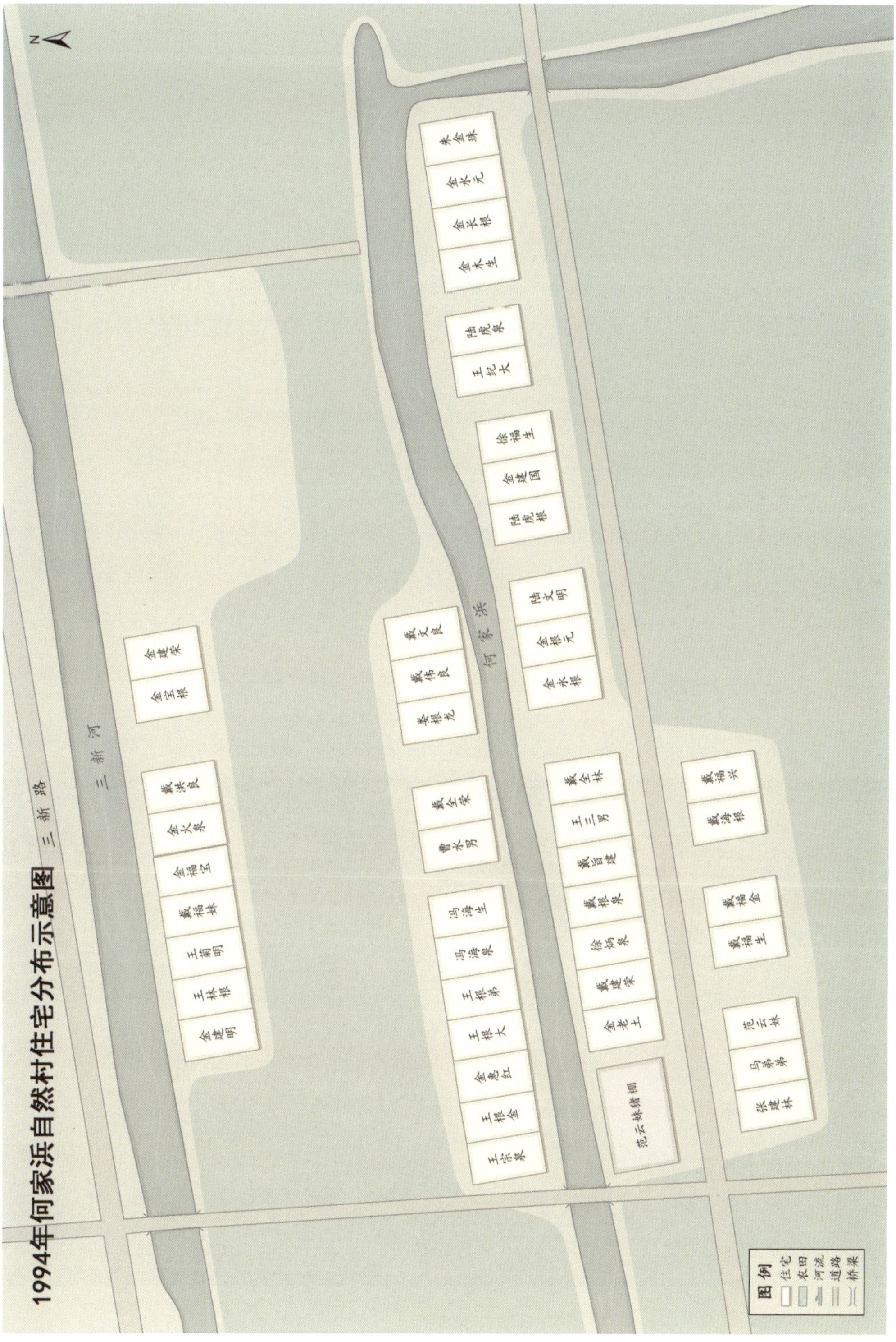

1994年何家浜自然村住宅分布示意图

三新路
三新河
N

金建明 王林根 王菊明 戴福妹 金福宝 金火泉 戴洪良 金宝根 金建荣

王宗泉 王根金 金惠红 王根大 王根弟 冯海泉 冯海生 曹水男 戴全荣 娄根龙 戴伟良 戴文良

何家浜

金木生 金长根 金水元 朱金珠 王纪大 陆虎泉 陆虎根 金建国 徐福生 金永根 金根元 陆文明

范云妹猪棚 金老土 戴建荣 徐炳泉 戴根泉 戴旨建 王三男 戴全林

张建林 马弟弟 范云妹 戴福生 戴福金 戴海根 戴福兴

图例
住宅
农田
河流
道路
桥梁

八、金狮桥

金狮桥位于新湖村最南端，东至金鸡湖，南隔相门塘河，西临东莫香港，北至上巷村。相传村边原有一条小河，某一湾处形如狮子，架在河上的桥便取名金狮桥，沿河而居的自然村落就叫金狮桥。

1983年包产到户后，金狮桥村民自主生产和销售农作物和蔬菜。每月上交大队分配任务，按月结算。村民除留足一家老小的口粮，其余销往苏州各大农副产品市场。

金狮桥原址西南角建有约十米高的飞机航标塔，用于飞机导航，具体位置大约在工业园区湖西原管委会处。

金狮桥村民以唐姓居多，另有李、徐、杨、许、蒋等姓。截至1995年动迁前，共有村民29户，人口123人，其中男性57人、女性66人；有耕地面积222亩。村民以种植水稻、蔬菜为生，蔬菜主要种植番茄、黄瓜、辣椒、莴苣、白菜、大青菜、丝瓜等。

1995年，因工业园区8平方千米首期开发，金狮桥村民整体搬迁至梅花新村，金狮桥自然村消失。2017年末，金狮桥原址上建有东方之门、苏州中心等地标性建筑及大型商业载体。

◎ 建在金狮桥原址上的苏州中心（2019年摄）

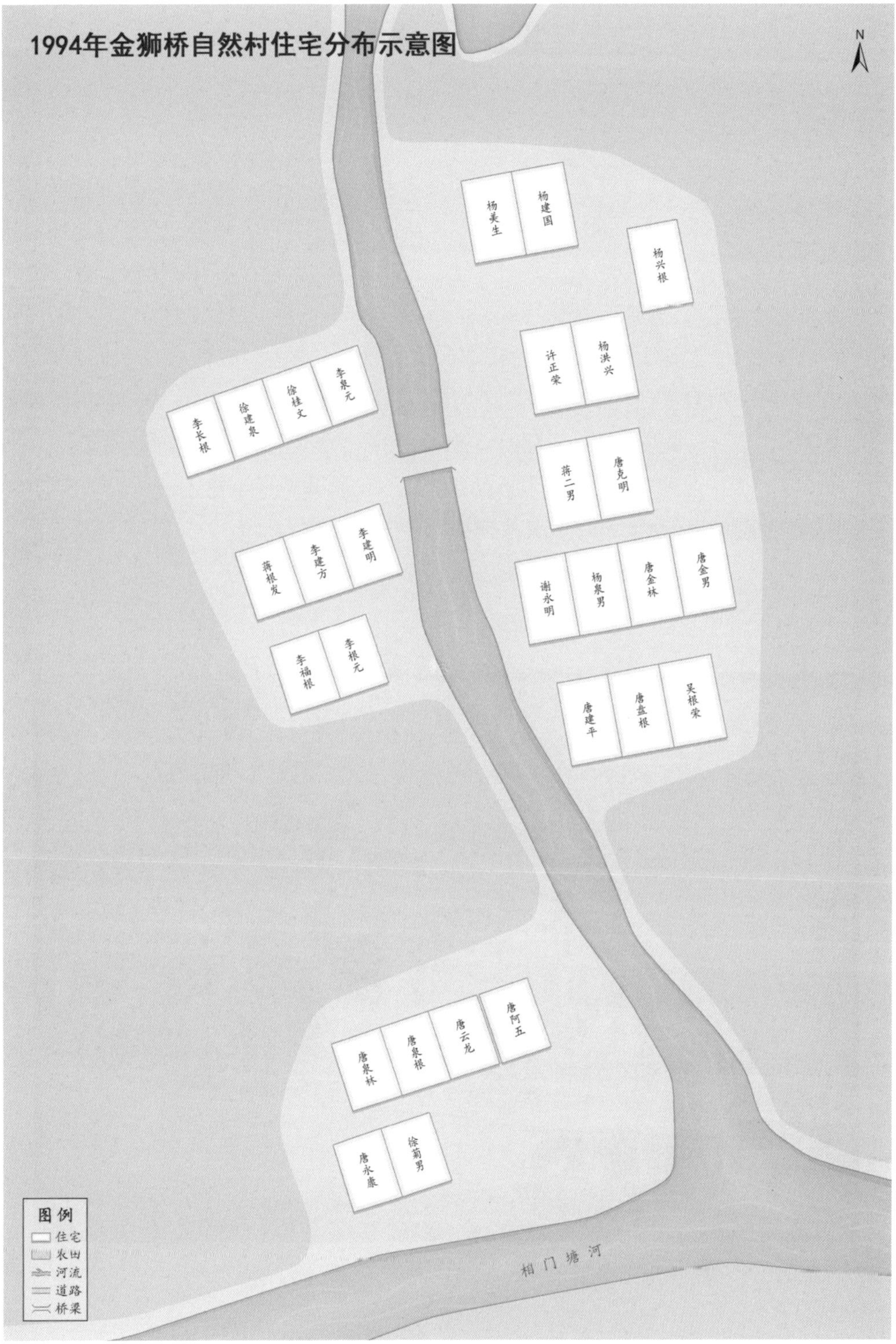

1994年金狮桥自然村住宅分布示意图

N
杨美生
杨建国
杨兴根
许正荣
杨洪兴
李长根
徐建泉
徐桂文
李泉元
蒋二男
唐克明
蒋根发
李建方
李建明
谢永明
杨泉男
唐金林
唐金男
李福根
李根元
唐建平
唐盘根
吴根荣
唐泉林
唐泉根
唐云龙
唐阿五
唐永康
徐菊男
相门塘河

图例
住宅
农田
河流
道路
桥梁

九、外朱泗桥

外朱泗桥位于新升村区辖中间，东临团新路，南接官郎村，西临洋泾河，北望洋泾里、北塘滩，与新苏5队隔河相望。

解放前，外朱泗桥只是一座仅供一人通行的木桥。解放后，解放军某营营长率队由北朝南骑马经过外朱泗桥，因桥窄小，马匹无法通过，遂将外朱泗桥扩建整修。外朱泗桥附近有竹园，是新升商业中心，建有供销社，后南迁，原址被新升皮鞋厂扩建。距外朱泗桥大约200米处建有新升小学。

外朱泗桥村民以薛姓居多，另有曹、宋、张、沈、吕等姓。截至1995年动迁前，有村民33户，人口142人，其中男性73人、女性69人；有耕地面积190.5亩。村民以种植蔬菜为生，主要种植番茄、黄瓜、辣椒、莴苣、白菜、大青菜、丝瓜等旱生蔬菜。

1995年，因工业园区8平方千米首期开发，村民整体搬迁至梅花新村、梅花二村，外朱泗桥自然村消失。2017年末，外朱泗桥原址上建成东方花园。

◎ 建在外朱泗桥原址上的东方花园（2019年摄）

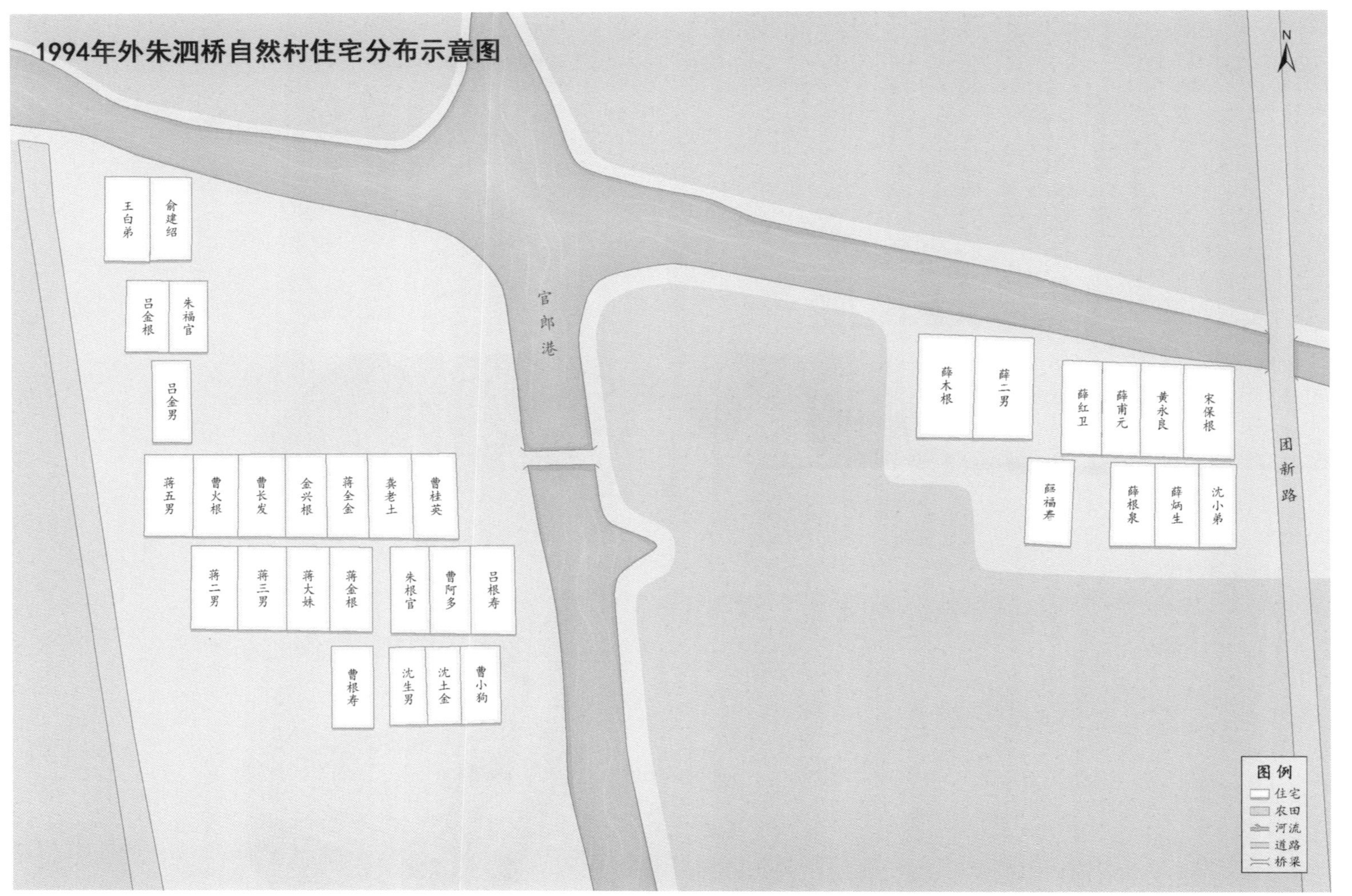
1994年外朱泗桥自然村住宅分布示意图
N
官郎港
团新路
俞建绍
王白弟
朱福官
吕金根
吕金男
蒋五男
曹火根
曹长发
金兴根
蒋全金
龚老土
曹桂英
蒋二男
蒋三男
蒋大妹
蒋金根
朱根官
曹阿多
吕根寿
曹根寿
沈生男
沈土金
曹小狗
薛木根
薛二男
薛红卫
薛甫元
黄永良
宋保根
蘛福寿
薛根泉
薛炳生
沈小弟
图例
住宅
农田
河流
道路
桥梁

十、西莫香港

西莫香港在新升村最东南角，东至东莫香港，南接相门河塘，西隔徐家场，北连王家浜。西莫香港，又名西木香港，也有叫杨家村、顾村桥。

西莫香港村里有很多树，花开时节香气四溢。西莫香港与胡家沿隔着一条相门塘，塘上有座桥，叫顾村桥，因年久破落失修弃之。杨家村，原有杨姓人氏居住，现已绝祠。在原居住处东边有一条浜，俗称杨家浜。后第12、13、14生产队合并，杨家村、顾村桥统称西莫香港。

◎ 建在西莫香港原址上的星海广场（2019年摄）

西莫香港村民以尹、王、邹、林姓居多，另有姚、龚、高、陆、徐等姓。截至1995年动迁前，有村民53户，210人，其中男性111人、女性99人；有耕地面积381亩。村民以种植蔬菜为生，主要种植番茄、黄瓜、辣椒、莴苣、白菜、大青菜、丝瓜等旱生蔬菜。

◎ 星海生活广场（2019年摄）

1995年，因工业园区8平方千米首期开发，西莫香港村民整体搬迁至梅花新村、梅花二村，西莫香港自然村消失。2017年末，西莫香港原址上建有星海广场。

1994年西莫香港自然村住宅分布示意图

N

东莫香港

王小男　王肃安
王长根　王国良　王雲平

林小男　姚小夯　林泉男
林㺯宝　龚长林　林多根
林小妹

尹根兴　尹林根
尹根生　尹建明　尹根发
尹林男　尹培根　尹增男　尹全男　尹阿夯
郭三根　王福根
郭小夯
郭永根　郭根寿

龚小土　郭夯男　王泉根　郭二男　尹桂元
尹培兴　王泉金　尹平元　尹长生　尹根男
尹全宝　尹泉根　尹全金　尹林生　尹林泉
莫水根　龚大男　姚土根　徐彩根　林三男
高寿根　尹根兴　莫水金　王寿根　王纪大　王根泉

娄葑化工厂

图例
住宅
农田
河流
道路
桥梁

十一、上巷村

上巷村东临金鸡湖，南至金狮桥，西接三新路，北望卜马浜。上巷村原名赵巷村，位于新湖村东南方，金狮桥西北角。上巷分南上巷与北上巷，中间隔一条三星河。

上巷村村民临河而居，村内金鸡湖畔有一座土地庙，名曹候明王庙。曹候明王为明朝朱元璋敕封，归在江南苏州府元泾陈公乡二十四都十九、二十图。曹候明王因有恩于当地百姓，建庙供奉于此，每年农历三月十五为曹候明王生日，村民前来祭拜，香火旺盛。原曹候明王庙前有一株200年树龄的朴树，树高且大，粗可2人合抱。金鸡湖东斜塘、金湖以及本地渔民出湖打鱼，在迷雾天气看不清方位时，以树为航标，来识别方位。

90年代初，金鸡湖大桥西侧上巷村境内建有金鸡湖度假村，设施齐全，有饭店宾馆，湖边铺设大面积的人造沙滩等。夏季高温天气，苏州市区周边的市民来此游玩游泳，后停产歇业。

截至1995年动迁前，上巷村有居民90户，378人，其中男性183人、女性195人；有耕地面积625.5亩。村民以种植水稻、蔬菜等作物为生，蔬菜主要种植番茄、黄瓜、辣椒、莴苣、白菜、大青菜、丝瓜等。

1995年，因工业园区开发建设，村民整体搬迁至梅花新村，上巷村自然村消失。2017年末，上巷村原址上建有苏州中茵皇冠假日酒店、中天湖畔花园小区。

◎ 建在上巷村原址上的苏州中茵皇冠假日酒店（2019年摄）

1994年上巷村自然村住宅分布示意图

N

陈海根
下马浜
三新路
三新河
金根火
陈二男
马金元
顾根生
张惠荣
张惠敏
叶阿夯
沈水男
王加荣
王永强
陈寿根
徐大双
张建林
陈三男
陈泉金
陈全根
王全根
马阿四
金根元
吴福根
潘雪根
蒋雪根
崔泉元
金祥生
赵阿海
邓桂根
邓桂泉
吴云龙
吴忠良
吴明东
吴培林
吴留福
叶留男
赵林元
马阿早
马才根
赵水根
马泉金
叶泉男
张林生
徐美英
叶火男
马泉男
苏永元
张炳生
陈林生
潘炳根
赵根水
赵留福
赵玉良
潘兴根
潘伟生
陈水根
王根水
陈国民
俞巧生
沈水明
陈坤兴
朱皆兵
朱寿泉
杨伟生
杨伟根
崔文元
赵根金
马道根
马阿三
赵盘根
潘水高
金炳泉
金土根
金福泉
吴全男
王福根
沈多根
顾留男
顾林根
王坤元
王巢根
王兴根
王兴泉
沈多林
马杏珍
吴多头
蒋雪金
邓建明
吴明兴
蒋关荣
顾留海
顾惠男

图例
住宅
农田
河流
道路
桥梁

十二、宋家园

宋家园位于新升村东北角，与新湖村相近，距离镇中心2.2千米，东至莫香港，南隔三新路，西临蒋家巷，北至北塘滩。因村中原有一个大花园，是宋家大户庄园，故被称作宋家园。

宋家园村民旧时出门不太方便，主要因为通往三星路一段是泥泞小路，遇到雨雪天气，村民不好走，只能用船短驳至河对面王坟头后，转入三星路。后村里开通了一条大路。方便村民出行。

宋家园村民以尹姓居多，另有顾、朱、张、肖、孙等姓。截至1995年动迁前，有村民28户，总人口111人，其中男性57人、女性54人；有耕地面积175.5亩。村民以种植蔬菜为生，主要种植番茄、黄瓜、辣椒、莴苣、白菜、大青菜、丝瓜等旱生蔬菜。

1995年，因工业园区8平方千米首期开发，宋家园村民整体搬迁至梅花新村、梅花二村，宋家园自然村消失。2017年末，宋家园原址上建有星海人家。

◎ 建在宋家园原址上的星海人家（2019年摄）

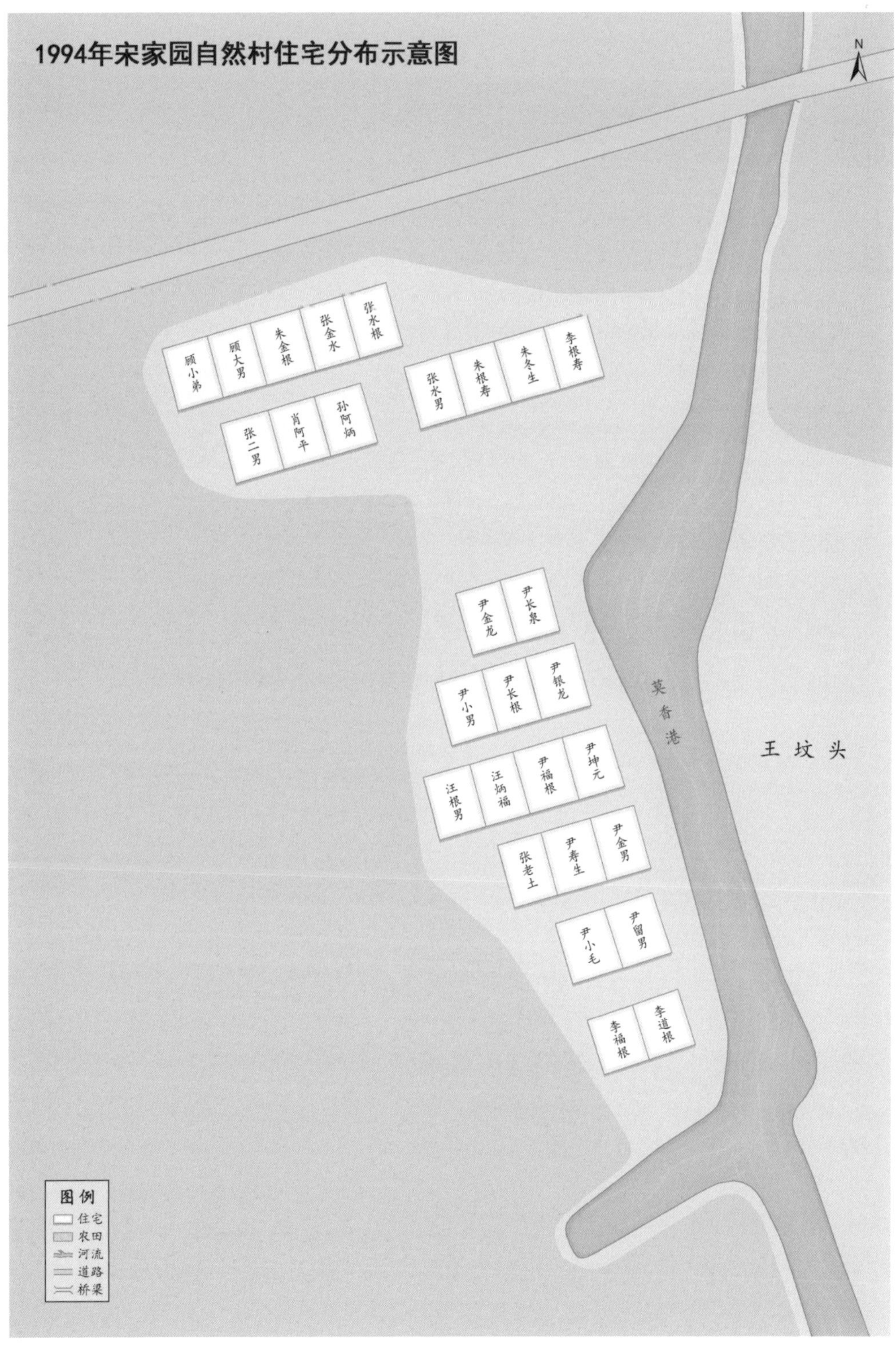
1994年宋家园自然村住宅分布示意图
N
顾小弟
顾大男
朱金根
张金水
张水根
张水男
朱根寿
朱冬生
李根寿
张二男
肖阿平
孙阿炳
尹金龙
尹长泉
尹小男
尹长根
尹银龙
汪根男
汪炳福
尹福根
尹坤元
张老土
尹春生
尹金男
尹小毛
尹留男
李福根
李道根
莫香港
王坟头
图例
住宅
农田
河流
道路
桥梁

十三、唐家浜

唐家浜东至叶家浜，南隔上巷村，西临下马浜，北望娄江。因唐姓居民最早定居而得名。

唐家浜分南岸和北岸，以唐家浜河隔开，南岸村民居多。1983年包产到户后，村民各归各生产销售，每月上交大队分配任务，按月结算，多余的销往苏州各大农副产品市场。

80年代，村里发展村级经济，开办砖瓦厂，生产八五砖、U形瓦等产品，部分农民进厂做工。改革开放初期，经济形势较好，家家造房，砖瓦厂产销两旺。90年代后，砖瓦厂逐渐荒废。

唐家浜村民以唐、杨姓居多，另有邱、许、徐、李、华等姓。截至1995年动迁前，有村民76户，302人，其中男性146人、女性156人；有耕地面积537亩。唐家浜村民以种植水稻、蔬菜等作物为生，蔬菜主要种植番茄、黄瓜、辣椒、莴苣、白菜、大青菜、丝瓜等。

1995年，因工业园区8平方千米首期开发，村民整体搬迁至梅花新村，唐家浜自然村消失。2017年末，唐家浜原址上建有艾默生环境优化技术（苏州）有限公司。

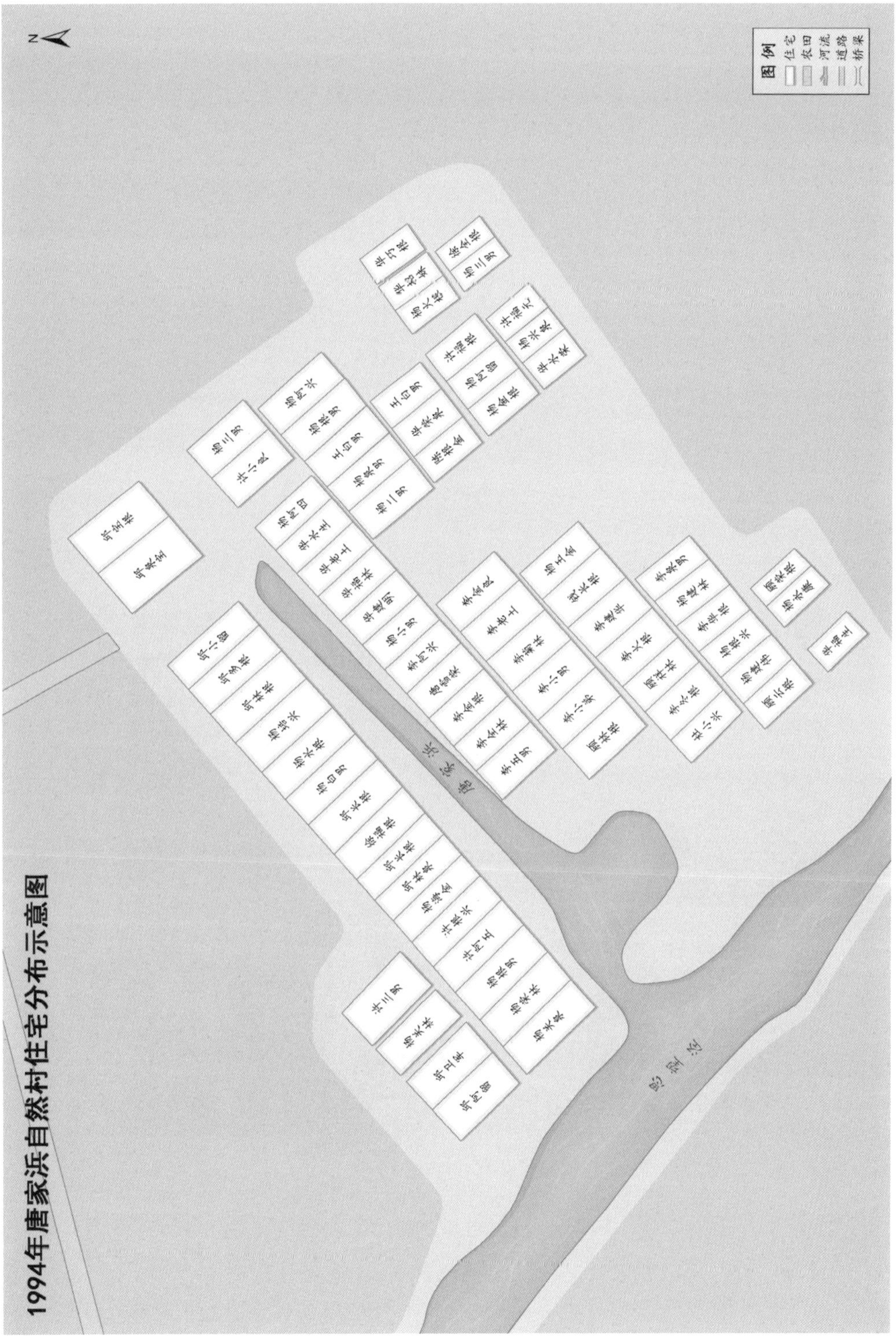

1994年唐家浜自然村住宅分布示意图

十四、王坟头

王坟头位于新湖村西部，东临下马浜，南隔三新路，西与宋家园隔河相望，北靠娄江。因村庄东面有大片坟墓而得名。

王坟头南北向排列，沿河而居。村中大片坟墓占地十亩，西低东高，拾级而上。墓前建有“圣善发祥”坊，并有硕大而做工精细的石香炉。石牌楼由花岗石制成，有雕刻图案，于“文化大革命”中被毁。

王坟头村民以张、李、石、郭、陆姓居多。截至1995年动迁前，有村民20户，84人，其中男性43人、女性41人；有土地面积142.5亩。村民以种植水稻、蔬菜等作物为生，蔬菜主要种植番茄、黄瓜、辣椒、莴苣、白菜、大青菜、丝瓜等。

1995年，因工业园区8平方千米首期开发，村民整体搬迁至梅花新村，王坟头自然村消失。2017年末，王坟头原址上建有新加花园西部。

◎ 建在王坟头原址上的新加花园（2019年摄）

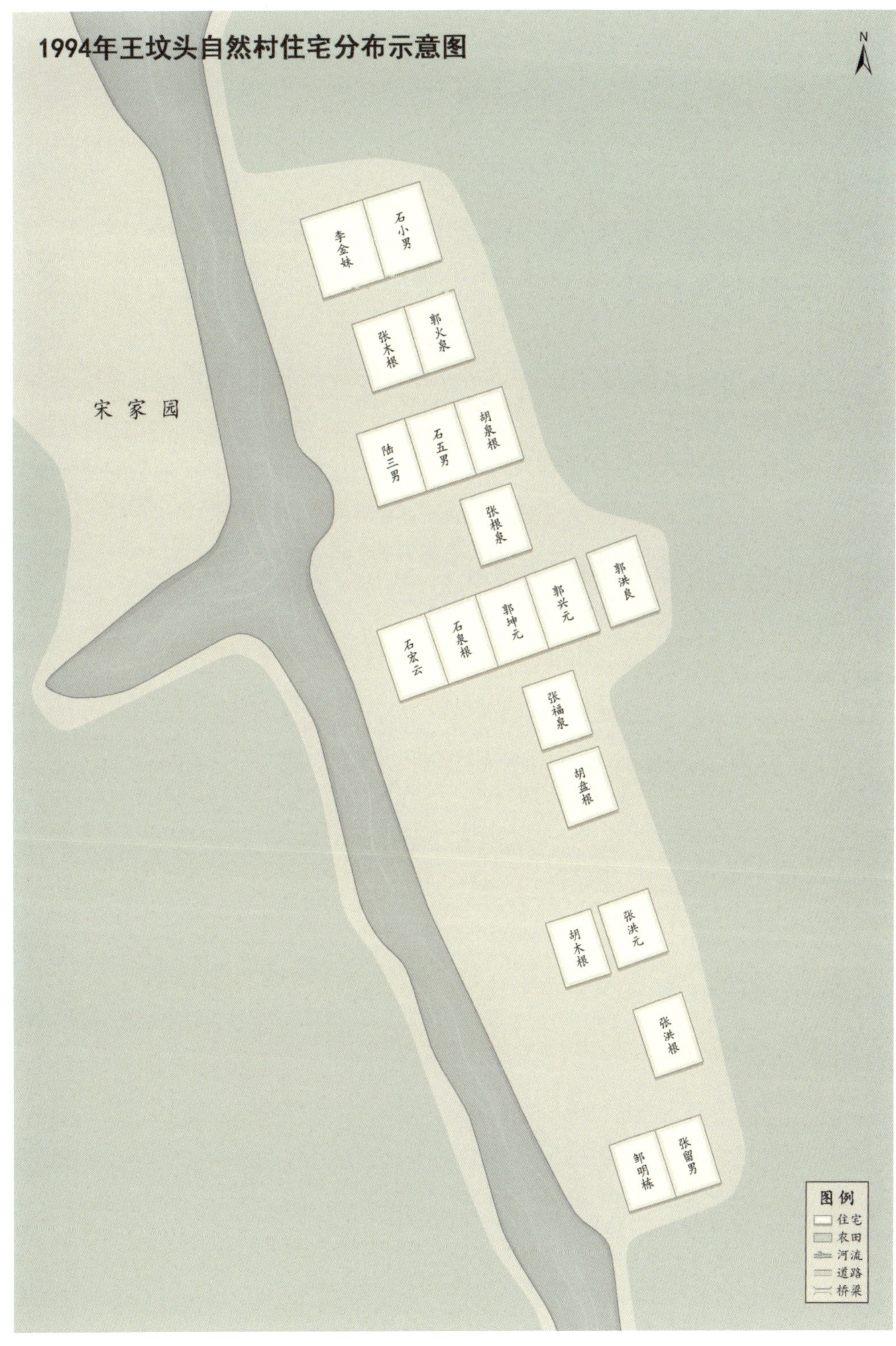
1994年王坟头自然村住宅分布示意图
N
宋家园
李金妹
石小男
张木根
郭火泉
陆三男
石五男
胡泉根
张根泉
郭洪良
石宏云
石泉根
郭坤元
郭兴元
张福泉
胡盘根
胡木根
张洪元
张洪根
邹明栋
张留男
图例
住宅
农田
河流
道路
桥梁

十五、王家浜

王家浜距离镇中心2.1千米，东临新湖，南邻莫香港，西隔何家浜，北望三新路与陈家巷相接。王家浜位于新升村以东，南北向中间段。村落为东西向而居，根据街向和河浜相错而称横街浜，后因谐音又叫王家浜。

王家浜村民以龚、李、江、杨、钱姓居多。截至1995年动迁前，有村民38户，144人，其中男性67人、女性77人；有土地面积238.5亩。村民以种植蔬菜为生，主要种植番茄、黄瓜、辣椒、莴苣、白菜、大青菜、丝瓜等旱生蔬菜。

1995年，因工业园区8平方千米首期开发，村民整体搬迁至梅花新村、梅花二村，王家浜自然村消失。2017年末，王家浜原址上建有都市花园一期、星海游泳馆。

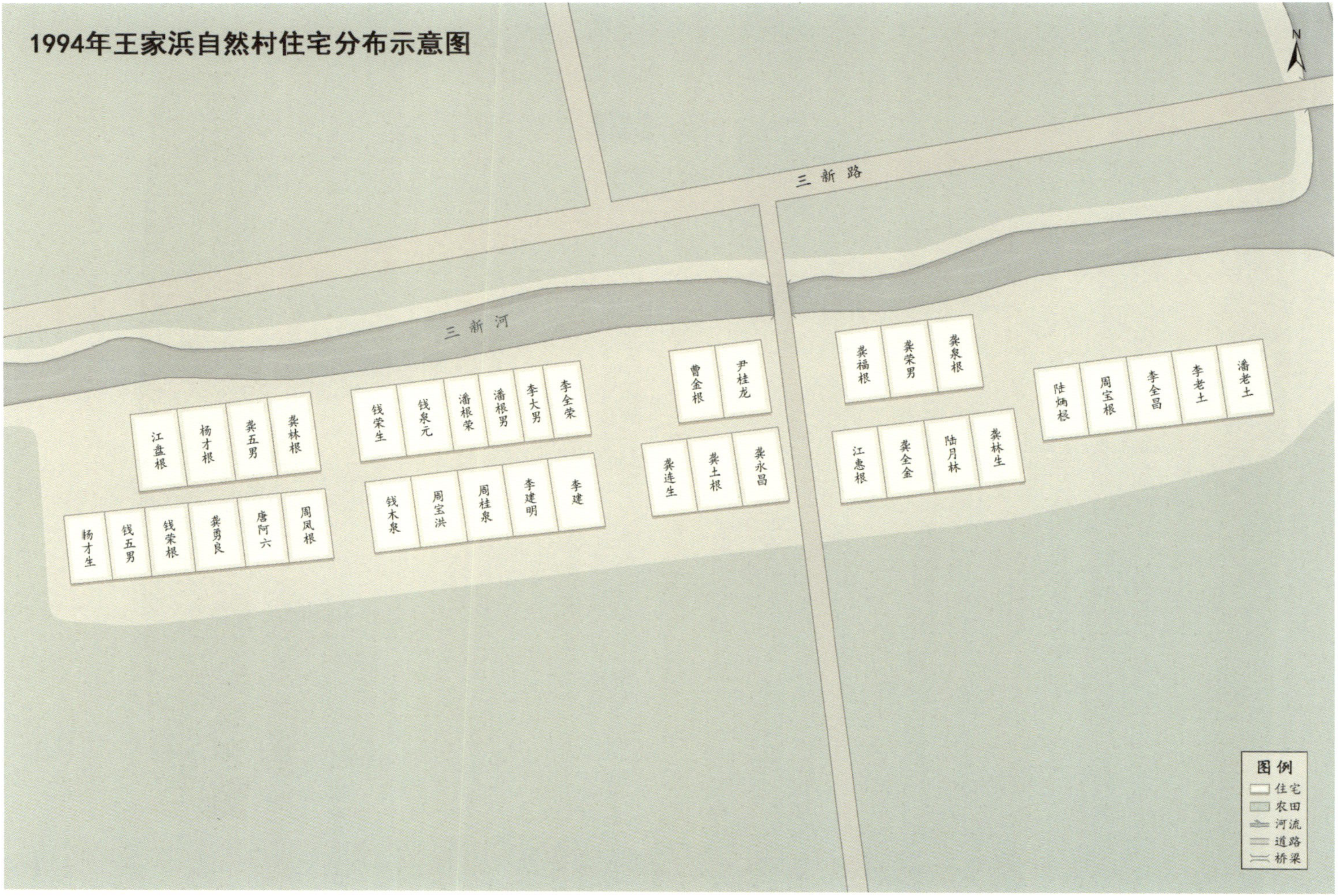

1994年王家浜自然村住宅分布示意图

三新路

三新河

江盘根
杨才根
龚五男
龚林根
杨才生
钱五男
钱荣根
龚勇良
唐阿六
周凤根
钱荣生
钱泉元
潘根荣
潘根男
李大男
李全荣
钱木泉
周宝洪
周桂泉
李建明
李建
曹金根
尹桂龙
龚连生
龚土根
龚永昌
龚福根
龚荣男
龚泉根
江惠根
龚全金
陆月林
龚林生
陆炳根
周宝根
李全昌
李老土
潘老土

图例
住宅
农田
河流
道路
桥梁

十六、徐家场

徐家场位于官郎最南端，也是新升村最南面的自然村，东至西莫香港，南隔相门塘河，西邻洋泾河，北望官郎村、何家浜。因官郎河以东徐姓居民较多，故名徐家场。

徐家场由新升村第17生产队张夹里、第18生产队顾夹里合并，统称徐家场。顾夹里俗称墙门里，在官郎河以西。墙门里的场地在整个新升村最广阔，原有一棵二人抱不全的椐树。顾夹里原址在贵都花园，苏州工业园区海关周边。张夹里，原来在相门塘河以北、团新路以东，与之相连处有座桥，叫三号桥。现在中央公园中的东西向小河是张夹里村址的固定参照标志。

徐家场墙门里西南方有个大坟墓。1982年，出土东汉随葬品杵、陶勺、小陶罐、青铜镜等文物。

1986年，徐家场村民张荣泉获得“对越自卫反击战二等功”。

徐家场村民以徐、顾、张姓居多，另有陈、史、李、王、沈、葛等姓。截至1995年动迁前，有村民51户，199人，其中男性98人、女性101人；有耕地面积312亩。村民以种植蔬菜为生，主要有番茄、黄瓜、辣椒、莴苣等。

1995年，因工业园区8平方千米首期开发，村民整体搬迁至梅花新村、梅花二村，徐家场自然村消失。2017年末，徐家场原址上建有中央公园。

◎ 建在徐家场原址上的中央公园（2013年摄）

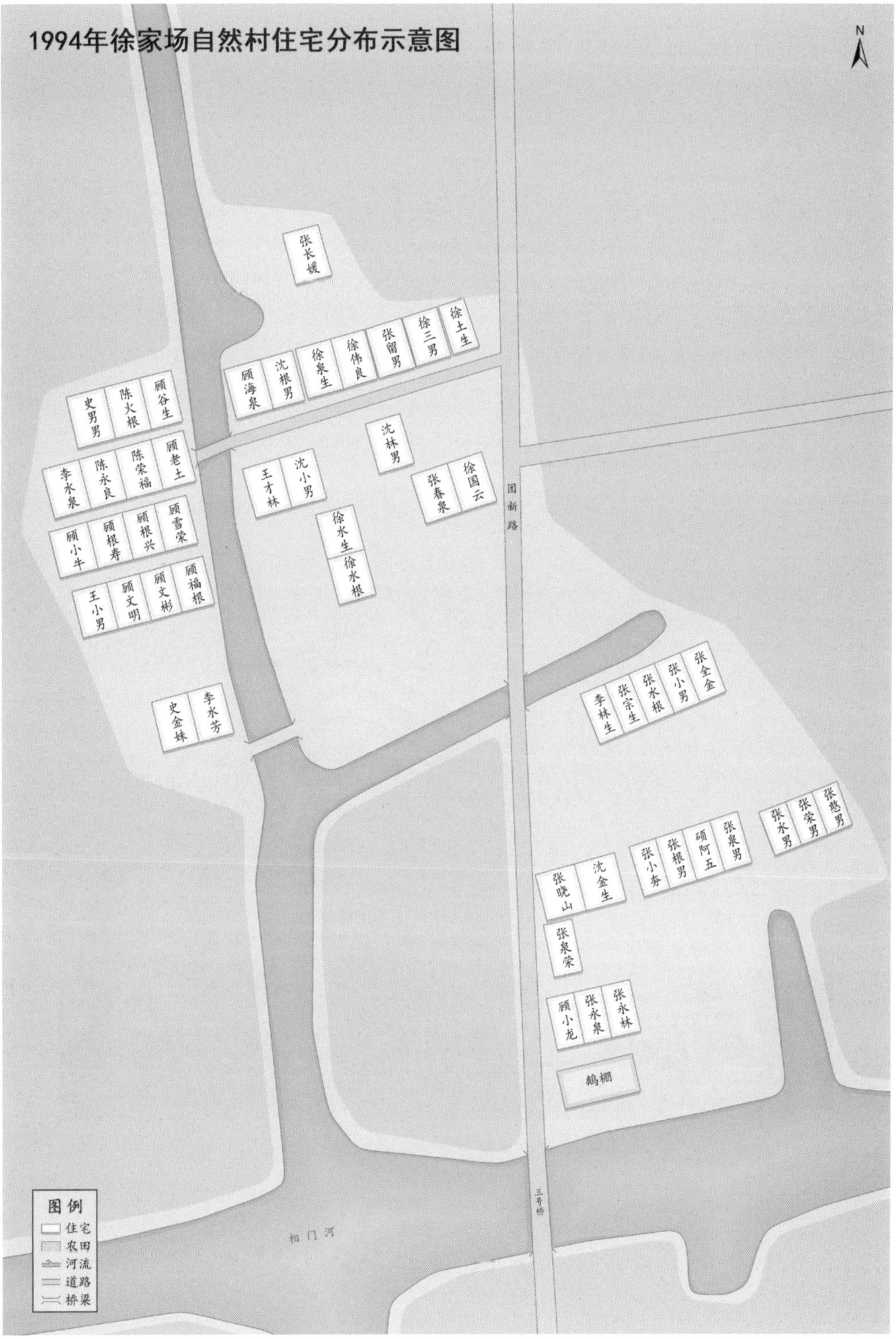
1994年徐家场自然村住宅分布示意图
N
张长媛
徐土生
徐三男
张留男
徐伟良
徐泉生
沈根男
顾海泉
史男男
陈火根
顾谷生
李水泉
陈永良
陈荣福
顾老土
顾小牛
顾根寿
顾根兴
顾雪荣
王小男
顾文明
顾文彬
顾福根
史金妹
李水芳
王才林
沈小男
沈林男
张春泉
徐国云
徐水生
徐水根
团新路
李林生
张宗生
张水根
张小男
张全金
张晓山
沈金生
张小夯
张根男
硕阿五
张泉男
张水男
张荣男
张憨男
张泉荣
顾小龙
张永泉
张永林
鹅棚
三号桥
相门河
图例
住宅
农田
河流
道路
桥梁

十七、洋泾里

洋泾里位于新升村西北部，距离镇中心1.7千米，东至团新路，南隔朱泗桥，西临洋泾河，北望娄江，与新苏第16生产队相隔一河。因洋泾河而得名。

洋泾河是娄江的第二条支流，南北流向，也是新升与新苏的交界线。洋泾里村落处在洋泾河的东角里。

洋泾里村民以陈、陆姓居多，另有蒋、胡、林、倪、沈等姓。截至1995年动迁前，有村民28户，125人，其中男性65人、女性60人；有耕地面积204亩。村民以种植蔬菜为生，主要种植番茄、黄瓜、辣椒、莴苣、白菜、大青菜、丝瓜等旱生蔬菜。

1995年，因工业园区8平方千米首期开发，村民整体搬迁至梅花新村、梅花二村，洋泾里自然村消失。2017年末，洋泾里原址上建有苏州工业园区公共卫生中心。

◎ 建在洋泾里原址上的苏州工业园区公共卫生中心（2019年摄）

1994年洋泾里自然村住宅分布示意图

十八、叶家浜

叶家浜位于金鸡湖大桥以北，分南岸和北岸，属新湖最人自然村，距离镇中心3.9千米，东临凤凰泾，河东为玲珑湾，南濒金鸡湖，西为唐家浜，北隔娄江。叶家浜因最早定居的叶姓村民而得名。

叶家浜靠近金鸡湖，村民世代以种植蔬菜、水稻等作物为生，过自给自足的生活。1983年包产到户后，主要种植番茄、黄瓜、辣椒、莴苣、白菜、大青菜、丝瓜等旱生蔬菜。每月上交大队分配任务，按月结算，多余的销往苏州各个农副产品市场。

1986年，叶家浜村民樊木根参加对越自卫反击战，获得一等功。

叶家浜村民以高姓居多，其次为吴、范、黄姓，另有冯、俞、樊、杨、李等姓。截至1995年动迁前，有村民111户，459人，其中男性215人、女性244人；有耕地面积736.5亩。

1995年，因工业园区8平方千米首期开发，村民整体搬迁至梅花新村，叶家浜自然村消失。2017年末，叶家浜原址上建有虹光精密工业（苏州）有限公司、葛兰素史克制药（苏州）有限公司。

◎ 建在叶家浜原址上的虹光精密工业（苏州）有限公司（2019年摄）

◎ 建在叶家浜原址上的葛兰素史克制药（苏州）有限公司（2019年摄）

链接：

围网捕鱼

叶家浜人从小生长在湖边，老老少少熟知水性。每年8、9月份空闲时节，地里农活相对少些，叶家浜人就会利用这段时间进行围网捕鱼。捕鱼的方法有很多种，有用鱼叉的，简单又具有目标性；也有用丝网网鱼的；而上了年纪的男人，基本以另一种方式捕鱼：首先要有大的渔网，用很多根毛竹围弯成伞形，再用一根长的粗毛竹固定住，然后用一条粗长麻绳系在毛竹入水处，伞形渔网撑开倒仰，把网沉入水中，等鱼入网。差不多静候一根烟功夫，拉绳拖网上岸，俗称“班鱼”，会有10多条大小不等的杂鱼入网被捕。

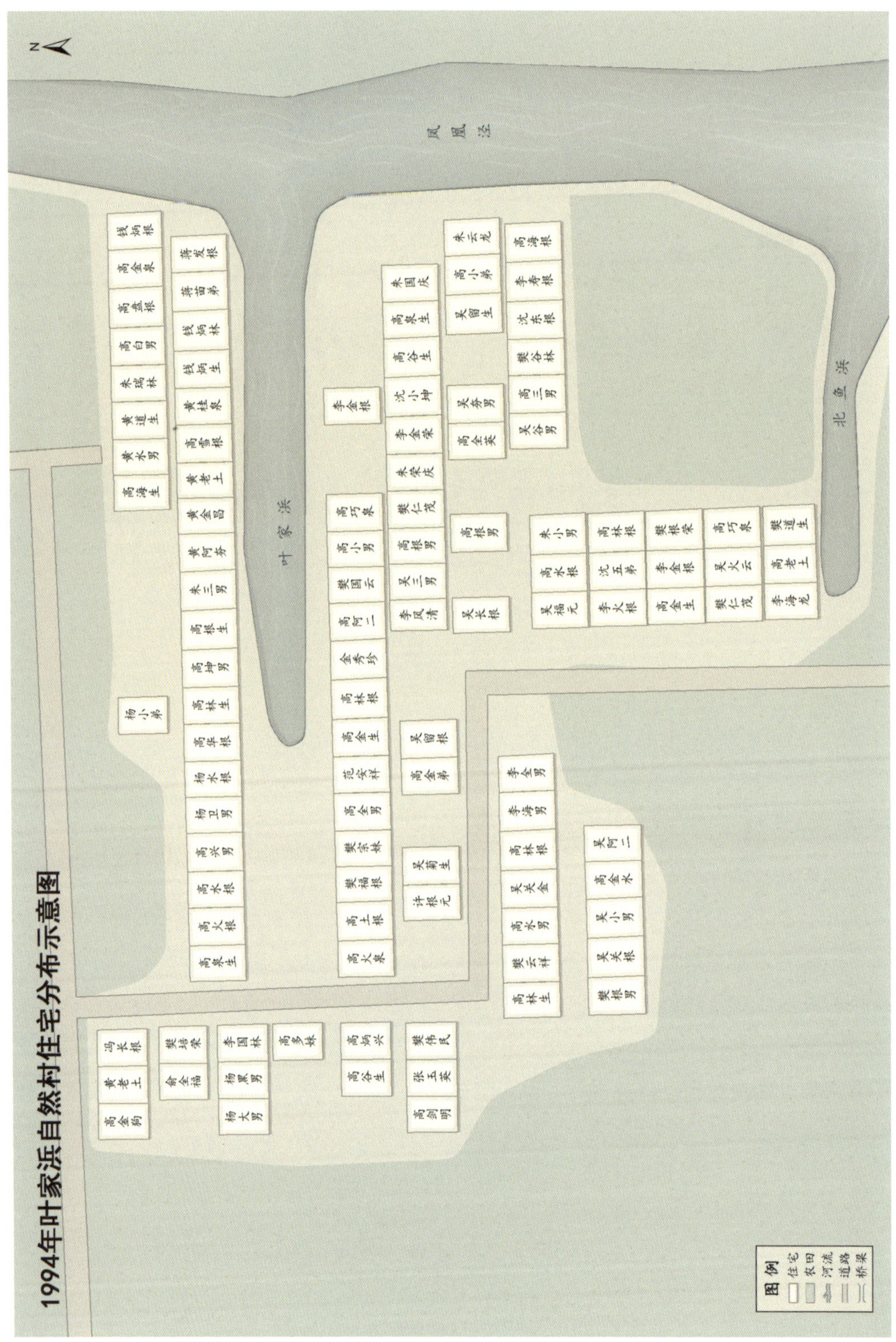
1994年叶家浜自然村住宅分布示意图
N
凤凰泾
叶家浜
北鱼浜
图例
住宅
农田
河流
道路
桥梁

第十二章　梅巷社区

梅巷社区位于娄葑街道西北角，东邻东港河，南邻汤家浜与王家桥浜，西邻元和塘，北邻沪宁高速公路。因梅巷村而得名。

2001年，娄葑沙湖水产养殖场并入梅巷村民委员会为一个行政村。2002年9月，由于苏州市区划调整因素，梅巷社区属平江区和苏州工业园区两区共同管理。2005年11月，梅巷村民委员会改为梅巷居委会。2013年2月，梅巷居委会改为梅巷社区居民委员会。梅巷社区辖有园口头、洋泾角、梅巷村、东虎泾、西虎泾、汤家庄、王家桥浜7个自然村和沙湖水产养殖场。

梅巷社区占地面积1.2平方千米，有村办企业朝阳竹器厂、梅巷五金厂、梅巷票证印刷厂、梅巷纺机厂、亚泰纺织品厂、江南特油厂等。1993年，梅巷村在苏昆路28号建造约1200平方米的三层办公大楼、同时在办公大楼南北路旁建造约1万平方米梅巷铝合金型材市场和明珠加油站、梅巷加油站。2000年在312国道北侧建造约1.5万平方米的四幢标准厂房，1幢、2幢房屋和土地于2004年转让给苏州市农机公司。3幢和4幢约1万平方米的房屋，于2016年3月拆除。区域内有苏州军分区干休一所、动迁小区惠宇华庭、娄葑医院梅花卫生服务站等。

◎ 1993年8月启用的梅巷村（社区）办公大楼（2009年摄）

截至2017年底，梅巷社区约1.8万平方米标准厂房动迁拆除，社区的大部分铝合金型材市场店面房动迁拆除。

梅巷社区先后被评为“苏州市社会主义建设成绩显著先进集体”“苏州市示范村”“苏州市先锋基层党组织”“苏州工业园区先进社区”“苏州工业园区就业促进先进单位”。

截至2017年，社区有户籍人口2360人，其中男性1095人、女性1265人。区域内有江宇路、城北公路、齐门外北大街、洋泾角路，与苏州市姑苏区及相城区相近，到苏州火车站只有2千米路程，有梅花新村公交站台等四处，途经的公交车有980路、811路、55路、923路、161路、19路。

◎ 梅巷村转制企业票证印刷厂（2010年摄）

2017年梅巷社区建筑分布图

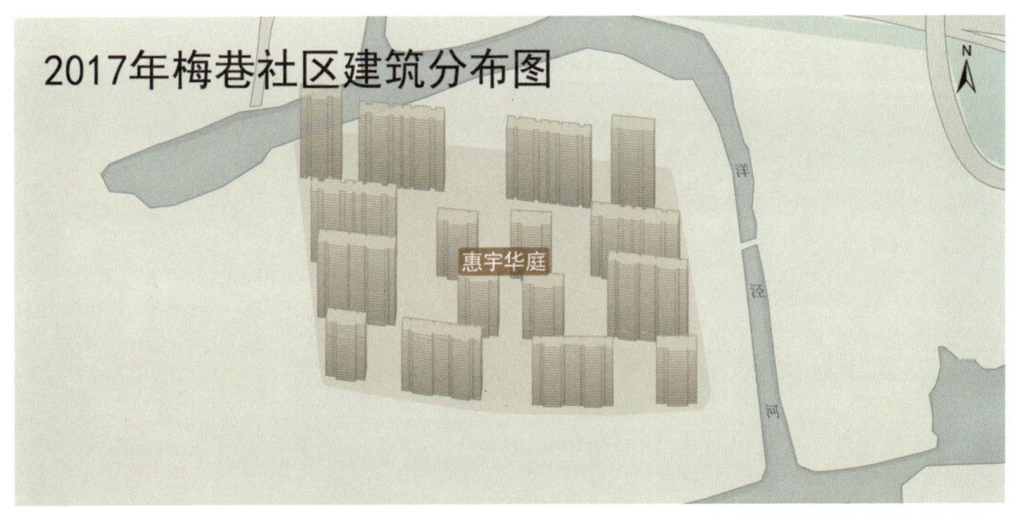

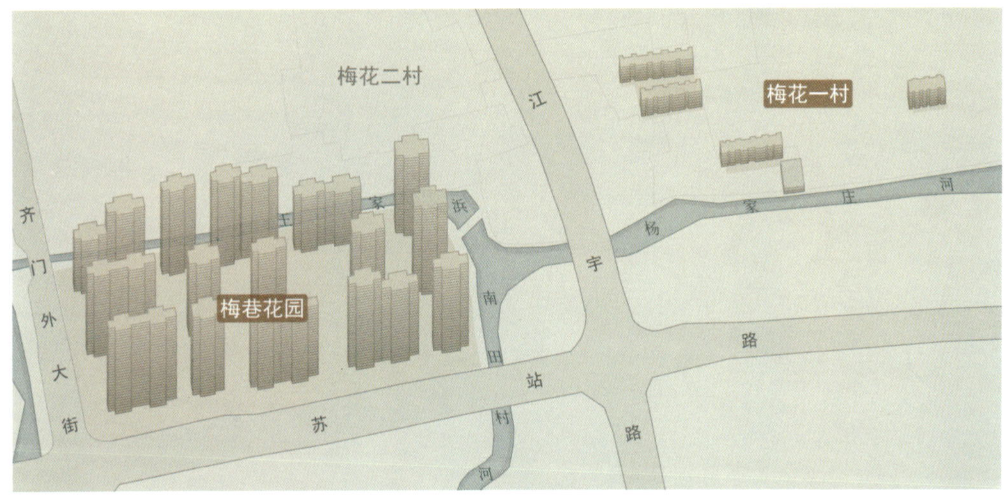

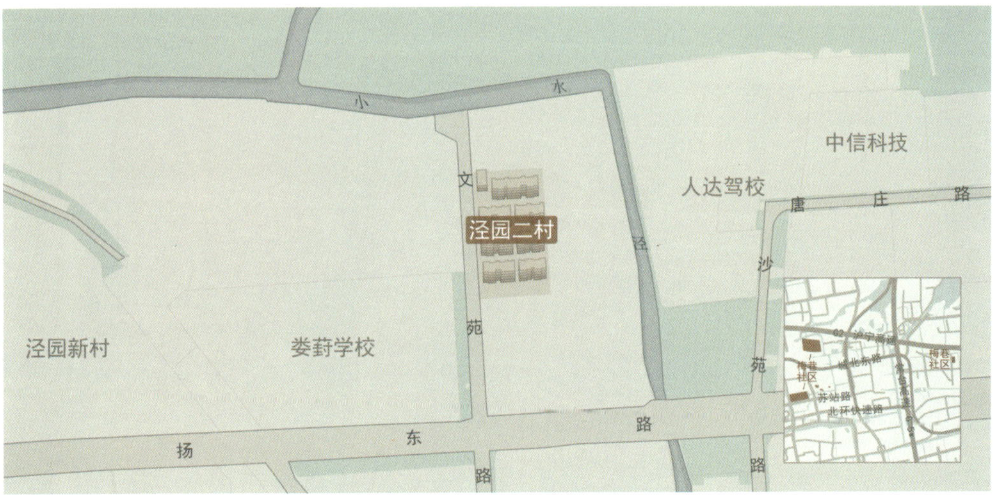

2017年梅巷社区总貌图

一、园口头

园口头东接齐门立交桥，南邻苏州军分区第一干休所，西靠元和塘河，北连洋泾角，地处苏虞公路、苏昆公路交界处。因村口有一处又大又圆的水潭而得名。

清雍正二年（1724），园口头属长洲县金鹅乡十五都。民国时期归属吴县。中华人民共和国成立后，作为苏州市郊自然村划入苏州市。1956年2月，划归苏州市郊区娄葑乡。1958年隶属吴县娄葑公社八营友好一社。1959年，友好一社改称友好一大队。1961年，友好一大队正式更名为梅巷大队。1983年7月，隶属苏州市郊区娄葑乡梅巷村第1组。1994年5月，隶属苏州工业园区娄葑乡梅巷村民委员会。1999年4月，隶属苏州工业园区娄葑镇梅巷村民委员会。2005年11月，隶属苏州工业园区娄葑镇梅巷居民委员会。2013～2017年属苏州工业园区娄葑街道梅巷社区居民委员会管理。

由于地处交通要道，解放后不久，吴县交通局在园口头村苏昆公路南设立公路护路站。过往行人众多，来往车辆、船只频繁，小商小贩前来开办小厂小店较多。洽记石灰窑较为有名，后更名为苏州市民政局苏生石灰厂。

60年代初，园口头村内有苏州市五化交公司仓库，部分村民在五化交公司上班，直至退休。

1975年前，农民主要种植水稻和小麦，之后逐步改为蔬菜种植。1982年，全部改为纯蔬菜种植，并联产承包到户，男劳动力承包种植2.5亩土地，女劳动力承包种植2亩土地，种植各类蔬菜，并有上交蔬菜任务。家庭劳动力原则上一半务农，一半安排在村办企业工作，提高农民收入。

园口头村民有沈、潘、张、吴等姓氏，其中以沈姓居民居多。截至1994年拆迁征用前，有村民26户，67人，其中男性33人、女性34人；有耕地面积25.47亩。

1994年苏州市齐门立交桥项目拆迁，征用园口头土地23亩，安置剩余劳动力17人，并撤为无地生产组。2017年上半年，因苏州市城北公路改造项目动迁，园口头居民住宅22户全部拆迁，村民安置在惠宇华庭小区，园口头自然村消失。2017年末，城北公路与齐门北大街交界西北角为园口头原址。

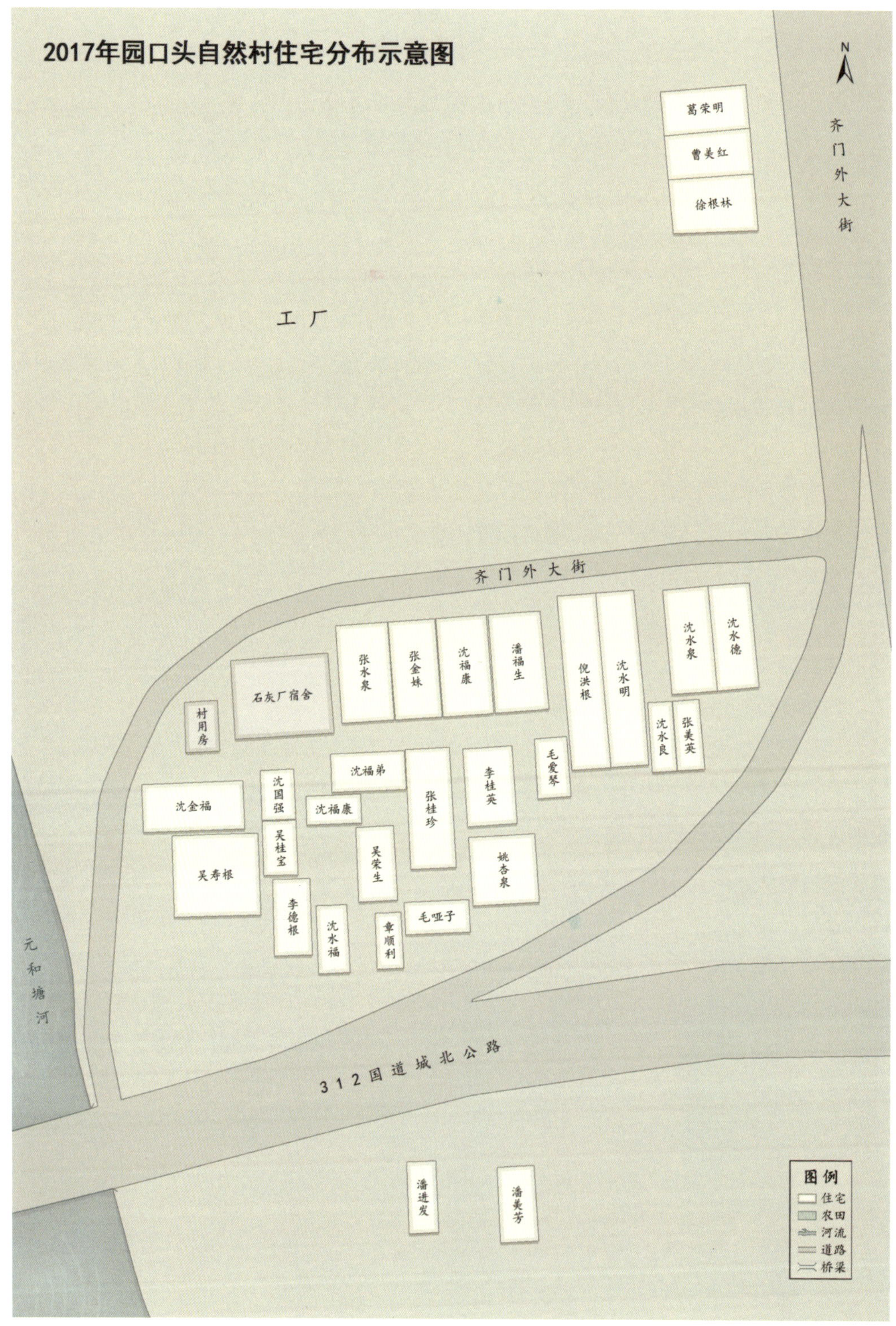
2017年园口头自然村住宅分布示意图
N
齐门外大街
葛荣明
曹美红
徐根林
工厂
齐门外大街
村用房
石灰厂宿舍
张水泉
张金妹
沈福康
潘福生
倪洪根
沈水明
沈水泉
沈水德
沈水良
张美英
沈金福
沈国强
沈福弟
沈福康
张桂珍
李桂英
毛爱琴
吴寿根
吴桂宝
吴荣生
姚杏泉
李德根
沈水福
章顺利
毛哑子
元和塘河
312国道城北公路
潘进发
潘美芳
图例
住宅
农田
河流
道路
桥梁

二、洋泾角

洋泾角东与梅巷村紧邻，南至312国道，西到元和塘，北与相城区陆慕镇相连。因村北有一条洋泾河而得名。

洋泾河西通元和塘，东连白塘到阳澄湖，而洋泾角在洋泾河西南一角。

清雍正二年（1724），洋泾角属长洲县金鹅乡十五都。民国时期归属吴县。中华人民共和国成立后，作为苏州市郊白然村划入苏州市。1956年2月，划归苏州市郊区娄葑乡。1958年，隶属吴县娄葑公社八营友好一社。1959年，友好一社改称友好一大队。1961年，友好一大队正式更名为梅巷大队。截至2017年12月，先后隶属娄葑公社梅巷大队、娄葑乡梅巷村、娄葑街道梅巷社区。

1937年11月19日清晨，日军一支百余人的部队进驻洋泾角，见人就抓，关在一处。从11月21日至22日，屠杀村民和过路无辜群众150余人，制造了“洋泾角惨案”。事后，村民将尸体抬到村后杨家坟水潭里，并盖上土，这个潭被称为“百人坑”。

洋泾角村民以徐、郁、沈、潘、陶等姓居多。截至2013年10月拆迁前，有村民149户，405人，其中男性191人、女性214人；居住宅基地面积约为9000平方米。1975年前，村民主要种植水稻和小麦，之后逐步改为蔬菜种植。1982年，全部改为纯蔬菜种植，并联产承包到户。

◎ 建在洋泾角原址上的苏州教育科学研究所附属实验学校（2019年摄）

1997年7月，工业园区征用洋泾角土地117.22亩，安置剩余劳动力63人，并撤为无地生产组。2013年10月，因苏州市政府实施保障房3号地块项目，洋泾角居民房屋拆迁，截至2017年12月，拆迁房屋128户，安置动迁房240套，村民安置在惠宇华庭小区。2017年末，城北公路与齐门北大街交界东北角为洋泾角原址，建有苏州教育科学研究所附属实验学校。

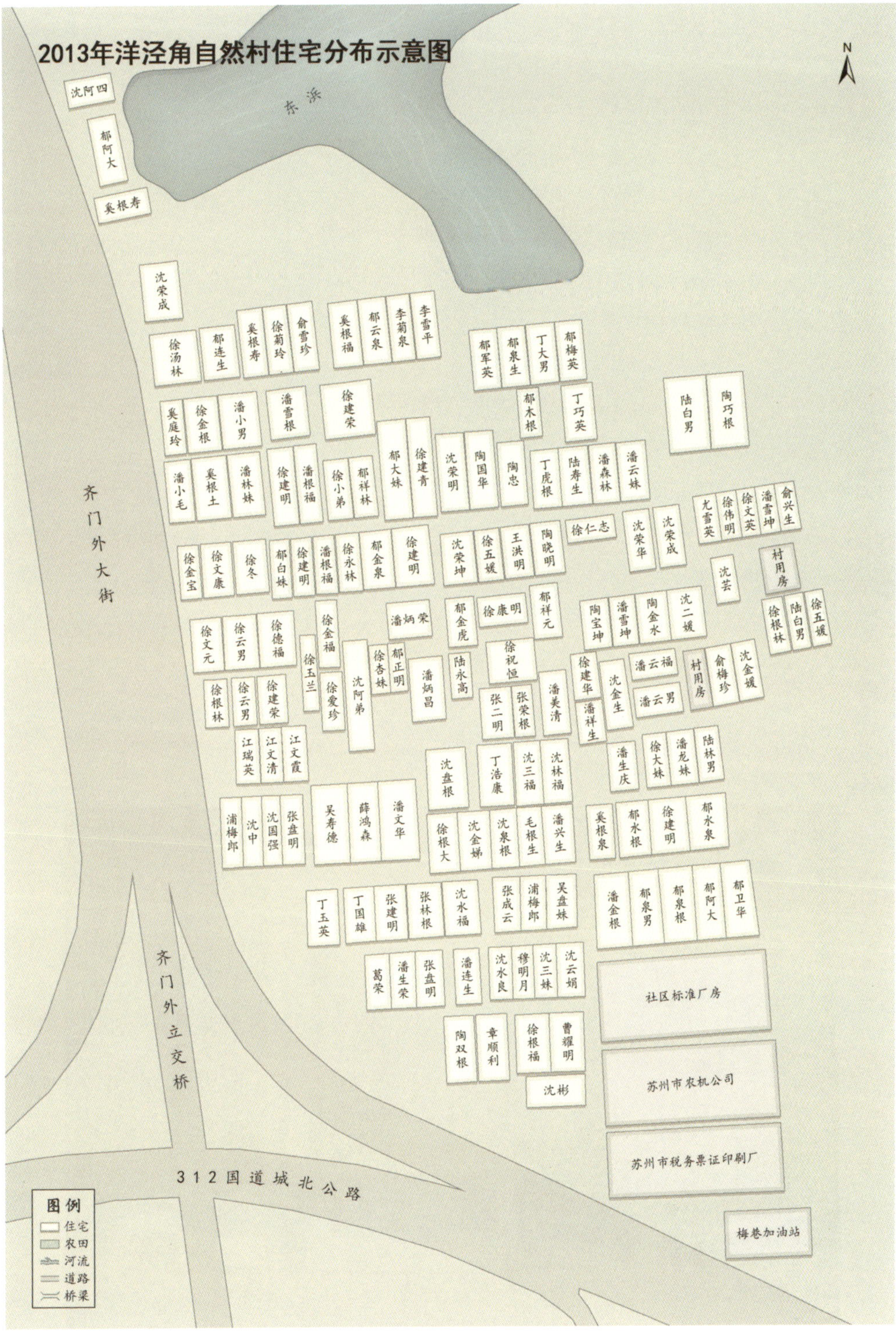

2013年洋泾角自然村住宅分布示意图

三、梅巷村

梅巷村东与相城区陈家桥村隔河相望，南与东虎泾村为邻，西同洋泾角相连，北与相城区南仓村以洋泾河为界。梅巷村，又名“孟话”村，后因名不雅，故一直以梅巷称呼。因自然村较大，又分称为东梅巷、西梅巷。

清雍正二年（1724），梅巷村属长洲县金鹅乡十五都。民国时期归属吴县。中华人民共和国成立后，划为苏州市。1956年2月划归苏州市郊区娄葑乡。1958年隶属吴县娄葑公社八营友好一社。1959年，友好一社改称友好一大队。1961年，友好一大队正式更名为梅巷大队，梅巷村是梅巷社区最大的一个自然村，分为4、5、6、13组4个村民小组。截至2017年12月，先后隶属梅巷大队、梅巷村、梅巷社区。

梅巷村东南角有一个石家坟，是苏州市伊斯兰教徒的墓地，至今挂名于宗教事务局，为信徒提供安葬方便。

1975年前农民主要种植水稻和小麦，之后逐步改为蔬菜种植。1982年全部改为纯蔬菜种植，并联产承包到户。

梅巷村村民以陈、薛、蒋、潘、沈、周等姓居多。截至2013年10月拆迁前，有村民146户，488人，其中男性238人、女性250人；居住宅基地面积约为1.4万平方米。

◎ 建在梅巷村原址上的惠宇华庭小区（2019年摄）

1997年7月，苏州工业园区征用梅巷村土地198.72亩，安置剩余劳动力121人，并撤为无地生产组。2013年10月，因苏州市建设保障房3号地块项目，梅巷村涉及全部拆迁，截至2017年12月，拆迁房屋132户，安置动迁房256套，村民安置在惠宇华庭小区。尚有10户未拆。

2017年末，城北公路与江宇路交界东北角为梅巷村原址，建有惠宇华庭小区。

2013年梅巷村自然村住宅分布示意图

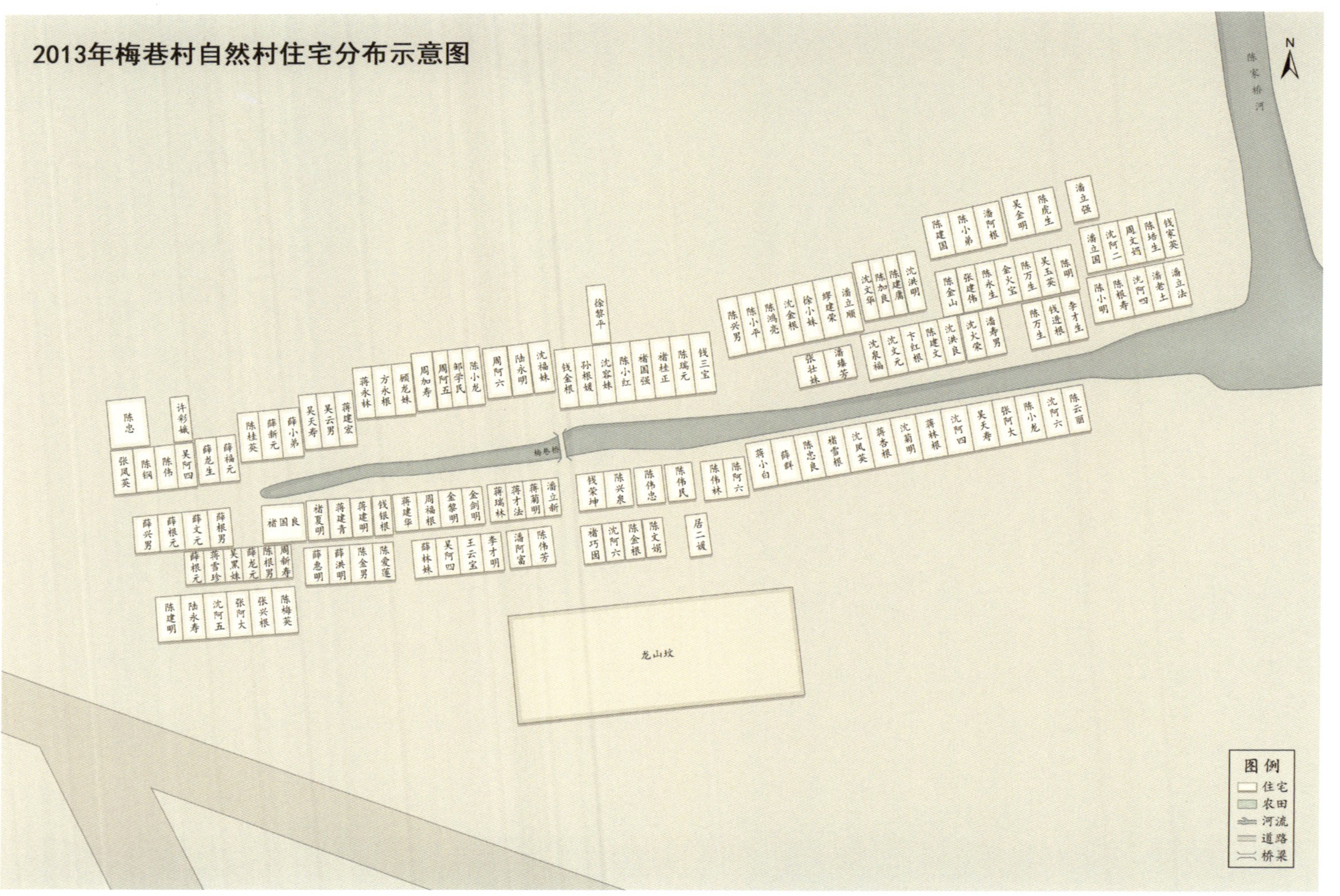

四、东虎泾

东虎泾东邻东港河，南邻汤家庄，西邻官渎路，北邻梅巷村。东虎泾与西虎泾原为一个自然村，位于火烧泾旁，始称火泾。60年代修筑苏昆公路时把火泾一分为二，路东称东虎泾，路西称西虎泾。

清雍正二年（1724），东虎泾属长洲县金鹅乡十五都。民国时期，归属吴县。中华人民共和国成立后，作为苏州市郊划入苏州市。1956年2月，划归苏州市郊区娄葑乡。1958年隶属吴县娄葑公社八营友好一社。1959年，友好一社改称友好一大队，隶属吴县娄葑公社友好一大队。1961年，友好一大队正式更名为梅巷大队。截至2017年12月，先后隶属梅巷大队、梅巷村、梅巷社区。

东虎泾有零星竹器制作人员，后加入村办梅巷竹器厂。1975年前，村民主要种植水稻和小麦，之后逐步改为蔬菜种植。1982年，全部改为纯蔬菜种植，并联产承包到户，种植各类蔬菜，并有上交蔬菜任务。

东虎泾村民以赵、居、王、施等姓居多。截至2017年10月拆迁前，有村民72户，230人，其中男性112人、女性118人；居住宅基地面积约为5900平方米。

1994年1月，苏州市拆迁办征用东虎泾土地15亩。1994年12月，工业园区征用东虎泾自然村土地64.6亩，并撤为无地生产组，东虎泾自然村内所有土地全部归属国有。2017年，因城北公路、城中村项目改造，农村宅基地房屋全部拆迁，村民回迁安置在惠宇华庭小区，东虎泾自然村消失。2017年末，城北公路与江宇路交界处东南角为东虎泾原址，建有平江环卫所及梅花三村。

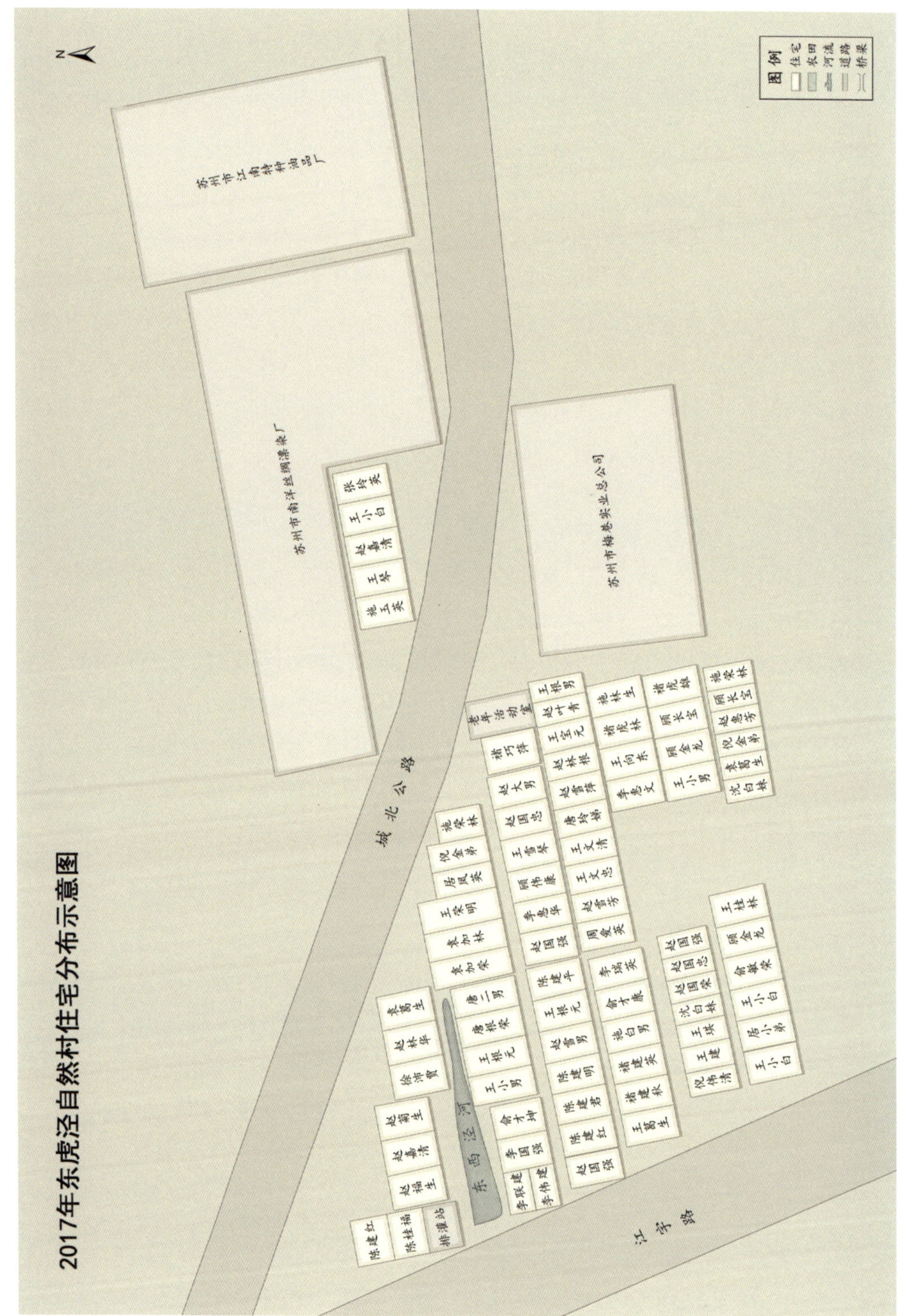
2017年东虎泾自然村住宅分布示意图
N
图例
住宅
农田
河流
道路
桥梁
苏州市江南特种油品厂
苏州市南洋丝绸漂染厂
苏州市梅巷实业总公司
城北公路
江宇路
东西泾河
老年活动室
排涝站

五、西虎泾

西虎泾东邻官渎路，南邻梅林路，西连苏州军分区干休一所，北邻312国道。

清雍正二年（1724），西虎泾属长洲县金鹅乡十五都。民国时期归属吴县，划入苏州市。1956年2月，划归苏州市郊区娄葑乡。1958年，隶属吴县娄葑公社八营友好一社。1959年，友好一社改称友好一大队，隶属友好一大队。1961年，友好一大队正式更名为梅巷大队。西虎泾原是梅巷村七队，自1962年分东七队及西七队，后于1976年合并为七队。截至2017年12月，先后隶属梅巷大队、梅巷村、梅巷社区。

西虎泾村内有回民坟墓一座，当地人称其为南京坟。

西虎泾村有传统竹器制作民间作坊，村民主要制作竹凳、竹椅子、竹靠板、竹躺椅等，1963年建村办企业梅巷竹器厂，顶峰时期有工人100多人。

1975年前，农民主要种植水稻和小麦，之后逐步改为蔬菜种植。1982年全部改为纯蔬菜种植，并联产承包到户，种植各类蔬菜。1986年7月，西虎泾种菜能手李联建家庭获苏州市郊区蔬菜科发放示范户证。

西虎泾村民以沈、李、王、俞等姓居多。截至2017年10月拆迁前，有村民85户，270人，其中男性128人、女性142人；有居住宅基地面积约为7800平方米。

1993年苏州市军分区、民政局征用西虎泾土地22亩。1994年12月，工业园区征用西虎泾土地18.86亩，并撤为无地生产组，此时自然村内的所有土地归属国有。2017年10月，因城中村改造，涉及西虎泾农村宅基地房屋全部拆迁，村民回迁安置到姑苏区惠宇华庭，西虎泾自然村消失。2017年末，城北公路与江宇路交界处西南角为西虎泾原址。

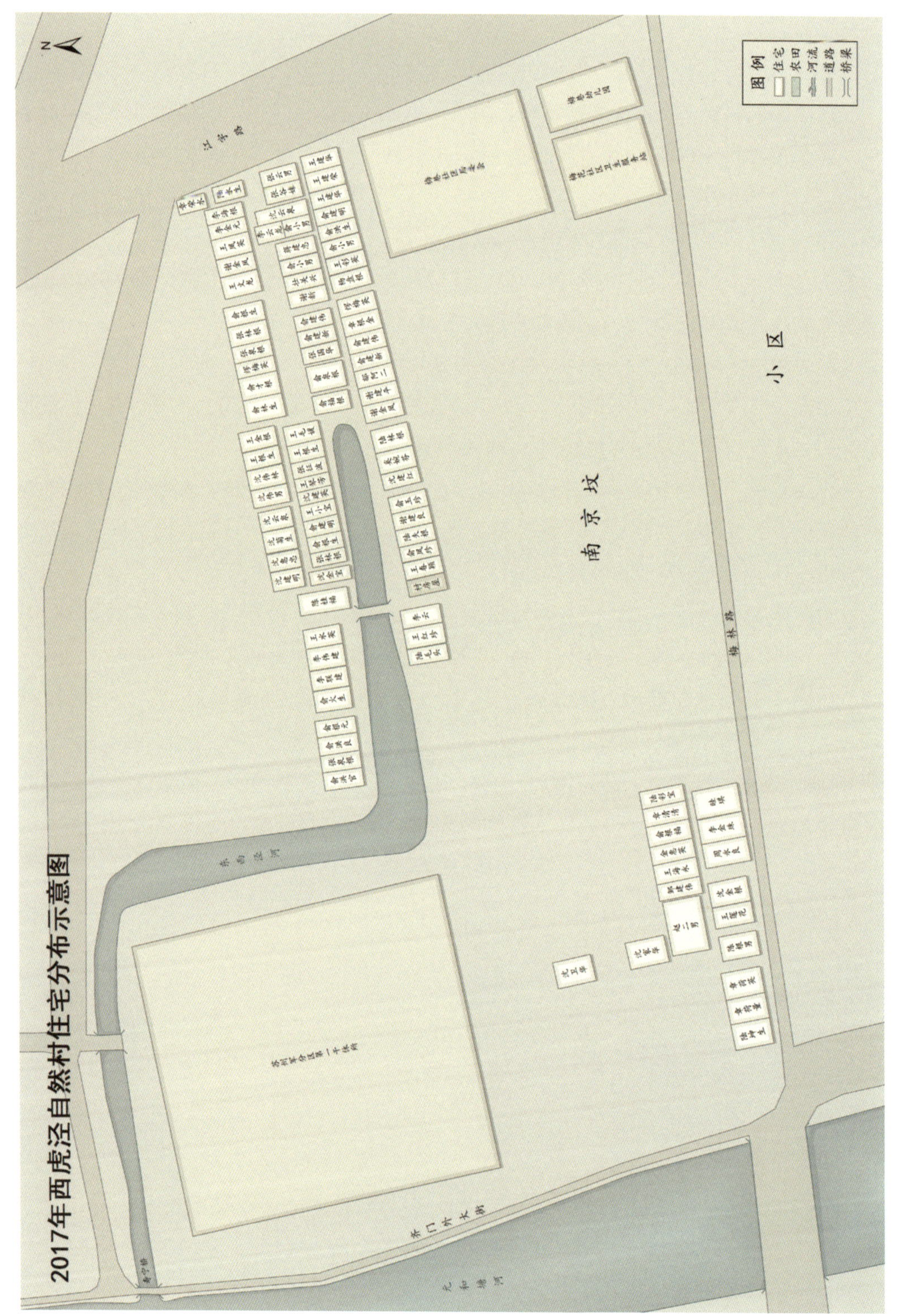

2017年西虎泾自然村住宅分布示意图

六、汤家庄

汤家庄东邻东港河，南邻汤家浜，西邻官渎路，北邻东虎泾。据说因曾有汤姓大户人家居住在此而得名。

清宣统年间，汤家庄属长洲县金鹅乡（金杯里）十五都。1949～1955年隶属苏州市东区娄北乡，1951年2月变更部分区划，改名娄齐乡。1956年2月，隶属苏州市郊区苏站乡汤家村，1957年12月，隶属苏州市郊区娄葑乡汤家村。1958年7月，隶属吴县娄葑公社八营友好一社。1959年7月，隶属吴县娄葑公社友好大队。1961年7月，隶属吴县娄葑公社友好一大队。汤家庄原有二个生产组梅巷村第9生产队及第10生产队，第10生产队于1970年并入第9生产队。1983年7月，隶属苏州市郊区娄葑乡梅巷村第9组，1994年5月，隶属苏州工业园区娄葑乡梅巷村民委员会。1999年4月，隶属苏州工业园区娄葑镇梅巷村民委员会。2005年11月，隶属苏州工业园区娄葑镇梅巷居民委员会。2013年2月至2017年12月，属苏州工业园区娄葑街道梅巷社区居民委员会管理。

1975年前，农民主要种植水稻和小麦，之后逐步改为种植蔬菜。1982年，全部改为种植纯蔬菜，并联产承包到户，种植各类蔬菜。1986年7月，汤家庄种菜能手陆巧云家庭获苏州市郊区蔬菜科发放示范户证。

◎ 建在汤家庄原址上的梅花新村（2019年摄）

汤家庄村民以朱、夏、蒋、邱、王、孙姓居多。截至1995年12月，有村民80户，240人，其中男性110人、女性130人。村民住房使用土地宅基地面积约为8900平方米，住房建筑面积约为9300平方米。

1994年1月，苏州市拆迁办征用汤家庄土地约69.3亩。1994年12月，苏州工业园区征用汤家庄土地约63.4亩，并撤为无地生产组。1995～1999年，汤家庄农村宅基地房屋分三批被娄葑房地产开发公司拆迁，村民原地回迁安置至梅花新村及梅花二村，合计79户，房屋143套。截至2017年12月，仅有1户为汤家庄17号房屋未拆迁。2017年末，汤家庄原址上建有梅花新村住宅及梅花社区办公大楼、物业等小区配套设施。

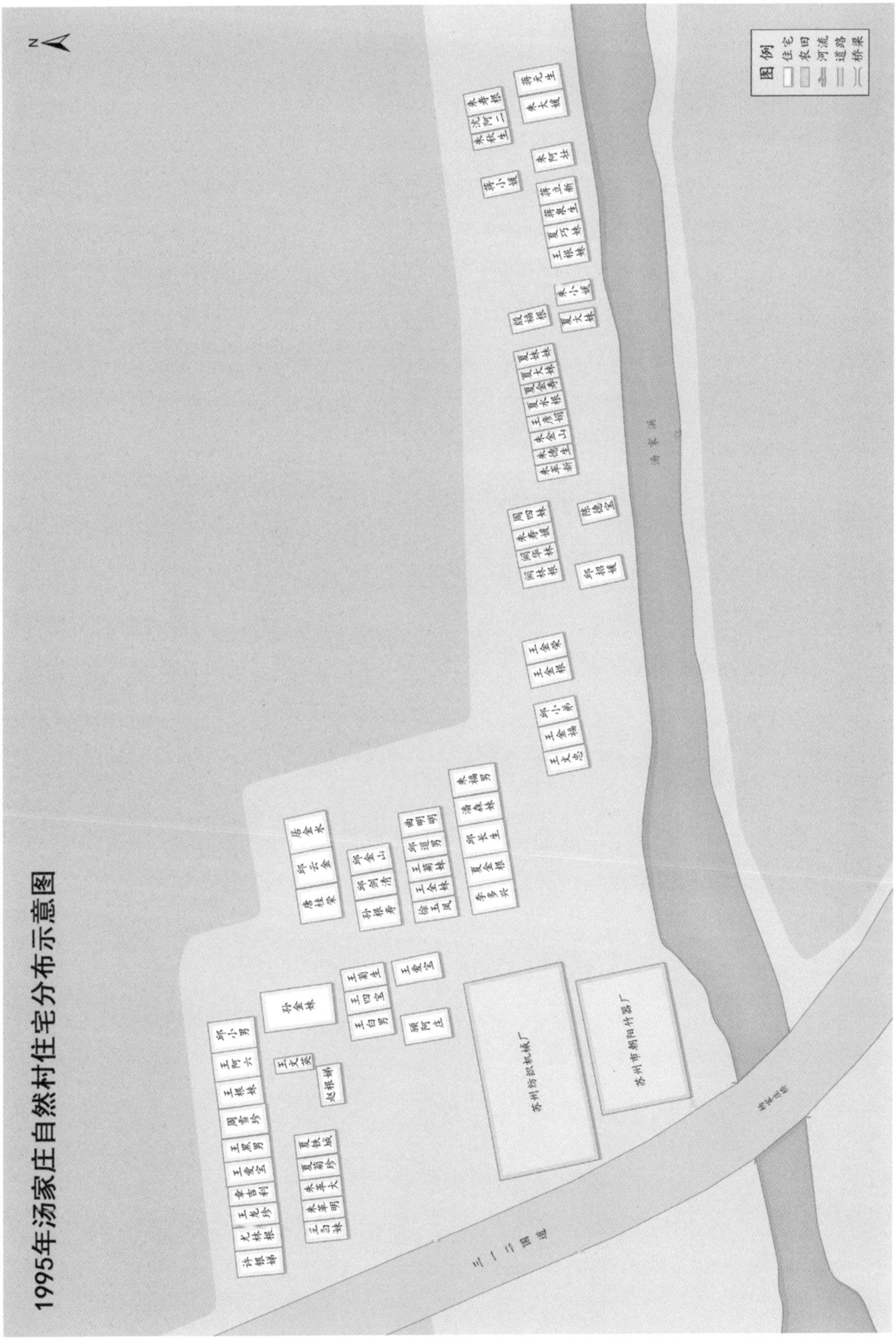

1995年汤家庄自然村住宅分布示意图

七、王家桥浜

王家桥浜东邻汤家庄，南邻王家桥浜河，西邻齐门外大街及王家桥，北邻西虎泾。据传明朝宰相王鏊一支族移居此地，故得名。

清雍正二年（1724），王家桥浜属长洲县金鹅乡十五都。民国时期归属吴县。中华人民共和国成立后，作为苏州市郊自然村划入苏州市。1956年2月，划归苏州市郊区娄葑乡。1958年，隶属吴县娄葑公社八营友好一社。1959年，友好一社改称友好一大队，隶属友好一大队。1961年，友好一大队正式更名为梅巷大队。截至2017年12月，王家桥浜自然村先后隶属梅巷大队、梅巷村、梅巷社区。

王家桥浜有一座尼姑庵名清福长寿庵。1951年创办齐农小学时被征用，后小学逐步扩建，到1953年，尼姑庵全部拆除。

村内建有集体饲养场，后建造办公室、大会场，大队部也曾搬迁在此。

王家桥浜地处城乡交界处，征地时有发生，苏州刀厂搬迁于此，苏州树脂厂、苏州阀门厂、苏州市饮服公司也曾在此征用土地建造职工住宅。

王家桥浜村民大都是农民，少数是城市居民，还有部分渔民。1975年前，主要种植水稻和小麦，之后逐步改为蔬菜种植，1982年全部改为纯蔬菜种植，并联产承包到户，种植各类蔬菜。

王家桥浜村民以李姓居多，其次为倪、尤、周等姓氏。截至2012年12月拆迁前，有村民111户，305人，其中男性137人、女性168人；有居住宅基地面积约为1.5万平方米。

2012年底，因梅巷危旧房改造项目需要，王家桥浜宅基地房屋全部拆迁，村民安置在梅巷花园，王家桥浜自然村消失。2017年末，王家桥浜原址上建有梅花二村及梅花新苑。

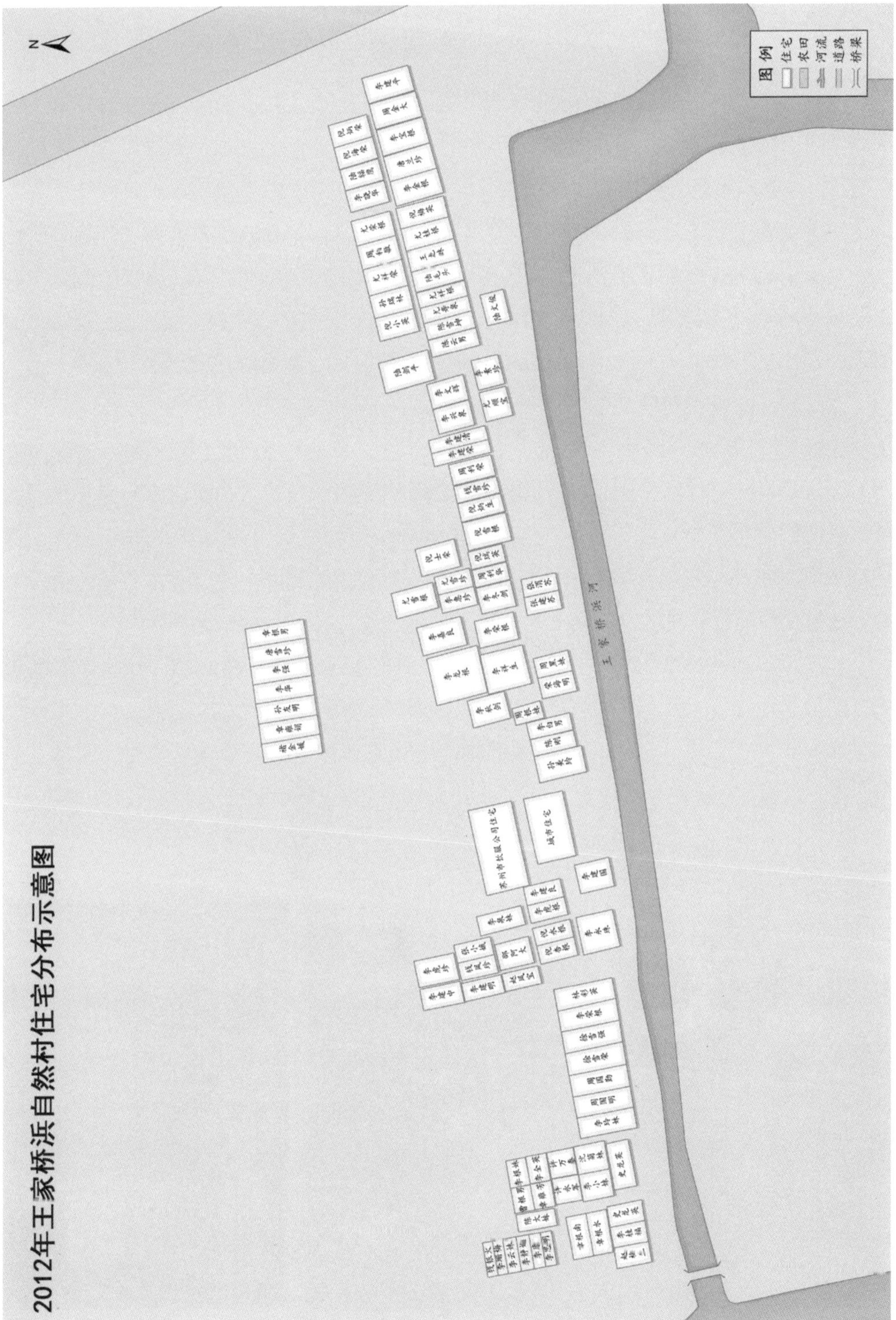

2012年王家桥浜自然村住宅分布示意图

八、沙湖场

沙湖场位于唯亭镇偏西南1.5千米处，东与胜浦公社二大队相接，南临新开港，西隔新开河，北傍无名河，距苏州市区19千米。因该地有沙湖的湖泊，并以养鱼为主，故名为沙湖水产养殖场，后简称沙湖场。

沙湖场成立于1958年10月15日，全场面积约621.3亩，属苏州市苏渔公社领导的社办企业单位，为苏渔公社培育鱼苗、鱼种基地，包含内塘第1生产队、第2生产队、农业队和外荡队4个生产队。场设代销店、学校、会计办公室。内塘鱼池73座，水面154亩，外荡水面5805亩，农业耕地面积65亩，房屋29间，草棚22间，船只11条，人员185户，750人，其中男性370人、女性380人。

沙湖场内塘饲养品种有白鲢、花鲢、青鱼、草鱼、鳊鱼、鲫鱼等十个品种。1958～1970年，鱼苗引进的方法一是在当年5月至6月派技术人员到南京市郊长江捕鱼苗，鱼苗数量均在1000万尾左右，其次向其他单位购买鱼苗。1971年后自产、自养，建造产卵地，增设一整套产卵设备，改变去外地采购鱼苗的局面。除解决本单位养殖所需外，还有80%的鱼苗向其他单位出售，远至东北三省。

1975年，养殖场地利用部分闲散土地种植桑树2000棵，面积20亩。1976年种植柑橘，品种有天台山、黄岩蜜橘两种，1982年底种植面积扩大到121亩。

2001年11月，沙湖场被工业园区征地，全场整体搬迁于娄葑镇洋泾村，原址上建造7幢居民楼和1幢老年活动室，同时合并到梅巷村，沙湖场自然村消失。2017年末，

◎ 沙湖水产养殖场与苏州市水产研究所联合进行科学培育鱼苗（1985年摄）

◎ 职工搬进新居（1985年摄）

凤里街与现代大道交界东北角至河及其交界东南一小角为沙湖场原址，建有苏州工业园区东沙湖派出所、富士胶片电子材料（苏州）有限公司、汇英人才酒店、蟹之霸运营中心、中科麦迪研究院、苏州信一药谷生物科技有限公司、阿斯顿强生技纺（苏州）有限公司、飞翔化工集团。

◎ 建在沙湖场原址上的苏州工业园区东沙湖派出所（2019年摄）

2001年沙湖场自然村住宅分布示意图
N
徐德泉
徐长生
王兴明
徐梅生
徐长银
徐长林
徐德方
徐长生
邹荣生
邹凤根
张连希
邹长根
陆云生
戴雪生
董小妹
宫春早
邹长才
徐长大
周纪福
徐根寿
邹金发
沙湖水产养殖场办公楼
徐根木
顾大根
徐胜福
蒋根法
徐达二
曹杏根
徐金根
邹长根
谭传粉
徐巧根
曹锁根
夏福忠
徐根男
徐长弟
王伟民
徐永福
王福民
徐林福
邹记寿
徐德泉
沙湖中心路
周仁宝
邹长大
周林根
周福根
邹春根
邹天生
曹老四
曹杏弟
周志刚
周志明
陈星弟
邹长发
徐巧生
邹永兴
夏正男
周永宪
周永明
曹老二
顾全元
邹进强
邹春林
邹仁发
图例
住宅
农田
河流
道路
桥梁

第十三章　徐家浜社区

徐家浜社区位于娄葑街道西侧，东到苏嘉杭高速公路，南到金鸡湖大道，西起东环路，北至苏州大道西。

2008年6月，徐家浜社区居委会成立，办公场所地址设在万科美好广场9幢二楼，总面积约219平方米，辖韶山花园、书香苑、徐家浜8号、徐家浜北二村、徐家浜新村、新华书店、金湖阁、诚悦生活广场、金域生活广场、仁文公寓、宏葑四村、夏家桥100号、风华苑、富华苑。

韶山花园于2006年建成，位于苏州大道西331号，东至星杭街，西邻徐家浜北二村，南邻徐家浜二村，北至苏州大道西，总建筑面积5.94万平方米，建有低密度住宅7套，多层住宅12幢、商铺9套，车位230个。

书香苑于2000年建成，位于东环路1318号，东邻徐家浜8号小区，西至东环路，南至北徐家浜巷，北至苏州大道西，总建筑面积1.82万平方米，建有多层住宅4幢、高层住宅2幢、商铺11套，车位72个。

徐家浜8号于1996年建成，东邻徐家浜新村59幢，西邻书香苑，南至北徐家浜巷，北至苏州大道西，总建筑面积1.5万平方米，建有多层住宅9幢，车位69个。

徐家浜北二村于1999年建成，东邻韶山花园，西邻徐家浜新村59幢，南邻徐家浜二村，北至苏州大道西，总建筑面积5.8万平方米，建有多层住宅18幢、商铺14套，车位230个。

徐家浜新村于1989年建成，东邻徐家浜二村，西邻东环路，南至南徐家浜巷，北至北徐家浜巷，总建筑面积6.39万平方米，建有多层住宅19幢，车位70个。

徐家浜新村（20幢～25幢）于1989年建成，位于东环路116～120号，总建筑面积3000平方米，建有多层住宅5幢。

金湖阁于2002年建成，东邻徐家浜二村，西邻东环路，南至中新大道西，北邻徐家浜二村，总建筑面积1.44万平方米，建有多层住宅6幢、商铺8套，车位109个。

诚悦生活广场于2016年建成，东邻金湖阁，西邻东环路，南至中新大道西，北至南徐家浜巷，总建筑面积1.56万平方米，建有高层住宅2幢、商业综合体一个，车位413个。

金域生活广场于2011年建成，东邻夏园新村，西邻东环路，南邻仁文公寓，北至中新大道西，总建筑面积6.72万平方米，建有多层住宅2幢、高层住宅6幢、商业综合体一个，车位453个。

仁文公寓于2003年建成，东邻夏园新村，西邻东环路，南邻夏家桥129号，北邻金域生活广场，总建筑面积2.62万平方米，建有多层住宅1幢、高层住宅3幢、商铺2套，车位81个。

宏葑四村于1995年建成，东邻星杭街，西邻夏家桥129号，南邻夏家浜路，北邻夏园新村，总建筑面积3.5万平方米，建有低密度住宅2套，多层住宅25幢、商铺8套，车位165个。

夏家桥100号，东邻星杭街，西邻夏家桥118号，南邻富华苑路，北邻夏家浜路，总建筑面积7000平方米，建有多层住宅2幢，车位45个。

风华苑于2004年建成，东邻富华苑，西邻东环路，南邻金鸡湖大道，北邻富华苑，总建筑面积2.09万平方米，建有高层住宅3幢，车位117个。

富华苑于1998年建成，东邻星杭街，西邻东环路，南邻金鸡湖大道，北邻夏家桥100号，总建筑面积7.94万平方米，建有多层住宅26幢、商铺10套，车位533个。

2017年末，有住宅楼房152幢，居民5201户，户籍人口7210人，外来人口8100人左右。途经徐家浜社区周边的公交有3路、4路、10路西线、27路、27路、28路、47路和53路。

◎ 徐家浜社区办公所在地——万科美好广场（2018年摄）

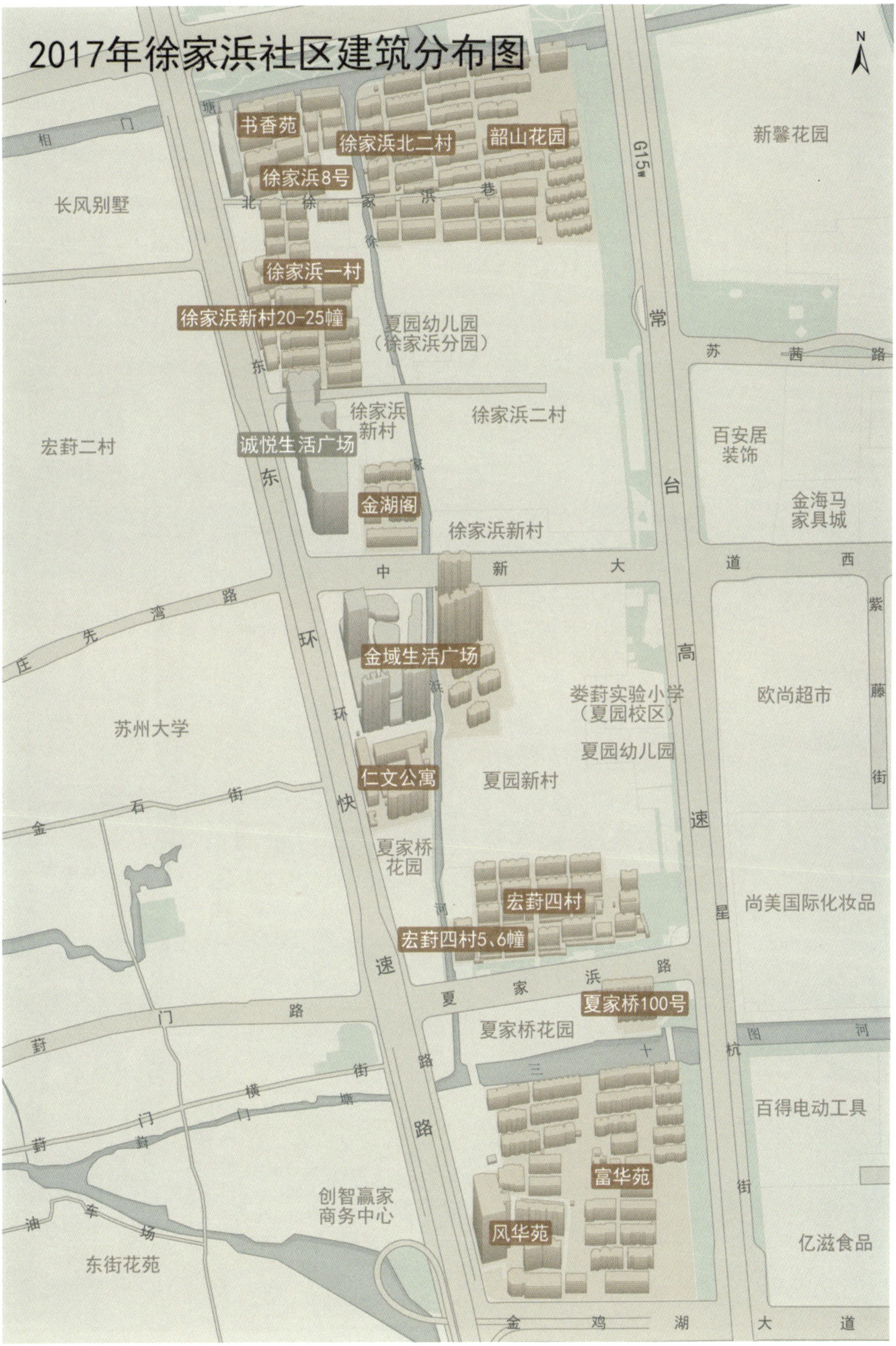

2017年徐家浜社区建筑分布图

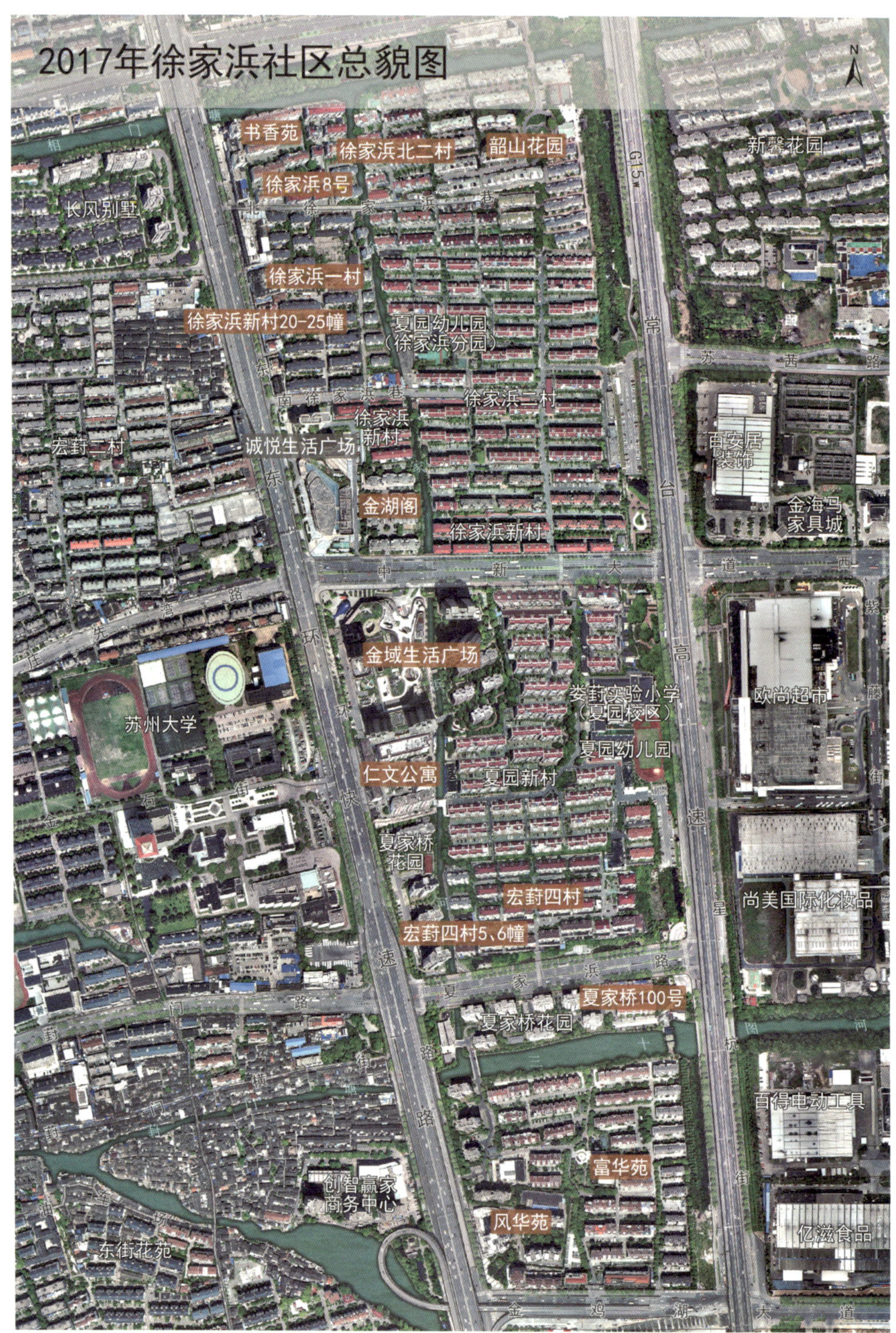
2017年徐家浜社区总貌图
N
书香苑
徐家浜北二村
韶山花园
新馨花园
徐家浜8号
长风别墅
徐家浜一村
徐家浜新村20-25幢
夏园幼儿园
（徐家浜分园）
徐家浜二村
徐家浜
新村
宏葑二村
诚悦生活广场
百安居
装饰
金湖阁
金海马
家具城
徐家浜新村
金域生活广场
欧尚超市
苏州大学
娄葑实验小学
（夏园校区）
夏园幼儿园
仁文公寓
夏园新村
夏家桥
花园
尚美国际化妆品
宏葑四村
宏葑四村5、6幢
夏家桥100号
夏家桥花园
百得电动工具
富华苑
创智赢家
商务中心
风华苑
亿滋食品
东街花苑

第十四章　通园路社区

通园路社区位于娄葑街道中心区域东南部，是娄葑街道办事处驻地，东靠星港街，南临东兴路，西至通园路，北接东振路。

2007年9月，筹建通园路社区居委会，2008年6月社区正式成立。2015年12月，社区辖区调整为东振路以南，通园新村、黄天荡内河、金益四村、星港街以西，东兴路以北，通园路以东。

通园路社区占地面积28万平方米，总建筑面积约28.41万平方米，辖欧洲花园、朗琴湾花园、荷花苑、莱茵花园、星港悦湖花园5个商品房小区，以及锦程之星、群星苑村5幢、10幢、15幢等2个工业园区优租房小区。共有居民住宅楼120幢，配套用房7处，商铺2幢。社区办公地点设在工业园区企鸿路1号星港悦湖花园北门物业大楼，办公面积414.63平方米，设有调解室、图书室、电子阅览室、多功能活动室、书画室等公共活动场所和一站式服务中心等便民服务设施，朗琴湾花园、荷花苑、莱茵花园、锦程之星等小区分别设有居民活动中心。

欧洲花园于1997年建成，东至通园新村，南至一号河，西至通园路，北至东振路，与朗琴湾花园隔河相望。小区占地面积1.7万平方米，总建筑面积2.28万平方米，建有居民住宅11幢，共186套，配套用房1处，车位84个。

朗琴湾花园于1998年建成，东至黄天荡内河，南至环府路，西至通园路，北至一号河。小区占地面积2.7万平方米，总建筑面积3.04万平方米，建有居民住宅18幢，共205套，配套用房2处，车位47个。

荷花苑于1996年建成，东至黄天荡内河，西至通园路，南至二号河，北至环府路。小区占地面积2.8万平方米，总建筑面积3.6万平方米，建有居民住宅18幢，共326套，配套用房1处，车位251个。

莱茵花园于2000年建成，东至金益四村，南至独墅湖大道，西至通园路，北至二号河，与荷花苑隔河相望。小区占地面积7.1万平方米，总建筑面积5.1万平方米，建有居民住宅46幢，共318套，配套用房1处，车位180个。

星港悦湖花园于2014年建成，东至星港街，南至东兴路，西至文潭路，北至企鸿路，是社区居委会驻地。小区占地面积7.5万平方米，总建筑面积14.39万平方米，建有居民住宅14幢，共1099套，商铺2幢（10套），配套用房1处，车位798个。

锦程之星于2010年建成，东至在建学校，南至企鸿路，西至通园路，北至独墅湖大道。小区占地面积5.7万平方米，总建筑面积9.42万平方米，建有居民住宅10幢，共864套，配套用房1处，车位418个。

群星苑村5幢、10幢、15幢于2010年建成，东至星港街，南至群星苑村，西至双湖广场，北至独墅湖大道，占地面积8000平方米，总建筑面积2.5万平方米，建有居民住宅3幢，共158套。

2011～2017年，通园路社区先后获得“苏州市绿色社区”“苏州市民主法治社区”“2014～2016年度苏州工业园区文明社区”“苏州工业园区十佳创新型党组织”等称号。

2017年末，社区总户数3142户，户籍人口3278人，常住人口7577，其中男性3824人、女性3753人。途经社区周边有7个公交站台，公交车有238路、26路、16路、126路、42路、204路、202路、935路、141路、142路和1003路。

◎ 通园路社区办公楼（2019年摄）

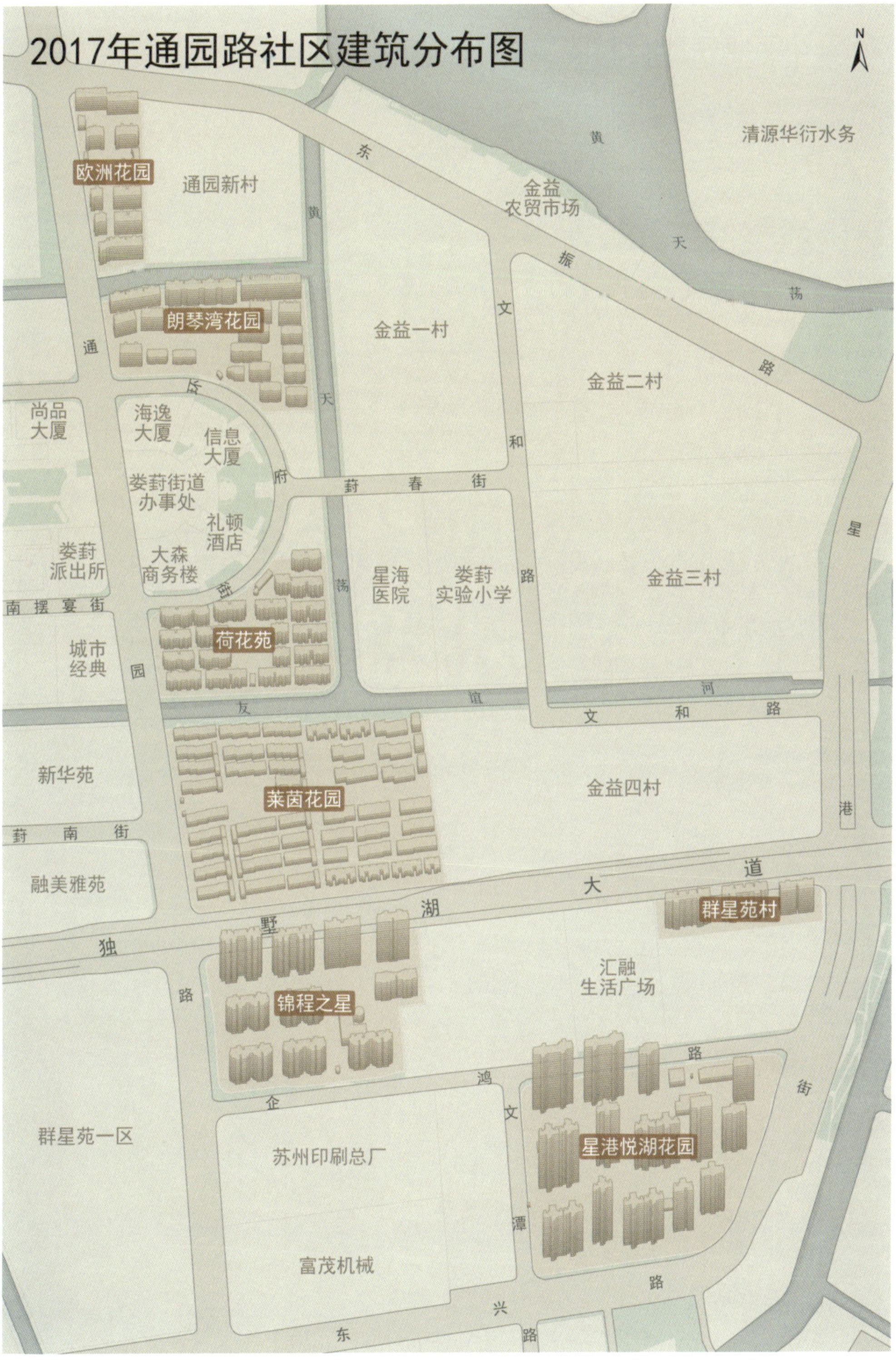
2017年通园路社区建筑分布图
N
清源华行水务
黄 天 荡
东 振 路
金益
农贸市场
欧洲花园
通园新村
黄 天 荡
文 和 路
金益一村
金益二村
朗琴湾花园
通 园 路
尚品
大厦
海逸
大厦
信息
大厦
娄葑街道
办事处
礼顿
酒店
大森
商务楼
娄葑
派出所
丘 街
葑 春 街
星海
医院
娄葑
实验小学
金益三村
星 港 街
南 摆 宴 街
荷花苑
城市
经典
友 谊 河
文 和 路
新华苑
莱茵花园
金益四村
葑 南 街
融美雅苑
独 墅 湖 大 道
群星苑村
锦程之星
汇融
生活广场
路
鸿 企 路
群星苑一区
苏州印刷总厂
星港悦湖花园
文 潭 路
富茂机械
东 兴 路

2017年通园路社区总貌图
清源华衍水务
金益农贸市场
欧洲花园
通园新村
朗琴湾花园
金益一村
金益二村
尚品大厦
海逸大厦
信息大厦
娄葑街道办事处
礼顿酒店
娄葑派出所
大森商务楼
星海医院
娄葑实验小学
金益三村
荷花苑
城市经典
新华苑
莱茵花园
金益四村
融美雅苑
群星苑村
锦程之星
汇融生活广场
群星苑一区
苏州印刷总厂
星港悦湖花园
富茂机械

第十五章　文萃路社区

文萃路社区位于娄葑街道西南部，东临文萃路和通园路，南至葑谊街，西靠东环路，北隔外塘河。

2007年9月，文萃路社区设立。2008年6月经苏州市人民政府批复正式成立。社区辖有商品房东城世纪广场、金象城、恒润后街、东振花园（13幢、15幢、17幢）、东振小区（1幢、2幢、3幢、8幢、9幢）、城市水岸、文萃苑、黄天荡路60号、天骄美地、韵动汇、独墅苑一二期及独墅苑三期12个小区，共197幢（其中高层11幢、多层72幢、小高层7幢、别墅107幢），商铺1000多家。

文萃路社区占地面积约30万平方米，建筑面积约50万平方米。社区居委会办公地点在葑谊街266号东城世纪广场2楼，办公面积150平方米，设有一站式服务中心等便民服务设施，韵动汇、文萃苑、独墅苑一二期分别设有居民活动中心。

东城世纪广场于2007年建成，位于娄葑商业街与东环路交叉路口，西临东环路，南临娄葑商业街口，杨枝东路，是商住一体小区。小区占地面积约2.8万平方米，总建筑面积约10.4万平方米，共5幢，7个单元，其中有商铺435家，居民住宅429户。

金象城于2013年建成，位于东环路378号，紧邻东环路家乐福超市，占地面积约1.8万平方米，总建筑面积约4.6万平方米，其中有商铺481家，1幢公寓楼131户。

恒润后街于2011年建成，位于东环路388号，毗邻娄葑商业街，占地面积约2.2万平方米，总建筑面积约4.7万平方米，是商住一体小区，其中有商铺72家，4幢居民楼，372户。

东振花园于2005年建成，位于东振路上，苏州工业园区第一中学（以下简称园区一中）南面，其中13幢、15幢、17幢属于本社区管辖，占地面积约4000平方米，总建筑面积约2万平方米，共6个单元，164户居民。

东振小区于2005年建成，位于东振路上，园区一中东南面，其中1幢、2幢、3幢、8幢、9幢属于本社区管辖，占地面积约1.1万平方米，总建筑面积约1.8万平方米，共13个单元，114户居民。

城市水岸于2006年建成，位于文萃路上，苏州大学附属中学西面，占地面积约1万平方米，总建筑面积约1.6万平方米，12幢别墅和1幢小高层住宅，共有32个单元，有89户居民。

文萃苑于2007年建成，位于文萃路上，娄葑文体中心西北面，小区三面环河，占地面积约2.2万平方米，总建筑面积约2.8万平方米，11幢多层和1幢小高层住宅，共有33个单元，170户居民。

黄天荡路60号于1998年建成，位于东环路上，园区一中北面，占地面积约1.4万平方米，总建筑面积约3万平方米，共有8幢居民楼，33个单元，270户居民。

天骄美地于2006年建成，位于东振路上，占地面积约1.5万平方米，总建筑面积约3.9万平方米，共有3幢高层，12个单元，344户居民。

韵动汇于2005年建成，位于东振路与文萃路交会处，占地面积约2.4万平方米，总建筑面积约5万平方米，有1幢小高层及2幢高层，366户居民。

独墅苑一二期于1998年建成，紧临独墅苑站，东至通园路，南至东振路，西至文萃路，北至黄天荡路，占地面积约6.2万平方米，总建筑面积约5.7万平方米，其中有33幢多层楼，31幢别墅，共有324户居民。

独墅苑三期于2002年建成，紧临独墅苑站，东至黄天荡外河，南至东振路，西至通园路，北至黄天荡外河，占地面积约7.4万平方米，总建筑面积约4.3万平方米，是纯别墅小区，共有76幢，179户居民。

文萃路社区获得“江苏省级充分就业社区”“江苏省标准化居民学校”“苏州市未成年人零犯罪社区”“苏州工业园区明星居委会”等称号。

2017年末，社区总户数2952户，人口有8848人。直达社区公交有10路、200路、202路、207路、238路、218路、501路、56路、935路等30多条线路。

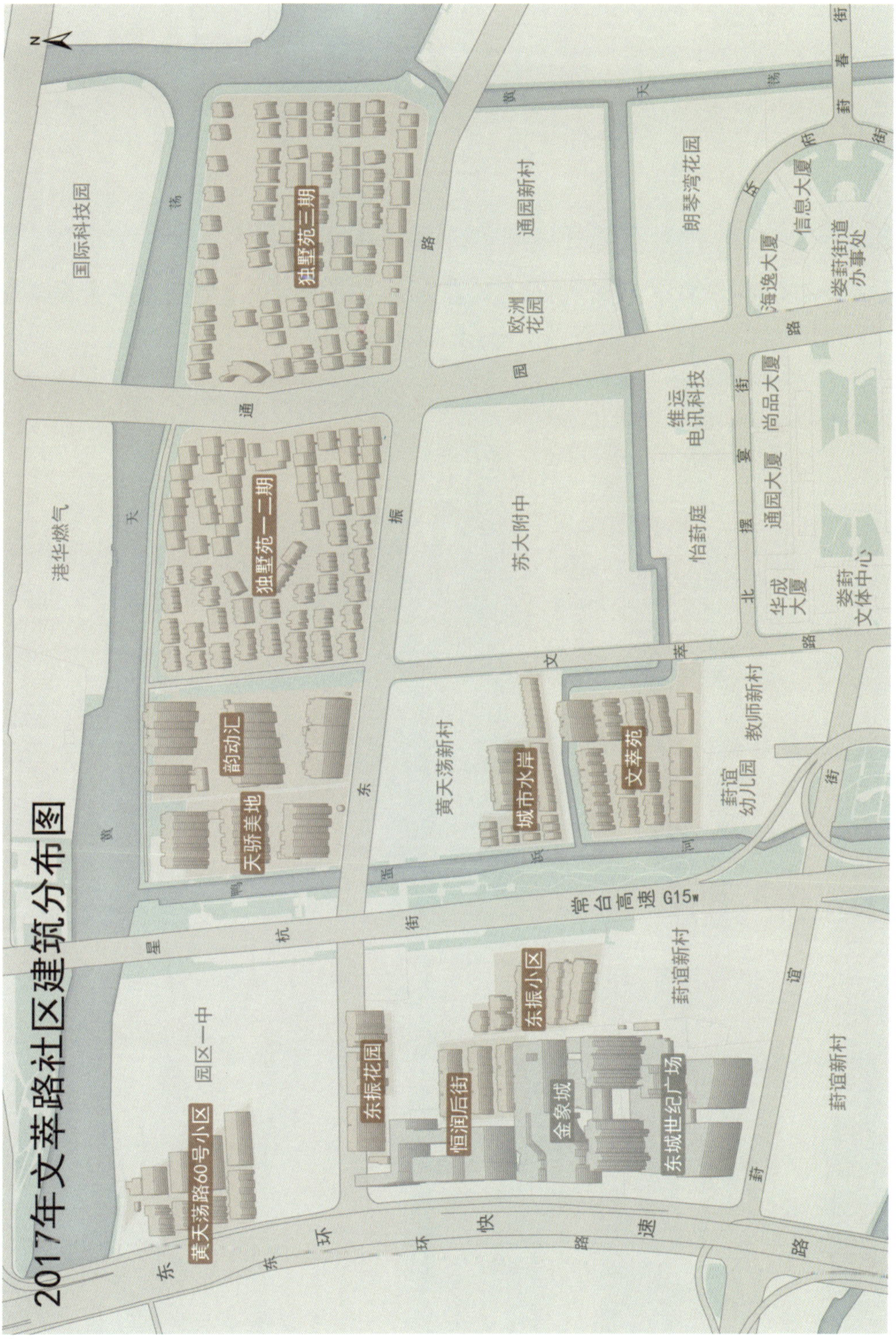

2017年文萃路社区建筑分布图

国际科技园
港华燃气
独墅苑二期
独墅苑一二期
韵动汇
天骄美地
黄天荡新村
城市水岸
文萃苑
教师新村
莳谊幼儿园
通园新村
欧洲花园
苏大附中
朗琴湾花园
维运电讯科技
怡莳庭
海逸大厦
信息大厦
娄葑街道办事处
尚品大厦
通园大厦
华成大厦
娄葑文体中心
黄天荡路60号小区
园区一中
东振花园
恒润后街
东振小区
金象城
东城世纪广场
莳谊新村
黄天荡
通园路
东振路
文萃路
北摆宴街
星杭街
鸭蛋浜河
常台高速 G15w
东环快速路
莳谊街
莳葑街
天荡街

2017年文萃路社区总貌图
国际科技园
独墅苑三期
独墅苑一二期
港华燃气
韵动汇
天骄美地
园区一中
黄天荡路60号小区
通园新村
欧洲花园
朗琴湾花园
信息大厦
海逸大厦
娄葑街道办事处
维远电讯科技
苏大附中
怡葑庭
尚品大厦
通园大厦
华成大厦
娄葑文体中心
黄天荡新村
城市水岸
文萃苑
教师新村
葑谊幼儿园
京台高速G15
东振小区
葑谊新村
东振花园
恒润后街
金象城
东城世纪广场

第十六章　葑南路社区

葑南路社区位于娄葑街道南侧，东至通园路，南至东兴路，西至文萃路，北至东振路。

2016年1月，葑南路社区居委会成立。社区辖有栖庭花园、融美雅苑、新华苑、城市经典、城市公寓、和风景苑、苏港大厦、鸿利达大厦、通园大厦、华成大厦、怡葑庭11个商品房小区，共有64幢楼房，122个单元，是现代商品住宅社区。

葑南路社区办公地点设在东兴路38、40、42号2楼，紧邻东兴路幼儿园，办公面积580平方米，设有调解室、阅览室、多功能活动室、舞蹈室等公共活动场所，栖庭花园、融美雅苑小区分别设有居民活动中心。

栖庭花园于2012年建成，东至群星苑三区，南至东兴路，西至东环路，北至南港河。小区总建筑面积14万平方米，其中商业面积为3.01万平方米，建有星叶广场。小区有居民住宅10幢，共654套，另有商铺26个，车位838个。

融美雅苑于2010年建成，东至通园路，西至文萃路，南至独墅湖大道，北至葑南街。小区总建筑面积6.65万平方米，建有居民住宅17幢，共468套，其中别墅64套、高层404套，共有车位431个。

新华苑于1999年建成，东至通园路，南至葑南街，西至文萃路，北至友谊河，与城市经典、城市公寓隔河相望。小区总建筑面积5.56万平方米，建有居民住宅18幢，共520套，另有商铺13个、车位353个。

城市经典于2006年建成，东至通园路，南至友谊河，西至群谊新村东区，北至南摆宴街，与新华苑隔河相望。小区总建筑面积2.8万平方米，建有居民住宅2幢，共147套，另有商铺62个、车位130个。

城市公寓于2004年建成，东至群谊新村东区，南至友谊河，西至文萃路，北至南摆宴街，与新华苑隔河相望。小区总建筑面积1.25万平方米，建有居民住宅2幢，共90套，另有商铺14套、车位78个。

娄葑文体中心商圈位于娄葑街道正西方，和风景苑、苏港大厦、鸿利达大厦、通园大厦、华成大厦均在商圈内，共有地面车位417个。

和风景苑于2001年建成，东至娄葑派出所，西至文萃路，南至南摆宴街，北至娄葑文体中心绿化广场。小区总建筑面积1.16万平方米，建有居民住宅3幢，共46套，商铺33家。

苏港大厦于2002年建成，东至鸿利达大厦，南至南摆宴街，西至文萃路，北至娄葑文体中心大楼。小区总建筑面积1.03万平方米，建有居民住宅3幢，共33套，商铺23家。

鸿利达大厦于2003年建成，东至和风景苑，南至南摆宴街，西至苏港大厦，北至娄葑文体中心绿化广场。小区建筑面积9200平方米，建有居民住宅1幢，共28套，商铺8家。

通园大厦于2003年建成，东至尚品大厦，南至娄葑文体中心绿化广场，西至华成大厦，北至北摆宴街。小区建筑面积1.5万平方米，建有居民住宅2幢，共120套，另有商铺27家、车位32个。

华成大厦于2004年建成，东至通园大厦，南至娄葑文体中心，西至文萃路，北至北摆宴街。小区建筑面积7700万平方米，建有居民住宅2幢，共60套，另有商铺18家、车位32个。

怡葑庭于2003年建成，东至恒润商务大厦，南至北摆宴街，西至文萃路，北与苏州大学附属中学隔河相望。小区总建筑面积4.65万平方米，其中商业面积为1.05万平方米，建有居民住宅4幢，共262套，另有商铺32家、车位286个。

截至2017年末，社区有居民2428户，常住人口近万人，邻近社区公交站台1个，途经公交车有238路、558路。

◎ 葑南路社区办公场所（2018年摄）

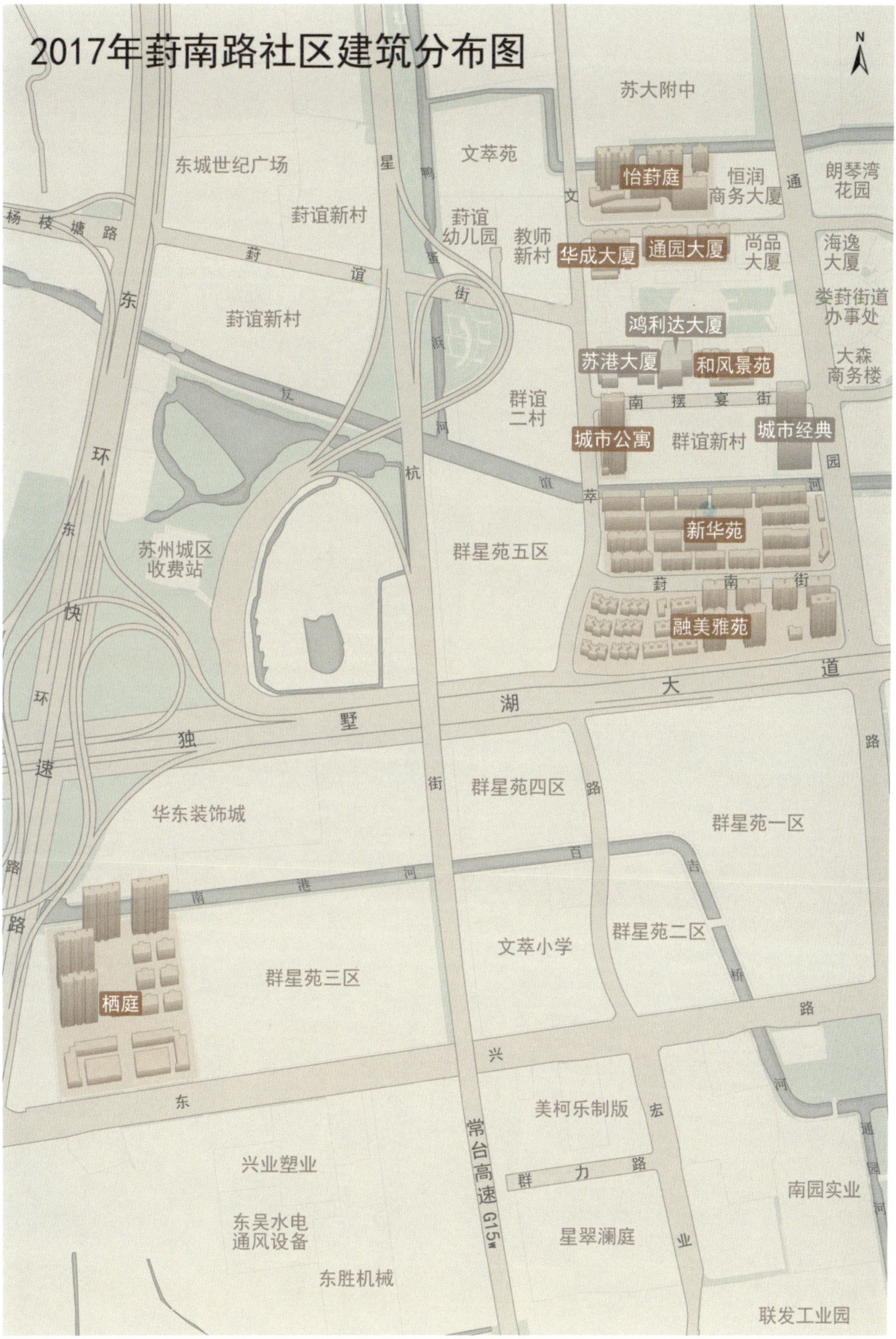
2017年葑南路社区建筑分布图
N
苏大附中
东城世纪广场
文萃苑
怡葑庭
恒润
商务大厦
朗琴湾
花园
葑谊新村
葑谊
幼儿园
教师
新村
华成大厦
通园大厦
尚品
大厦
海逸
大厦
娄葑街道
办事处
杨枝塘路
葑谊新村
鸿利达大厦
苏港大厦
和风景苑
大森
商务楼
群谊
二村
南摆宴街
城市公寓
群谊新村
城市经典
苏州城区
收费站
群星苑五区
新华苑
葑南街
融美雅苑
大湖道
独墅湖大道
群星苑四区
华东装饰城
群星苑一区
百吉桥路
群星苑二区
文萃小学
群星苑三区
栖庭
东兴路
美柯乐制版
宏业
常台高速 G15w
兴业塑业
群力路
南园实业
东吴水电
通风设备
星翠澜庭
东胜机械
联发工业园
东环快速路
星港街
南港河
通园河

2017年葑南路社区总貌图
苏大附中
文萃苑
东城世纪广场
怡葑庭
恒润商务大厦
朗琴湾花园
葑谊新村
葑谊幼儿园
教师新村
华成大厦
通园大厦
尚品大厦
海逸大厦
娄葑街道办事处
鸿利达大厦
苏港大厦
和风景苑
大森商务楼
群谊二村
城市公寓
群谊新村
城市经典
新华苑
群星苑五区
苏州城区收费站
融美雅苑
群星苑四区
华东装饰城
群星苑一区
文萃小学
群星苑二区
群星苑三区
栖庭
美柯乐制版
兴业塑业
南园实业
东吴水电通风设备
星翠澜庭
东胜机械
联发工业园

第十七章　苏安南社区

苏安南社区位于娄葑街道北部，东至运河，南靠官渎社区，西至东环路，北至苏安路。

2001年3月，苏安南社区居委会成立，办公地点位于苏安新村51幢北。社区有工作人员9名。社区党总支设六个支部，共有党员286名。辖区内有九年制公办学校星港学校（苏安校区）、苏安农贸市场、社区卫生服务站等公共设施。

苏安南社区获得"苏州市区企业退休人员社会化管理服务工作先进社区""苏州市全民健康生活方式行动示范社区""苏州工业园区幸福社区""苏州工业园区文明社区"等称号。

2017年末，辖区占地面积15.3万平方米，居民住宅楼84幢，3021户，总人口约9000人，户籍人口约6000人。社区周边设有公交站台苏安新村1个，途经公交线路有91路、10路、3路、156路、162路、26路、89路、142路、818路、游5路、快线9号、219路高峰支线、9009路社区巴士等。

2017年苏安南社区建筑分布图
N
新苏苑
一区
苏安幼儿园
苏安新村
苏
安
路
园区消防苏安中队
星港学校
（苏安校区）
苏安新村
苏安社区服务中心
东
环
快
速
路
娄门路166号
娄门路130号
路
江
门
娄
娄
东港新村十二组团
万宝
商业广场
东港新村
九组团

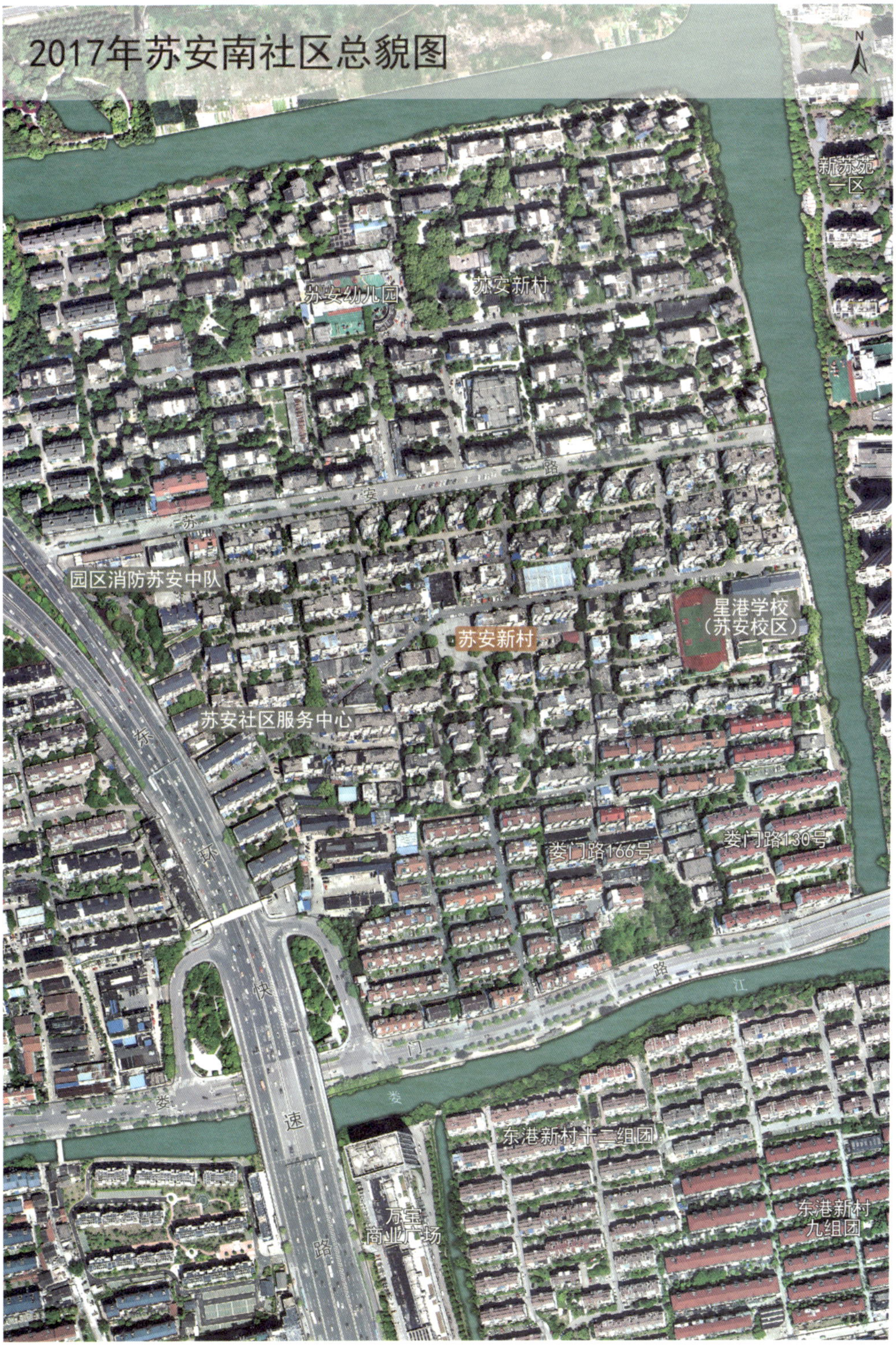

2017年苏安南社区总貌图

第十八章　苏安北社区

苏安北社区位于娄葑街道北部，东隔徐河浜，南接苏安路，西依东环路，北傍外运河。

2001年1月，苏安北社区居委会筹建，办公地点设在苏安幼儿园旁。辖区占地面积8.7万平方米，共有居民住宅楼86幢，200个单元，内设有老年活动室、党员服务中心、苏安幼儿园、警务站、安洁物业。社区党总支下设4个支部，共有306名党员。

苏安北社区内的苏安幼儿园创办于1988年12月，全园占地面积达7652平方米，建筑面积4402.6平方米，绿化面积1126平方米，户外活动面积2724平方米。现有12个班级，400多名幼儿，51名教职员工。

苏安北社区有吉祥文艺团队、紫琴队、戏曲队等文体组织，有党建品牌乐活堂、爱助、海趣3家社会组织。苏安北社区先后获得“江苏省充分就业社区”“苏州市绿色社区”“苏州市党建工作示范点”等称号。

2017年末，辖区内有居民3210户，人口9670人。社区紧邻苏安新村公交站，途经公交有219路、812路、89路等。

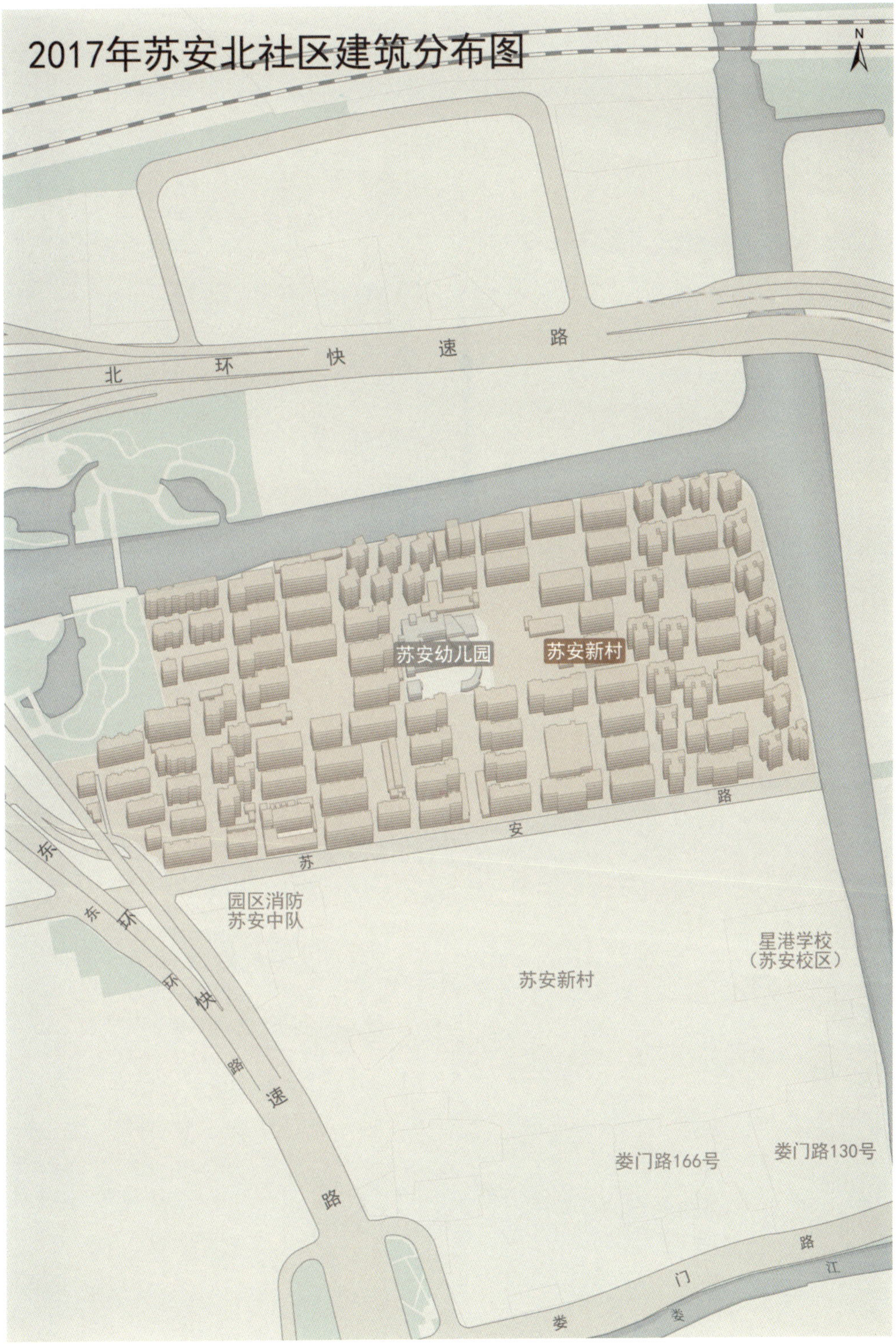

2017年苏安北社区建筑分布图

N

北环快速路

苏安幼儿园

苏安新村

苏安路

东环快速路

园区消防
苏安中队

星港学校
（苏安校区）

苏安新村

娄门路166号

娄门路130号

娄门路

娄江

2017年苏安北社区总貌图
N
北环快速路
苏安幼儿园
苏安新村
苏安路
园区消防
苏安中队
星港学校
（苏安校区）
苏安新村
东环快速路
娄门路166号
娄门路130号

第十九章　东港家怡社区

东港家怡社区位于东港新村中心，工业园区西侧，东至苏嘉杭高速公路，南至现代大道，西至东环路，北至一斗山路。

2000年11月，东港家怡社区居委会设立。2002年，由平江区划归苏州工业园区娄葑街道管理，属于城市社区性质。

辖区面积22万平方米，涵盖1～8组团、11组团（含一斗山路6号）、怡乐花园及三星苑，地理位置优越、交通便捷，共有住宅楼129幢。东港家怡社区办公地设在东港新村82-2幢东侧二楼，办公面积400平方米，设有办公室、调解室、会议室和党员服务中心等场所。社区内有娄江书画协会、728正能量志愿者服务中心等组织。

东港新村一组团于1993年建成，建筑总面积2.4万平方米，共有住宅11幢，35个单元，居民316户。

东港新村二组团于1993年建成，建筑总面积3.5万平方米，共有住宅11幢，28个单元，居民384户。

东港新村三组团于1994年建成，建筑总面积4.9万平方米，共有住宅14幢，30个单元，居民420户。

东港新村四组团于1995年建成，建筑总面积4万平方米，共有住宅16幢，46个单元，居民526户。

东港新村五组团于1999年建成，建筑总面积0.43万平方米，共有住宅8幢，32个单元，居民320户。

东港新村六组团于1997年建成，建筑总面积6.1万平方米，共有住宅21幢，66个单元，居民586户。

东港新村七组团于1995年建成，建筑总面积4.6万平方米，共有住宅23幢，64个单元，居民648户。

东港新村八组团于1996年建成，建筑总面积4.7万平方米，共有住宅16幢，53个单元，居民726户。

东港新村十一组团于2001年建成，建筑面积0.86万平方米，共有住宅5幢，18个单元，居民144户。

三星苑小区于2000年建成，建筑面积1.2万平方米，共有住宅3幢，11个单元，居民100户。

怡乐花园于1994年建成，建筑面积1.3万平方米，共有连体别墅46套，独立别墅17套。

2017年末，社区有居民4372户，1.3万人，其中户籍人口9436人、流动人口2535人。社区内有公交站台3个，途经公交车有夜2路、游5路、快线9号、2路、3路、9路、10路、26路、40路、56路、89路、91路、109路、110路、158路、162路、219路、264路、812路、818路、878路、923路和980路。

◎ 东港新村鸟瞰图（2019年摄）

◎ 东港新村一角（2019年摄）

◎ 法制宣传走廊（2019年摄）

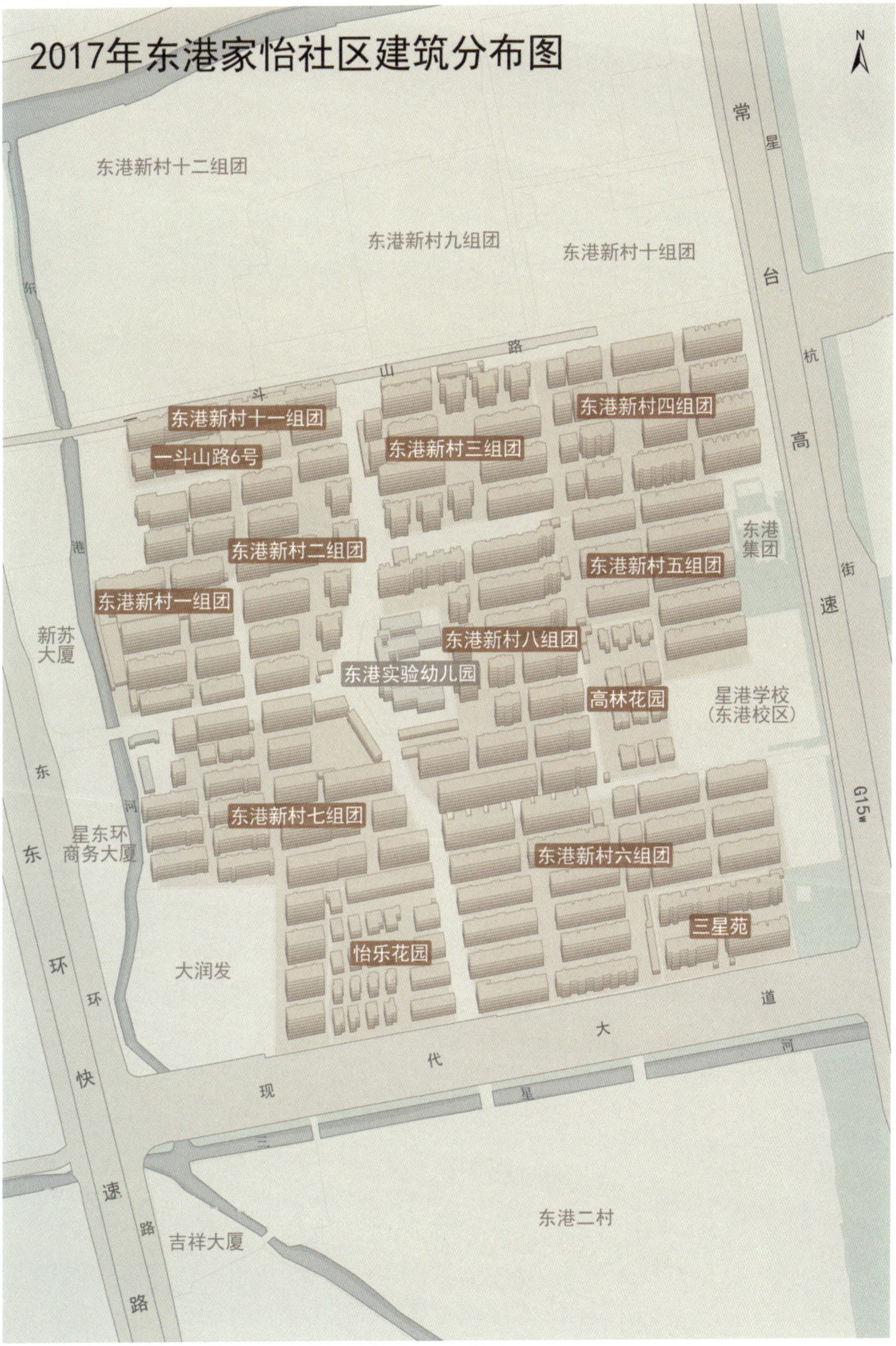

2017年东港家怡社区建筑分布图

东港新村十二组团
东港新村九组团
东港新村十组团
一斗山路
东港新村十一组团
一斗山路6号
东港新村三组团
东港新村四组团
东港新村二组团
东港集团
东港新村五组团
东港新村一组团
新苏大厦
东港新村八组团
东港实验幼儿园
高林花园
星港学校（东港校区）
东港新村七组团
星东环商务大厦
东港新村六组团
三星苑
怡乐花园
大润发
常台高速
星杭街
G15w
东港河
东环快速路
现代大道
星港河
东港二村
吉祥大厦

2017年东港家怡社区总貌图

第二十章　东港家乐社区

东港家乐社区位于娄葑街道北部，东靠苏嘉杭高速公路，南临一斗山路，西接东环路，北隔娄江河。

2001年3月，东港家乐社区居民委员会成立，办公地点位于一斗山路3号3号楼二楼，建筑面积400平方米，设有党员服务中心、调解室、阅览室等便民服务设施。

社区占地面积20万平方米，涵盖东环路221～223号小区、东港新村12组团、一斗山路1号1～4幢小区、东港新村9组团、东港新村10组团、东港新村210～216幢小区、娄门下塘43-1号1～3幢小区。

东环路221～223号小区于1980年建成，东至东港河，西至东环路，南至新苏大厦，北至一斗山路，总建筑面积1.35万平方米，建有房屋3幢，住宅180套。

东港新村12组团于2000年建成，东至东港新村210～216幢小区西侧无名道路，西至东港河，南至一斗山路，北至娄江河，总建筑面积8.45万平方米，建有房屋43幢，住宅1044套。

一斗山路1号1～4幢小区于1993年建成，东至东港新村9组团西围墙，西至东港新村12组团围墙，南至东港新村72幢，北至东港新村12组团围墙，总建筑面积2.68万平方米，建有房屋4幢，住宅390套。

东港新村9组团于1993年建成，东至东港新村10组团西侧无名道路，西至一斗山路1号小区，南至一斗山路，北至东港新村12组团围墙，总建筑面积2.92万平方米，建有房屋14幢，住宅488套。

东港新村10组团于1994年建成，东至星杭街，西至东港新村9组团东侧无名道路，南至一斗山路，北至东港新村210～216幢小区南侧无名道路，总建筑面积2.98万平方米，建有房屋13幢，住宅430套。

东港新村210～216幢小区于2004年建成，东至星杭街西侧绿化带，西至东港新村12组团东侧无名道路，南至东港新村10组团北侧无名道路，北至娄江水利枢纽，总建筑面积1.98万平方米，建有房屋7幢，住宅228套。

娄门下塘43-1号1～3幢小区于1992年建成，东至星杭街西侧绿化带，西至东港新村210～216幢小区围墙，南至东港新村10组团北侧无名道路，北至东港新村210～216幢小区围墙，总建筑面积8560平方米，建有房屋3幢，住宅108套。

2017年末，社区有居民2868户，户籍人口5569人，流动人口约1720人。途经公交站台3个，途经公交车有10路、142路、156路、158路、162路、219路、26路、3路、40路（东线）、56路、812路、818路、878路、89路、980路（西线）和9路。

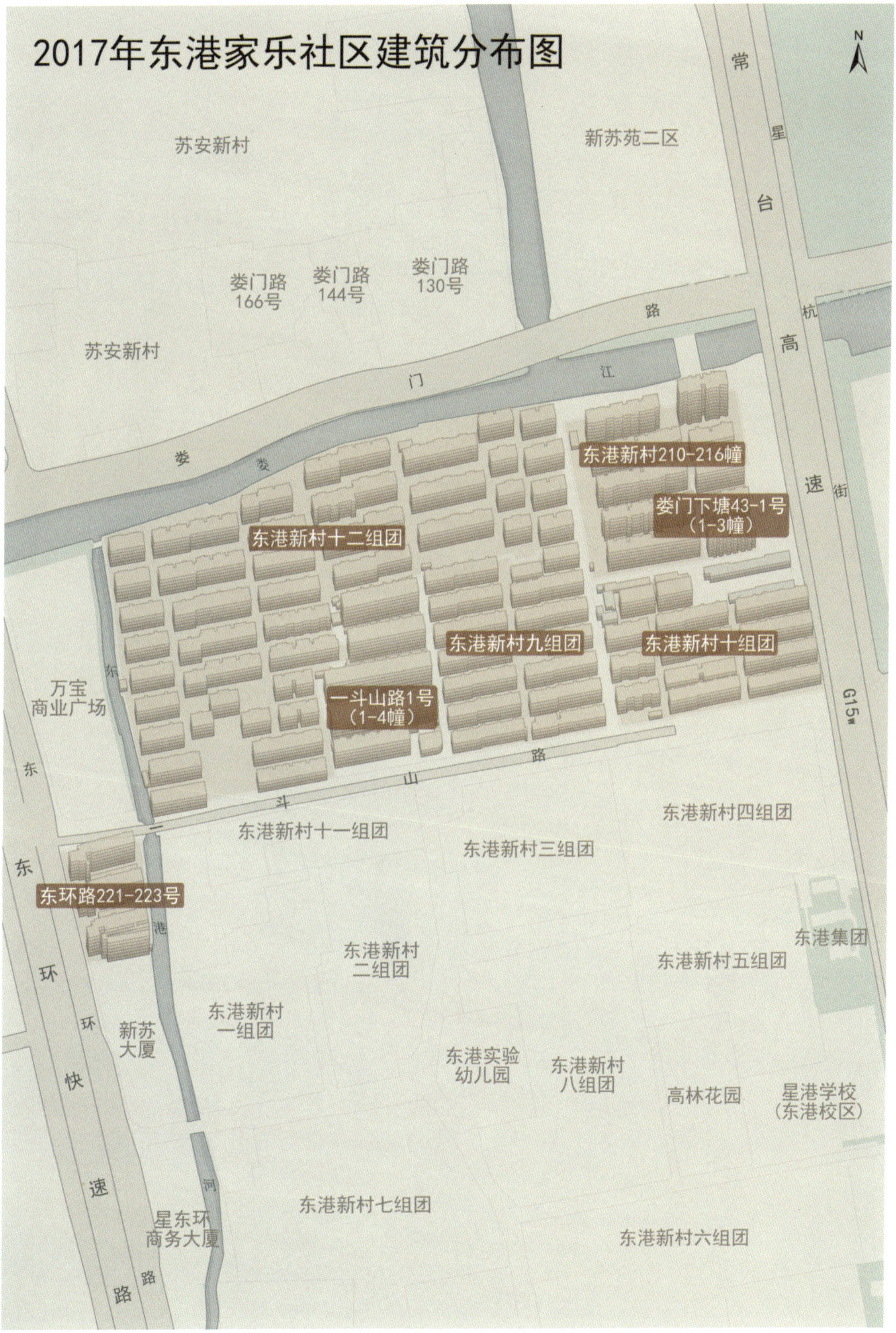

2017年东港家乐社区建筑分布图

苏安新村
新苏苑二区
娄门路166号
娄门路144号
娄门路130号
苏安新村
东港新村210-216幢
娄门下塘43-1号（1-3幢）
东港新村十二组团
东港新村九组团
东港新村十组团
一斗山路1号（1-4幢）
万宝商业广场
东港新村十一组团
东港新村三组团
东港新村四组团
东环路221-223号
东港集团
东港新村二组团
东港新村五组团
东港新村一组团
新苏大厦
东港实验幼儿园
东港新村八组团
高林花园
星港学校（东港校区）
东港新村七组团
星东环商务大厦
东港新村六组团

2017年东港家乐社区总貌图
苏安新村
新苏苑二区
娄门路166号
娄门路144号
娄门路130号
苏安新村
东港新村210-216幢
娄门下塘43-1号（1-3幢）
东港新村十二组团
万宝商业广场
东港新村九组团
东港新村十组团
一斗山路1号（1-4幢）
东港新村四组团
东港新村十一组团
东港新村三组团
东环路221-223号
东港集团
东港新村二组团
东港新村五组团
东港新村一组团
新苏大厦
东港实验幼儿园
东港新村八组团
高林花园
星港学校（东港校区）
东港新村七组团
星东环商务大厦
东港新村六组团
娄门路
娄江
常台高速
东环快速路
G15

第二十一章　东港二村社区

东港二村社区位于苏州姑苏区东，东至星杭街（苏嘉杭高架），南至苏州大道西，西至东环路，北至现代大道。

2008年6月，东港二村社区居民委员会成立。社区管辖东港二村一号桥小区、东港二村二、三号桥小区、东港二村105幢～110幢小区、东港二村一组团小区、东港二村东淳苑小区、绿城花园小区、零星住宅楼、东环大厦、开元大厦、东环时代广场、苏源大厦、卫星天线大厦、证券置业大厦，是现代商品住宅社区。

东港二村社区住宅面积32.16万平方米，共有居民住宅99幢，社区居委会办公地点设在东港二村14幢南公建房，办公面积500平方米，设有调解室、阅览室、多功能活动室、会议室等公共活动场所。

东港二村一号桥小区于1993年建成，建筑面积3.56万平方米，建有居民住宅18幢，共499套。

东港二村二、三号桥小区于1995年建成，建筑面积15.95万平方米，建有居民住宅47幢，共2064套。

绿城花园小区于2003年建成，建筑面积4.67万平方米，建有居民住宅5幢，共270套。

东港二村东淳苑小区于1999年建成，建筑面积2.15万平方米，建有居民住宅7幢，共193套。

东港二村一组团小区于1995年建成，建筑面积3.56万平方米，建有居民住宅14幢，共420套。

东港二村105幢～110幢小区于2000年建成，建筑面积2.28万平方米，建有居民住宅6幢，共200套。

零星住宅楼建有居民住宅2幢，共66套。

2010年1月，东港二村社区被江苏省人力资源和社会保障厅授予“江苏省充分就业社区”称号；2017年12月，被江苏省教育厅授予“江苏省标准化居民学校”称号。

2017年末，社区总户数3712户（含新苏社区动迁居民362户），人口约9360人，其中户籍人口约7700人，流动人口约1660人。邻近社区公交站台4个，途经公交车有814路、238路、817路、120路、9路、游5路、261路、60路、112路、307路、142路、980路、178路、32路、2路、26路、109路、110路、156路、158路、219路、261路、812路、818路、快线9路和夜2路。

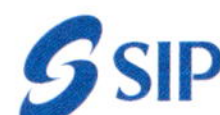

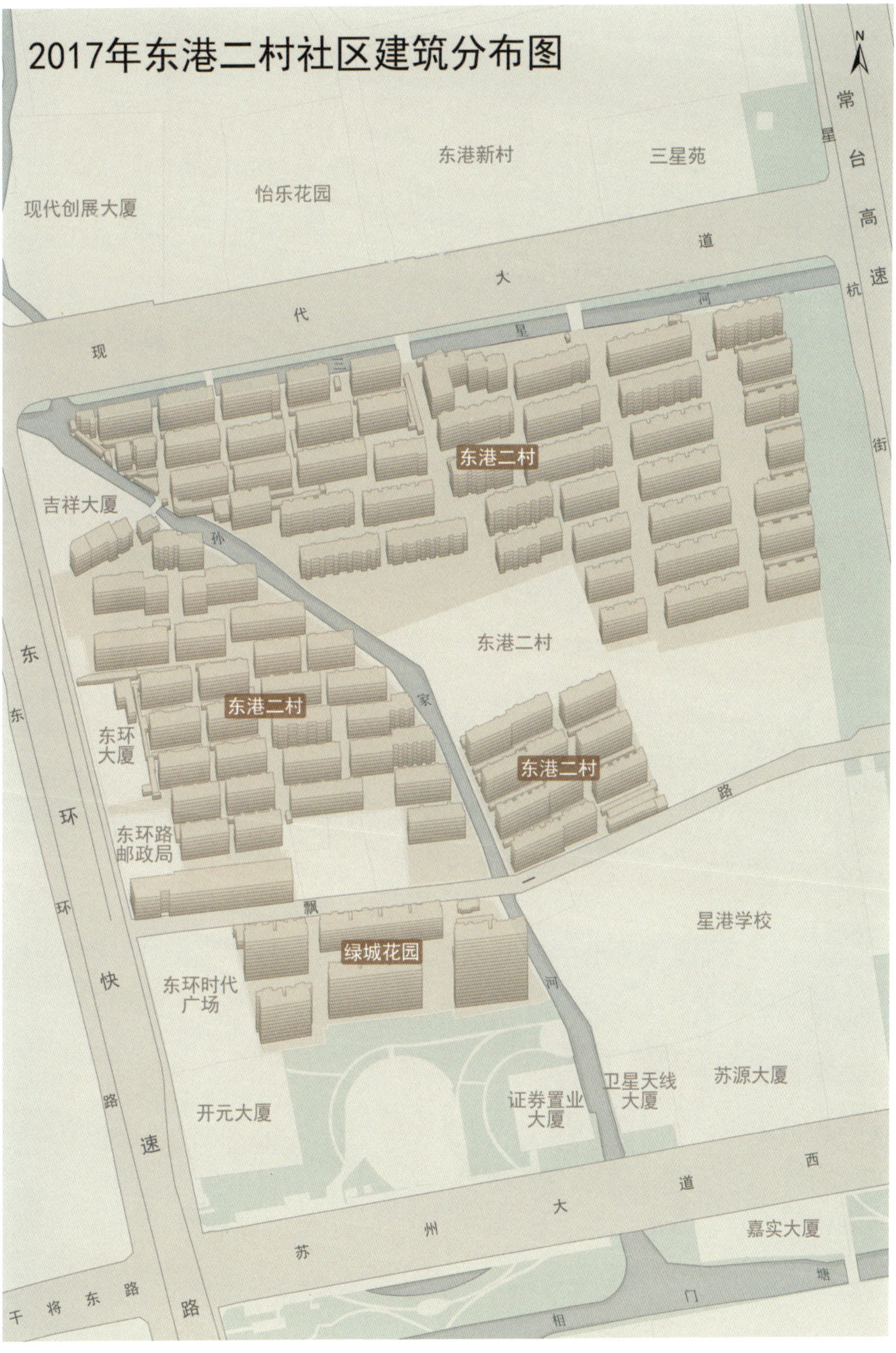
2017年东港二村社区建筑分布图
N
东港新村
三星苑
怡乐花园
现代创展大厦
现代大道
常台高速
东港二村
吉祥大厦
东港二村
东港二村
东港二村
东环大厦
东环路邮政局
绿城花园
星港学校
东环时代广场
开元大厦
证券置业大厦
卫星天线大厦
苏源大厦
苏州大道西
嘉实大厦
东环快速路
干将东路

2017年东港二村社区总貌图
现代创展大厦
怡乐花园
东港新村
三星苑
常台高速
现代大道
星港街
吉祥大厦
东港二村
东港二村
东港二村
东港二村
东环大厦
东环路邮政局
东环路快速路
绿城花园
东环时代广场
星港学校
开元大厦
证券置业大厦
卫星天线大厦
苏源大厦
苏州大道西
嘉实大厦
干将东路
相门塘

第二十二章　官渎社区

官渎社区位于娄葑街道西部，东临星杭街，南隔娄江河，西至东环路，北邻苏安新村。

2002年9月，原属苏州市平江区娄门街道的官渎居委会行政区域，调整划归到娄葑镇，更名为苏州工业园区娄葑镇官渎社区居委会。2012年12月娄葑撤镇变街道，更名为苏州工业园区娄葑街道官渎社区居委会。官渎社区居委会办公地点设在苏安新村219幢，建筑面积400平方米，设有官渎工作站、会议室、调解室、图书室。社区下辖娄门路200号、苏安新村200幢～219幢，娄门路174号、娄门路166号、娄门路144号、娄门路130号、上浜27号、新苏苑二区（部分）。该社区主要为80年代职工房改房、90年代至2010年城市动迁商品住宅社区。

娄门路200号于1980年建成，东至苏安新村，西至东环路，南至娄江河，北至苏安新村，建筑面积2500平方米，建有房屋2幢，住宅39套、商铺2套。

苏安新村200幢～219幢于1999年建成，东至娄门路166号，西至娄门路200号，南至娄江河，北至苏安新村，建筑面积5.92万平方米，建有房屋20幢，住宅615套、商铺34套，车位103个。

娄门路174号于1997年建成，东至苏安新村202幢，西至苏安新村203幢，南至苏安新村200幢，北至娄门路166号小F幢，建筑面积540平方米，建有房屋1幢，住宅9套。

娄门路166号于1997年建成，东至娄门路144号，西至苏安新村，南至娄江河，北至苏安新村，建筑面积1.86万平方米，建有房屋8幢，住宅248套。

娄门路144号于1980年建成，东至娄门路130号，西至娄门路166号，南至娄江河，北至苏安新村，建筑面积4400平方米，建有房屋4幢，住宅68套。

娄门路130号于2000年建成，东至官渎河，西至娄门路144号，南至娄江河，北至苏安新村，建筑面积2.35万平方米，建有房屋8幢，住宅268套、商铺7套。

上浜27号于1980年建成，东至官渎河，西至苏安新村，南至娄门路130号，北至苏安新村，总建筑面积1100平方米，建有房屋1幢，住宅20套。

新苏苑二区于2010年建成，东至星杭街，西至官渎河，南至娄江河，北至新苏社区，总建筑面积3.08万平方米，建有住宅7幢、住宅410套，商铺10套，车位357个。

2017年末，社区有居民2198户，户籍人口4292人，其中男性2043人、女性2249人，流动人口约1500人。邻近社区公交站台6个，途经公交车有169、305路等。

◎ 官渎社区办公楼（2019年摄）

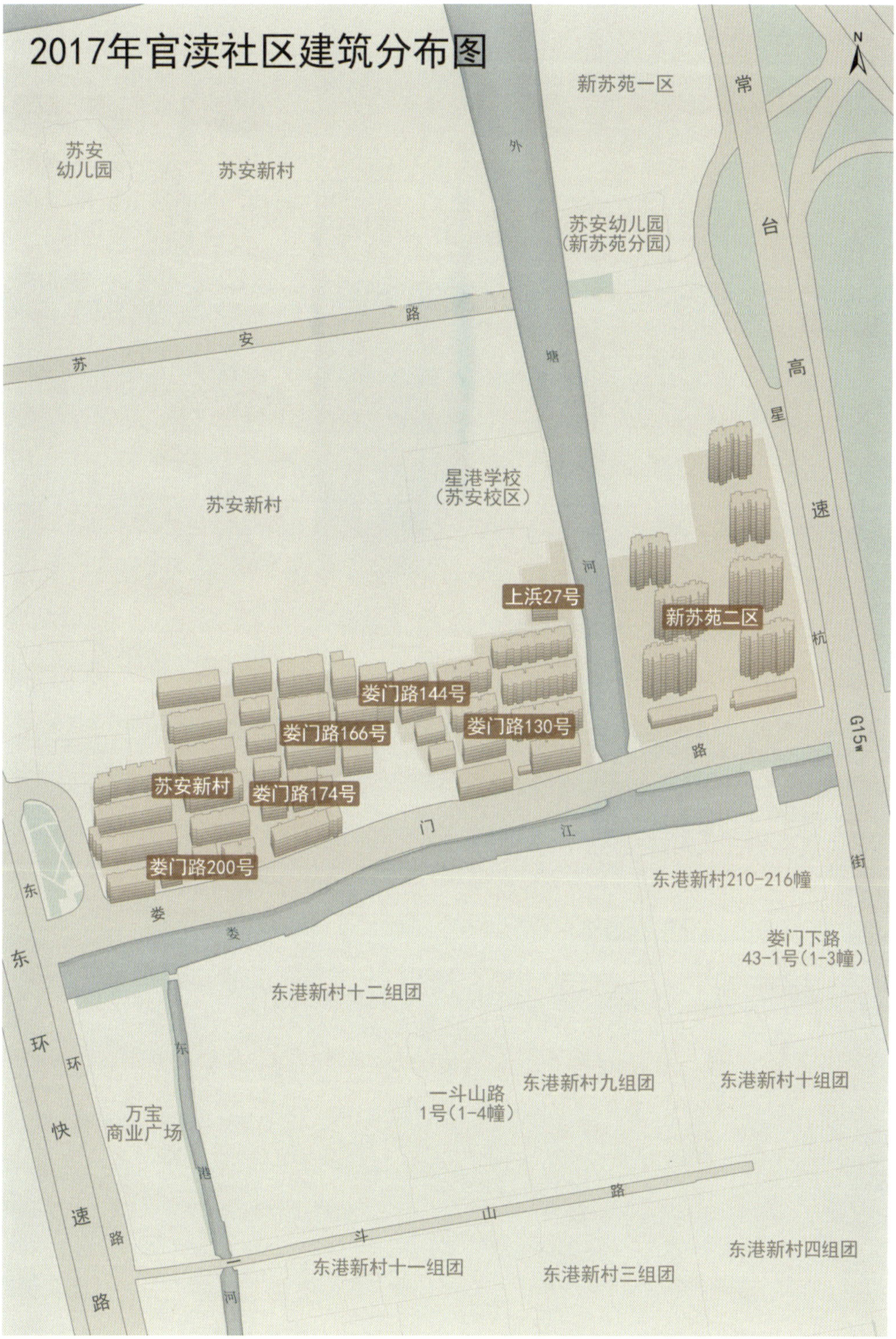

2017年官渎社区建筑分布图

N

新苏苑一区

苏安幼儿园

苏安新村

苏安幼儿园（新苏苑分园）

苏安路

外塘河

常台高速

星杭街

G15w

星港学校（苏安校区）

苏安新村

上浜27号

新苏苑二区

娄门路144号

娄门路166号

娄门路130号

苏安新村

娄门路174号

娄门路200号

娄门路

娄江

东港新村210-216幢

娄门下路 43-1号（1-3幢）

东港新村十二组团

东环快速路

东环路

东港河

万宝商业广场

一斗山路 1号（1-4幢）

东港新村九组团

东港新村十组团

一斗山路

东港新村四组团

东港新村十一组团

东港新村三组团

2017年官渎社区总貌图
新苏苑一区
苏安幼儿园
苏安新村
苏安幼儿园（新苏苑分园）
外塘河
苏安路
星港学校（苏安校区）
苏安新村
上浜27号
新苏苑二区
娄门路144号
娄门路166号
娄门路130号
苏安新村
娄门路174号
娄门路200号
娄门路
娄江
东港新村210-216幢
娄门下路43-1号（1-3幢）
东港新村十二组团
斗山路1号（1-4幢）
东港新村九组团
东港新村十组团
万宝商业广场
东港河
斗山路
东港新村十一组团
东港新村三组团
东港新村四组团
东环快速路
常台高速杭
G15w
N

第二十三章　扬东路社区

扬东路社区位于娄葑街道北部，东临扬庭路，南临京沪高速公路，西临312国道，北靠阳澄湖大道。

扬东路社区成立于2016年1月，社区办公地点设在香堤澜湾花园22幢，建筑面积约880平方米。设有扬东路社区党支部，其中书记1名、党员28人。扬东路社区由日兴花园、天骄花园、香堤澜湾花园、澄泮新村四个商品房小区，菁仁公寓、菁源之星两个优租房以及新屹大厦组成。社区周边有圆创生活广场，方便居民购物、休闲。

香堤澜湾花园于2015年建成，东至扬庭路，南至阳澄湖大道，西至创投工业坊，北至扬帆路。小区总建筑面积27.87万平方米，建有居民住宅50幢，共2784套。

天骄花园于2009年建成，东至泾园河，南至扬东路，西至312国道，北至沪宁高速绿化带。小区总建筑面积12.96万平方米，建有居民住宅23幢，共1182套。

日兴花园于2000年建成，东至泾园河，南至日兴花园，西至312国道，北至扬东路。小区总建筑面积2万平方米，建有居民住宅23幢，共145套。

◎ 扬东路社区办公场所（2018年摄）

澄泮新村于2016年建成，东至无名路，南至京沪高速，西至跨阳路，北至唯文路。小区总建筑面积6.25万平方米，建有居民住宅6幢，共682套。

菁仁公寓于2015年建成，总建筑面积2.96万平方米，建有居民住宅5幢，共600套。

菁源公寓于2016年建成，总建筑面积8.06万平方米，建有居民住宅11幢，共788套。

新屹大厦于2004年建成，晶汇大厦于2007年建成，东至泾园河，南至日兴花园，西至312国道，北至扬东路。总建筑面积6.25万平方米。

扬东路社区获得“2017年度苏州工业园区妇女工作先进集体”称号。

2017年末，社区有居民住宅楼119幢，6643户，常住人口1.56万人，其中户籍人口3029人，流动人口1.28万人。途经社区周边的公交路线有256、258路等。

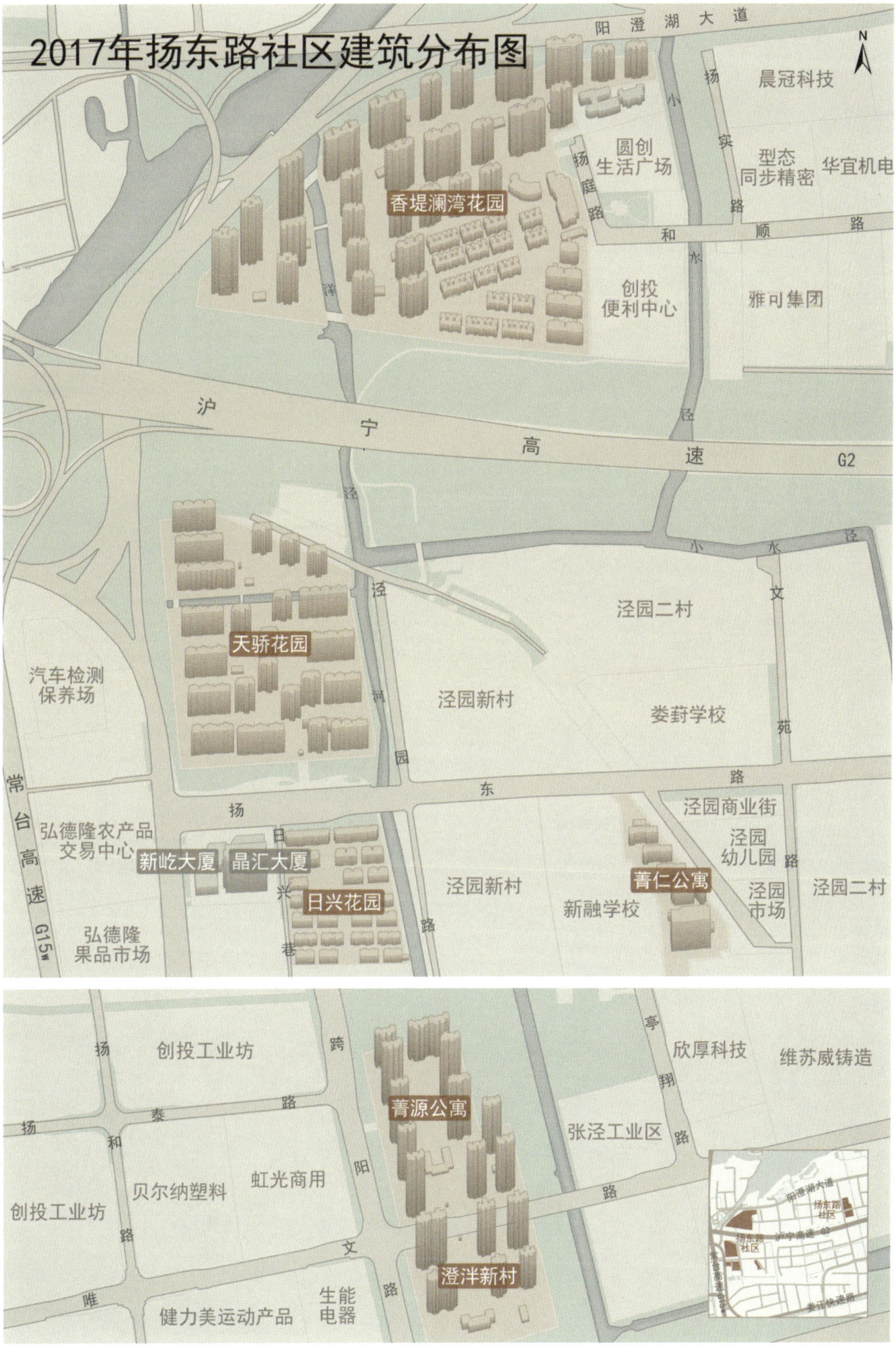

2017年扬东路社区建筑分布图

阳澄湖大道
晨冠科技
圆创生活广场
型态同步精密
华宜机电
香堤澜湾花园
扬庭路
和顺路
创投便利中心
雅可集团
沪宁高速 G2
泾园二村
天骄花园
汽车检测保养场
泾园新村
娄葑学校
扬东路
常台高速 G15w
弘德隆农产品交易中心
新屹大厦
晶汇大厦
日兴花园
泾园新村
泾园商业街
泾园幼儿园
菁仁公寓
新融学校
泾园市场
泾园二村
弘德隆果品市场

创投工业坊
菁源公寓
欣厚科技
维苏威铸造
扬泰路
张泾工业区
贝尔纳塑料
虹光商用
创投工业坊
澄洋新村
健力美运动产品
生能电器

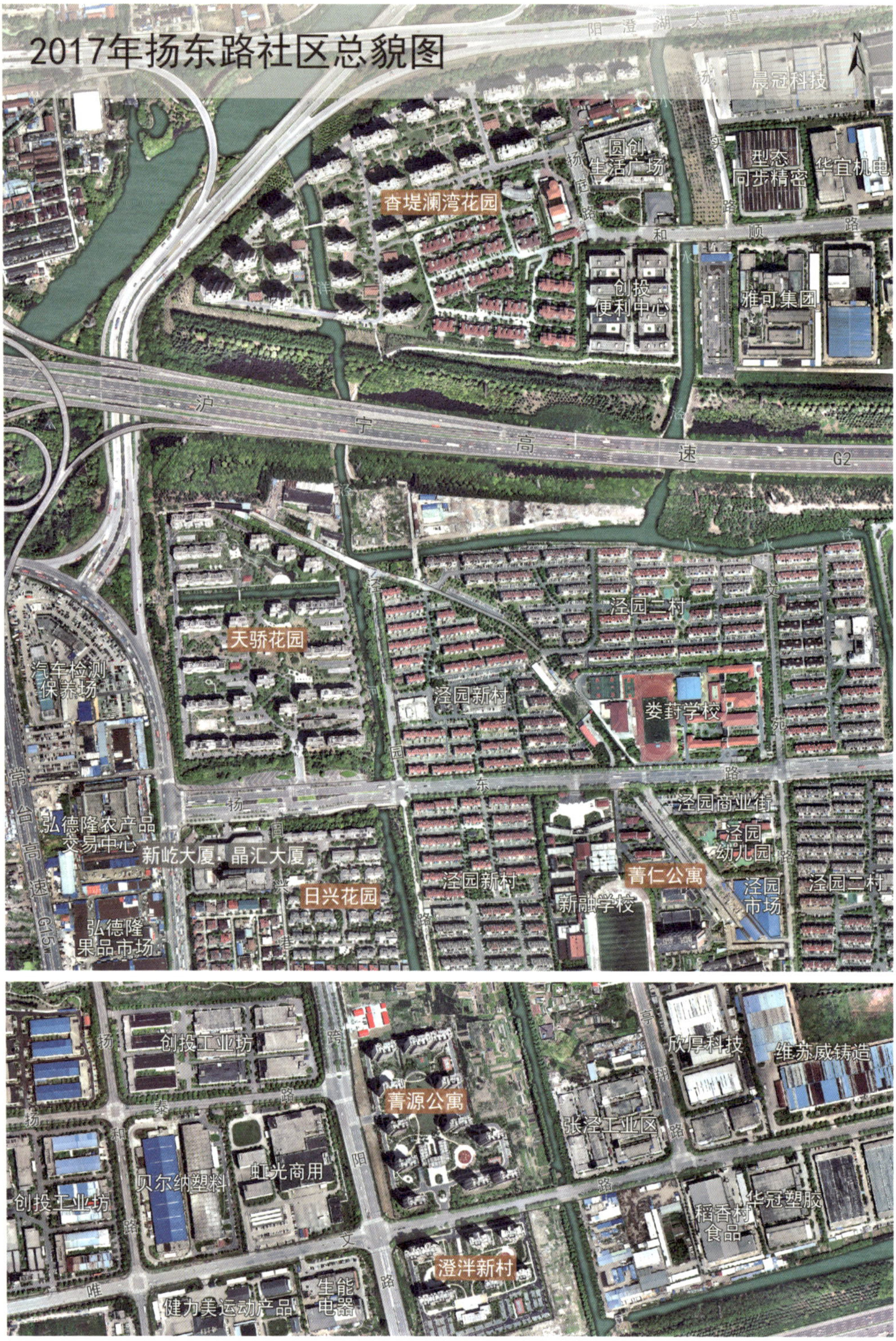

2017年扬东路社区总貌图

阳澄湖大道
晨冠科技
圆创生活广场
型态同步精密
华宜机电
香堤澜湾花园
和顺路
创投便利中心
雅司集团
沪宁高速 G2
泾园二村
天骄花园
汽车检测保养场
泾园新村
娄葑学校
扬东路
泾园商业街
泾园幼儿园
弘德隆农产品交易中心
新屹大厦
晶汇大厦
日兴花园
泾园新村
菁仁公寓
泾园市场
泾园二村
新融学校
常台高速 G15
弘德隆果品市场

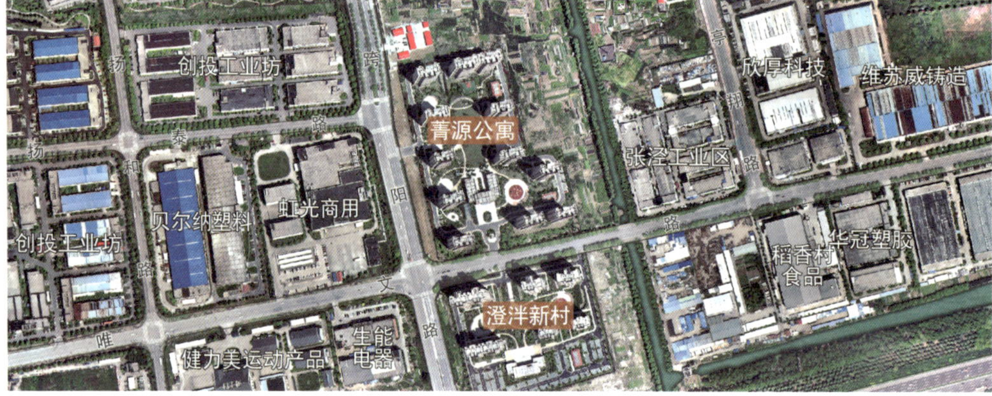

第二十四章　口述娄葑

口口相传的故事是文化瑰宝，娓娓道来的过去是珍贵历史。本章记录了一些老年人讲述的他们亲耳听闻、亲身经历的娄葑故事，旨在挖掘整理娄葑丰富的历史文化资源，真实记录娄葑的历史发展进程，为后人留下一段丰富多彩的娄葑传统历史文化。

一、独墅湖名称的传说

时　　间： 2018年4月9日上午

地　　点： 娄葑街道独墅湖社区三楼会议室

口 述 人： 独墅湖社区居民　戴福男（男，62岁）

独墅湖社区居民　费生官（男，60岁）

笔 录 人： 独墅湖社区党总支部委员、社区居委会委员　陆秀明

独墅湖社区党总支部委员、社区居委会副主任　徐敏

苏州城南有个不大不小的湖泊，湖上有个姓费的老渔民，夫妇俩终年在湖里捕鱼。尽管日夜辛劳，日子过得并不富裕。

一天晚上，老渔民坐在船头对着月亮想心事。忽然空中“刺啦”一声，掉下一根树枝来。老渔民想，这树枝恐怕是月亮里吴刚砍落下来的，便朝天喊了一声：“等我捞上来还给你！”便用渔网在湖中打捞。捞了七天七夜，渔网刮到了树枝，老渔民用足力气拉网，只听得“刺啦”一声响，渔网只拖上来一根小丫枝。这枝枝丫丫还给人家有啥用？老渔民就将小丫枝往船上一丢。恰巧费老太手里的铲刀柄正好坏了，于是老渔民就拿小丫枝做了一根铲刀柄。说也奇怪，自从铲刀装上新柄后，锅里的饭总是盛不完。

老渔民的日子渐渐好过起来。俗话说：“家有黄金外有秤，隔壁邻舍天天秤。”这事被湖边村上的高财主晓得了，便吓唬说他私通太湖强盗，吓得老渔民一五一十说出了实情，并拿出铲刀柄作证。高财主把铲刀拿回去一试，果然灵验，就起了黑心，把费老头的铲刀留了下来。

高财主把铲刀柄弄到手后，还是贪心不足，心想：要是能把湖里那根粗树枝弄到

手，能够做很多的铲刀柄；如果做个木匣，就等于有个聚宝盆，我的子孙后代永远吃不完、用不完。于是，就同老婆共摇一条船，半夜里偷偷摸摸进了湖中。在湖里转了七天七夜，渔网总算刮到了那根粗树枝，这时的高财主真是“胸膛上挂钥匙——开心”。两口子拼着老命把渔网往船上拖，可是越拖越重，跳到水里去摸，离水面不过四五寸，就是拔不出来。高财主边拔边对老婆说：“这是宝呀，快用力！”就在这时候，吹来一阵狂风，随身带的铲刀柄被刮上了天空。高财主看到苗头不对，赶紧想把船摇回去，水面上却出现了一个大漩涡，顿时连船带人一齐被旋入了湖底。

当夜，姓费的老渔民做了一个梦，梦见从月宫里落下来的树枝，在湖底生了根，成了一棵独枝树。这消息传开后，人们就把这湖泊叫作独枝湖。后来叫多了，便称作独墅湖。

二、金鸡湖的传说

时　　间：2018年10月5日

地　　点：金鸡湖畔

口 述 人：杨潮升（男，54岁，市供销社干部）

原笔录改版整理：金益社区副书记　费丽琴

金鸡湖原来叫大东荡，水面非常广阔。岸滩上长满芦苇，芦苇深处有个青龙滩，滩上住的都是打渔人家。渔民中有个青年，叫金哥。金哥25岁，自小没了爹娘。这一天正逢中秋，财主郝大头上门讨债，金哥只好拿起渔网，下湖捕鱼还债，到了湖心，网刚撒到水里，就听到一声鸡叫声。金哥心想：这里哪有鸡叫声？他四处寻觅，发现在一块湖心的土墩上，有一间芦苇棚，鸡叫声就是从那儿发出来的。于是，金哥把小船划近小土墩。

走近细看，原来这小土墩上住的不是普通人家，而是天上落下来的金鸡在湖心盖起的苇巢。不想这天，有一条三尺长的蜈蚣，一口咬在金鸡的右膀上，不肯放开，双方正相持不下。恰巧金哥来到了土墩上，便手起桨落，将蜈蚣腰斩十八段，救了金鸡。发现金鸡的翅膀又红又肿，金哥又在土墩上捉了不少蜘蛛捣成泥，敷在它的翅膀上，没多大工夫，金鸡翅膀上的毒就消了。消肿的金鸡“咯咯咯”叫着，用嘴啄着金哥的脚，迈开步子，引着金哥往前走，在一堆乱草边站住，用爪子扒开枯草，枯草里露出了一堆白花花的东西。金哥一看，都是金鸡拉的屎，仔细辨认，原来是银子。金哥想，还财主的债，有一块银子就够了，就取了一块走了。

金哥回到青龙滩偿还了郝大头的债务，郝大头生出疑心，便四处放风，说金哥成了江洋大盗，还状告到衙门，诬陷金哥掘了他家老祖坟，盗走金银财宝。金哥便被抓到知县大堂，打得皮开肉绽，只好说出真相。县令和郝大头立刻交代手下，开来一条大船，前往大东荡取宝。登上湖心的小土墩，县官和郝大头便急吼吼地吆喝手下将银子往船上搬，船被银子装得都快要沉了。县官想：银子总会用完的，不如把金鸡抓回衙门，这样就可以天天给我拉银子了。于是他们又逮住金鸡返回。当船行到湖中心，不想金鸡突然发作，一拍翅膀便扇起一阵乌风黑浪，不大会儿，湖面上大雨如注、波涛翻腾，大船颠了三颠，便船底朝天了。

大东荡的风雨过去了，金鸡无影无踪，县官与郝大头葬身鱼腹。据说因为大量银子打翻在水里，后来渔家在这里打鱼，每天都有收获；还有人看见金鸡在水波上踱着步子。于是，人们便把大东荡改叫成了金鸡湖。

三、陆家厍村的民间手艺

时　　间：2018年3月9日

地　　点：独墅湖社区三楼会议室

口 述 人：独墅湖社区居民　陆杏根（男，90岁）
独墅湖社区居民　金巧根（男，74岁）
独墅湖社区居民　陆招泉（男，84岁）

笔 录 人：独墅湖社区党总支部委员、社区居委会委员　陆秀明
独墅湖社区党总支部委员、社区居委会副主任　徐敏

据传独墅湖南地域有一陆姓游牧农民赶着一群鸭子途经独墅湖黄天荡相连之处，发现这个地方放牧鸭子极好。两边是湖，湖滩宽阔，中间低洼水田成片，有丰富的小鱼、小虾、螺蛳等水生小动物，是鸭子最上等的食料。于是，全家就定居下来，经过若干年的繁衍，逐渐形成了村落。因祖先是陆姓，故称陆家厍。村落发展越来越大，就以中横港河为界，河南为前陆家厍，河北为后陆家厍，组成了姊妹村——前、后陆家厍。

在悠悠的历史长河里，勤劳、智慧的陆家厍人民逐渐形成丰富多彩的民间娱乐、精工细作的民间手工艺、捕鱼工具盂狩等等。

说到民间娱乐，陆家厍村尤为突出的是踩高跷，全村就有一个20余人的业余团队。有最高的高跷，一步能跨过水车的荷叶盘；有双人搭配边踩高跷边吹笛，演出各种双人吹笛造型，被称之为“凤凰高跷笛”；还有人可以表演用鼻子吹笛、在反背上拉胡琴等高难度动作。这些表演是陆家厍村参加州、县群众会演的拿手节目。陆家厍村解放后的第一任党支部书记陆火全是这一娱乐活动的积极组织和参与者。

陆家厍村的民间手工艺品主要有防雨的蓑衣、防晒的蓑衣衫、凉爽的草皮滚。人们利用本地水塘田种植的灯草、席草为原材料，做成既能劳作又能遮雨的蓑衣，夏天既能耘、耥稻，又能防止烈日曝晒的蓑衣衫，深田作业用来遮丑的草皮滚。这些手工艺品销往甪直、唯亭、昆山、无锡、常州、江阴等地。捕鱼工具盂狩销往沿太湖地区。

四、庙会

时　　间：2019年1月8日

地　　点：社区办公室

口 述 人：卢根元（男，83岁，原葑红村村民）

调 查 人：葑谊社区党委副书记　陆建伟

旧时，出葑门向东横街至石炮头，有石炮头、桑园地、北栅头、前后庄、陆家村、东圩、西圩、北杨枝村、夏家浜9个自然小村。这9个村的村民参加庙会活动最为活跃，为庙会准备了许多富有传统民俗风情的节目。我童年时代也亲自参加过庙会活动，那时虽然只有8岁，却是记忆犹新。

桑园地村参加庙会的节目是“挑经担”，由3人组成：陆长生皮肤白净，男扮女装，头戴红线球翻边凉帽，身穿水乡服饰，青衣白裙，肩挑花担，一头是经书竹篮，一头是鲜艳花篮，左右扭动；另一人一身猢狲打扮，上蹿下跳；还有一人扮演茅山道士，身穿道袍，头戴道冠，装上假胡须，一手拿竹筒、一手敲棒，笃笃有声，配合默契，逗人发笑。

庄上村出庙会的节目叫“小拜香”，有20多个10岁左右的小男孩，穿着小袈裟长袍扮小和尚，手敲小木鱼、小磬子，口念佛经前后摆动，作朝庙进香的动作，看了叫人甚是喜欢。

夏家浜村出的节目是“冲小轿”，村里挑选5名壮实小伙子，一人冲在小轿前面撑一顶有各种花纹的“万民伞”，4人抬着坐在小轿中的一尊菩萨，一路上抬着轿子向前奔，冲向庙场口。

圩上村是臂香档，有男女两组。女的是十三四岁的小姑娘，一律白帽白衣，黑裙白鞋，扮相俊俏，手臂上荡的是新艳花篮。男的一律是十七八岁的小伙子，身穿各色对襟中装，手臂上荡的是香炉蜡扦器具。在庙会当天，两组人马老早要到“七公堂”庙里去上钩子，姑娘、小伙子一个个撩起胳膊穿刺钢钩子勾在皮肤上，方能荡上花篮、器具，每人持一根叫“香撑”的手柄撑在胳膊腰里。队伍前面开道的是两个“荡湖船”的，边敲边走。

石炮头村的节目最有民俗特色，有两班人马表演“摇荡湖船”。小班“摇荡湖船”表演煞是好看。挑选5个不满10岁的小男童，扮演老渔翁的是马兴根（9岁），手持一支小橹在橹板下面接上滑轮在路上可以向前滚动，在小槽上系上两根彩带，我和陆道根（7岁）身穿短袖布衫，两人头顶上扎上两根笔直的小辫子，手持彩带作扭绷之势。陆云声（10岁）身着唐装，手持折扇在彩带橹中跳来跳去。最好看的是陈伯泉（8岁），男扮女装穿上旗袍戴上假发，一路摇船一路上唱童瑶民歌：“蚊子奈亨叫呀，嗡里嗡里叫呀，叫得我真开心呀……”

大班踩高跷的“摇荡湖船”表演由四人组成，大卢荣元扮演船翁，手持一支系上彩带的橹作摇船动作，橹绷由小卢荣元扭动，在彩带中俊男俏女两人作为游客，有趣的是女的也是男扮女装，身穿旗袍，戴上波浪式假发，踩上高跷，一路上唱着民歌小调，又唱又演，好不热闹。

在出庙会的当天，9个村参加庙会节目的扮演人员都要到七公堂庙里（当时的葑溪小学）集中出游：出庙门，走七公堂弄，转向东石炮头，沿葑门塘再向东走上黄石桥，再沿金鸡湖到独墅湖贤圣堂庙堂上。最前面的是石炮头的7岁男童李双福，穿一身“武松打虎”的服饰，斜背一柄钢刀，站立在一名壮汉的肩膀上，一派英雄气概。后面开道的是香档铜锣，开道敲锣，再后面紧跟花篮档小拜香、小孩摇荡湖船、踩高跷荡湖船和冲小轿，村民香客跟在最后。在庙会行道途中，两边人山人海，驻足观看，放炮仗。庙会表演人一路边走边演，直到圣贤堂庙广场。各乡镇各路演出人员都要集中在广场上正式表演，热闹非凡。

三天的庙会活动，盛况空前，葑门塘到独墅湖，庙会行道两侧有许多从城里赶来的搭大帐篷摆地摊的小商小贩，出售各种农用物品、渔具网类，还有各种风味小吃、拉洋片、卖拳头、变戏法、耍杂技，热闹得很。

五、欧冶明王庙

时　　间：2019年11月9日

地　　点：社区办公室

口 述 人：沈招妹（女，95岁，原金库村村民）

调 查 人：葑谊社区党委副书记　陆建伟

原葑谊社区妇联主席　潘关英

黄石桥西北面三四百米处，原先有座欧冶庙，当地居民称庙里祭祀的是著名练剑工匠欧冶。然而，史料对这一说法却表示了怀疑。

据对欧冶庙耳熟能详的当地居民陆老先生介绍，解放前，整座欧冶庙占地约0.8亩，有大小房屋十七八间，里面有大殿、班房、伙房等建筑。大殿里有脸面白净、额骨透红、威风凛凛的欧老爷塑像一尊。那时，庙里逢六（即农历每月初六、十六、二十六）点烛烧香，每年设春秋两祭，有庙会演戏的习俗。解放后，欧冶庙被用作一所小学，“文化大革命”期间，整座庙宇被拆毁。

对于欧老爷究竟是谁，陆老先生一口咬定：就是著名的炼剑师欧冶。他说，当地世代相传，欧冶是干将的师弟，曾帮越王铸过鱼肠等宝剑，后来又与干将合作，为楚王铸造宝剑。因为干将落户在苏州匠门（今相门），他便也来到苏州，在相门外铸剑收徒。以前黄石桥一带有许多铁打铺，欧冶就是这些打铁匠人的共同祖师，所以人们造了这座庙纪念他。欧冶也因此成了黄石桥一带的土地神，人们祭奠先人时，总不忘同时给欧冶烧点锡箔，装锡箔的定袋上写的就是“欧冶明王”四个字 。

但史料的记载与陆老先生的说法却有所不同。清代道光十四年（1834）成书的《吴门表隐》一书记载：“欧冶土地庙在匠门塘黄华桥内，神即欧冶子”。黄华桥后称黄瓜桥，即现在的相门桥东南堍的后庄桥，与陆老先生所说的欧冶庙差了两三千米路。民国《吴县志》地图上将欧冶庙标在黄石桥西北面，介绍材料中却说：“相传神即欧冶子。”《吴门表隐》另一段记载是：照应庙祀张士诚女婿欧阳伦，该庙“又在黄石桥左，为土谷神”。按地图的标示方法，西北面正在左侧，看来照应庙的位置与陆老先生说的欧冶庙位置倒是一致的。

一些地方志研究者认为，欧冶是个练剑工匠，长年与烟火打交道，脸色不可能是白净的，从这一点看，所谓的欧冶庙，倒更可能是纪念欧阳伦的庙，但由于当地铁铺众多，人们心底里更愿意祭祀欧冶，“欧阳庙”逐渐讹作“欧冶庙”也就十分自然了。研究者说，弄清欧冶庙纪念谁并不重要，重要的是，“欧阳”变为“欧冶”，让人们从一个侧面了解了一个客观事实，那就是今天的工业园区，自古就是苏州的工业区。

六、王坟头有个石牌楼

时　　间： 2018年4月5日

地　　点： 梅花社区3楼会议室

口 述 人： 梅花社区居民　郭洪良（男，75岁，原新湖王坟头人）

梅花社区居民　杜三男（男，62岁，原新湖村村长）

笔 录 人： 原梅花社区居委会副主任　陈玉英

在原新湖村境内，有个自然村叫王坟头。据老辈人相传，王坟头是崇祯皇帝（朱由检）的皇后周氏家族安葬之地。这个皇后娘家的祖墓规模宏大，占地十多亩。具体王坟位置在莫香港河靠北以东。墓前建有“圣善发祥”坊，并有硕大而做工精细的石香炉、石人石马等。石牌楼以花岗石制成，最上边的石牌由整块大石砌成，无拼接，并且有雕刻，非常精美。王坟在东，石牌在西，从牌楼走到王坟位置，有100米。台阶西低东高，拾级而上。

起初崇祯帝封信王，周氏为王妃。后来启帝（朱由校）病故，无子，以五弟信王继位，是为崇祯。周氏因此升为皇后。明亡，周皇后自裁，谥“庄烈”。周皇后系苏州人，曾祖周三槐、祖父周文学、父亲周奎均安葬于此。亲从兄弟如周镜、名、铉、鉴（均封都督）。听上辈人说，当时某巡视官骑马路过此地，都要下马，牵马而过。后来，凡有骑马的人经过周皇后家祖墓就都下马，因此王坟头村东有个下马浜。

我（郭洪良）出生于1944年，那时还没有解放。小时候同村的小伙伴一直在王坟石牌楼处玩耍，挑草头。1956年，娄葑公社大修水利，建设电力工程，西边从原新升北塘滩往东延伸至王坟头周边，动用王坟之土，平地起灌溉渠，接通至上巷村，工程比较大，靠人工挑土，灌溉工程从1956年到1958年才结束。后王坟石牌楼均于“文化大革命”期间被毁。

七、围垦黄天荡

时　　间：2019年1月9日

地　　点：群力社区会议室

口 述 人：群力社区居民　许木泉（男，74岁）

群力社区居民　钮泉根（男，71岁）

笔录整理：群力社区党委书记 许秋生

60年代初，群力大队由于人多地少，为解决村民的口粮问题，当时提出了“向水面要田、湖底要粮”的口号。1963年初，村民们利用五坟潭水面约200亩种植粮食。第二年冬末春初，切断大龙口水面围湖垦田，面积与五坟潭差不多。10月，大龙口水面、五坟潭水面种植的300亩水稻获得丰收，按计划完成国家的粮食征购任务外尚余几十万斤。

1966年2月6日，苏州市委副书记、市长李执中来到群力大队召开社员大会暨围垦黄天荡誓师大会，动员大家发扬自力更生、艰苦奋斗的精神围垦水面种植水稻。大会第二天，全村村民在村大队党总支书记金泉生的带领下，立即展开围垦黄天荡行动。在当时人多船少的情况下，村民们采取人停船不停的轮班模式载泥填土，历时4个月，终于筑出一条总长约2000米的坝，增加粮食种植面积790多亩。

在围垦过程中，有些村民主动拆掉自家的灶头、棚子，把砖头、石头填埋到黄天荡中，他们不向集体要一分钱、一分工，默默无闻、无私奉献。同年10月，大队党总支书记金泉生还应邀参加了北京国庆观礼活动。

八、“世外桃源”竹隐居

时　　间：2018年3月15日

地　　点：团结社区一站式中心

口 述 人：团结社区居民　谢桂英（女，52岁）

团结社区居民　范二男（男，63岁）

笔 录 人：团结社区工作人员　夏雯

竹隐居，因村里原有一寺庙称竹隐居，故村名由此而来。也有人认为该村自然环境优美，竹林遍布，适合隐居，故取此名。

民间传说竹隐居寺庙里有一名少林寺和尚，入驻竹隐居庙做当家主持，功夫了得，会轻功上墙。当时有强盗进村抢劫，和尚站在屋顶上看见强盗撤离时，就把走在最后头的一个砍死了，后强盗回窝清点人数时，发现少了一人，便回头找寻，见其被砍死在墙外，强盗后怕，再也不敢进村抢劫。后人因此敬仰之。

村里有蔬菜、水稻等农作物新品种，村里技术人员先将其培育，后推广到各个大队。例如，当时特地请日本专家队来教大家如何种植“蔺草”。队员中有名女工作人员背着照相机，那是村民们第一次见到照相机，专家队员们还送蔬菜罐头给村民小孩。农科站里有农业大学，学生均在十几二十岁左右。站里经常有文工团来演出、唱评弹等，深受村民们欢迎。

九、“两块石头”演变成“两个村”

时　　间：2019年1月10日下午14：00

地　　点：娄葑街道泾园南社区会议室

口 述 人：泾园南社区居民　居仁甫（男，84岁）

泾园南社区居民　许夫林（男，79岁）

泾园南社区居民　陈锦芳（男，87岁）

泾园南社区居民　赵凤根（男，62岁）

笔录整理：泾园南社区工作人员　司雯君

“南泽桥”“北泽桥”是由两块镇村的大石头演变而来的。起初“南泽桥”和“北泽桥”并不是村落，也不是村落的名字，而是两块大石头分别搭建的两座石桥，分布在南北两个方位，分别取名叫“南石桥”和“北石桥”。而“北石桥”正好建造在拾图浜。随着两座石桥被人熟知，村民就以石桥的名字给村落命名，因苏州话中的“石”和“泽”发音一样，后人都称之为“南泽桥”和“北泽桥”。

关于拾图浜中的“北石桥”，还有另一个故事。拾图里的形状极像一只手，主脉是拾图浜，有五条叉开的小河浜。拇指吴家浜、食指丁家浜、中指直通拾图浜、无名指东浜、小指是后段浜，故称“五爪金龙”。

据说，拾图里原是块风水宝地，历史上曾出过力大无穷的大将军。明初，刘伯温为了永保明皇朝的统治，到处破除各地的风水宝地，就在拾图浜用另一块石头建造了“北石桥”，镇住了五爪金龙的脉心，破坏了这块宝地的风水，就此拾图村只能平平而过了。

十、日军在娄葑的暴行

1937年苏州沦陷，日军犯下的罪行罄竹难书，对中国人民的身心造成严重创伤。这一段惨痛的历史值得我们每一位后人铭记深思，前事不忘，后事之师。唯有正视历史，才能不重蹈覆辙。

（一）滥杀葑塘无辜平民

时　　间：2015年7月13日

地　　点：葑塘社区一站式服务中心

口 述 人：葑塘社区居民　许银福（男，79岁）

笔录整理：娄葑乡机关退休人员、《日军在娄葑的暴行》编著者　沈锡兴

1937年11月的一天，田庄河头突然闯进了三个荷枪实弹的日本兵，巡查到村民许福寿新屋的院门前，就用枪托砸门，一看铁门上了锁，就“砰”的一声，开枪把铁锁打碎，打得铁皮都飞了起来。三个日本兵打开院墙门后，就入室抢掠，背了三大包东西。临走时还准备放火烧房，木架柴草都已堆放好。正在这时，躲在下场屋里的许福寿丈人的爷爷，提来了两只鸡送给日本兵，哀求不要放火。日本兵看看天色已晚，就拿鸡离开了村子。

我们全家五口逃难到光福，居住在外婆家，没过几天，消息传来，葑门外家里的新屋险些被日本兵放火烧掉，他们急得实在放心不下。有一天下着雨，父亲许福寿急着想回家去看看，就悄悄离开光福，奔往苏州。他撑了把雨伞，跟一伙人走到城外河南岸的青旸地段。后来才知晓，这时正好苏州古城墙上有把守的日本兵巡查，发现河对面有行

人，他们就把行人当活靶子打，我父亲许福寿就这样被鬼子打死了。其他人听见城头上日本兵开枪杀人，吓得都四散逃开。过了一天后，我娘不见父亲回来，先急了起来，后来逃散的人来报信，说阿许已被日本兵开枪打死在青旸地上，娘一听就晕了过去，醒来后便哭天哭地骂鬼子，从此我家成了孤儿寡母。父亲被打死在青旸地马路上，又不敢去把尸体抬回来，怕鬼子开枪。又隔了一天，靠亲戚朋友帮忙，租来一只渔船，在黑暗的夜晚，偷偷把父亲的尸体拾上船运了回来，安葬在翁家浜的坟地上。在青旸地搬运尸体时又发现了几具被鬼子枪杀的行人尸体，真令人气愤得怒火满腔啊！

（二）血洗阳澄蚬子山

时　　间： 2015年7月21日

地　　点： 泾园北社区临芳苑四区住宅区

口 述 人： 泾园北社区居民　徐良康（男，79岁）
泾园北社区居民　居杏根（男，68岁）
泾园北社区居民　徐林生（男，77岁）
泾园北社区居民　顾小男（男，63岁）

笔录整理： 娄葑乡机关退休人员、《日军在娄葑的暴行》编著者　沈锡兴

蚬子山是伸入阳澄西湖的一个半岛，由原娄葑乡阳西和原太平乡13、14大队的3个自然村组成，总面积有3000多亩，居住着近千户村民，拥有渔船300多条。除了原太平乡农民从事农耕生产外，其余都是渔民，长期从事捕鱼捉蟹扒蚬子的渔业生产，亦有少数人搞水上运输。由于长年累月扒蚬子出产蚬肉，因而蚬壳在湖边堆积如山，故得地名：蚬子山。

1937年11月苏州沦陷后，次年日军侵占阳澄湖地区，以围剿"抗联"（即抗日游击队）为名，大肆进军沿湖农村，屠杀村民。1938年秋天，日军公然在陆上用"六零"迫击炮轰击蚬子山，又从阳澄湖的日军兵舰上炮轰蚬子山半岛。日军水陆炮击蚬子山，炸的半岛火光冲天，隆隆炮声震耳欲聋。当年徐良康有弟兄6人，都在外面做生意，时年六十多岁的祖母张招妹留守在家，亲眼看见东一炮西一炮地把原本安宁的村子炸得粉碎，到处大哭小喊，哭声震天，有的人被炸得内脏都流了出来，真是惨不忍睹！被炸毁的房屋超过百间，死伤的村民也无法计算，血水染红了阳澄湖滩。

日军占领蚬子山后，妄图消灭抗联游击队，就对蚬子山实行封锁政策，四周都设驻岗哨把守，并建起8米高的望风台（瞭望台），尤其在村西通往外界的要道沈店桥，南北设有两个岗哨和望风台，严密监视着村子进出的要道。周志祥的父亲和张福康的父亲，当年也算得上是胆子大的人了，他俩结伴先去探探路。哪知刚踏上沈店桥出口，就

被日本兵发现，从岗哨里开枪打死。从此村里的百姓再也不敢从陆路上出行。

封锁村子后，不论白天黑夜都有四五成群的日军进村巡查，挨家挨户地查问是否藏有“抗联”，他们强行破门入室抢劫，见到粮食、鱼虾就抢，见到“花姑娘”就侮辱。老人们回想到此情景，仍旧历历在目。他们愤恨地说，那时糟蹋的妇女真不少，惨不忍睹，日军连猪狗都不如啊！

渔民在湖里捕鱼捉虾，日本巡逻汽艇也要开上前来检查船只，强行抢掠水产品，如渔船想逃，马上开枪射击。徐良康的岳父居云福，亲眼看见日本兵开枪打伤了两个渔民。有一次他张虾笼也被日本兵抓住，被“倒种荷花”在湖里，幸亏居云福水性好，否则早丧失了性命。

当年，在中国共产党的带领下，阳澄湖畔燃起了抗日烽火。日寇也加紧清剿和扫荡。有一天傍晚，蚬子山渔民顾小根正和女儿顾根娣在阳澄湖西滩张虾笼，忽然听到芦苇荡里传来一男子声音：“老乡，请你帮帮忙，救救我，日本兵正在追杀我。”顾小根听到“日本兵追杀”，心想，一定是“抗联”的人。他连忙就同女儿把这个受伤的人救上了船，后来才知道他是“抗联”的丁政委。父女俩把他藏在虾笼船舱底，在他身上堆满了虾笼，躲过了鬼子的盘问检查，又连夜把丁政委护送到湘城镇一河边上岸。丁政委临别时握住顾小根的手说“谢谢你啊”，并问顾的姓名，女儿顾根娣说了声“顾小根”，丁政委记住了。据徐良康老人回忆说，顾小根冒死救“抗联”战士真了不起，他是我们蚬子山的英雄。

解放后，丁政委在中共苏州市委工作，曾写信给顾小根，没有忘记他的救命之恩和支持抗日斗争的功劳。今年63岁的顾小男告诉工作人员，他22岁时（1974年）村里派他驾机动船到娄门码头去接一穿军装的首长，这位首长就是丁政委，身边还有两名警卫员。顾小男把他们接送到阳西村，当时丁政委只有右手，左臂已伤残缺失了。他是来寻访恩人顾小根的，当时是由村党支部书记姚则民负责接待的。

如今阳西村仍流传着一首民谣：“蚬子山，苦金山，闯进日本小军舰，村庄炮击扎粉碎，烧杀抢奸胜魔鬼，血洗蚬山滔天罪。”这首民谣永远印记在当地百姓的脑海中。

（三）屠杀洋泾角百姓

时　　间：2015年7月8日

地　　点：梅巷社区洋泾角

口 述 人：梅巷社区洋泾角居民　郁木根（男，83岁）

梅巷社区洋泾角居民　江瑞玲（女，67岁）

笔录整理：娄葑乡机关退休人员、《日军在娄葑的暴行》编者注　沈锡兴

1937年11月20日至22日，日军在娄葑地区洋泾角村屠杀了手无寸铁的无辜村民和过路群众150余人。残暴行径令人发指。当时埋葬被害者的“百人坑”，成为日军屠杀中国人民的又一罪恶铁证。

据梅巷二组83岁的居民郁木根回忆说，1937年11月，日军打来时，他刚满5岁，村上人听到日本兵要打来的消息，都逃难到外面去了。他是孤儿，跟着姑母逃难到黄埭乡下。当时村上人也不多，全村老小只有80来人。在逃难时逃得慢的就吃到苦头。村里有个沈长生，在逃难时手臂上挨到日本兵一枪，他不顾伤痛，拼命逃走，总算捡了一条命。

村里的郁同生，是郁木根的同辈阿哥，当年20来岁，一起逃难在外面，后来老不放心家里，他又悄悄潜回家，刚跨进大门，就看到一日本兵正在天井里磨军刀，他急忙转身就逃，游过洋泾河，再过陈家桥，才躲过了一劫。

郁木根回忆说，日本兵在洋泾角屠杀了无辜百姓150多人，先是抓人关押起来，然后10个人一批一批地屠杀在村最北的陶水荣家的西房间里，都是把人推进去后，从背后开枪杀死的。胆子小的人，吓得腿都发软，魂都出窍了。房屋里死人的血水积得半尺多深，真是血流成河啊！

提起虎口逃生的王木根，郁木根说，他真命大，被鬼子推进去枪杀没打中要害，打在右肩胛骨上。这时刚好一扇破门板倒下来，压在身上，鬼子当他死了。他躲进了床底下，当时伤口出血不止，他随手拿了块尿布堵住伤口，后来日本兵走了才获救。

67岁的洋泾角居民江瑞玲，是日本大屠杀被害者江金富的孙女。她曾听母亲讲，当年她的祖父60多岁，他认为年纪大了，逃难不方便，家里无人又不放心，这把年纪，日本兵也不会拿他怎么样。子女再三劝说不听，硬是留守在家里。后来日本兵进村了，当时他正收留了一名中国伤兵，日本兵就一起把他们抓走杀死了。一月过后，家人逃难回来，他的死尸都认不出来，奶奶和母亲痛哭得死去活来。

70年代开展农田水利建设时，江瑞玲参加过“百人坑”迁移工作，在“百人坑”里挖到了许多尸骨，还有未腐烂掉的套鞋和小孩穿的鞋，令人心痛不已。

十一、村民修建庙宇抗灾保平安

时　　间：2019年1月7日下午

地　　点：星湾社区会议室

口 述 人：潘巧龙（男，67岁，原星湾村党支部书记，娄葑镇副科级退休干部）

笔录整理：星湾社区党总支部副书记　沈春英

1942年，西王家田村蝗灾、水灾频发，对村民农作物收成带来很大影响。民间当时盛传南宋名将刘琦英勇抗击外来侵略，剿除匪盗，扑灭蝗虫，保一方平安的伟大功绩，村民便起了修建“三官堂”，供奉猛将老爷保平安的念头。富裕村民牵头出资，其他村民积极出力参与，成功修建了庙宇。村民又亲手做了猛将老爷刘琦、三观老爷（天观、地观、水观）、观音菩萨的泥像供奉在庙中。当时吴县县长亲自签发刻有三官堂字的石碑，每年村民组织抬猛将活动，将猛将老爷的泥像抬到田里转一转，消除虫灾水灾，祈求风调雨顺。

1945年，港北村由于房子是柴草建造而成的草棚，经常发生火灾。为此，村民特地邀请当地阴阳先生来查看原因。阴阳先生考察后提出两点建议，一是村里要造个庙，二是在庙周围要做一个风水墩。当时在民间盛传关公老爷（关云长）过五关斩六将效忠刘备的英勇事迹，对他推崇备至，村民们便协商后合力修建“关帝庙”，供奉关公像，祈求关公庇护。在离庙一百多米的河里，用石头堆砌风水墩，用泥盖住，面上种上芦苇，往后火灾果然有所减少。

第二十五章 名人与娄葑

娄葑人杰地灵，物华天宝，英才辈出。本章节选录了与娄葑有密切关联的历史名人，包括贤臣名士、文人墨客等等，记录他们在这片热土上绽放的光彩，传承优秀乡贤文化。

朱存理（1444—1513）字性甫，又字性之，号野航，长洲人，住葑门塘（今葑红居委会一带）。明藏书家、学者、鉴赏家。和朱凯（字尧民）同称“二朱先生”。两人皆不乐仕进，又不愿随俗为尘，以藏书赏鉴为乐。

少年学习科举，因不喜做官，于是辞谢而去。后曾师从邢量，又跟从名士、藏书家杜琼游历名山大川，大长了见识。再后来到吴县太平荻扁王氏（宋宰相王旦之后）家塾任教，吟得“万事不如杯在手，一年几见月当头”之句，受到吴中诗坛的推崇。

朱存理自小好学，从群经诸史到山经地志，无所不览，到老不懈。他以藏书鉴赏为乐，听到别人有奇书，就尽力访求，并志在必得；而一旦借到后，又必定亲手抄录。他精于楷书，曾先后抄录前辈诗文百余家，藏书达10万余卷。

朱存理富于收藏，赏鉴既高，考证亦精。纂辑有《经子钩元》《吴郡献征录》《名物寓言》《野航漫录》《鹤岑随笔》《铁网珊瑚》《楼居杂著》《经孝录》等书，并参与修编王鏊主编的《姑苏志》。明以前著录书画之书，均不录原文及题跋款识，至朱氏此编始录之，实为首创。著有《珊瑚木难》此编记其所见书画，备录其中诗文题跋，有世所罕睹者均附录。其8卷保存了《凤台集序》，是现存唯一评论高启在金陵的诗歌论文。

朱存理广交社会名流。据《唐寅年谱》载，正德三年（1508）农历八月，唐寅与沈周、文徵明等送别戴昭，作《垂虹别意图》，当时赋诗之人中就有朱存理。

朱存理卒年70，文徵明为他撰写了墓志铭。沧浪亭五百名贤祠有祀，赞语是：“不求闻达，矢志读书；善谈名理，以德为舆。”

冯梦龙（1574—1646）明代戏曲家、通俗文学家。字犹龙，别署龙子犹，又号墨憨斋主人。世居葑门外葑溪（即今葑门塘畔）的葑水园，自谓“直隶苏州府吴县籍长洲人”。他少有才气，和兄冯梦桂、弟冯梦熊并称为“吴下三冯”。

冯梦龙一生将主要精力贡献给搜集、整理通俗文学的事业上。在小说方面，他完成了《喻世明言》（旧题《古今小说》）《警世通言》《醒世恒言》的编选工作，还增补了长篇小说《平妖传》，改作了《新列国志》，编辑过《古今谭概》《情史》等笔记故事，鉴定了《有商志传》《有夏志传》《盘古至唐虞传》等；民歌方面，搜集、整理过《挂枝儿》《山歌》两种民歌集；戏曲方面，改定《精忠旗》《酒家佣》等曲本，编纂散曲集《太霞新奏》，并且创作了《双雄记》和《万事足》两部剧本。他是中国文学史上在通俗文学的各个方面均做出了重大贡献的作家。冯梦龙还是一位爱国者，在崇祯年间任寿宁知县时，曾上疏陈述国家衰败之因。清兵南下，他进行抗清宣传，刊行《中兴伟略》诸书。清顺治三年（1646）春忧愤而死，一说被清兵所杀。

冯梦龙受李卓吾的思想影响，敢于冲破传统观念。他提出："世俗但知理为情之范，孰知情为理之维乎？"强调真挚的情感，反对虚伪的礼教。在文学上，他重视通俗文学所蕴含的真挚情感与巨大教化作用。

冯梦龙编选的"三言"代表了明代拟话本的成就，是中国古代白话短篇小说的宝库，其中《杜十娘怒沉百宝箱》是明代拟话本的代表作。

陈鹏年（1663—1723）字北溟，又字沧州，湖南湘潭人，清代官吏、学者。康熙三十年进士。历官浙江西安知县、江南山阳知县、江宁知府、苏州知府、河道总督，卒于任。著有《道荣堂文集》《喝月词》《历仕政略》《河工条约》等书。

陈鹏年自幼聪颖好学，据《碑传集》记载："母罗孕公，梦入彩云吞月，华将娩，又梦大鸟挟青衣。童子至已而异香满室，经日不散，明经以青鸟兆祥也，因公之生，命名曰鹏"，可见他出生时就不同凡响。据张伯先《陈公墓志铭》记载，陈鹏年自幼聪慧过人，4岁就能背诵唐诗，9岁作《蜻蜓赋》上千字，被亲友誉为神童。

陈鹏年是康熙年间的一代循吏和学者，其为人耿介，为官清廉。在任期间，兴除利弊，治理黄河，赈灾济荒，清正廉洁。死后，被雍正帝称为"鞠躬尽瘁，殁而后已之臣"，成为封建官吏的楷模。

陈鹏年文学造诣极高，终其一生笔耕不辍，现存诗歌3300余首、词作220首、文章200余篇，成就突出，为后人肯定。陈氏为诗填词，将个人品性和身世遭遇融入其中，有着情思雅正、自由洒脱、感时伤世等特点，体现其士大夫忠君爱民情怀和经世致用的湖湘特色。他自幼深得湖湘文化经世致用思想的熏陶，且将这种知行合一和济世之道的实干作风，运用在其为人为学为官之中。

康熙四十七年（1708），吴地发生水灾饥荒，并大范围流行瘟疫，身为苏州知府的陈鹏年，内修佛法、外通医札效仿观世音菩萨大慈大悲、救苦救难精神，走闾穿巷，告劝富户捐助善款，购粮济民，还亲笔处方，指导熬汤煎药，治疗时疫，救人无数，仅荡里村（现今娄葑群力社区）就被救活500余户，百里乡亲视其为"掌医神"。翌年，该村百姓自发兴建生祠积善寺，以歌颂其积德行善、造福苍生的菩萨精神。康熙六十二年（1723），陈鹏年因过劳谢世，雍正皇帝为其忠君爱民的清廉事迹所感动，亲书诏封谥号，成为清朝闻名遐迩的清廉楷模。后人为感谢陈知府的救命之恩，娄葑乡人集资建起了“陈鹏年太爷堂”。后称陈公祠，又名陈公庙，这就是积善寺的前身。

沈德潜（1673—1769）清代著名诗人、诗选家。字确士，号归愚，竹墩村（属原友谊村北部）人，为竹墩沈氏第十三世。六世祖沈勋，官国子监助教；父钟彦以教书为业，长于绘画、篆刻、诗词，乾隆《元和县志》有传。沈德潜中年以前也以教书为业，并以诗而闻名。

沈德潜多次参加科举，却屡试不第。57岁迁居木渎山塘。乾隆元年（1736）荐举博学鸿词，又未入选。两年后他第十七次参加乡试，终于考中举人，次年以67岁高龄中进士，改庶吉士。又次年受乾隆召见，论及历代诗歌源流，大受赞赏，被乾隆称为“江南老名士”。后来替乾隆帝校对《御制诗集》，深受赏识，获特许在苏州沧浪亭北（今苏州医学院内可园址）建生祠。历任编修、左中允、侍讲学士、内阁学士、礼部侍郎等职，乾隆十四年（1749）告老还乡，十六年加礼部尚书衔，后又加太子太傅，食一品俸。晚年迁居苏州城内阔家头巷，并主讲于苏州紫阳书院，以诗文引导后进，“有一艺者必奖成之”。

沈德潜年轻时曾学诗于吴江人叶燮，“诗法盛唐，以杜甫为准”（民国《吴县志》），论诗主张“格调说”，拘于“温柔敦厚”的诗教，影响深远，与王士祯的神韵说、袁枚的性灵说，在当时的诗坛上各占一席，为乾嘉诗坛大宗。著有《竹啸轩诗钞》《归愚诗钞》等，多为歌功颂德之作，少数篇章对民间疾苦有所反映。乾隆曾亲自为其诗文作序，并赐御制诗数十首，将他比作明初之高启、清初之王士祯。

沈德潜治学十分严谨，编选《唐诗别裁集》一书，历时30年而成，后又经45年的修订补充才刊行于世，其时他已年逾九十。在选诗工作中，他十分尊重朋友们的劳动成果，决不掠人之美，如《古诗源》一书中就刻印了55名参与校订者的姓名；与周准合编《明诗别裁集》，则既收入沈德潜的序言，亦收入周准的序。在选诗时，他又虚心向著名诗人尤侗、李果、张永夫等人讨教、切磋，从而大大提高了诗选的质量。所编除《古诗源》《唐诗别裁集》《明诗别裁集》外，还有《清诗别裁集》，以及《元和县志》《西湖志纂》等。

沈德潜性情温和，与人交往“不为町畦（喻界限、规矩约束）、不为逆意”，受到人们的赞许。于乾隆三十四年（1769）去世，终年97岁，追封太子太师，谥“文悫”，入乡贤祠，荣极一时。葬于竹墩以南3千米处的姜村连村字圩祖茔之侧，墓前碑亭内有乾隆御赐碑文。乾隆四十三年（1778），东台发生徐述夔《一柱楼》诗案（文字狱），沈德潜因曾替作者立传，并称他诗文人品皆有“可法之处”，因而受到牵连。乾隆大怒之下，亲笔降旨予以追夺封衔、仆碑、罢祠等处分。

沧浪亭五百名贤祠内现祀有沈德潜，像侧写着“清故尚书沈公德潜”，赞语是：“诗坛耆硕，黜浮崇雅；福过灾生，埋忧地下。”

许伯安（1904—1976）民国苏州十大名中医之一。祖籍吴县黄埭，父许良卿年轻时迁居苏州葑门外红板桥堍（属原葑红村），以教书、行医为业。许伯安幼承家传，后又从兼通中西医的徐勤安医师学习。由于他对医术精益求精，且能博采众长，故逐渐成为葑门一带远近闻名的医生。

许伯安医术全面，内外科诸病多能治疗，吴县、吴江、常熟甚至浙江等地均有病人慕名前来求治。他尤其擅长治伤寒症。有一个患者名叫陆小弟，夜受风寒，后发展为伤寒病，四处求医无效，在许伯安的调治下获得痊愈。为感谢许伯安的救命之恩，陆小弟特地赠给许家一块黄杨木质大匾，上书“良医”两个大字，小字部分则书明赠匾缘由。抗日战争时期，吴县郭巷浮桥村村民王水火和他的妹妹均得了伤寒症，请了几个郎中都未治好，后来请许伯安出诊，不久就病愈了。

在治病过程中，许伯安既能吸收祖国医学的精髓，又不排斥西医的合理内涵，对于某些急性病，他能采用打针等办法治疗，效果立竿见影。郭巷马村何阿夯，1945年冬患重病，已经奄奄一息，家人连夜把许伯安请去，许伯安给何阿夯打了针，又开了药方，让其家属连夜抓药煎服，至次日清晨，何阿夯已能抬起头颅，一个星期后痊愈。因为许伯安医术高明，许多大厂如苏纶纱厂、第一丝厂、太和面粉厂、嘉美克纽扣厂等均聘请他为特约医生，一些著名人士如李根源、张善孖、吴湖帆、赵子云等也均邀请他去治病。许伯安热心为工农群众治病，家门口常常是车水马龙。当他出诊经过盘门一带时，成年人都向他打招呼，小孩们还向他鞠躬，可见其影响之大和人们对他的尊敬程度。

许伯安声誉鹊起后，仍谦虚谨慎地治病救人，从不骄傲自满。他每天回家后的第一件事就是翻阅医书，仔细揣摩当天开出的药方是否有值得修改之处。在他五十余年的行医生涯中，被他治好的病人不计其数，家中悬挂的治愈病人送来的匾额多达二三十块，上面书有“仁心仁术”“功侔良相”“悬壶救人”等内容，对许伯安做出了高度的评价。

许伯安不仅医术高明，而且医德高尚。他治病从不计较报酬，对于贫苦百姓，他常常不收诊费，有时还为他们支付药费。郭巷东溇里长工王某，1949年患伤寒症，把许伯安请去，因无钱支付诊费，只能拿出一石米来。许伯安见其家境贫寒，不但未收一粒米，还为他支付了药费。类似的例子举不胜举。

许伯安还经常施粥、施棺给穷人，每年施舍的棺材平均达20口。1930年前后，朝天桥桥面突然断裂，许伯安独力重建；又为红板桥安装上铁栏杆。他还曾出资一千余银元铺设了横街东半段弹石路面。1939年11月，他又与当地几位士绅发起并出资在肖堡场建造立达小学（后改名为葑门小学），教育质量甚高。以后他每年均捐款给学校作为办学经费，直至小学收归公有。

解放后，许伯安积极响应党中央关于走集体化道路的号召，于1956年5月组建葑门联合诊所（娄葑卫生院前身），并担任所长职务。上级定给他的工资是290元，他却主动减至200元。在联合诊所里，他继续救死扶伤，并帮助普通医生提高医术，受到一致好评，曾多次被选为沧浪区和苏州市人民代表。1976年10月7日，许伯安因中风抢救无效去世。

许伯安对子女、学生要求严格，7个子女均培养到大学毕业并能热忱为党工作，孙辈均能在海内外发挥专业特长；学生中也有不少人继承师风，为人民服务，其中有的已被评为江苏省名医。

大事记

三国

吴赤乌十年（247） 孙权建瑞光塔[①]于娄葑地区南园村西。

南北朝

陈祯明元年（587） 置吴州，娄葑地区隶属吴州吴郡吴县。

隋

开皇九年（589） 废吴郡，改吴州为苏州，娄葑地区属苏州吴县。

唐

武周万岁通天元年（696） 析吴县置长洲县，娄葑地区绝大部分地块属长洲县。

乾宁三年（896） 杨行密救董昌，遣兵与钱镠战于娄葑地区黄天荡，后钱镠失利，杨行密遂围攻苏州。

宋

至和二年（1055） 长洲、昆山两县合修至和塘，自苏州娄门至昆山，长35千米，沿线经今娄葑的新苏、新升、新湖、洋泾4村。

元

至元二十四年（1287） 宣慰使朱清组织疏导娄江。

大德二年（1298） 始建觅渡桥于娄葑地区，至大德四年（1300）三月竣工。

大德五年（1301） 俞琰（1258—1327）晚年迁居娄葑地区南园，筑石涧书隐。

① 瑞光塔：今江苏省内建造最早的塔。

至正二十六年（1366） 朱元璋部围攻苏城，张士诚坚守，并率众开垦娄葑地区之南园、北园种植稻谷，以解粮乏。

明

永乐九年（1411） 葑门外仰家庄（葑红村一带）人仰瞻考中乡试第一名，这是第一位有证可考的娄葑籍举人。

景泰四年（1453） 福建按察使佥事陈祚致仕回到苏州，葺屋于今葑门外葑红、葑塘村一带，后被称为陈佥事巷。

弘治五年（1492） 苏州葑门塘大饥，卢珪赈灾，得到“义门”旌表。

弘治十年（1497） 卢珪出资以石块重建葑门塘支流上的梅里泾桥、金泾桥，次年又出资重建娄门永宁桥。他还沿葑门塘筑石驳岸，消除堤岸崩塌之患。

嘉靖三十五年（1556） 官渎人杨成以二甲二十五名考取进士，这是第一位有证可考的娄葑籍进士。

万历四十二年（1614） 长洲知县胡士容修筑至和塘。

清

康熙三十四年（1695） 曾任河南登封县令、广西南宁府通判的娄葑地区黄石桥人张埙（字牖如）去世，后葬于黄石桥堍。

道光二十六年（1846） 里人重建黄石桥。

咸丰十年（1860） 太平军攻占苏州，娄葑地区受战火影响，几成废墟。

同治十一年（1872） 里人集资再次重建黄石桥。

光绪十五年（1889） 元和县令李紫（超琼）组织百姓将葑门塘沿线被战火烧毁房屋之砖瓦屑运至金鸡湖中，筑成长堤，被人们称为“李公堤”。

光绪三十三年（1907） 元和县令窦甸膏重修李公堤。

中华民国

1928年

7月17日 大批蝗虫自西而东飞入娄葑境内，连续数日不辍。

7月21日 南园沈家村信用合作社成立。

1929年

7月31日 苏州飞机指挥办事处勘定，将葑门外觅渡桥洋关（娄葑联合建新村址）

原江苏陆军第二师第三旅第六团操场改建为飞机场。1933年建成。

1932年

2月23日　9架日机轰炸觅渡机场，3架飞机被炸毁。

1937年

11月20～22日　日本侵略军在娄葑地区洋泾角村（属梅巷村）屠杀村民和过路群众150余人。

1949年

5月17日　娄江、葑溪、齐溪、南园等镇人民政府成立。

8月31日　将市区及近郊13个镇，划为东、南、西、北、中5个区，各成立区公所。东区辖属原齐溪、娄江，南区辖葑溪及南园镇小部分，中区辖南园镇的一部分。娄葑分属东区、南区和中区管辖。

中华人民共和国

1949年

11月11日　市政府决定在西、南、东3区下设7个乡，东区设娄东乡、娄北乡、新齐乡，南区设葑塘乡、盘南乡。娄葑分属东区和南区。

1951年

2月15日　经苏南行署批准，将原属吴县的新荡乡、长桥（北）乡划给苏州市郊区，并成立城东、城西两区人民政府。城东区有长桥（北）、新荡、葑塘、娄东、娄齐5个乡，区公所在葑门外陈公乡堂。

3月17日　娄葑地区全面开展土地改革运动，颁发土地证，月底发证工作结束。

是月　娄葑地区青年踊跃报名参军抗美援朝，群众积极开展捐献飞机大炮活动。

8月　娄葑地区以瑜翁村为典型，组织起10个农业生产互助组。

12月30日　娄葑地区的新荡乡发现天花流行，并有向外蔓延趋势。市政府当即组织医务学校学生109人下乡普种牛痘。

1952年

6月30日　在市政府召开的郊区夏季作物丰产评比大会上，葑塘乡被评为丰产乡，瑜翁村被评为丰产村。

1953年

2月28日　由于寒潮侵袭，葑塘、娄东等7个乡有980亩蔬菜被冻死，21238亩冻伤，小麦亦损失3成左右。

是日　娄葑地区进行第一次普选工作，各乡筹建乡政府。

7月1日　第一次全国人口普查登记，娄葑地区普查辖区的人口为2.08万人。

9月15日　郊区行政区划变动，原葑塘之九塘、八沙2村及秋田村大部分划出，建立1个新乡，称库塘乡，乡政府设于黄石桥堍。库塘、瑜翁、葑九3村及秋田村一部分划为1个乡，仍以葑塘乡为名，乡政府设原地。此时，娄葑地区建有娄齐、娄东、新荡、库塘、葑塘、南园、长桥（北）7个乡人民政府。

1954年

8月　娄葑地区建立中共长桥（北）乡、南园乡、新荡乡、葑塘乡、库塘乡、娄东乡、娄齐乡7个党支部。

1955年

春季　无锡县墙门区周新村迁入葑门外觅渡桥阳关飞机场，改名为建新村。

1956年

1月21日　郊区第一个高级农业合作社——新升社成立。娄东乡695户农户全部参加。

2月　娄葑地区原7个小乡合并为青旸、娄葑两乡。原长桥（北）乡、新荡乡、南园乡合并为青旸乡，娄东乡、娄齐乡、葑塘乡、库塘乡合并为娄葑乡。中共娄葑乡、青旸乡总支委员会分别成立。

6月　娄葑乡成立首届共青团委员会。

10月9日　娄葑小学教育划归郊区领导。

是日　娄葑乡开建黄天荡养殖场。

12月7日　苏渔乡成立，乡公所驻今葑门外油车场11号。

1957年

8月8日　郊区农业社的第一个广播站在娄葑乡新升农业社建立。

10月　苏州市平江区24名初中、高中毕业生到娄葑乡新升高级农业合作社插队落户。这是苏州市首批知识青年下乡务农。

12月28日　青旸乡与娄葑乡合并为一个乡，仍定名为娄葑乡。中共娄葑乡委员会同时建立。

1958年

7月25日　娄葑乡、苏渔乡划归吴县管辖，南园、北园划归苏州市管辖。

9月23日　娄葑乡成立人民公社，改名为娄葑人民公社。

9月29日　苏渔人民公社成立。

11月　中共苏渔人民公社委员会成立。

1959年

1月12日　娄葑乡从吴县划归苏州市并一分为二，南部归沧浪区为城南公社，北部归平江区为娄东公社。

7月8日　苏州市人民委员会（以下简称市人委）决定将娄东、城南、虎丘3个公社调整为娄葑、城西两个公社，改由市人委直接领导。

是日　苏渔公社从吴县划归苏州市，改由市人委直接领导。

12月10日　娄葑公社召开首届妇女代表大会。

1960年

1月23日　娄葑公社南园大队、新苏大队、群力大队食堂、团结大队、黄天荡养殖场被评为“江苏省1959年农业社会主义建设竞赛运动获奖单位”。

3月　娄葑群力大队沈根土参加江苏省首届民兵代表大会和全国首届民兵代表大会，受毛主席接见，并被赠予半自动步枪1支。

是月　全长130米、有13孔的相门大桥，开始动工修建。

是年　江苏省文物工作队与苏州市文管会对苏州市郊进行联合调查，发现娄葑境内陆家村、青旸村等地古遗址，娄葑团结村高山墩的战国、西汉、东晋墓葬，天宝墩的春秋、西汉墓葬和青旸村青旸墩的东汉墓葬，并在葑门外发现明代大炮台遗址。

1961年

10月27日　中国共产党娄葑人民公社委员会召开第一届代表大会，选举产生中共娄葑人民公社第一届委员会。

是年　娄葑公社同时设立党和行政的监察委员会。

1962年

9月5～7日　14号台风袭击苏州市。娄葑公社受涝最严重，蔬菜田全部被淹。

1963年

3月　“反对贪污盗窃、反对投机倒把、反对铺张浪费、反对分散主义、反对官僚主义”的“五反”运动在娄葑公社全面开展。

1964年

1月1日　跨塘公社的洋泾、板泾两个生产大队划归娄葑公社管辖。

8月1～3日　娄葑开展第二次全国人口普查工作，普查辖区人口为2.71万人。

是年　娄葑公社群力大队利用围垦的黄天荡大龙口水面、五坟潭水面种植的300亩水稻获得丰收，按计划完成国家的粮食征购任务外尚余几十万斤。

1965年

2月27日　北塔农场（北园）划归郊区娄葑公社管辖，户口粮油关系仍属市内编制。

1966年

3月10日　娄葑群力大队“突出政治”的经验，在全市范围内掀起大讨论热潮。

4月　娄葑公社召开首届贫下中农代表大会。

10月1日　娄葑公社群力大队党支部书记金泉生，应邀参加北京国庆观礼活动。

11月18日　黄天荡与独墅湖渔场合并，改为苏渔水产场。

是年　娄葑人民公社管理委员会临时改为娄葑人民公社大联合委员会。

1968年

4月30日　娄葑公社革命委员会成立。

5月18日　苏渔公社革委会成立。

是年　公社党委改为党的核心小组。娄葑公社所辖大队和其他单位建立革命委员会。

1969年

1月24日　苏州市革委会决定派出中国人民解放军毛泽东思想宣传队进驻郊区娄葑、横塘、虎丘、长青公社和场圃。

8月　娄葑公社开始对“地、富、反、坏、右”五类分子戴高帽子，游街示众。

10月13日　苏渔公社撤销，并入娄葑公社。

1970年

9月　娄葑公社召开活学活用毛泽东思想积极分子、四好集体、五好社员、民兵、职工代表大会。

1971年

2月25日　郊区4个公社中，凡1961年前所欠国家贷款的贫雇农一律豁免。

1973年

12月12日　苏州市革命委员会决定将黄天荡改造成为内塘精养鱼池，并成立苏州市黄天荡渔业基地指挥部。

1974年

3月5日　苏州市黄天荡渔业基地开工，至15日竣工，累计出动78万人次，完成土方66万立方米，开辟鱼池1160亩。

10月　娄葑公社召开上山下乡知识青年先进集体与先进个人代表大会。

1975年

4月2日　娄葑公社团结大队、金湖大队、水产养殖场受到江苏省农业学大寨大会表扬。

1977年

6月17日　娄葑公社友谊大队在江苏省计划生育、妇幼卫生、幼托工作先进代表会议上，被评为“江苏省幼托工作先进集体”。

1978年

3月　娄葑公社召开“农业学大寨，工业学大庆”先进代表大会，表彰1977年度先进集体和先进个人。

6月　娄葑公社召开祝捷大会，庆祝农业夏熟丰收、工业半年产值超计划。

是年　星红大队潘关龙被评为“全国新长征突击手”。

1979年

是年　群力大队党总支书记金泉生被评为“江苏省劳动模范”。

1980年

6月10～21日　降雨量累计达到800毫米，河水猛涨，娄葑一半农田被淹。

10月18日　撤销革委会建制，成立娄葑公社管理委员会。

11月14日　北园大队建制撤销。

1982年

2月22日　娄葑公社党委设立纪律检查组。

7月　第三次全国人口普查结束，娄葑公社普查辖区的人口为3.76万人。

10月　娄葑公社开始编史修志工作，1983年13日完成初稿。

是年　娄葑公社进行土壤普查。普查结果，娄葑公社境内有潴育型水稻土、脱潜型水稻土、潜育型水稻土3个亚类，共分7个土种。

1983年

9月12日　娄葑公社新升大队妇女主任戴招玲被中华全国妇女联合会授予“全国‘三八’红旗手”称号。

10月20日　建立娄葑乡人民政府和人民公社经济联合委员会，实行政社分设。

是月　娄葑乡南园、葑塘、梅巷、联合等村暴发生猪5号病，全乡有疫点12个，发现病猪73头。南园村疫情尤为严重。

1984年

10月9日　葑塘村金家桥堍建立“娄葑苗畜交易所”。

1985年

1月11日　娄葑乡提高农民养老金和职工退休金，职工退休金从15元增加到20元，农民养老金在原来基础上（各村所定标准不一）增加3～5元。

2月4日　金湖村经济合作社更名为金湖实业公司。

6月24日　中美合资苏州胶囊有限公司合同签字仪式在北京举行，项目总投资1400万美元，中美双方各一半。厂址设在金鸡湖畔娄葑乡金库村。

7月31日　中共娄葑乡党校成立。

9月27日　娄葑乡党委批准经营管理办公室《关于生产资金实行“队有社管”的意见及十条暂行规定》和《关于建立“村农业生产服务站”的意见》。

11月21日　娄葑供销社在全国商业系统先进个人和先进集体表彰大会上，被授予“文明单位”称号。

是年　娄葑乡成人教育中心校成立。

是年　在娄葑水产养殖场内建造乡敬老院，占地面积5亩，建筑面积275平方米。

1986年

2月3日　娄葑乡成立整党办公室。

是月　娄葑乡政府由葑门路3号迁至东环路6号。

10月13日　娄葑乡召开首届少先队代表大会。

12月17日　娄葑乡柑橘专业协会在娄葑供销社成立。

是月　娄葑群力村被评为“江苏省计划生育先进集体”。

1987年

2月　娄葑乡全面开展第一次颁发居民身份证工作。

3月30日　娄葑乡人民政府对亦工亦农（户口在农村）的工作人员增加菜金补贴。

是月　娄葑党校与成人教育中心校合并。

6月10日　普法教育工作在娄葑乡全面展开。

是日　娄葑乡党委召开查禁赌博宣传教育大会。

6月29日　娄葑乡城东居委会正式对外办公。

12月18日　娄葑乡召开娄葑乡工会工作委员会成立大会。

1988年

1月23日　苏州市爱国卫生运动委员会命名娄葑乡为“1987年度苏州市爱国卫生先进乡”。

3月15日　苏州轴皮厂获得1987年度“江苏省明星企业”称号。

5月13日　郊区计划委员会批准娄葑乡人民政府翻建1000平方米的教师住宅楼1座。

1989年

3月28日　娄葑农业银行营业所、娄葑信用社储蓄存款首次突破5000万元，名列全省乡（镇）行、社之首。

9月29日　新升村养猪大户范云妹荣获“全国劳动模范”称号。

1990年

8月15日　第四次全国人口普查工作结束，娄葑普查辖区的人口为4.33万人。

1991年

1月3日　中国农业银行娄葑营业所、信用合作社储蓄存款突破1亿元大关。

7月31日　娄葑乡境内苏州化纤厂、苏州市第六毛纺厂、苏州涂装机械厂及群力村为全区经济建设重点厂村。

10月19日　娄葑乡召开残疾人联合会第一次代表大会。

1992年

9月　娄葑乡官渎划归平江区管辖。

10月18日　娄葑乡政府从东环路6号迁至东环路新苏桥北堍乐雅饭店。

是年　娄葑乡被列入江苏省农村社会经济综合实力百强乡镇，排名第26位。

1993年

1月8日　工业产值突破10亿元庆功文艺演出大会暨娄葑乡第二届社区文化联谊节在娄葑影剧院举行。

1994年

4月22日　苏州工业园区首期开发区农宅动迁的建设用地被确定为娄葑乡东环路以东600米内东浜小区和地处312国道齐门段梅巷小区。

5月4日　苏州工业园区启动工程在娄葑乡划出的8平方千米土地上全面展开。苏斜路园区段正式动工，道路全长2100米，园区内10公顷小区填土同时开始。

是月　中共苏州工业园区农村临时委员会成立，5个乡镇行政区划调整交接工作全面展开。

6月9日　娄葑乡成建制划归苏州市人民政府直接管辖，由市政府的派出机构苏州工业园区管委会行使管理职能。

6月25日　苏州工业园区微型小区内的56户农宅首期拆迁。包括团结村秋荡浜41户，桑家桥6户，太保浜9户。共拆除农宅面积9520平方米，住房安置人数220人，安置新住宅房108套，总面积为7401平方米。

9月15日　娄葑乡政府确定开发星红工业小区（占地665亩）和洋板泾工业小区（占地500亩）。

1995年

4月1日　新建苏州工业园区娄葑中心小学在娄葑夏园新村启动。

8月14日　娄葑乡委托苏州市规划设计院编制完成的娄葑分区规划，通过专家论证后，黄天荡开始基本建设。

12月10日　苏州工业园区娄葑科技开发有限公司（筹）和中美科技园开发责任有限公司签署《合资开发工业园区中美科技园原则协议》。

是年　娄葑乡被列入江苏省农村社会经济综合实力百强乡镇。

1996年

1月6日　娄葑乡青年联合会成立，并召开乡青年联合会首届一次会议。

4月8日　全国人大常委会副委员长费孝通在吴江宾馆会见苏州工业园区娄葑乡乡长

王白男、农工商总公司总经理徐文康等人，并为娄葑题词："迈向现代化，建设新娄葑"。

6月　吴县郭巷镇塘北村8个组划归娄葑乡管辖，并命名为新塘北村。

8月28日　娄葑乡板泾村铁路道口历经9个多月施工，改建而成的铁路立交桥通车，属全国首座村级铁路立交桥。

1997年

1月　娄葑中学更名为苏州大学附属苏州工业园区娄葑中学。

3月11日　位于娄葑分区的娄葑行政中心开始建造。占地面积12.62亩，包括办公楼和会议服务楼，建筑面积1.35万平方米，总投资约1200万元。

3月28日　娄葑乡政府从乐雅饭店迁至东环路328号东环大厦内。

5月4日　娄葑乡卫生院被苏州市卫生局评为一级甲等卫生院。

8月5日　娄葑乡团结村、葑红村、葑塘村获"江苏省卫生村"称号。

9月23日　位于洋泾、板泾村的娄葑乡现代化示范区开始破土动工。

10月10日　娄葑乡新苏村、城湾村、友谊村获得"江苏省卫生村"称号。

是年　娄葑乡南园村、联合村、青旸村、星红村、友谊村、葑红村、葑塘村、团结村、梅巷村、新苏村、新升村、新湖村获1997年度"江苏省电话小康村"称号。

1998年

3月25日　娄葑乡地方志编纂领导小组成立，下设办公室，由吴万铭、何国成、施晓平参加编纂工作。

9月1日　新建的娄葑实验小学开学。

是月　市邮电局、园区联合召开创建电话村镇授牌表彰大会，娄葑乡被首批命名为"江苏省电话小康乡镇"。

11月13日　瑞士罗技国际集团在苏州的独资企业苏州中天电脑设备有限公司在娄葑分区正式投产。

1999年

1月28～29日　娄葑乡召开十四届人民代表大会第一次会议，尹寿生当选为人大主席团主席，吴宏当选为乡长。

2月　娄葑乡被评为"江苏省教育现代化先进乡镇"。

3月31日　苏州工业园区娄葑乡撤乡设镇，名称为苏州工业园区娄葑镇。

4月7日　娄葑镇实行村、厂会计委派制。

8月28日　苏州市公交公司、娄葑镇政府在娄葑镇行政中心举行2路、4路、26路公交车通车典礼。

9月1日　娄葑镇在示范区新建的九年一贯制全日制学校苏州工业园区娄葑学校开学。

9月2日　312国道官渎里过境段改造竣工，正式通车。改造工程南起板泾村邓家浜，向北折西至梅巷村西虎泾进入原国道。

9月28日　娄葑镇党委、政府办公机构，由东环路328号东环大厦迁至黄天荡畔娄葑分区通园路28号新落成的娄葑镇行政中心大楼内办公。新大楼占地12.62亩，5层楼，建筑面积1.35万平方米。

9月29日　位于娄葑示范区的娄葑镇敬老院竣工。占地面积20亩，建筑面积3400平方米，投资200多万元。13位五保户老人乔迁新院。

是月　苏州工业园区娄葑镇获得“江苏省文明乡（镇）（1997年、1998年）”称号，苏州工业园区娄葑镇南园村、团结村获得“江苏省文明村（1997年、1998年）”称号。

10月　板泾村、金库村获得“江苏省卫生村”称号。

2000年

5月8日　娄葑镇梅花社区卫生服务站成立，面向梅巷、新升、新湖3个居委会及附近新村居民。

6月6日　落户在娄葑分区的苏州维运电讯有限公司举行维运大厦落成典礼。

10月24日　娄葑镇基层党支部换届选举工作结束，原来51个党支部调整为46个党支部。

12月17日　第五次全国人口普查工作结束。娄葑普查辖区的人口为8.28万人。

2001年

5月25日　原吴县管辖的苏州工业园区沙湖水产养殖场、沙湖种猪场、沙湖医院划归娄葑镇托管，合并并成立新的行政班子和支部班子，名为“苏州工业园区沙湖水产养殖场”“中国共产党苏州工业园区沙湖水产养殖场支部委员会”，钱福根任支部书记兼场长。

7月12日　娄葑镇人民政府被农业部、对外贸易经济合作部评为“全国乡镇企业出口创汇先进管理单位”。

8月1日　娄葑镇25个行政村（场）合并为17个行政村。将唐庄村、倪浜村合并，设立倪庄村；将阳西村、板泾村合并，设立板阳村；将梅花村、沙湖场合并，设立梅花村；将联合村、青阳村合并，设立联青村；将城湾村、星红村合并，设立星湾村；将友谊村、葑红村合并，设立葑谊村；将新湖村、新升村合并，设立梅花村；将新塘北村、水产场合并，设立独墅湖村。新苏村、葑塘村、洋泾村、团结村、金库村、二一四村、金湖村、群力村、南园村9个行政村维持不变。

2002年

1月8日　娄葑、斜塘两镇合并筹备领导小组，撤销各镇农工商总公司建立招商中心。

2月23日　斜塘镇撤销，将其原辖区域并入娄葑镇，实行镇管村体制，镇政府驻娄葑。娄葑镇行政区域面积90.84平方千米，总人口8.04万人，辖10个居委会、28个村委会。

4月10日　苏州工业园区娄葑镇人民政府斜塘办事处成立。

是月　原斜渔、沈浒、唐桥、龙北四村合并，名称为莲香村；原斜塘环卫站并入娄葑环卫站；原斜塘房地产开发有限公司并入娄葑房地产有限公司；原斜塘动迁办并入娄葑动迁办。

5月25日　市政府管辖的官渎、梅巷、梅花3个居委会及新苏居委会东环路以西区域划归平江区娄门街道办事处管辖，将南园、联青2个居委会及星湾、葑谊、葑塘3个居委会东环路以西区域划归沧浪区葑门街道办事处管辖。将平江区娄门街道东环路以东的苏安新村、东港新村等区域划归苏州工业园区娄葑镇管辖，将沧浪区葑门街道东环路以东的徐家浜新村等区域划归苏州工业园区娄葑镇管辖。区划调整后，娄葑镇行政区划面积85.49平方千米，人口7.38万人，辖5个居委会、28个村委会，镇政府仍驻通园路。

7月31日　苏州渔牧工商总公司、沙湖水产养殖场成建制划归娄葑镇党委、政府管理。

9月11日　苏州工业园区娄葑高新技术开发区管理委员会成立，郁才根任管委会主任。

9月29日　苏州工业园区娄葑镇人民政府娄东办事处成立。

10月28日　苏州工业园区娄葑中心卫生院与苏州工业园区斜塘人民医院合并为苏州工业园区娄葑医院。

2003年

1月16日　苏州大学附属苏州工业园区娄葑中学收归园区直接管理，学校更名为苏州大学附属中学。

1月25日　娄葑镇设立苏州工业园区娄东房地产管理所，负责东环路以东由平江区划交的直管公房的经营管理工作。

3月28～29日　娄葑镇召开第十五届人民代表大会第二次会议。钱玉芝当选为娄葑镇人民政府镇长。

4月14日　娄葑镇撤销苏州工业园区娄葑镇莲香居委会，设立莲香社区居委会；金湖、二一四两村合并，设立金益社区居委会。

6月30日　娄葑镇在新镇区新建20轨制初中，名为苏州工业园区第一中学。

7月23日　跨塘镇临湖村划归娄葑镇管辖。调整后，娄葑镇行政区域面积91.5平方千米，人口12.2万，辖13个居委会、29个村委会。

8月12日　娄葑镇建立苏州工业园区莲花学校（九年制），学校占地5.5万平方米，建筑面积2.8万平方米，规模为小学6轨36个班，初中6轨18个班，共54班的九年一贯制义务教育学校。学区地址为斜塘地区机场路南莲花小区。

8月15日　苏州市渔牧工商总公司改制。

9月9日　苏波任苏州工业园区娄葑镇党委书记。

12月24日　斜塘中学更名为苏州工业园区第七中学。

是月　娄葑被江苏省精神文明建设指导委员会授予“2001～2002年度江苏省文明乡镇”称号。

2004年

3月12～13日　娄葑镇召开第十五届人民代表大会第三次会议。徐振华当选为娄葑镇人民政府镇长。

3月21日　原苏州工业园区东旺经济发展有限公司、苏州工业园区东兴经济发展有限公司、苏州工业园区东富经济发展有限公司组合，成立苏州工业园区娄葑东景经济发展有限公司。

是月　苏州工业园区娄葑投资置业有限公司成立。

10月1日　苏州工业园区娄葑镇人民政府车坊办事处成立。

10月12日　吴中区甪直镇车坊居委会和朝前、横港、李家、大仓、金园、鄂田、旺浜、华云、车渔9个村划归苏州市娄葑镇管辖。行政区划调整后，娄葑镇行政区域面积120.08平方千米，人口14.35万人，辖20个居委会、24个村委会。

12月27日　娄葑镇的36个行政村、16个社区居委会调整为11个行政村、26个社区（居委会）。龙北、沈浒、唐桥、斜渔村合并，设立莲香社区；将南夏泾、东巷村合并，设立荷韵社区；将南旺、联合、周葑村合并，设立莲花一社区；将东旺港、建国、南沙里村合并，设立莲花二社区；将斜浜、盛墩村合并，设立莲花三社区；将西马、田巷、姚东村合并，设立莲花四社区；将宅前、墩头村合并，设立联丰社区；将板阳、倪庄村合并，设立泾园北社区；将洋泾、临湖村合并，设立泾园南社区；将金库村撤村并入葑谊社区居委会；将群力村撤村，设立群力社区；保留朝前、李家、车渔、鄂田、旺浜、华云、金园、大仓、横港、华莲、金田11个行政村和东港家乐、东港家怡、苏安南、苏安北、官渎5个社区居委会及金益、葑塘、团结、星湾、独墅湖、梅巷、梅花、新苏、斜塘、车坊10个居委会。

2005年

1月1日　苏州工业园区第一中学举行落成典礼暨揭牌仪式。

1月20日　娄葑镇设立苏州工业园区娄葑富民投资发展有限公司。注册资金为3000万元人民币。

2月23日　苏州工业园区娄葑镇在由国家统计局农村社会经济调查队发布的全国首次小城镇综合发展指数测评结果中名列第4位。

4月1日　娄葑镇设立信访办公室。

6月6日　娄葑镇召开车坊地区动迁动员大会，正式下达车坊地区首期动迁任务，标志着车坊地区动迁工作正式启动。

6月22日　国际零售业巨鳄法国家乐福落户娄葑镇。

7月6日　葑塘村组建富民股份合作社。

9月28日　娄葑镇东区斜塘农贸市场开业，总投资达1000多万元，总建筑面积7800平方米，内设固定摊位280个，临时摊位60个，店面128间。

11月17日　娄葑设立东环路沿线改造工作领导小组和东环路改造动迁办公室。

12月14日　家电零售连锁企业国美电器正式签约娄葑镇东环路、葑谊街交汇处的东城世纪广场。

12月16日　湖东首家大型商业广场联丰商业广场开张，商业零售企业世纪联华在联丰广场（娄葑斜塘）开出其在苏州的第一家大型卖场，总建筑面积约2.6万平方米。

12月28日　首期投资5400万美元的台湾IT公司互亿科技落户娄葑。

是月　娄葑镇的车渔、横港两个行政村合并，设立新的横港行政村。

2006年

3月10日　世界500强日本王子制纸旗下的苏州千代田光电有限公司在娄葑镇举办开业典礼。

4月3日　五上北极，二下南极的中国第22次南极科考队副队长兼首席科学家杨惠根返回家乡车坊探亲，与母校（苏州工业园第八中学）领导、老师会面。

4月13日　娄葑分区被认定为江苏（娄葑）计算机及外设产业园，是苏州市首个被省电子信息产业厅授予电子信息产业园的单位。

4月25日　全球最大的轻量通信话务耳机产品制造商、亚洲第一家制造企业——缤特力通讯科技（苏州）有限公司在娄葑镇举行开业典礼。

6月28日　印度百强企业Murugappa集团在娄葑设立图博精密管材（苏州）有限公司，首期注册资本805万美元，成为落户苏州的第一家印度制造企业。

9月28日　麦克风及音响电子产品制造企业舒尔公司旗下公司苏州舒尔贸易有限公司在娄葑开业，该公司是苏州首家获得审批通过的外商投资贸易公司。

10月15日　苏州工业园区娄葑镇名列第二届全国千强镇第5位。

10月29日　香港四大中产集团之一香港中旅集团旗下的港中旅（苏州）置业有限公司中旅花园项目在娄葑奠基。中旅花园项目是香港中旅集团地产板块在苏州的第一个房地产项目，开发住宅建筑面积达16万平方米。

10月30日　苏州工业园区娄葑镇斜塘股份合作社组建。

11月23日　威刚科技（苏州）有限公司在娄葑镇东区举行开业典礼。

11月30日　娄葑辖区企业新海宜在深圳证券交易所挂牌上市，苏州成为当年企业上市数列全国第一的城市；新海宜成为苏州市第一家上市的民营IT企业。

12月18日　法国电子加工企业EOLANE集团在中国的全资子公司——欧朗科技（苏州）有限公司落户娄葑。

2007年

1月17日　莲花三社区创建充分就业社区工作，顺利通过省、市检查考核验收，成为园区首批“江苏省充分就业社区”。

5月22日　苏州工业园区职业中介市场开业暨娄葑人力资源市场新大厦启用典礼举行。

6月26日　娄门路大街405户居民动迁结束。

8月1日　中翔美通装饰家居城在娄葑镇北区试营业，这是继华东装饰城、百安居建材超市之后，落户苏州工业园区的第三家大型家居装饰建材购物中心。

9月28日　园区玉皇宫奠基仪式在娄葑镇斜塘举行。

10月28日　园区公交128路在车坊居住区投入运营，该公交线路以唯亭重元寺为起点，娄葑淞泽家园为终点。

11月26日　娄葑镇又一家农村股份合作社——车坊股份合作社成立。

2008年

1月18日　娄葑人力资源市场车坊分市场开业。

4月27日　世界排名第三的医疗器械灭菌服务公司艾索创集团的全资子公司——苏州艾索创灭菌技术有限公司在娄葑举行奠基典礼。

5月2日　群星苑动迁房举行开工典礼仪式。

5月14～25日　“情系灾区”系列抗震募捐活动开展，全镇累计为灾区捐款300余万元。

6月8日　60名美国加州大学经济管理学硕士赴娄葑参观东景工业坊。

6月18日　娄葑镇消防管理办公室举行揭牌仪式。该办公室是苏州工业园区首家镇级消防管理职能部门。

12月21日　车坊地区首个动迁社区——淞泽家园二社区挂牌成立。

2009年

1月5日　娄葑第三中心小学更名为东港实验小学。

2月10日　娄葑镇人力资源和社会保障服务所会同工商、公安、城管等部门联合开展“黑职介”专项清理行动，依法查处取缔非法职业中介17家。

4月28日　车坊淞泽家园公交首末站建成投入使用。首末站位于车坊普惠路西端南侧，占地面积约2500平方米。

8月8～22日　娄葑镇为遭受台风“莫拉克”侵袭的台湾受灾同胞捐款，累计达21.66万元。

10月9日　工业园区台协娄葑支会成立。

10月25日　娄葑镇车坊地区江滨公园一期工程暨肖特纪念馆、苏州城东民俗民风陈列馆和高垫庙开工奠基。

10月27日　娄葑镇2009年富民载体工程——淞泽家园商业广场建成开业。

12月8日　娄葑镇失地农民创业孵化基地首期创业（SYB）培训班开班。

12月31日　娄葑镇创业孵化基地金亿来商贸城通过园区认定，成为园区首批5家创业孵化基地之一。

2010年

3月18日　娄葑镇与苏州日报报业集团举行文化创意产业合作意向签约仪式，苏州市委常委、宣传部部长徐国强，市委常委、园区工委书记马明龙出席签约仪式。

4月14～28日　为玉树受灾同胞献爱心捐款活动开展，共筹集善款30多万元。

6月26日　娄葑镇第十六届人民代表大会第四次会议召开，郑金龙当选为镇长。

7月16日　车坊新农贸市场正式开业。新市场投资1500万元，占地7000平方米，建筑面积6000平方米。

10月21日　娄葑镇杂船整治工作结束，共整治杂船1544只，其中销毁1444只，清理沉船100只。

11月18日　“淞泽园”水生蔬菜专业合作社成立。

11月24～25日 娄葑镇政府集中整治低密度住宅小区违法建筑。

2011年

3月1日 娄葑镇开展整治“黑中介”专项行动，依法查处取缔非法职业中介组织12家。

3月15日 苏嘉杭高速公路娄葑段安全隐患综合整治首批违法建筑自行拆除工作启动，首批业主自行拆除违法建筑5000平方米。

3月30日 娄葑镇第十一次党代会第一次会议结束，顾三强当选镇党委书记。

4月14日 娄葑镇政府联合园区工商、公安等部门开展整治黑网吧活动，取缔黑网吧2家，查扣电脑60多台。

4月28日 车坊地区富民载体工程——星坊便利中心启动建设。

5月21日 东坊公交首末站正式启用。

6月1日 娄葑镇富民载体新苏大厦正式开工建设。占地面积2523.8平方米，总建筑面积2.3万平方米，总投资1.5亿元。

6月26日 娄葑镇党委召开纪念建党90周年暨党建工作总结表彰大会，18个基层党组织、4个优秀党建品牌、72名优秀共产党员、16名优秀党务工作者受到表彰。

7月31日 娄葑镇人大召开第十六届人民代表大会第六次会议。杜天祺当选为娄葑镇镇长。

8月8日 苏州工业园区娄葑镇群力社区芡实加工交易市场建成启用。该市场占地面积1.75万平方米，建有轻钢结构芡实加工棚舍856间，每间配有独立供水供电设施。

11月11日 苏安新村改造工程全面启动。主要涉及平改坡、外墙涂料、雨污水管道和车位改造，共投入资金约2000万元。

2012年

1月6日 娄葑镇重点富民载体工程——新苏大厦封顶竣工。该载体用地面积6604.9平方米。

1月7日 娄葑镇政府举行中低收入家庭申请住房保障供房摇号仪式，为全镇中低收入家庭提供保障性住房271套。

3月23～24日 娄葑镇人大召开第十七届人民代表大会第一次会议。盛志献当选为镇人大主席团主席，杜天祺当选为镇长。

5月19日 娄葑镇政府举行项目集中签约、开业、开工仪式。总投资额42.2亿元，涉及26个项目。

12月25日 娄葑镇被授予“全国社区教育示范乡镇”称号。

12月26日　苏州工业园区娄葑街道党工委、街道办事处挂牌成立。

2013年

6月3日　娄葑街道就业服务有限公司被国家人力资源和社会保障部办公厅发展家庭服务促进就业部际联席会议授予“全国千户家庭服务企业（单位）”称号。

2014年

7月27日　帮扶单亲家庭“暖馨计划”落户金益社区，为苏州市首届公益采购项目之一。

8月8日　娄葑街道办事处举办南荡芡实文化交流研讨会，娄葑芡实文化节启动。

10月17日　娄葑街道举行“南荡芡实文化园”揭牌暨全民终身学习活动周启动仪式。

2015年

8月18日　《日军在娄葑的暴行》正式编印成书，以纪念抗日战争胜利70周年。

9月23日　群星二路东南面“三官堂”庙宇发现1931年3月16日吴县县政府第2713号布告的碑石。

10月9日　西藏拉萨市林周县阿朗乡党委书记郑杰一行到娄葑街道考察。娄葑街道自2005年起与林周县阿朗乡结成帮扶对子，援助资金已累计210万元。

12月10日　苏州工业园区劳动监察大队娄葑中队在娄葑街道人力资源和社会保障服务所正式成立挂牌。

2016年

3月3日　京东集团与苏州创博会联手打造的京东创博会10∶10孵化器正式落户园区娄葑通园坊。

5月29日　“苏州—池田”中日友好城市画信展出活动在娄葑文体中心绿化广场举办，现场展出300余幅画信作品，40余组娄葑亲子家庭手绘画信。

6月29日　娄葑街道党工委召开苏州工业园区娄葑街道庆祝中国共产党成立95周年大会，8家“先进基层党组织”、48名“优秀共产党员”、6名“优秀党务工作者”受到表彰。

9月9日　苏州工业园区“书香润娄葑”启动，园区图书馆娄葑分馆同时开馆。

2017年

2月21日　娄葑街道携手市文广新局举办“文化惠民共建合作框架”签约仪式。

4月26日　娄葑街道葑谊社区召开“江苏省名村志”编纂工作会，全面启动《葑谊名村志》编纂工作。

7月17日　娄葑街道“荷诞节”主题诗歌会在法治文化公园举办，娄葑街道“荷诞节”文化周同步正式启动。

9月1日　娄葑街道组织召开群租房专项整治工作会议，部署娄葑街道出租房屋安全隐患集中整治工作。

10月14日　苏州工业园区电子竞技邀请赛暨苏州市电子竞技联赛总决赛举行，街道安洁物业和市容监察队分别获得团体项目冠军。

10月27日　娄葑街道举行第一届社区微型消防站比武竞赛活动。

是日　娄葑街道东港家怡社区与京东创博会10：10孵化器签订合作协议，共建创业孵化基地。

12月26日　娄葑街道获得江苏省首批“创业型街道”称号，娄葑街道所辖梅花社区、葑塘社区、泾园北社区、金益社区4个社区获得“创业型社区”称号。

2018年

3月7日　娄葑街道社区股份合作联社与苏州工业园区城市重建有限公司签署独墅湖创投工业坊项目合作框架协议。联社股东投资2.16亿元改造独墅湖创投工业坊项目。

4月1日　苏州工业园区关工委“共话新时代，放飞青春梦”主题教育暨娄葑街道“优质家庭养成计划”项目启动仪式在娄葑群力社区德善学堂举行。

5月　娄葑法治文化公园通过第六批省级法治文化建设示范点验收。

6月9日　娄葑街道葑南路社区“红色管家”项目启动仪式在试点小区融美雅苑召开。

8月21日　娄葑街道办事处主任梁兴带队，远赴阿朗乡进行考察慰问。

9月12日　娄葑街道南区土庙整治工作正式启动。

10月29日　金益社区敬老月文艺汇演暨娄葑街道日间照料中心试运营发布成功，这是娄葑街道第二个老年日间照料中心。

11月13日　娄葑街道泾园北社区扬云路8号富民载体扩建工程正式动工。预计投资6100万元，建筑面积达3.53万平方米。

12月17日　娄葑街道建设江苏省卫生应急工作规范街道通过市级卫生应急规范化建设评估。

编后记

《苏州工业园区自然村变迁图志》是在苏州工业园区工委管委会办公室指导下、由园区档案管理中心组织实施、以辖区内各街道为单位编写的一套系列丛书。该丛书包括《苏州工业园区自然村变迁图志·娄葑街道卷》《苏州工业园区自然村变迁图志·斜塘街道卷》《苏州工业园区自然村变迁图志·唯亭街道卷》《苏州工业园区自然村变迁图志·胜浦街道卷》4卷志书。

自1994年开发建设以来，苏州工业园区第一轮全面动迁已基本完成。镇改街道、村改居深入推进，城市面貌日新月异。随着自然村的消失，曾经的乡镇、村庄所承载的历史传统文化不断消亡，乡土文化和民俗文化也在变迁中不断流失。《苏州工业园区自然村变迁图志》系列丛书采用地方志体裁，按照统一规范与体例，真实、全面、客观地记载了园区境域内曾经的、已消失的自然村概况、村名来历、区域方位、变迁历程、人口姓氏、家谱族谱、乡规民约、土地面积、经济发展、居民去向、人物、特色民俗等内容，对于传承、抢救和挖掘江南水乡传统文化具有深远的历史意义；对于保留乡土文化记忆，留住乡音、乡思、乡风，焕发市民爱乡情怀具有重要的现实意义；对于社会发展特定阶段波澜壮阔的开发区动迁具有特殊的纪念意义。

纵观古今，历史长河的波涛此起彼伏，历史事件层出不穷。收集史料，真实记录家乡的历史春秋，继往开来，让乡愁之光烛照文化传承，是当代娄葑人义不容辞的责任。《苏州工业园区自然村变迁图志·娄葑街道卷》是继2001年8月出版《娄葑镇志》后，娄葑行政部门编纂出版的又一部乡镇级志书，是娄葑地区社会文明、物质文明、精神文明的缩影，是娄葑人民勤劳、智慧、奋进、包容、自豪精神的记录。

娄葑卷图志编纂工作自2018年1月启动，在苏州工业园区档案管理中心的具体指导下成立编纂委员会，下设编辑部，各社区成立资料采集组。及时召开图志启动培训会议，明确编纂目的、意义与总体要求，部署安排工作任务，编纂工作全面展开。编纂工作涉及街道23个社区原100多个自然村，期间，编纂人员克服时间紧、任务重、人员少、业务生等困难，圆满完成了编纂任务。

《苏州工业园区自然村变迁图志·娄葑街道卷》全志共25章146节，加上序言、大事记、史略、凡例、图照、笔录口述、娄葑名人等内容，共计15万字。各社区在资料收集的基础上，安排编纂人员做好文字稿编纂、笔录口述采集和地图核对；编纂委员会和编辑部成员完成图志文字的统稿和修改，自然村现状图片由专业人员组织航拍，历史资料图片由社区征集提供，由于时间跨度较长，部分图片拍摄者姓名不详；园区测绘中心负责全地地图和村图的绘制。2018年底《苏州工业园区自然村变迁图志·娄葑街道卷》完成初稿，再经街道编纂委员会上下几次校核，各涉志部门单位领导审定资料并签字确认，2019年5月通过苏州工业园区档案管理中心和苏州市地方志办公室初审，2019年10月通过终审。

欲知故乡事，还问乡里人。《苏州工业园区自然村变迁图志·娄葑街道卷》的出版，是在娄葑街道各社区的支持下，由熟悉村情、乡情的社区资料采集人员深入一线收集、整理、撰写社区和自然村章节，采集笔录口述；街道编纂委员会和编辑部成员对志书的通稿进行多次审稿和修改；苏州市和园区两级地方志专业工作者，对志书的文字、体例编排等给予了精心指导。这本图志能够顺利成书，是各级各单位积极参与、通力协作的成果。苏州市艺术摄影学会会长沈文进提供22张珍贵的照片，特此感谢！在此，我们要衷心感谢对编纂本志给予帮助和指导的所有单位和个人！

1994年5月，苏州工业园区的建设是在原属娄葑乡8平方千米土地上率先启动的。娄葑街道作为当初工业园区开发建设的核心区，从1994年起就开始进行大规模农村动迁。大量房屋拆迁，民居迁移，绝大部分自然村随之消失。本书将消失史料续集成书，旨在抢救珍贵历史文化资源，丰富娄葑地情资料，为后代研究家乡的自然环境及社会发展提供有益的史料，更希冀用一本框架合理、内容丰富、资料翔实、层次清晰，具有资料、信息、史料价值的图志书籍，献礼园区开发建设25周年。

虽然我们对图志的编纂质量精益求精，倾注心血，力求工作好中求快，但是由于存在撰稿人员新、历史资料少、要求时间紧、编纂任务重等客观因素，疏漏和舛误在所难免，恳请各级领导、专家和读者批评指正。

编者

2020年3月